Über dieses Buch

Das Buch bringt neue wissenschaftliche Erkenntnisse zu Scheidungen und Trennungen und zu Trennungswahrscheinlichkeiten. Diese wurden nicht aufgrund spekulativer oder philosophischer Überlegungen, sondern über eine sorgfältige statistische Auswertung vieler Horoskope von Ehepaaren mit genauen Geburtsdaten gewonnen. Auch Paare, die ohne Trauschein zusammenleben, wurden einbezogen.

Unabhängigkeitstest mit getrennten und ungetrennten Paaren haben ergeben, dass es etliche Horoskop- und Interaspekte gibt, die man bei Getrennten signifikant häufiger oder seltener findet. Aus diesen Ergebnissen werden Kennzahlen entwickelt, mit denen man eine Trennungswahrscheinlichkeit voraussagen kann. Die Ergebnisse werden auf zwei bekannte Paare des englischen Königshauses angewendet.

Planeten in Häusern und Tierkreiszeichen ergaben keine signifikanten Abhängigkeiten. Für Fachfremde sind kurze Einführungen in die Astrologie und Statistik hinzugefügt.

Über den Autor:

Prof. Dr.-Ing. Harald Hoffmann ist Maschinenbauer, Verfahrenstechniker, Musiker und Astrologe. Er beschäftigt sich seit 1960 mit Astrologie und hat viele Jahre in der Entwicklung und Forschung in der Industrie und an Hochschulen gearbeitet. Seit seiner Pensionierung setzt er sein vielseitiges Wissen und Können für die wissenschaftlichen Erforschung der Astrologie ein. Weitere Schwerpunkte sind: Astrologie der Berufe, der Verbrechen und der Krankheiten.

Astrologie der Paarbeziehungen

Neue Erkenntnisse zu Scheidungen, Trennungen und
zu Trennungswahrscheinlichkeiten durch
statistische Untersuchungen

von

Harald Hoffmann

**Bibliografische Information der
Deutschen Nationalbibliothek**

Die Deutsche Nationalbibliothek verzeichnet diese
Publikation in der Deutschen Nationalbibliografie;
detaillierte bibliografische Daten sind im Internet
über http://dnb.d-nb.de abrufbar.

Herstellung und Verlag: BoD - Books on Demand, Norderstedt
Text, Zeichnungen, Umschlag, Satz und Layout: Harald Hoffmann
Korrektorat: Ingrid Walther, Frankfurt
ISBN 978-3-7322-8869-4

FSC
www.fsc.org

MIX
Papier aus verantwortungsvollen Quellen
Paper from responsible sources
FSC® C105338

Vorwort

Die ersten Überlegungen für diese Arbeit wurden bereits vor vielen Jahren angestellt. Da mir aber neben meinen Berufen wenig Zeit blieb, eine solche aufwendige Arbeit in Angriff zu nehmen, musste ich sie auf die Zeit nach meiner Pensionierung verschieben. Ohne die Hilfe moderner, schneller Computer und meiner Programmiererfahrung wäre sie vor 20 Jahren ohnehin nicht möglich gewesen.

Die Forschungsarbeit hat sich fast sieben Jahre hingezogen. Sie ist auch nicht in einem Zug entstanden, sondern brauchte mehrere neue Anläufe mit immer besseren Erkenntnissen und neuen Methoden. Es gab für mich auch keine Vorbilder, auf die ich hätte aufbauen können.

Die besseren Methoden wurden u. a. auch durch eine eigene umfangreiche Studie zur Astrologie der Berufe und der Untersuchung der Horoskophäuser gewonnen.

Von großer Bedeutung war das Erkennen und Bewerten von Fehlerquellen, insbesondere durch Geburtsdaten von Paaren ohne genaue Geburtszeitangabe. Darin lag auch das Hauptproblem, genaue Daten von Getrennten oder Geschiedenen zu bekommen.

Meine früheren Veröffentlichungen zu diesem Thema hatten noch sehr viel weniger Daten zur Grundlage als diese Arbeit. Darüber hinaus habe ich einen neuen Weg gefunden, Geburtsdaten ohne genaue Geburtszeit für die Bestimmung von signifikanten Aspekten zwischen den langsamen Planeten zu nutzen.

Viele Freunde und Bekannte haben Geburtsdaten von Paaren beigesteuert. Auch einige Astrologen haben mich unterstützt. Ihnen allen danke ich hiermit sehr. Von Astrologen hatte ich aber wesentlich mehr Hilfe erwartet.

Obwohl ich nach meiner Einschätzung immer noch zu wenige Geburtsdaten von getrennten Paaren besitze, habe ich mich entschlossen, meine Arbeit zu veröffentlichen. Ich hoffe, dass mir dadurch vielleicht doch noch eine größere Zahl weiterer Paardaten zur Verfügung gestellt werden wird, die in einer späteren Auflage in die statistischen Untersuchungen einfließen werden.

Gegenüber den ersten Veröffentlichungen sind auch zahlreiche Geburtsdaten von Schweizer Heiraten und Scheidungen verwertet worden. Leider musste ein Teil der Daten unberücksichtigt bleiben, weil in den Heiratsdaten noch mindestens 40 % spätere Scheidungen enthalten sind. Die Geburtsdaten der geschiedenen Paare konnten hingegen bei der Bestimmung der Horoskop- und Interaspekte mit den langsamen Planeten (ab Jupiter) eingesetzt werden.

Im Gegensatz zu Trennungen, die auf Tatsachen darstellen – eine Scheidung wird sogar über ein Gerichtsurteil besiegelt, kann das Glück von Paaren nicht zuverlässig bestimmt werden.

Trotzdem habe ich die Ansichten vieler Astrologen und meine eigenen Erfahrungen zu Bewertungskennzahlen verarbeitet. Sie ergeben keine Unterschiede zwischen Getrennten und Ungetrennten. Die Verteilungen der Bewertungszahlen, die durch statistische Verfahren ermittelt wurden, sind jedoch bei Getrennten deutlich ins Negative verschoben.

Ich hoffe, dass meine Arbeit den Astrologen hilft, die Haltbarkeit von Paarbeziehungen besser beurteilen zu können.

Ich habe Wert darauf gelegt, alles offenzulegen, jede angewendete Methode, jede Theorie und alle wichtigen Einzelergebnisse mit den umfangreichen Tabellen.

Dieses Buch ist eigentlich für Astrologen geschrieben. Damit aber auch astrologische Laien und Leser ohne Statistikkenntnisse meine Arbeit besser verstehen können, habe ich eine kurze Einführung in die Astrologie und notwendige Erklärungen zur Statistik hinzugefügt.

Frankfurt am Main
Dezember 2013

Harald Hoffmann

Inhalt

Kapitel I Einleitung

Kein Thema ist für die meisten Menschen so wichtig wie eine glückliche Partnerschaft. Genauso gravierend im Leben sind gescheiterte Partnerschaften. Trennungen von zwei Menschen, die eine Zeit lang über eine Liebesbeziehungen verbunden waren, haben für die Betroffenen eine verheerende Wirkung, insbesondere, wenn noch weitere Personen davon betroffen sind wie Kinder, Eltern, Geschäftspartner und Unternehmen.

Umso erstaunlicher ist es, dass seitens der Wissenschaft bisher nur wenig Brauchbares zur Erforschung von Ursachen für Scheidungen und Trennungen erarbeitet worden ist. Dafür gibt es mehrere Gründe:

- Es ist sehr schwer, sich dem emotionsgeladenen Thema zu nähern, ohne den Vorurteilen von Ideologien zu erliegen, die von der Gesellschaft, den politischen Gruppen, von Religionsführern, immer mehr von den Medien und vor allem von der Tradition geprägt sind.

- Dies ist das Haupthindernis bei statistischen Untersuchungen für die Aufstellung sinnvoller Hypothesen und der Benennung von Einflussgrößen.

- Noch schwerwiegender ist eine Grunderfahrung, die fast jeder im Umgang mit Menschen macht: Kaum jemand sieht sich so, wie er wirklich ist, denn wenn man sich positiver sieht, als man ist, kann man das Leben viel leichter ertragen.

- Das gilt auch für Paare, wenn sie ihre Partnerschaft beurteilen. Kein Mensch gibt gern zu, dass die Partnerschaft gescheitert ist, dass die Partnerwahl ein Irrtum war und dass die Ehe weder Halt, Verständnis noch die Erfüllung elementarer Bedürfnisse gebracht hat.

- Daher sind statistische Untersuchungen zu Partnerschaften, die auf Fragebogenerhebungen beruhen, ziemlich wertlos, weil keine ehrlichen Antworten zu erwarten sind. Psychologen und Soziologen behaupten, dass sie die unwahren Antworten durch geschickte Gestaltung des Fragebogens erkennen können. Ich habe etliche Arbeiten dieser Art gelesen und habe mich gewundert, wie man auf unsichere Aussagen eine Statistik aufbauen kann. Wenn man von 110 Seiten 100 für die Diskussion der möglichen Falschaussagen verwenden muss und nur zwei für die Darstellung der Ergebnisse, dann sind die Ergebnisse ziemlich wertlos.

- Etwas Ähnliches macht sich seit einigen Jahren in den Vorzimmern der Arztpraxen bemerkbar. Der Patient muss für die Anamnese Fragebögen ausfüllen. Damit kann man am Tag vielleicht einige Patienten mehr durch die Praxis schleusen. Ich halte das für Unsinn, weil ein Patient nicht immer die Fragen versteht, kein lückenloses Gedächtnis hat und die Bedeutung seiner Antworten nicht abschätzen kann.

1.1 Anwendbarkeit der Statistik

Statistik kann man immer nur dann anwenden, wenn der untersuchte Gegenstand oder die erfassten Merkmale auf eindeutigen Tatsachen beruhen. Im Zusammenhang mit Paaruntersuchungen gibt es dabei Grenzen. Der Paarstatus verheiratet oder geschieden ist eine gesetzlich geregelte Tatsache und kann nicht geleugnet werden. Da heute immer mehr Paare ohne Trauschein zusammenleben, müssen solche Verbindungen ebenfalls bei Statistiken berücksichtigt werden. Man kann aber auch die strenge Ansicht vertreten, dass nur Ehepaare zählen dürfen, weil die Entscheidung zum Heiraten sehr schwerwiegend ist und die gesellschaftliche Stellung insbesondere der Frau verändert.

Die Zeiten sind im Westen längst vorbei, in der unverheiratete Paare von der Gesellschaft geächtet wurden. Für mich sind sie gleichwertig, weil sie nach meiner Erfahrung die gleichen Probleme haben. Sie sind genauso bereit, füreinander und für Kinder Verantwortung zu tragen. Es stimmt auch nicht, dass unverheiratete Paare sich leichtfertiger trennen und beim kleinsten Problem auseinanderlaufen. Eine Scheidung ist allerdings aufwändiger und teurer.

Trotzdem werden heute bis zu 43 % der Ehen geschieden.[1] Offizielle Scheidungen gibt es erst seit Ende des 19. Jahrhunderts. Es hat zwar auch schon früher im 18. Jahrhundert Scheidungen im evangelischen Preußen gegeben, diese unterlagen aber weitgehend der richterlichen Willkür. Erst mit dem BGB von 1900 waren Scheidungen sauber gesetzlich geregelt

Trennungen sind daher einigermaßen zuverlässig bestimmbar, sind aber dynamisch und können sich bei Paarbeziehungen im Laufe der Zeit ändern.

Dagegen ist das Glück von Paaren nicht bestimmbar, weil es auf der Selbstauskunft von Paaren beruht und von den Betroffenen meistens sehr subjektiv und beschönigend beurteilt wird.

1.2   Die Liebe und glückliche Paare

Über die Liebe und das Glück oder Unglück von Paarbeziehungen ist unendlich viel geredet und geschrieben worden. Es ist kaum möglich, verbindlich zu definieren, worin das Glück von Paaren besteht. Jedes Paar erlebt die Beziehung, in der es lebt, anders. Auch die Partner eines Paares erfahren das Glück oder Unglück ihrer Verbindung sehr unterschiedlich. Das kann auch nicht anders sein, denn zur Anziehung gehört auch – wie bei vielen Phänomenen der Physik – entgegengesetzte Polarität.

Andererseits braucht ein Paar zum gegenseitigen Verstehen Gleichklang und Ähnlichkeiten. Die Sprichwörter „Gleich und Gleich gesellt sich gern" und „Gegensätze ziehen sich an" sind scheinbar unvereinbar, aber doch beide richtig. Das Problem liegt darin, dass noch eine dritte Komponente hinzukommt: Die Abstoßung.

Abstoßung ist nicht einfach gleichgerichtete oder fehlende Polarität, sondern ein komplexer Beziehungsfaktor, der sich sogar aus einer starken Anziehung entwickeln kann.

Gleichklang, Anziehung und Abstoßung können sich im Laufe des Zusammenlebens wandeln, nicht nur durch die geistige Entwicklung zweier Menschen, sondern auch durch Schicksalsschläge, Krankheiten, körperlichen Verfall, Bedeutungswandel von Lebensbereichen und Einflussnahme von dritten Menschen. Erheblich erschwert wird das Verstehen von Paarbeziehungen

---

1   Bundesamt für Statistik der Schweizerischen Eidgenossenschaft

dadurch, dass Gleichklang, Anziehung und Abstoßung sich auf ganz verschiedenen Ebenen abspielen können.

Viele große Gedankengebäude sind zu diesem Thema entwickelt worden. Diese sind meist brillant formulierte Theorien, die oft nur auf eine Ebene fixiert sind (Beispiel: Sigmund Freud auf Sexualität).

Nach allem, was ich im Laufe eines langen Lebens darüber gelesen und erfahren habe, bin ich heute als Naturwissenschaftler davon überzeugt, dass nur die Astrologie in der Lage ist, diese verschiedenen Ebenen bei der Deutung von menschlichen Charakteren und Paarbeziehungen einzubeziehen.

1.3 Astrologie und Paarbeziehungen

Die Frage ist, kann die Astrologie einen wichtigen Beitrag zu den Problemen von Paaren leisten? Wenn ich davon nicht überzeugt wäre, hätte ich dieses Buch nicht geschrieben.

Doch wie fing alles an? Ich beschäftige mich seit 53 Jahren mit der Astrologie, was in den ersten Jahren wirklich nicht einfach war. Ein Spaziergang auf meinem großen heimatlichen Dorffriedhof brachte mir die Erkenntnis, dass die meisten in Stein gemeißelten Geburtsdaten von Paaren mit einer Ungenauigkeit von wenigen Graden ein Trigon zwischen der Sonnenstellung aufwiesen. Genauer gesagt standen die Sonnen in den Geburtshoroskopen auf dem Tierkreis vom Geburtsort aus gesehen in einem Winkel von 120±6° zueinander. Ich fand das damals Anfang der 60er Jahre sehr interessant, habe aber leider keine Aufzeichnungen gemacht. Nun, diese Gräber gibt es nicht mehr. Ich kann sie heute nicht mehr überprüfen. Vor 7 Jahren habe ich aber begonnen, die Grabsteine großer und kleiner Friedhöfe zu fotografieren und auszuwerten. So sind mehrere Tausend Paare zusammengekommen. Doch wo sind die vielen Trigone der Sonnen (Interaspekte) geblieben? Eine statistische Auswertung ergab keine signifikant häufigere Anzahl der Sonnentrigone.

Diese Erfahrung hat mich Folgendes gelehrt: Wenn man eine vorgefasste, ideologische Meinung hat, die man von irgendwelchen Päpsten übernommen hat, findet man bei einer unsystematischen Vorgehensweise schnell eine Bestätigung dieser Theorien. Dieser Gefahr des Irrtums erliegt jeder, der ohne saubere Statistik versucht, seine Theorien an (wenigen) Beispielen bestätigt zu finden. Davon sind nicht nur Astrologen, Psychologen und Laien betroffen, sondern auch Naturwissenschaftler, wenn sie beweisen wollen, dass etwas nicht sein kann, was nicht sein darf.

Ich muss noch erwähnen, dass ich immer ganze Friedhöfe ausgewertet habe und keine Selektion (z. B. nach Schönheit der Gräber) vorgenommen habe. Verwitterte Grabsteine konnte ich mit einer guten Digitalkamera und starker Vergrößerung mit meinem Computer zu Hause immer entziffern.

1.3.1 Astrologie – Kunst, Erfahrung, Wissenschaft oder Unsinn?

Die Astrologie hat heute einen sehr schlechten Ruf. Woran liegt das? Die Astrologie war einmal die Königin der Wissenschaft! Nehmen vielleicht die Astrologen den Mund zu voll und behaupten etwas, was sie nicht wissen können? Gibt es unter ihnen zu viele Scharlatane? Gewiss gibt es die, genau wie in anderen Berufen auch. Doch wenn sie Fehler machen, werden sie nicht zur Verantwortung gezogen. Das haben sie mit den Medizinern gemeinsam. Ihre Fehler bedeckt man mit Erde, und es wachsen Blumen darüber. Die Fehler der Ingenieure haben in der Regel sichtbare und manchmal katastrophale Folgen, wenn eine Brücke einstürzt oder eine Maschine versagt.

Die Fähigkeiten und Begabungen von Menschen in einem Beruf gehorchen immer einer Gauss'schen Normalverteilung. Man mag das beklagen, aber es ist so. Als Hochschullehrer hatte ich die Gelegenheit, dies 16 Jahre lang zu überprüfen: In jeder Semesterprüfungsklausur im Fach Programmiersprachen stellte ich die gleiche Frage. Jeder wusste das, jeder hatte mein lehrbuchartiges Skript zur Vorlesung. Für die vollständige und richtige Beantwortung gab es 12 Punkte. Immer waren die Punkte zwischen 0 und 12 verteilt, immer ergab sich eine Normalverteilung.

Unter den Astrologen gibt es wahre Genies, aber auch elende Stümper – wie sollte es auch anders sein. Aber das ist nicht der wichtigste Grund für den schlechten Ruf. Auch nicht die leidenschaftlichen Angriffe der Skeptiker, die ihre Argumente gern wissenschaftlich verbrämen und etwas verdammen, wovon sie nicht die geringste Ahnung haben. Astrologie lernt man schließlich nicht bei einem Sonntagsspaziergang, sondern sie erfordert jahrelange intensive Arbeit. Die Astrologie hat bei sehr vielen Menschen wiederum einen hohen Stellenwert, allerdings als sogenannte Vulgärastrologie. Die Vulgärastrologie berücksichtigt nur die Stellung der Sonne in einem der 12 Tierkreiszeichen. Sie wird daher auch als Sonnenstandsastrologie bezeichnet. Sie findet ihren

Ausdruck in den zahlreichen Zeitungshoroskopen, die bestenfalls Unterhaltungswert besitzen.

Wenn die Sonnenstandsastrologie stimmen würde, gäbe es nur 12 verschiedene Menschentypen und 12 verschiedene Schicksale. Das ist völlig absurd und widerspricht jeglicher Erfahrung. Zeitungsastrologie ist nur sehr schlechter Journalismus, ausgeübt von geldgierigen Astrologen.

Die meisten Menschen kennen ihr Sonnenzeichen, einige auch den Aszendenten, doch die äußerst prägende Stellung des Mondes im Horoskop kennen nur sehr wenige, und wenn sie diese kennen, können sie sie nicht deuten.

Der wahre Grund für den schlechten Ruf ist aber die fehlende Wissenschaftlichkeit der Astrologie.

1.4 Astrologie und Wissenschaft

Naturwissenschaftler haben es leicht, ihre Erkenntnisse zu verifizieren, weil sie das Ergebnis von wiederholbaren Experimenten sind. Noch vor wenigen Jahrhunderten (Scholastik) war das nicht selbstverständlich.

Wenn die Objekte der Forschung Lebewesen sind, gibt es ethische Grenzen für Experimente, zumindestens bei höheren Organismen und besonders beim Menschen. Richtig schwierig wird es, wenn es um Verhalten, Empfindungen, Gedanken und Gefühle geht, die nicht quantifizierbar und oft nicht einmal qualifizierbar sind. Die Wissenschaftler, die sich damit beschäftigen, haben verschiedene Ersatzmessgrößen eingeführt (IQ-Test, Fragebögen u. a.), um mit Hilfe der Statistik Zusammenhänge beweisen zu können. Fraglich ist, ob allen Wissenschaftlern immer bewusst ist, dass auf diese Weise nur Korrelationen ermittelt werden können.

All zu leichtfertig wird oft die Korrelation als Zusammenhang überinterpretiert. Die Wissenschaftsgeschichte ist voll von solchen Irrtümern. Die meisten gehen auf das Konto der Verwechslung von Ursache und Wirkung - und nicht nur in der Medizin und Psychologie. Jüngste Beispiele sind die Rolle des Cholesterins im menschlichen Körper und die Bedeutung des Kohlendioxids bei der Entwicklung des Klimas. Genau genommen gibt es noch nicht einmal eine statistisch nachweisbare Korrelation. Das Ansteigen des Kohlendioxid-Gehalts in der Atmosphäre als Ursache für die Erwärmung der Erde anzusehen ist höchst umstritten. Einiges spricht dafür, doch der Strahlungsanteil des

Kohlendioxid-Gehalts ist eher marginal, verglichen mit den anderen drei- und mehratomigen Gasen in der Luft.

Neuere wissenschaftliche Erkenntnisse, die alte widerlegen, setzen sich nur sehr langsam durch. Das kann zehn bis 100 Jahre dauern.[2] Es gilt immer noch der Ausspruch von Max Planck: *Das Neue in der Wissenschaft setzt sich nicht dadurch durch, dass die Vertreter des Alten überzeugt werden, sondern dass sie langsam wegsterben.*

Die Situation der Astrologie ist vergleichbar mit derjenigen der Medizin um 1850. Mitte des 19. Jahrhunderts tobte in der Wissenschaft ein erbitterter Streit zwischen den Anhängern der spekulativen und der empirischen Herangehensweise an die Naturwissenschaft. Die spekulative Wissenschaft (Naturphilosophie) stand gegen die exakte Wissenschaft. Während sich die exakte Wissenschaft in der Physik und Chemie immer mehr durchsetzte, hing die Medizin noch lange der Naturphilosophie an, mit schwerwiegenden Folgen für Leib und Leben vieler Menschen. Dabei war die Medizin schon viel weiter gewesen – von Hildegard von Bingen bis Paracelsus. Wenn man neue Publikationen von Astrologen in Büchern und Fachzeitschriften verfolgt, kommt man zu dem Schluss, dass praktisch nur spekulativ an die Astrologie herangegangen wird. Wissenschaftliche Publikationen sind äußerst selten.

Das liegt natürlich daran, dass die Wissenschaft bei der Ausbildung der Astrologen keine Rolle spielt. Früher musste jeder Astrologe die umfangreichen Berechnungen für das Horoskop, für Transite und Direktionen selbst leisten, was ein Mindestmaß an Mathematikkenntnissen voraussetzte. Danach gab es für viele Horoskopmerkmale Tabellen. Heute kann sich selbst der Ahnungsloseste für wenige Euro ein Computerprogramm kaufen, das ihm alle Daten und Diagramme auswirft, ja, sogar noch die Deutung dazu.

Damit glauben diese Menschen, die Astrologie verstanden zu haben, und merken gar nicht, dass das Gesamtbild über einen Menschen oder über eine Beziehung die sorgfältige Gewichtung aller Einzelaussagen erfordert.[3]

Hinzu kommt, dass sich nur selten Menschen mit einer soliden wissenschaftlichen Ausbildung in die Astrologie verirren, am meisten noch Psychologen, die Astrologie für ihre Arbeit einsetzen wollen.

---

2   Der Unsinn des Kalorienzählens bei der Ernährung ist immer noch nicht überwunden.
3   Ich wurde oft von solchen Menschen mit ihren unhaltbaren genialen Erkenntnissen genervt.

Die wenigen Astrologen, die wissenschaftlich an ihr Fach herangehen, werden von den meisten anderen Astrologen nicht gern gesehen, nicht zuletzt weil sie deren Methoden nicht verstehen.

1.5 Anerkennung der Astrologie

Nachdem ich im vorigen Abschnitt die Gründe für die fehlende Anerkennung der Astrologie durch die meisten Wissenschaftler dargelegt habe, will ich mir als Naturwissenschaftler, Ingenieur, Astrologe und Musiker erlauben, ein paar Ratschläge für die Zukunft der Astrologie auszusprechen:

• Die Astrologie muss aus der spekulativen Ecke herauskommen und wissenschaftlich werden. Beobachtung und Erfahrung müssen die Deutung astrologischer Elemente bestimmen und nicht vorgefasste Theorien. Dazu müssen Astrologen moderne wissenschaftliche Überprüfungsmethoden zulassen.

• Statistische Untersuchungen sind nur für beweisbare Tatsachen sinnvoll und keinesfalls auf Selbstauskünfte der Probanden anwendbar. Dabei sind die Regeln der wissenschaftlichen Stochastik sorgfältig einzuhalten, insbesondere die ausreichende Anzahl von Probanden und Aussagen, die repräsentativ sein müssen.

• Wenn wissenschaftliche Überprüfungsmethoden ergeben, dass Interpretationen von Merkmalen der Astrologie zweifelhaft sind, müssen die Astrologen dies zur Kenntnis nehmen und nicht stattdessen den Wert der wissenschaftlichen Methoden verdammen. Dies gilt insbesondere für eine *sauber* durchgeführte Statistik.

• Die Astrologie muss als königliche Wissenschaft wieder unabhängig werden und darf sich nicht anderen Wissenschaften unterwerfen, schon gar nicht der Psychologie mit ihrer Kette von Irrtümern oder der Physik mit ihrem einseitigen, beschränkten Weltbild. Heute gewinnt man den Eindruck, dass die Astrologie nur ein Appendix der Psychologie ist. Astrologen und Psychologen können viel voneinander lernen, aber ihre Weltbilder sind nicht deckungsgleich.

- Die Astrologie sollte nicht um die Anerkennung der dominierenden Wissenschaften buhlen. Jede Wissenschaft hat ihre eigenen Definitionen der Wissenschaftlichkeit. Wenn die Physiker ihre Definition auf andere Wissenschaften übertragen, vergessen sie meistens, dass fast alle Wissenschaften ihre Forderungen nicht erfüllen können, nicht einmal ihre eigene!

- Die Frage der Ursache und Wirkung sollte endlich der Vergangenheit angehören. Die meisten großen Irrtümer der Wissenschaftsgeschichte beruhen ohnehin auf die Verwechslung von Ursache und Wirkung. Es ist für die Anwendung der Astrologie vollkommen unerheblich, ob es physikalisch messbare Wirkungen von den Planeten auf den Menschen gibt. Die Physik kann bis heute viele Phänomene wie Gravitation und Magnetismus nicht erklären, sondern nur ihre Wirkungen messen. Trotzdem können Ingenieure mit den Wirkungen Maschinen, Brücken, Dome und Flugzeuge bauen. Wenn wir Ingenieure solange darauf gewartet hätten, diese Wirkungen erklären zu können, säßen wir heute noch auf Bäumen.[4]

- Vorgefasste Theorien (Ideologien) dürfen die Beobachtungen nicht außer Kraft setzen, wenn sie nicht in die Theorie passen.

- Bei allen Aussagen sind die Grenzen zu beachten und zu überprüfen, auf die Thomas Ring in seinen Büchern immer wieder hingewiesen hat [37][5].

- Astrologische Untersuchungen und Forschungen müssen immer die wichtigste Erkenntnis über den Menschen beachten: Kaum ein Mensch sieht sich so, wie er wirklich ist, oder weniger freundlich ausgedrückt: Die Menschen entwickeln eine große Meisterschaft, sich selbst zu belügen.

- Bei der Ausbildung von Astrologen muss größter Wert auf die sorgfältige Beobachtung der Realität gelegt werden. Es hat keinen Sinn, am

---

4   Ein ähnlicher Fall liegt bei der Handlesekunst vor. Kein Mensch käme auf die Idee, dass die Handlinien Charaktereigenschaften oder Schicksale hervorrufen. Sie zeigen sie nur an und sind genau so Indikatoren wie Planetenstellungen. Beide Fälle zeugen von einer unfassbaren Ordnung des Universums.

5   Das Literaturverzeichnis befindet sich in Kapitel 10 auf Seite 263.

Anfang die Horoskope berühmter Leute zu studieren, deren Eigenschaften meist verklärt wurden. Wichtiger sind Menschen, die man genau kennt.

• Beim Bemühen um das Verständnis des eigenen Horoskops muss der Anfänger immer wieder darauf hingewiesen werden, dass er sich vielleicht selber falsch einschätzt.

• Aus diesem Grund sollten sich Astrologen auch nicht auf fragwürdige (öffentliche) Tests einlassen, Horoskope und Personen einander zuzuordnen. Beim Aussehen und bei den Begabungen spielen Gene eine wichtige Rolle. Bei Lebensereignissen gilt der (alte) Grundsatz der Astrologie: Die Sterne zwingen nicht, sie machen nur geneigt.

1.6 Möglichkeiten der Astrologie

Für den Fall, die Astrologie hätte einen beweisbaren Wahrheitsgehalt, dann ist es längst nicht so, dass Astrologen wirklich alles können, was sie behaupten. Da gehen die Meinungen sehr weit auseinander. Jedoch ein wenig Bescheidenheit wäre angebracht. Meine eigenen Erfahrungen fasse ich wie folgt zusammen:

1.6.1 Charakterdeutung

Das Wesen eines Menschen zu beschreiben ist eine wichtige Möglichkeit der Astrologie. Dabei können auch verborgene Eigenschaften benannt werden, die man weder durch Befragen noch durch Tests zuverlässig herausbekäme. Vor 40 Jahren habe ich einer jungen Skorpionfrau aus meinem Bekanntenkreis ihr Horoskop erklärt.

Als ich sie nach einiger Zeit wieder traf, sagte sie: „Ich habe zwei Wochen nicht schlafen können. Ich dachte immer, ich könnte alle meine unangenehmen Eigenschaften vor der Welt verbergen. Da kommst Du daher und liest sie aus meinem Horoskop."

Natürlich meinte sie die Eigenschaften, die sie für unangenehm hielt, für mich waren sie eher liebenswert. Bei der Charakterdeutung leistet die Astrologie sehr viel. Jedoch man muss die Grenzen kennen, weil die Entwicklungshöhe eines Menschen nicht aus dem Horoskop erkennbar ist. Schließlich werden in jeder Minute mehrere Menschen auf der Welt geboren. Selbst wenn zwei Männer oder Frauen zur gleichen Zeit in einer Klinik geboren werden, haben sie weder die gleichen Eigenschaften noch das gleiche Schicksal. Die ererbten Begabungen (Gene) und die Umgebung des Aufwachsens spielen eine große Rolle.

Trotzdem wird man bei ihnen vergleichbare Eigenschaften finden. Ein Vorstandsvorsitzender und ein Müllmann können die Fähigkeit besitzen, haushälterisch mit ihren Ressourcen umzugehen. Das wird sich auf das Unternehmen bzw. auf die Familie positiv auswirken.

Man kann beispielsweise erkennen, ob ein Mensch zum Alleinleben neigt, aber nie die Partnerlosigkeit mit Bestimmtheit voraussagen.

Man kann erkennen, ob ein Mensch psychisch instabil ist und zu Depressionen neigt. Man kann sogar sehen, wann er für einen Suizid gefährdet ist, aber nicht voraussagen, ob er ihn auch vollzieht.

Ich kann zu einer Frau sagen, sie hätte ein großes Bedürfnis nach Luxus und Anerkennung, aber ihr vorauszusagen, sie wird bevorzugt Kleider einer bestimmten Nobelmarke kaufen, wäre überzogen. Die Menschen wollen es gern konkret, aber dabei lehnen sich die Astrologen leicht zu weit aus dem Fenster.

Es macht wenig Sinn, Menschen charakterisieren zu wollen, ohne den Hintergrund ihres Lebens zu kennen. Das Geschlecht und der Beruf sind das mindeste, was man wissen muss.

Es gibt viele Eigenschaften, die sich bei Mann und Frau unterschiedlich auswirken. Man wirft den Astrologen immer vor, dass sie sich zu allgemein ausdrücken. Das geht auch nicht anders. Erst in einem persönlichen Gespräch kann man präziser werden.

Mehrfach hatte ich das Erlebnis, das mir ein junger Mann nach dem Erklären seines Horoskops sagte: „Ja, so sind doch alle!"

In diesen wenigen Worten ist das ganze Missverständnis der Astrologie ausgedrückt. Jeder Mensch ist wirklich anders, aber die wenigsten Menschen sind in der Lage, dies zu erkennen. Ein eitler Chef kann sich nicht vorstellen, dass es Mitarbeiter gibt, die nicht bereit zum Schuften sind, um eine betriebliche Auszeichnung zu bekommen.

1.6.2 Berufsberatung

Es wäre schön, wenn man aufgrund eines Horoskops einem Menschen zu einem bestimmten Beruf raten könnte. Dafür sind Berufe viel zu ähnlich und die Begabungen viel zu entscheidend.

Für einige Berufe habe ich statistische Untersuchungen zu den Horoskopaspekten, den Planeten in Häusern und Planeten in Zeichen durchgeführt. Die veröffentlichten Ergebnisse [23] sind nicht auf dem neuesten Stand, zeigen aber, dass es bei Astrologen, Fußballern, Malern, Schauspielern und Musikern charakteristische Horoskopaspekte gibt, die signifikant häufiger auftreten. Sie können nur den Hinweis geben, ob bei ausreichender Begabung der Beruf erfolgversprechend ist.

Es zeigt sich, dass für anspruchsvolle Berufe Durchhaltevermögen, Durchsetzungsvermögen, Ausdauer und die Fähigkeit, dicke Bretter zu bohren, sehr wichtig sind.

Immerhin ist die Wahl eines Berufes, vor allem, wenn er lebenslang ausgeübt worden ist, eine eindeutige Aussage und für statistische Untersuchungen geeignet.

1.6.3 Partnerschaften

Partnerschaften können in vielfältiger Form von der Astrologie untersucht werden: Ehepaare, Liebespaare, Freundschaften, Eltern/Kind, Lehrer/Schüler, Kollegen, Chef/Mitarbeiter aber auch Schriftsteller/Kritiker, Täter/Opfer und Scheidungen.

Von allen Bereichen der Astrologie haben mich Partnerschaftsuntersuchungen sehr früh überzeugt. Auch ohne genaue Geburtszeiten lässt sich sehr viel aussagen. Schon meine Freundschaften während meiner Jugend konnte ich nachträglich gut astrologisch erklären, wenn beispielsweise mein Mond mit der Sonne oder mein Aszendent und die Sonne des anderen zusammenfiel.

Später im Laufe des Lebens erwiesen sich dauerhafte Freundschaften immer durch sehr gute Interaspekte ausgezeichnet. Das galt und gilt noch viel mehr für die langen Liebesbeziehungen. Meine erste große Liebe endete mit dem Tod und die zweite dauert noch an.

Jeder Lehrer hat Zugang zu den Geburtsdaten seiner Schüler. Wenn er aufmerksam die Reaktionen zwischen Schüler und Lehrer beobachtet, kann er viel für die Partnerschaftsanalyse lernen. Manche Schüler rennen einem förmlich die Bude ein, andere machen einen großen Bogen, wenn man ihnen begegnet.

Einmal hatte ich ein ganzes Jahr zu einem Semester mit Studenten, die etwa gleich alt sind, ein besonders problemloses Verhältnis. Eine Untersuchung ergab, dass der Jupiter in den Horoskopen der Studenten mit meiner Sonne zusammenfiel. Auf dieses Phänomen hat schon Fidelsberger hingewiesen [13]. Wie gut könnte man das bei der Einteilung der Klassenlehrer nutzen.

Für alle Partnerschaften können nur große Erfahrungen und das, was Astrologen im Laufe der Zeit an Wissen zusammengetragen haben, zur Beurteilung herangezogen werden. Beweisen lassen sich solche Aussagen nicht, weil Freundschaften und Liebesbeziehungen subjektiv erlebt werden. Man wird immer viele Beispiele zur Bestätigung finden, aber einen statistischen Beweis findet man damit nicht.

Statistische Untersuchungen zu Partnerschaften

Nur beweisbare Fakten sind für eine Statistik geeignet, solche die nicht abgestritten werden können. Eine Scheidung beruht auf einem Gerichtsurteil. Eine Heirat ist ein staatlicher Verwaltungsakt mit einem Bündel juristischer Folgen. Auch Verbindungen und Trennungen von Unverheirateten spielen sich nicht mehr im Verborgenen ab und sind von jedermann zu beobachten. Kinder aus solchen Verbindungen genießen längst die gleichen Rechte wie eheliche Kinder. Daher ist der größte Teil dieser Arbeit den statistischen Untersuchungen zu Scheidungen/Trennungen und Heiraten/Zusammenleben gewidmet.

Am Ende werde ich in der Lage sein, für ein Paar die Trennungswahrscheinlichkeit zu bestimmen, wenn ich die genauen Geburtsdaten weiß.

1.6.4 Zukunftsprognosen

Am meisten werden gewagte Zukunftsprognosen der Astrologen angefeindet. Zu recht. Kein Astrologe kann die Zukunft mit Bestimmtheit voraussagen. Wenn diese öffentlich gemacht und nach einem Jahr überprüft werden, liegt eine Trefferquote von mehr als 75 % schon deutlich über dem Zufall, insbesondere wenn das Ereignis von niemandem erwartet worden ist. Für Ereignisse allgemeiner Art (Börse, Politik, Kriege, Wirtschaft, Adel und Geschichte) werden von vielen Astrologen[6] fleißig Prognosen erstellt. Dies ist ein eigener Zweig der Astrologie und nennt sich Mundanastrologie. Damit habe ich mich zu wenig beschäftigt, um sie beurteilen zu können.

Die meisten Menschen interessieren sich brennend für die Zukunft in ihrem persönlichen Leben und erwarten von einem Astrologen präzise Auskünfte auf Fragen wie

Gewinne ich im Lotto?

Wann finde ich den richtigen Mann?

Wann stirbt meine schwerkranke Mutter?

Werde ich wieder gesund?

Wann bringt mein Geschäft wieder Gewinn?

Wann bekommen wir endlich ein Kind?

Präzise Antworten kann der Astrologe nicht geben, denn die Sterne zwingen nicht, sie machen nur geneigt. Er kann aber mit Hilfe verschiedener Prognosemethoden Angaben machen, wann Zeiten günstig sind und wann ungünstig. Diese können für den Ratsuchenden sehr hilfreich sein.

Beispielsweise können Krankheiten, die auf einen Mangel an Vitalität beruhen, nicht ewig dauern, und die Zeit der Besserung kann einigermaßen genau vorausgesagt werden. Aus dem Horoskop kann man erkennen, ob ein Mensch zu Depressionen neigt, wenn die Geburtszeit genau bekannt ist. Man kann erkennen, in welcher Zeit sie auftritt, wann sie ihren Höhepunkt hat und wann sie wieder abklingt.

Ein Mensch, der sich in einer sehr unangenehmen Situation befindet, wird die Aussage, wann diese vermutlich vorbei sein wird, als psychisch erlösend empfinden.

Keinesfalls kann und darf der Astrologe sagen, dass der Klient einen Unfall erleidet, wenn er für bestimmte Zeiten eine Unfallneigung erkennt, denn es kann gar nichts passieren oder der Klient kommt in eine brenzlige Situation oder er erleidet wirklich eine Verletzung.

Im Leben eines Menschen gibt es sehr seltene Konstellationen, die günstig für das Kennenlernen eines Lebenspartners sind. Dann stellt sich eine psychische Bereitschaft für eine Kontaktaufnahme auf, manchmal auch eine schicksalhafte Begegnung. Doch ohne eigene Bemühungen passiert eigentlich

---

6   Leider gibt es keinen geschlechtneutralen Begriff für Astrologinnen und Astrologen. Wenn ich Astrologen schreibe, sind natürlich Astrologinnen eingeschlossen.

nichts. Es genügt nicht, vor die Haustür zu treten und darauf zu warten, dass die große Liebe vom Himmel fällt.

Die Astrologie hat verschiedene Prognosemethoden entwickelt, die ich hier nur nennen will. Erst nach einer ausführlichen Einführung in die Astrologie könnte ich sie so erklären, dass ein Nichtastrologe sie verstehen kann: Transite, Transite mit Halbsummen, Direktionen, Sekundärdirektionen.

Grundsätzlich geben astrologische Prognosen nur Auskunft darüber, *wie* jemand eine bestimmte Zeit erlebt, nicht *was* er erlebt. Bestimmte Saturntransite können sich beispielsweise als medizinisch nachweisbare Krankheit auswirken, aber auch eine mysteriöse Lustlosigkeit, Niedergeschlagenheit, Antriebslosigkeit und ein unendliches Schlafbedürfnis anzeigen.

1.6.5 Geburtszeitbestimmung und -korrektur

Bei vielen astrologischen Methoden ist eine genaue Geburtszeit unerlässlich. Prognosen und Partnerschaftsanalysen sind nur sehr eingeschränkt möglich, wenn die Geburtszeit nicht genau bekannt ist. Die meisten Geburtszeiten sind abgerundet und fast immer zu spät angegeben. Datensammler schätzen die offiziellen Geburtszeitangaben, die in Standesämtern und Kirchenbüchern erfasst sind, viel zu hoch ein. Kein Mensch wird zur vollen Stunde geboren. Wenn die Mütter bei der Geburt bei vollem Bewusstsein waren und eine Uhr sichtbar oder hörbar im Geburtszimmer waren, sollte man mehr auf ihre Erinnerung Wert legen.

Meine eigene Mutter konnte sich daran erinnern, dass kurz nach meiner Geburt die Wanduhr[7] fünf geschlagen hat. Die Hebamme hat aber 17:14 Uhr erfasst. Eine sorgfältige Geburtszeitkorrektur ergab 16:58:28. Dabei habe ich die ausgezeichneten Methoden von Karl Weber [48] eingesetzt.

Die Basis einer solchen Geburtzeitkorrektur sind die Daten zahlreicher Lebensereignisse.[8]

---

7   Die Pendeluhren der 40er Jahre liefen recht genau.

8   Weber weist schlüssig nach, dass die Geburtszeit von Goethe, die nur zwischen 12 und 1 Uhr verbürgt ist, 12:40 Uhr gewesen sein muss. Goethe war ein Universalgenie und hat natürlich gewusst, was die Sonne im Zenit (Sonne in Konjunktion mit der Himmelsmitte, Geburtszeit genau 12 Uhr Ortszeit) astrologisch bedeutet: Identifikation mit einer (öffentlichen) Aufgabe, Erfolg und Berühmtheit. Daher hat er in „Dichtung und Wahrheit" bei der Geburtszeit gemogelt.

1.7 Nichtastrologische Literatur und Behauptungen zu Paaren

Die Literatur zu Paarbeziehungen ist unendlich groß. Ständig wurden Behauptungen abgelassen, die jeder mit ein wenig Menschenkenntnis sofort als Unsinn entlarven kann.[9] Eine der häufigsten Behauptungen besagt, dass ein Seitensprung die Beziehung belebt. Dahinter kann keine saubere Statistik stecken, denn die zeigt, dass bei Untreue die Hälfte der Ehen sofort zu Ende ist, ein Viertel sich noch ein Jahr hinschleppt und das letzte Viertel aus welchen Gründen auch immer aufrechterhalten wird.

Häufig ist zu leicht erkennbar, dass die Autoren ihre eigenen Persönlichkeitsdefizite zelebrieren. Bei bekannter Geburtszeit kann ein Astrologe sehr leicht sehen, dass der Autor zur Untreue neigt. Ich werde hier keine Namen nennen.

Es werden immer wieder Glücksfaktoren veröffentlicht, die auf Befragungen vieler Paare beruhen. Wenn die Veröffentlichung sauber ist, kann man feststellen, dass die Anzahl der Befragten viel zu klein ist (um 100), aus Collegestudenten besteht, die fast ausnahmslos Psychologiestudenten und dazu mehrheitlich weiblich sind. Also gleich mehrere Kardinalfehler der Statistik: zu wenig, nicht repräsentativ und durch Fragebögen entstanden [35].

2011 berichteten Rafaela von Bredow im Spiegel über das Forschungsprojekt „Pairfam" unter dem vielsagenden Titel „Liebe lieber unvollkommen[5]. Dahinter steckt eine aufwendige Forschungsarbeit von vielen Soziologen mit Befragung vieler Personen. Der Fragenkatalog ist riesig und ist anscheinend ohne ideologische Vorgaben. Die Arbeit ist offen zugänglich

Die Ergebnisse sind zwar sehr allgemein gehalten, aber doch enorm aussagefähig. Angeblich sind sie sehr überraschend, jedoch mich überraschen sie nicht im geringsten. Ich kann mir auch nicht vorstellen, dass jemand, der sich intensiv mit Paarbeziehungen beschäftigt hat, zu wesentlich anderen Einschätzungen kommt.

Da ich die Ergebnisse für sehr zutreffend halte, werde ich sie nachfolgend zusammenfassend zitieren und kommentieren:

Hatten wir nicht gedacht, es müsse nur genug Liebe da sein, eine Art Reservoir tiefster Gefühle, aus dem sich in Krisenzeiten schöpfen lässt?

---

9   Ich werde mir nicht die Mühe geben, hier eine Übersicht über diese Literatur zu geben.

*Glaubten wir nicht, Kinder machten unser Glück komplett? Müssen wir
wirklich über alles reden und immerzu tollen Sex haben?*
Alles Unsinn. Die ebenso nüchternen wie überraschenden Botschaften aus
der Wissenschaft lauten:

*   Echte Freundschaft schmiedet Paare viel fester zusammen als die
    Herzklopfdramatik der sogenannten großen Liebe.
*   Kinder sind Beziehungskiller.
*   Gegensätze ziehen sich vielleicht an – aber ähnliche Werte schweißen
    zusammen.
*   Die ewigen Beziehungsdebatten führen in der Regel zu nichts – jeden-
    falls zu nichts Gutem.
*   Sex ist überbewertet.

Beim ersten Punkt ist wohl eher die große Verliebtheit gemeint. Die große
Liebe ist etwas ganz anderes, etwas völlig Unspektakuläres, ein selbstverständliches Verstehen bis zum Tod des Partners, keine rauschende Sexorgie, für Außenstehende unbegreiflich und langweilig. Die große Liebe ist eher selten und
sieht immer anders aus. Das Einzige, was Außenstehende feststellen, ist, dass
sie sich in Gegenwart des Paares wohlfühlen.

Eine große Rolle spielt in dem Artikel der aus der Werkstoffphysik über-
nommene Begriff „Resilienz"[10]:

*Bevor die Idee mit der Resilienz in die Psychologenköpfe zog, hatten vor
allem Scheidungsforscher auf Beziehungen geschaut. Aber ihr Blick war
wie der des Mechanikers aufs Auto: Was ist kaputt, wo muss ich schmieren,
dengeln, schrauben, damit die Karre wieder läuft? In der Praxis wird oft
noch so verfahren, ungezählte Paare haben das mitgemacht, haben dem
Therapeuten ihre verhunzte Kindheit, Vaters Schwäche, Mutters Kälte,
die offenen Rechnungen und all die Bitterkeit heulend oder geifernd auf
den Tisch gepackt. Als würde es helfen, im Dreck zu wühlen.*

*Das tut es selten. Paartherapeuten verzeichnen erschreckend niedrige Er-
folgsquoten.*

Astrologen können es auch nicht besser, aber sie können wenigstens voraussagen, ob ein Paar zusammenpasst und ob es sich wahrscheinlich trennen muss.
Vielleicht können sie helfen, dass die Partner sich besser verstehen. Doch hef-

10   Leider hat man den Begriff nur unvollkommen adaptiert, denn in der Werkstofftechnik
     gibt es keine unbegrenzte Resilienz. Beim Überschreiten einer Streckgrenze findet eine ir-
     reversible plastische Verformung statt. Das ist bei Paaren ebenso: Ist die Verletzung zu groß
     (z. B. Untreue!), kann das alte Verhältnis nicht wiederhergestellt werden.

tige Unverträglichkeiten können sie auch nicht überwinden. Das ist eine Illusion.

Der Astrologe hat gegenüber anderen Befragern den Vorteil, dass er schon vorher erkennen kann, woran es in einer Beziehung hapert, um dann gezielter fragen zu können. Doch nicht alles Wissen der Astrologen ist sichere Erkenntnis. Wir haben noch einen hohen Forschungsbedarf.

1.8 Paarbildung und -trennung

Jede längerfristige Liebesbeziehung entwickelt sich in verschiedenen Phasen. Nachfolgend ein paar typische Muster:

- Ein erstes Kennenlernen mit der beidseitigen, blitzartigen, sicheren Erkenntnis, füreinander bestimmt zu sein, eine außerordentliche Vertrautheit mit dem Gefühl, sich schon ewig zu kennen. Kein Nachlassen der Vertrautheit und Zuneigung im Laufe der Jahre, eher ein Wachsen der Zuneigung, Krisen werden ohne Schaden für die Beziehung gemeistert, Untreue erscheint absurd. Miteinander alt werden, bis der Tod beide scheidet.

- Sich schon länger kennen, ohne sich sonderlich wahrzunehmen, irgendwann wird entdeckt, sich gut zu verstehen, man tut sich als Paar zusammen, lernt sich schätzten, ein Funke springt über, man wagt die Ehe. Die Sexualität spielt anfangs eine große Rolle. Man geht verantwortungsvoll miteinander um. Man will zusammenbleiben und meint auch miteinander glücklich zu sein.

- Die beiden Partner sind sich lange Zeit herzlich unsympathisch. Irgendwann funkt es, vielleicht unter Einfluss von Alkohol. Man vergisst, was am anderen störte. Im Laufe der Jahre kommen diese Vorbehalte wieder in den Vordergrund und können zu einer starken Abneigung führen, die eine Trennung unvermeidbar macht.

- Eine Partnerschaft wird arrangiert oder kommt aus Vernunftgründen zustande (Karriere, Geld, sozialer Aufstieg). Im Laufe der Jahre kommt ein wenig Zuneigung, beide leben in ihrer eigenen Welt und haben außereheliche Partner.

- Ein Partner verliebt sich einseitig. Der andere will nichts von dem Werbenden wissen oder hat sich in einen anderen verliebt. Er muss schweres Geschütz auffahren, um den Partner zu gewinnen. Er muss protzen mit Geschenken, Spiele mit künstlicher Eifersucht inszenieren. Er erzählt oder schreibt von seinem Unglück und benutzt dabei Wörter aus der Kriegskunst: Besiegen, Ausstechen, Gewinnen u. a.

Diese Muster für den Verlauf einer Partnerschaft lassen sich vielfach erweitern und modifizieren. Bei intensiven Gesprächen mit Geschiedenen habe ich immer den Grundsatz „Der erste Eindruck ist auch der letzte Eindruck" bestätigt gefunden.

Wenn man Geschiedene fragt, welchen ersten Eindruck sie von ihrem Expartner hatten, bekommt man in der Regel nicht den Eindruck des ersten Sehens geschildert. Man muss daher mehrfach nachbohren und die Geschiedenen in ihrer Erinnerung so weit zurückführen, bis sie zu dem Augenblick kommen, in dem sie den Expartner wirklich zum ersten Mal gesehen haben. Dieser erste Eindruck ruft meist Bestürzung hervor, denn es kommen dann Erkenntnisse wie:

- Ich hatte gar keinen Eindruck.

- Er war so geschmacklos gekleidet.

- Sie lachte ständig laut und hässlich.

- Er saß in einer Runde und war ein Angeber.

- Er hat die Kellnerin begrapscht.

- Sie hatte so hässliche Augen.

Die große Bestürzung kommt erst bei der Erkenntnis, dass der Eindruck nach der Trennung genau so ist – der letzte Eindruck ist gleich dem ersten!

Alle glaubhaft glücklichen Paare haben mir geschildert, dass sie bereits in dem Moment des ersten Sehens wussten, dass sie zusammengehören.

Der Leser wird jetzt vehement widersprechen, es sei denn, er hat seine große Liebe gefunden. Er und die Psychologen werden einwenden, dass man einen Menschen nicht nach wenigen Sekunden beurteilen könne. Das ist richtig, aber beim Mysterium der Liebe geht es nicht um vernünftige Entscheidungen nach berechenbaren Kriterien, sondern um die Reaktion auf eine bestimmte

Persönlichkeit, die ohne Ratio abläuft. Es geht um das Gefühl beim ersten Eintauchen in die Aura des Anderen. Es geht um das sich Erkennen, vielleicht auch um das Wiedererkennen, wenn man an die Reinkarnation glaubt.

Diese intuitiven Wahrnehmungen dauern oft nur wenige Sekunden. Danach kommt der Verstand, der sagt, dass der erste Eindruck, wenn er denn überhaupt wahrgenommen wurde, nicht stimmen kann: So positiv oder negativ kann die Person gar nicht sein. Wenn der erste Kontakt da ist, beginnt sofort die hohe Schauspielkunst, schließlich will man sich doch ins beste Licht rücken. Man vergisst leider sofort den ersten Eindruck und schlittert in eine unglückliche Partnerschaft hinein.

Es ist eine absurde Vorstellung, dass aus einer Beziehung, die unter negativen Bedingungen begann, eine große Liebe werden kann. Das funktioniert nur in realitätsfremden Boulevard-Geschichten.

Wie oben beschrieben, ist eine Liebesbeziehung eine sehr komplexe Geschichte. Sie ist um so komplexer, je weniger die Partner zusammenpassen. Über eine große Liebe gibt es praktisch keine Romane, Theaterstücke oder Filme. Über ein glückliches Paar kann nur wenig berichtet werden, was einen anderen Menschen interessieren könnte. Glück ist für andere nur langweilig. Eine seltene Ausnahme ist der Film „Liebe" von Michael Haneke aus dem Jahr 2012.

Wenn zwei Menschen gut zusammenpassen, heißt es nicht, dass sie keine Konflikte haben könnten, aber sie werden gut bewältigt, weil sie nicht von Dauer sind. Es kommt auf die richtige Mischung von Gleichklang und Polarität an. Es ist wie bei elektrisch geladenen Teilchen. Gegensätzliche Ladungen ziehen sich an und gleiche stoßen sich ab. Ohne Polaritäten gibt es keine Anziehung zwischen zwei Menschen. Ohne Gleichklang ist Harmonie nicht möglich.

Die meisten Menschen glauben nicht nur, sie hätten die Möglichkeit, den Partner zu erziehen, sondern auch das Recht, ihn nach ihrer Vorstellung umzuformen. Leider werden sie von vielen Menschen darin bestärkt, was zu Konflikten in der Ehe beiträgt. Wenn junge Menschen glauben, ihren Partner ändern zu können, ist das verzeihlich. Wenn aber ältere, erfahrene Leute den jüngeren einreden, ist es unverantwortlich. Insbesondere stelle ich fest, dass immer mehr die Mütter auf ganzer Linie versagen, den Töchtern und noch mehr den Söhnen die notwendige Aufklärung zu geben: Einen Partner, den man nicht so lieben kann, wie er ist, sollte man nicht heiraten.

Kapitel 2 Kurzeinführung in die Astrologie

Obwohl dieses Buch eigentlich für Astrologen geschrieben ist, werde ich eine kurze Einführung in die Astrologie geben, wie ich auch an anderer Stelle in ein paar Grundlagen der Statistik einführen werde, damit meine Arbeit von Nichtastrologen und Nichtstatistikern besser verstanden wird.

Natürlich werde ich hier nicht einen kompletten Kurs der Astrologie präsentieren. Dafür gibt es gute Bücher, die man in jedem Buchladen erwerben kann. Aber ein paar Grundlagen sind zum Einstieg sehr förderlich. Die Astrologen können natürlich dieses Kapitel überspringen. Dann werden sie meine kritischen Bemerkungen verpassen, denn nicht alles, was in Astrologieschulen gelehrt wir, hält einer Überprüfung stand.

Natürlich gibt es auch verschiedene Schulen und Richtungen, die sich naturgemäß allesamt spinnefeind sind. Im Laufe der letzten Jahrzehnte hat sich die Astrologie durch die Fortschritte der Astronomie erheblich ausgeweitet. Dadurch ist die Astrologie nicht besser, sondern nur komplizierter geworden.

Nicht jeder Gesteinsbrocken, der um die Sonne eiert, ist relevant und viele Einflüsse von Fixsternen sind reine Spekulation und nicht im Geringsten statistisch nachgewiesen. Im fehlenden Nachweis liegt das Problem. Daher bleibe ich lieber bei der bewährten Tradition und hoffe, dass Aussagen in Zukunft wissenschaftlich nachgewiesen werden.

2.1 Literatur zur Einführung in die Astrologie

Eine gute Einführung in alle Aspekte der Astrologie gibt Gertrud Hürlimann [26]. Sie geht auch auf alle Richtungen und Schulen ein. Dieses Buch eignet sich nicht für Anfänger, wenn sie astrologisch arbeiten wollen, weil Tabellen und Deutungshilfen fehlen. Berechnungen kann der Leser nur mit einem Computerprogramm vornehmen. Ein Einstieg mit Hilfe eines Computerprogramms lässt den Anfänger vollkommen ahnungslos bleiben. Ich will Computerprogramme nicht verteufeln, schließlich arbeite ich selber damit. Jedoch meist mit solchen, die ich selber programmiert habe.

Wenn der Anfänger schon nicht selber rechnet, sollte er wenigstens ein Horoskop einmal gezeichnet haben, zumal die meisten Programme nur ein mühsam lesbares Horoskop zu Papier bringen.[1]

Standardwerke, die eine vollständige Einführung in die Grundlagen der Berechnung geben, sind meistens älter und nur noch im Antiquariat zu erhalten.

Der dreibändige Kursus des Mediziners H. Freiherr v. Klöckler [29] führt umfassend in die Astrologie ein, erfordert aber zum Berechnen der Horoskope die Ephemeriden mit den täglichen Planetenstellungen im Tierkreis. Die Ephemeriden liegen in gedruckter Buchform und im Internet vor. Die ausführlichsten sind die Rosenkreuzer-Ephemeriden [43].

Handlicher sind die kleinen Bände der Deutschen Ephemeride [7], die anfangs noch nicht den Pluto enthielten. Einen kostenlosen Zugang findet man im Internet. Die Swiss Ephemeris von Alois Treindl und Dieter Koch lässt sich ausdrucken und kann auch unterwegs über ein Smartphone oder iPad jederzeit eingesehen werden [46]. Da man die wichtigsten Horoskope im Kopf hat, lassen sich an jedem Ort mit Internetzugang Transite untersuchen.

Eine schön illustrierte Einführung ist das großformatige Buch „Universum der Astrologie" von Derek und Julia Parker [34]. Es enthält alle Zweige der Astrologie mit Deutungshilfen und Anwendungsbeispielen. Eine vereinfachte Ephemeride von 1900 bis 1975 ermöglicht die Berechnung von Horoskopen. Leider wird die Berechnung unnötig verkompliziert durch die amerikanische Unterscheidung von Uhrzeiten vor Mittag und nach Mittag (a. m. bzw. p. m.).[2]

Das Buch von Alfred P. Zeller „Richtig leben nach den Sternen" bringt einen vollständigen Abriss der Astrologie und enthält alle Tabellen und Deutungshilfen für die Astrologie [51].

---

1   Ich habe 45 Jahre Pragrammiererfahrung und weiß natürlich, wie aufwendig eine gute Horoskopzeichnung zu programmieren ist. Die übersichtlichsten Horoskope zeichnen die Kairon-Programme für Apple-Rechner.
2   Warum denn einfach, wenn es auch kompliziert geht.

Das Buch „Sterne, Schicksal, Charakter" von Herbert A. Löhlein [30] ist nur eins seiner vielen Büchern. Es enthält keine Berechnungsgrundlagen. Das umfangreichere Buch „Handbuch der Astrologie ist praxisnah, enthält aber auch keine Berechnungen und Tabellen [31]. Es befasst sich jedoch ausführlich mit Liebe, Ehe und Partnerwahl.

Die neueren Bücher beschäftigen sich nur noch mit der Deutung von Horoskopen. Sie sind systematisch nach Planetenstellungen in Tierkreiszeichen und Häusern aufgebaut und bringen meist keine Einführung in die Deutungsprinzipien und Gewichtung der Horoskopelemente. Ein gutes Standardwerk ist „Das große Lehrbuch der Astrologie" von Sakoian und Acker [39] mit sehr brauchbaren Deutungshilfen.

Markus Jehle schrieb mehrere, leicht zu lesende Bücher zur Astrologie [27], die für Anfänger gedacht sind.

Für die Deutung von Transiten ist das Buch von Robert Hand [17] sehr wertvoll.

Die vier Bände „Astrologische Menschenkunde" von Thomas Ring [37] steigen sehr tief in die Horoskopdeutung ein. Ring entwickelt für die psychischen Zusammenhänge eine eigene Sprache, die schwer zu verstehen ist. Die Bücher sind daher für Anfänger nicht geeignet. Für Fortgeschrittene allerdings unerlässlich, weil Ring nicht in Äußerlichkeiten stecken bleibt, sondern ganz präzise die schwer zu fassende seelische Ebene beschreibt. Er bleibt dabei immer systematisch.[3]

Wer sich mit Halbsummen nach Ebertin befasst, kommt um das Standardwerk „Kombination der Gestirneinflüsse" von R. Ebertin [9] nicht herum. Ebertin hat zu vielen Themen Bücher verfasst, wie über die Ehe [10].

Sein Sohn Baldur R. Ebertin hat die Arbeit weitergeführt und verfasste „Vom kosmischen Symbol zur ganzheitlichen Deutung" [8]. Er schlüsselt die Deutung auf verschiedene Seinsebenen auf (Konstitution, Ausdruck und Verhalten, Psychosomatik, Tiefenpsychologie, Intelligenz, Wille und Leistung, Emotionalität, Kommunikation, Erotik und Sexualität, Interessen und Beruf).

Die hier zusammengestellte Liste der Literatur zur Astrologie ist natürlich nicht vollständig. Spezielle Themen sind hier nicht erfasst.

Eine Fundgrube ist heute das Internet, insbesondere http://wiki.astro.com/astrowiki/de/Hauptseite.

---

3   Man lese nur einmal die Bedeutung des Mondes in den Tierkreiszeichen!

2.2 Der Tierkreis

Die wichtigste Rolle in der Astrologie spielt der Tierkreis mit den zwölf Tierkreiszeichen. Die Grundqualitäten der einzelnen Tierkreiszeichen muss vom Astrologieschüler genau verstanden werden, insbesondere die Systematik der Einteilung. Von der Erde aus gesehen, wandert die Sonne im Laufe eines Jahres auf einer Bahn um die Erde, die als Linie vor dem Hintergrund der feststehenden Sterne gesehen wird. Diese Bahn wird Ekliptik genannt. In Wirklichkeit wandert die Erde auf einer elliptischen Bahn um die Sonne (Kopernikanisches Weltbild). Diese Bahn befindet sich auf einer festen Ebene im Weltenraum. Die von der Erde aus gesehene scheinbare Kreisbahn der Sonne wird in 12 gleich große Winkelabschnitte von 30° eingeteilt. Diesen Winkelabschnitten sind die Tierkreiszeichen zugeordnet.

Die Erde rotiert um sich selbst mit einer Achse, die fest im Raum zu stehen scheint, aber nicht senkrecht auf der Ekliptikebene steht. Die Erde ist aber ein Kreisel mit einer Taumelbewegung (Präsessionsbewegung der Achse), die in 25700 – 25800 Jahren einmal vollzogen wird. Diese Präsessionsbewegung bestimmt den Anfang des Tierkreises.

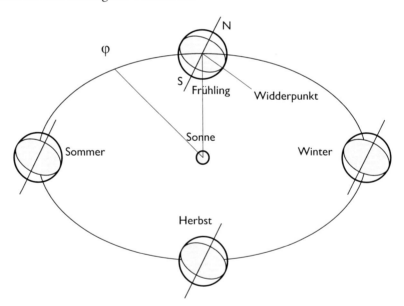

Bild I   Erde beim Umlauf um die Sonne

In   ist die Ebene durch den Äquator der Erde grau gezeichnet. Die Drehachse der Erde ist gegenüber der Senkrechten auf der Ebene der Ekliptik um 23° 27′ geneigt. Gezeigt sind vier Stationen der Erde: Frühling, Sommer, Herbst und Winter für die nördliche Halbkugel.

2.2.1 Widderpunkt

Der Widderpunkt ist der Schnittpunkt der Äquatorebene mit der Ekliptik, wenn auf der nördlichen Halbkugel Frühling ist und Tag und Nacht gleich lang sind. Der Widderpunkt ist der Nullpunkt auf der Ekliptik. Im Bild 1 liegt er der Frühlingsstellung der Erde gegenüber. Von der Erde aus gesehen steht dann die Sonne auf 0° des Tierkreises.

Von diesem Punkt werden zwölf 30°-Sektoren im Uhrzeigersinn abgetragen und den zwölf Tierkreiszeichen zugeordnet:

- Widder   0° - 30° [4]   ♈   21. März – 20. April[5]

- Stier   30° - 60°   ♉   21. April – 21. Mai

- Zwilling   60° - 90°   ♊   22. Mai – 21. Juni

- Krebs   90° - 120°   ♋   22. Juni – 22. Juli

- Löwe   120° - 150°   ♌   23. Juli – 22. August

- Jungfrau   150° - 180°   ♍   23. August – 22. September

- Waage   180° - 210°   ♎   23. September – 22. Oktober

- Skorpion   210° - 240°   ♏   23. Oktober – 22. November

- Schütze   240° - 270°   ♐   23. November – 20. Dezember

- Steinbock   270° - 300°   ♑   21. Dezember – 19. Januar

- Wassermann 300° - 330°   ♒   20. Januar – 18. Februar

- Fische   330° - 360°   ♓   19. Februar – 20. März

---

4   Die mathematisch genaue Bezeichnung für den Winkel φ muss sein: $0 \leq \varphi < 30$.
5   Wegen der Schaltjahre können diese Angaben um ±1 Tag schwanken. Die genaue Einteilung muss den Ephemeriden entnommen werden.

Da in dieser Arbeit die astrologischen Symbole für die Tierkreiszeichen verwendet werden, sind sie in der obigen Tabelle ergänzt worden.

2.2.2 Die Sternbilder

Von der Erde aus gesehen wandern die Sonne und die Planeten durch bestimmte Sternbilder. Die Tierkreiszeichen sind erheblich älter als die Sternbilder, die sehr unterschiedliche Ausdehnungen haben. Die Qualitäten der Tierkreiszeichen wurden bestimmten Tieren und Menschentypen zugeordnet. Die von der Sonne durchlaufenden Sternenbereiche wurden so gruppiert, dass man mit unendlicher Fantasie einen Stier oder einen Löwen glaubt zu erkennen. Wegen der Präsessionsbewegung der Erde stimmen die Sternbilder nicht mehr mit den Tierkreiszeichen überein.[6] Der Widderpunkt liegt heute im Sternbild der Fische.

2.3 Die Planeten

Die Planeten wandern auf elliptischen Bahnen um die Sonne. Die Ebenen dieser Bahnen weichen nur bis 4° von der Ekliptik ab. Lediglich die Pluto-bahnneigung ist mit 17° stark abweichend.

Das Sonnensystem ist praktisch leer. Die Größenverhältnisse sind für uns Menschen kaum vorstellbar. In der nachfolgenden Tabelle 1 stelle ich nicht die Durchmesser und Entfernungen in km dar, sondern als Vielfaches vom Sonnendurchmesser. Zum Begreifen der Größenverhältnisse stelle man sich vor, die Sonne habe einen Durchmesser von einem Meter. Dann würde die Erde als Kugel mit 9,16 mm Durchmesser in einem Abstand von 106,7 m um diesen Feuerball kreisen. Rechnet man die Größen und Durchmesser der anderen Planeten gleichermaßen um, ergibt sich die Tabelle 1.

Man kann sich vorstellen, dass aus 107 m Entfernung ein Feuerball von 1 m Durchmesser ähnlich aussieht wie eine Sonne. Der Mond, der mit 2,5 mm größer ist als der Pluto, kreist in 276 mm Entfernung um die Erde. Der Winzling Pluto wäre in 4 km Abstand nicht einmal mit den stärksten Ferngläsern zu erkennen. Der Saturn hingegen mit 87 mm Durchmesser wäre gerade noch mit bloßem Auge zu sehen, weil er nur einen km entfernt wäre.

---

6   Wegen der unterschiedlichen Länge haben sie nie übereingestimmt!

Der Jupiter ist der größte Planet. Die Sonne ist nur zehnmal so groß. Der Jupiter gilt als Gegensonne und strahlt mehr Energie ab, als er von der Sonne empfängt. Er ist nach der Venus der hellste Planet am Himmel und häufig die ganze Nacht am Himmel in voller Schönheit zu sehen. Mit „Radius" ist in der Tabelle 1 die umgerechnete mittlere Halbachse der elliptischen Bahn gemeint.

Tabelle 1   Größenverhältnisse im Sonnensystem

	Symbol	Ø in km	Ø in mm	Radius in m	Umlaufzeit
Sonne	☉	1392530	1000	-	
Merkur	☿	4876	3,5	41,65	115,88 T
Venus	♀	12104	8,7	77,5	224,701 T
Erde	♁	12756	9,16	106,7	365,256 T
Mond	☽	3476	2,5	0,276	27,322 T
Mars	♂	6794	4,88	163,7	779,94 T
Jupiter	♃	142984	102,7	559,4	11,862 J
Saturn	♄	120536	86,6	1024,8	29,458 J
Uranus	♅	51118	36,7	2070	84,014 J
Neptun	♆	49530	35,6	3245	164,793 J
Pluto	♇	2390	1,72	4280	~248,2 J

Der Planet Chiron ⚷ ist in der Tabelle 1 nicht enthalten, weil seine Bahn stark exzentrisch ist und zwischen Saturn und Uranus liegt. Er ist mit 200 km Durchmesser eigentlich ein Komet, spielt aber heute in der Astrologie eine wichtige Rolle. Ich habe ihn daher in meine Untersuchungen einbezogen.

2.4 Horoskop

Das Wort „Horoskop" ist aus dem Griechischen und bedeutet Stundenschau (hora = die Stunde und skopein = schauen).

Ein Horoskop ist das kosmische (astronomische) Geburtsbild eines Menschen. Es bildet die Situation am Himmel zur Zeit der Geburt vom Geburtsort aus gesehen in vereinfachter Form ab. Die Entfernungen der Planeten bleiben unberücksichtigt. Nur die Winkel auf der Ekliptik sind für die Planeten von Bedeutung. Abweichungen von der Ekliptikebene werden vernachlässigt.

Ein übersichtlich gezeichnetes Horoskop ist in der Regel die Grundlage für die Charakterdeutung. Es sollte alle Angaben übersichtlich enthalten: Winkel auf der Ekliptik für die Planeten und Achsen, Zahlenwerte und Aspekte (Winkel) zwischen den Planeten, damit der Mensch, der das Geburtsbild deutet, die genauen Zahlen nicht mühsam aus Tabellen entnehmen muss.

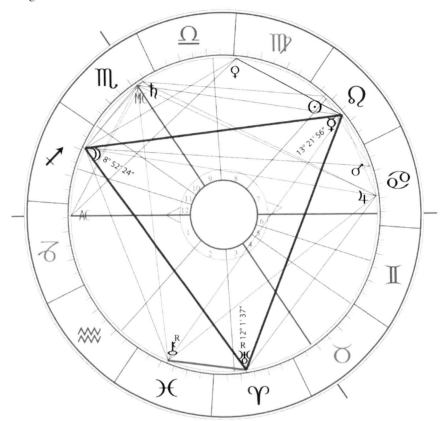

Bild 2   Horoskopbeispiel 15.08.2013, 17:12, Frankfurt a. M.

Zum Verständnis ein Beispiel für ein Geburtsbild[7] vom 15.08.2013, 17:12 Uhr in Frankfurt am Main.

---

7   Ausgegeben vom Programm Kairon 3.6. Die Winkelangaben für Mond, Merkur und Uranus wurden von mir nach den Deutschen Zeichennormen nachträglich hinzugefügt. Kein mir bekanntes Computerprogramm kann das.

Die Ortskoordinaten sind 50° 6′ 55″ N, 8° 37′ 38″ O.[8] Die genauen Winkel auf der Ekliptik für die Achsen und die Planeten bis Chiron sind:

Aszendent (AC) 04°20′49″ ♑   Medium Coeli (MC) 08°14′11″ ♏

☉ 22°59′32″ ♌	☽ 08°52′24″ ♐	☿ 13°21′56″ ♌
♀ 28°50′38″ ♍	♂ 21°59′14″ ♋	♃ 10°58′34″ ♋
♄ 06°00′00″ ♏	♅ 12Ari11′37″R ♈	⚷ 12°19′44″R ♓

Diese hier gekürzte Liste wird von den Programmen mit dem Horoskop und dem sogenannten Aspektarium auf einer DIN-A4-Seite ausgegeben. In dem Horoskop sind zahlreiche farbige Linien zu sehen, die einen bestimmten Aspekt symbolisieren. Aspekte sind neben den Stellungen der Planeten im Tierkreis die wichtigsten Elemente zur Deutung von Horoskopen.

2.4.1 Aszendent und Himmelsmitte

Durch die Erddrehung wandern die Tierkreiszeichen und mit ihnen die Planeten im Uhrzeigersinn weiter, in 24 Stunden einmal um die Achse. Die waagerechte schwarze Linie mit der Bezeichnung AC ist der Aszendent und liegt auf 4°21′ ♑. Nach etwa zwei Stunden ist dieser Punkt um 30° weitergewandert und befindet sich im Wassermann. Das heißt, der Tierkreis steigt am Osthorizont auf. Der Aszendent ist der Punkt auf der Ekliptik, der zur Zeit der Geburt vom Geburtsort aus gesehen gerade am Osthorizont aufsteigt. Aszendent von lat. ascendere = emporsteigen. Der gegenüberliegende Punkt heißt Deszendent (DC).

Die Berechnung des Aszendenten findet man im Internet unter http://de.wikipedia.org/wiki/Aszendent_(Astrologie), wenn man es programmieren will. Computerprogramme können es und näherungsweise geht es über Tabellen in den Ephemeriden [7].

Der zweite wichtige Punkt ist die Himmmelsmitte (MC). Diesen Punkt auf der Ekliptik bekommt man durch die Meridianebene, die definiert ist durch die Verbindungslinie vom Geburtsort zur Zeit der Geburt zum Nordpol der Erde (Meridian) und durch die Erdachse als zweite Linie. Der Schnittpunkt dieser Ebene mit der Ekliptik ist das MC (medium coeli). Der gegenüberlie-

---

8   Auf den ersten Blick könnte dies das Horoskop eines geborenen Astrologen sein, was aber keine Prognose sein soll.

gende Punkt ist die Himmelstiefe oder Nadir (imum coeli IC). Vom Geburtsort aus gesehen liegt das MC genau im Süden. Die Himmelsrichtung Süden
liegt gegenüber den üblichen Geflogenheiten oben, damit der Taghimmel wie
in der praktischen Anschauung oben liegt.

Im Horoskopbeispiel stand zur Zeit der Geburt gerade der Saturn am MC,
also an der höchsten Stelle der Ekliptik. Weil es taghell war, konnte man ihn
natürlich nicht sehen. Das MC stellt den höchsten Punkt im Horoskop dar.

Der *Aszendent* ist sozusagen der Anfang des Horoskops. Von seinem Punkt
der Ekliptik wird alles bestimmt. Gegen den Uhrzeigersinn werden die verschiedenen Sektoren (Felder, Häuser) für die Lebensbereiche im Horoskop
eingeteilt.

Der Aszendent ist nicht so leicht zu deuten wie das Sonnenzeichen. Dabei
sagt er sehr viel über die Persönlichkeit aus: Wie ein Mensch seine Umwelt
wahrnimmt, wie er auf sie reagiert, wie er sich in ihr entwickelt, wie er von den
Umwelt, den Mitmenschen erlebt wird, oft wird durch den Aszendenten die
äußere Gestalt und die Konstitution angezeigt, die Qualität der Organe, der
Knochenbau und das Erscheinungsbild.

Das Zeichen des Aszendenten zeigt, wie ein Mensch die Reize seiner Umwelt aufnimmt, sich mit ihnen auseinandersetzt, sich anpasst, von ihnen ge-
formt wird, wie sich die Persönlichkeit als Einheit von Körper, Geist und Seele
entwickelt.

2.4.2 Das MC

Die Himmelsmitte fällt in ein Zeichen, das bestimmt, wie sich ein Mensch in
der Gesellschaft verwirklicht, welche Lebensziele er verfolgt, welche Rolle er in
der Öffentlichkeit und im Beruf spielen möchte, wie wichtig ihm Erfolg und
Anerkennung ist, wie er sich in der Öffentlichkeit darstellt, was ihm wichtig
ist.

2.4.3 Die vier Quadranten

Die beiden Achsen teilen das Horoskop in vier Quadranten ein. Der erste
Quadrant (I) ist der Sektor vom Aszendenten bis zum IC, der zweite (II) vom
IC bis zum DC, der dritte (III) von DC bis zum MC und der vierte (IV)
vom MC bis zum AC. Sie sind in der Regel nicht gleich groß. Die meisten

Astrologen unterteilen jeden Quadranten noch in drei unterschiedlich große Sektoren ein. Diese werden Häuser oder Felder genannt. Da es mindestens 16 verschiedene Systeme zur Hauseinteilung gibt, haben alle statistischen Untersuchungen bisher zu keiner Bestätigung eines Haussystems geführt [23]. Ebertin [9] kommt ganz ohne Häuser aus. Da man die Häuser nicht eindeutig festlegen kann, werde ich nicht auf Häuser eingehen und sie nur mit einem „–" abgrenzen. Eine gute Einführung in die Häusersysteme findet man bei Hürlimann [26].

Im Horoskopbeispiel sind die in Deutschland am häufigsten eingesetzten Häuser nach Placidus eingezeichnet.

Quadrant I

Der erste Quadrant betrifft den persönlichen Lebensbereich, das Ich (Individualität) und die Persönlichkeit – die eigenen Ressourcen, Besitz und Finanzen – Kommunikation und Denkvermögen.

Quadrant II

Herkunft, Elternhaus, Tradition, das eigene Heim, subjektives Empfinden – eigene Gefühle, Sexualität, Selbständigkeit, Vergnügen und Spiel – Arbeitsweise, Anpassung an Lebensbedingungen, Verhältnis zur Arbeit, Kollegen und Vorgesetzten, Pflichtgefühl, Existenzangst und Gesundheit.

Quadrant III

Der dritte Quadrant ist mit dem Du verbunden: Partnerschaften, Liebesbeziehungen und Ehe, Bindungsfähigkeit – Verpflichtungen gegenüber eingegangenen Bindungen, Ressourcen anderer, Zwänge, Tod und Erbschaften – Weltanschauung, Religion, höhere Bildung, Vernunft, Weiterentwicklung, weite Reisen.

Quadrant IV

Der vierte Quadrant ist mit der Öffentlichkeit und der Gesellschaft verbunden: Beruf, Berufung, Amt, Anerkennung, Karriere, gesellschaftliche Stellung – Freundschaften, Vereine, Organisationen, Freiheit und Emanzipation – Innere Entwicklung, Abgeschiedenheit, Einsamkeit, Leben im Verborgenen, Bewusstseinserweiterung, Forschen und Arbeiten in Krankenhäusern, Klöstern oder Bibliotheken

2.4.4 Aspekt und Orbis

Aspekt heißt Anblick. Gemeint ist, wie ein Planet einen anderen Planeten am Himmel anblickt. Die älteren Leser kennen vielleicht noch einen klaren Sternenhimmel mit einer eindruckvollen „Milchstraße" und strahlend leuchtenden Planeten. Die Venus ist als Abend- oder Morgenstern auch heute noch zu bewundern.

Doch alle Orte sind heute nachts so hell erleuchtet, dass man weder die Milchstraße noch weniger helle Planeten wie Mars und Saturn sieht. Wer in einem kleine Ort am Meer Urlaub macht, kann auch heute noch eindrucksvoll erleben, wie sich die Planeten „anblicken", insbesondere wenn sie sehr nahe beieinander stehen (Konjunktionen). So konnte ich im Juli 1981 die seltene, *sehr* enge Konjunktion zwischen Jupiter und Saturn auf Gran Canaria beobachten. An einem Abend gesellte sich auch noch der Mond dazu. Auch Winkel von 120°, 90° und 60° sind eindrucksvoll.

Als Erstes soll ein Winkel von 120° betrachtet werden, weil dieser Winkel sechsmal im Horoskopbeispiel vorkommt. Alle Winkelabstände sind nicht genau 120°, sondern weisen einen kleinen Abstand vom exakten Wert auf. Dieser Abstand wird Orbis genannt. Jeder Astrologe legt für seine Arbeit einen maximalen Orbis fest. Ich habe mich für einen Orbis von 4° entschieden. Andere Astrologen gehen bis zu 6°. Warum ist ein Orbis wichtig? Jeder Astrologe weiß aus Erfahrung, dass ein Aspekt umso stärker wirkt, je genauer er ist. Die spielt ganz besonders beim Horoskopvergleich zur Untersuchung von Paarbeziehungen eine Rolle.

Besonders gute und starke Paarbeziehungen weisen einen Orbis bei harmonischen Aspekten von wenigen Bogenminuten auf. Deshalb wird der reale Orbis in dieser Arbeit in die Berechnung der Scheidungswahrscheinlichkeit eingehen.

2.4.5 Trigon

In dem Beispielhoroskop gibt es drei Aspekte mit ungefähr 120°, die ein gleichseitiges Dreieck bilden. Ich habe sie mit dicken, roten Linien hervorgehoben. Dreieck heißt auf Griechisch „trigonon (τρίγονον)", den meisten Lesern aus der Trigonometrie des Mathematikunterrichts bekannt. Weil drei geschlossene 120°-Linien ein Dreieck ergeben, wird dieser Aspekt „Trigon" genannt. Das Symbol für ein Trigon ist daher △.

Trigone gelten in der Astrologie als besondern positiv, wobei der Begriff positiv nicht besonders treffend ist. Die Einteilung in positive und negative Aspekte ist nicht sehr hilfreich. Man spricht besser von harmonischen, förderlichen, synthetischen bzw. dissonanten, hinderlichen oder analytischen Aspekten.

Auf keinen Fall dürfen Aspekte in gute oder böse eingeteilt werden, weil dann bei der Deutung zu leicht ins Moralische und in die Vulgärastrologie abgeglitten wird. Das gilt auch für die Bewertung von Planeten. Jupiter gilt allgemein als Wohltäter und Saturn als Übeltäter. Dies ist eine grobe Vereinfachung und wird der wahren Bedeutung dieser Planeten in der Astrologie keinesfalls gerecht.

Menschen mit vielen Trigonen im Horoskop haben es eher leicht im Leben, weil ihnen vieles zufällt und sie sich nicht besonders anstrengen müssen. Ob sie daher glücklicher sind als andere Menschen, ist sehr fraglich, denn wahres Glück ist ohne Anstrengung nicht zu erlangen. Am schönsten wird dies im alten Testament (Psalm 90,10) ausgedrückt:

Unser Leben währet siebzig Jahre und wenn's hoch kommt, so sind's achtzig Jahre, und wenn's köstlich gewesen ist, so ist es Mühe und Arbeit gewesen; denn es fähret schnell dahin, als flögen wir davon.

Daher können Müßiggänger nicht wirklich glücklich werden, worunter sehr reiche Leute oder Rentner ohne wirkliche Aufgaben sehr leiden können.

Kein Mensch kann ohne starke analytische Aspekte im Leben etwas Großes leisten. Einer der stärksten antreibenden Aspekte ist das Quadrat.

2.4.6 Quadrat

Ein Quadrat ist ein Winkelabstand von 90°, weil vier zusammenhängende Aspektlinien die Figur eines Quadrates ergeben. Damit ist das Prinzip für die

Einteilung der Aspekte schon klar erkennbar: Es sind jeweils ganzzahlige Teile des Vollkreises. Das Prinzip kann einfach fortgeführt werden:

$$360/1 = 360° = 0° \quad \text{Konjunktion}$$
$$360/2 = 180° \quad \text{Opposition}$$
$$360/3 = 120° \quad \text{Trigon}$$
$$360/4 = 90° \quad \text{Quadrat}$$
$$360/5 = 72° \quad \text{Quintil}$$
$$360/6 = 60° \quad \text{Sextil}$$
$$360/8 = 45° \quad \text{Oktil (Halbquadrat)}$$
$$360/12 = 30° \quad \text{Halbsextil (Semisextil)}$$

Ein Quadrat ist besonders spannungsreich für den Charakter und das Leben eines Menschen. Es zwingt zur besonderen Auseinandersetzung mit den von den betroffenen Planeten angezeigten Lebensbereichen. Das Symbol ist □.

Im Beispielhoroskop sind zwei Quadrate zu sehen: ☽□♆ (Mond Quadrat Chiron) und ♃□♅ (Jupiter Quadrat Uranus). Bei der Deutung von Aspekten ist immer zu beachten, in welchem Tierkreiszeichen sich beide Planeten befinden. Dafür ist es jetzt noch zu früh, weil die Bedeutung der Tierkreiszeichen und der darin stehenden Planeten noch erklärt werden muss. Bei zu vielen Quadraten kann das Leben auch scheitern, weil der Horoskopeigner nicht damit fertig wird.

2.4.7 Opposition

Die Opposition (☍) ist ein weiterer analytischer Aspekt. Sie erfordert die Auseinandersetzung mit zwei entgegengerichteten Kräfte. Wenn es dem Betroffenen gelingt, diese zusammenzuführen, werden sie zusätzliche schöpferische Fähigkeiten verleihen. Dies gelingt besonders dann, wenn auf einen der Planeten ein Trigon fällt und damit die Opposition entspannt. Im Beispiel gibt es eine Opposition zwischen Jupiter im Krebs und Aszendent (♃☍AC).

2.4.8 Sextil

Das Sextil (∗) ist ein förderlicher Aspekt wie auch ein Trigon. Es verleitet aber nicht zur Trägheit, sondern lässt die Energien von den beteiligten Planeten zusammenfließen. Der zweite Planet steht im übernächsten Tierkreiszeichen.

Tierkreiszeichen in einem solchen Abstand sind nicht ähnlich, sondern eher ergänzend. Im Beispiel befindet sich ein ♄∗AC, das dem Horoskopeigner eine große körperliche und seelische Stabilität, Durchhaltevermögen und überlegtes Handeln anzeigt.

2.4.9 Konjunktion

Bei der Konjunktion (☌) vereinigen sich zwei oder mehrere Wesenskräfte. Die Beeinflussung hängt von den beteiligten Planeten ab. Sie kann die Wirkung beider Planetenkräfte verstärken, aber auch einschränken, verfeinern, vergröbern und verkomplizieren. Hinzu kommt, dass die Wirkung nicht unabhängig vom Tierkreiszeichen und von der Stellung in einem der vier Quadranten ist. Im Horoskopbeispiel gibt es eine enge Konjunktion zwischen Saturn und MC. Da der Saturn im Skorpion und im III. Quadranten steht, zeigt dies ein intensives Bemühen um Wissen und Forschung an.[9]

2.5 Nebenaspekte

Die bisher besprochenen Aspekte bezeichnet man als Hauptaspekte. In den meisten Deutungsregeln werden nur diese abgehandelt, weil sie den stärksten Einfluss haben. Oft werden auch nur Konjunktionen (☌), positive (△, ∗) und negative Aspekte (□, ☍) zusammenfassend besprochen, was grob vereinfachend ist, wie meine statistischen Untersuchungen ergeben haben.

Zu den in 2.4.6 genannten Nebenaspekten gibt es noch Vielfache von ihnen wie das Eineinhalbquadrat (135°), das Biquintil (144°) und das Quincunx (150°), die von vielen Astrologen als wenig bedeutungsvoll angesehen werden. Dabei ist ein sehr genauer Nebenaspekt sicher wirkungsvoller als ein Hauptaspekt mit großem Orbis.

Johannes Kepler hat dem Quintil und dem Biquintil große Bedeutung zugemessen, insbesondere in Horoskopen von schöpferischen Menschen (Künstler und Musiker). Er hat immer die Gemeinsamkeiten von Aspekten mit den Intervallen (im Zusammenklang) betont und sprach von Sphärenklängen. Der Musiker spricht von Konsonanzen und Dissonanzen, aber auch von Intervallspannungen (Quarten, Septimen, Nonen, Tritonus).

---

9   gilt als Professorenaspekt

Die ganzzahligen Schwingungszahlverhältnisse von Tönen bei reinen Intervallen sind verwandt mit den Aspekten: Oktave 2:1, Quinte 3:2, Quarte 4:3, große Terz 5:4 und kleine Terz 6:5. Heute sind Tasteninstrumente gleichmäßig temperiert[10] gestimmt, und nur die Oktave ist ein reines Intervall. Alle anderen sind unrein. Sänger, Bläser und Streicher musizieren hingegen rein.

2.5.1 Quintil und Biquintil

Quintile und Biquintile fördern die Schöpferkraft. Sie sind nicht unbedingt angenehm, eher herausfordernd. Im Beispiel findet man zwei Quintile: ☉Q♄ und ☽Q♀. Beide wirken sich positiv auf die Kreativität des Horoskopträgers aus. Die Wirkung hängt von den beteiligten Planeten ab. Wir stehen erst ganz am Anfang der Forschung. Meine Arbeiten haben ergeben, dass sie bei den Partnerschaftsanalysen und bei der Scheidungswahrscheinlichkeit von Bedeutung sind.

2.5.2 Halbquadrat und Eineinhalbquadrat

Die Halbquadrate (∠) und Eineinhalbquadrate (⚼) habe ich aufgenommen, um eine Brücke zur Halbsummentechnik von Ebertin zu schlagen. Sie sind bei Partnerschaftsanalysen von Bedeutung. Seit langer Zeit gilt ein ☉∠♀ als Scheidungsaspekt, was ich nicht bestätigen konnte.

Halbquadrate und Eineinhalbquadrate gelten als weniger spannungsgeladen als Quadrate. Man kann ihnen vielleicht ausweichen und sie unter den Teppich kehren. Eine Lösung ist das nicht. Die meisten Astrologen werten sie als unbedeutend. Ausgenommen ist die Hamburger Schule und die Halbsummentechnik von Vater und Sohn Ebertin [9], [8].

2.5.3 Quincunx

Ein Quincunx (⚻) gilt als besonders belastend, weil die Tierkreiszeichen im Abstand von 150° als unvereinbar angesehen werden können. Sie sind ein Stachel im Fleisch oder ein Riss im Gefüge (Ring [37]). Dies gilt besonders bei

---

10 Das hat nichts, aber auch gar nichts mit der wohltemperierten Stimmung von Johann Sebastian Bach zu tun.

Partnerschaften. Es gibt nur ganz wenige Ausnahmen. Im Horoskopbeispiel gibt es zwei Quincunxe: ☽⚻♃ und ☿⚻♇.

2.5.4 Halbsextil (Semisextil)

Halbsextile (⚺) bedeuten, dass die Planeten in nebeneinander liegenden Tierkreiszeichen stehen. Man kann sie als Umkehrung vom Quincunx auffassen. Halbsextile deuten ebenfalls auf unvereinbare Planetenkräfte hin, sind aber weniger belastend als Quinkunxe.

2.6 Die Bedeutung der Tierkreiszeichen

Es ist sehr schwer, allgemein verbindliche Beschreibungen der Tierkreiszeichen zu formulieren. Es bringt auch wenig, mit Hilfe von Theorien über die Tierkreiszeichen und Theorien über die Planetenkräfte zu brauchbaren Deutungshilfen zu kommen. Man gerät dabei leicht ins Spekulative.

Schon die Sonne in einem bestimmten Tierkreiszeichen bedeutet etwas anderes als der Aszendent in diesem Zeichen. Leider wird dies von vielen Astrologen nicht unterschieden. Vielfach werden Deutungen und Erklärungen mit Analogien zur (griechischen) Mythologie vorgenommen oder aus anderen Gedankengebäuden entlehnt, insbesondere der Tiefenpsychologie. Das mag zwar für manche Menschen sehr interessant sein, ist aber für das Verständnis der Astrologie und für wissenschaftliche Untersuchungen entbehrlich. Ich werde daher in dieser *kurzen* Einführung nicht darauf eingehen. Man kann dies in zahlreichen Büchern nachlesen.

Vielmehr muss man die wahre Bedeutung der astrologischen Elemente genau kennen. Die Astrologie ist eben auch eine Erfahrungswissenschaft.

Eine große Hilfe ist die Einteilung eines Kreises in 12 gleiche Segmente (Bögen). Ein Kreis hat weder einen Anfang, noch ein Ende, wie Lebenvorgänge und die Bewegungen im Universum. Die Kreisanordnung ermöglicht es, Gegensätze oder Ähnlichkeiten übersichtlich darzustellen, wie schon die Aspekte deutlich gemacht haben.

Alles in der Welt verläuft in Kreisen und Zyklen: die Jahreszeiten, Tag und Nacht, Gesundheit und Krankheit, ja sogar Tod und Leben, wenn unterschiedliche Seinsformen im Weltbild zugelassen werden. Gegenüberliegende

Tierkreiszeichen kennzeichnen immer echte Gegensätze und nicht den Mangel an Eigenschaften des Gegenüberliegenden.

Die Entwicklungshöhe eines Menschen lässt sich nicht aus seinem Horoskop ablesen. Wenn man sich eine dritte Dimension zur Kreisbewegung denkt, kommt man zu einer Spiralbewegung, die bei einem Blick in Richtung der Kreisachse nicht erkennbar ist, sondern erst quer dazu als eine zusätzliche Aufwärtsbewegung[11]. Diese Blickrichtung auf das Horoskop ist nicht möglich und deshalb ist die Entwicklungshöhe eines Menschen nicht erkennbar. Das erklärt auch, weshalb zwei Menschen mit gleichem Horoskop weder den gleichen Charakter noch das gleiche Schicksal haben.

2.6.1 Einteilung in Typen

Die Einteilung in Typen über Elemente und Temperamente ist sehr hilfreich. Sie trifft aber nur bedingt die verschiedenen Definitionen vom Altertum bis zur modernen Psychologie, ist aber zum Verständnis der Typen unerlässlich. Schon jetzt muss darauf hingewiesen werden, dass es keine klar abgegrenzten Typen in der Charakterdeutung gibt. Sonne und Aszendent sind selten im gleichen Zeichen. Weitere Modifikationen kommen von den Planeten in den unterschiedlichen Tierkreiszeichen.

Planeten und Achsen symbolisieren Kräfte, Lebensäußerungen, Ausdrucksprinzipien, Fähigkeiten und Möglichkeiten. Die Tierkreiszeichen modifizieren diese Möglichkeiten, geben den Kräften eine Richtung und den Lebensäußerungen eine Färbung.

Die erste Einteilung über die Elemente Feuer, Erde, Luft und Wasser gibt Hinweise, welche Richtung der Lebensbezug annimmt. Dabei sind die einfachen Beschreibungen möglich (Tabelle 2).

Die zweite Einteilung der zwölf Typen wird nach der Richtung der Kräfte und Lebensäußerungen vorgenommen. Man unterscheidet kardinale, fixe und labile Typen. Diese Begriffe bedeuten nicht das Gleiche, wie sie in den Gegensatzpaaren zum Ausdruck kommen: labil – stabil, fix – veränderlich.

Sie bedürfen einer besonderen Erklärung. Sie zeigen an, wie die Kräfte auf der zugehörigen Ebene gerichtet sind, wie die Lebensäußerungen angelegt sind.

---

11   Ring [37], Band II

Tabelle 2   Die vier Elemente

Ele-ment	Zustand Ebene	Tempera-ment	Zeichen	Lebensäußerung
Feuer	energetisch organisch	cholerisch	♈ ♌ ♐	Bewegung, Kraft, Mut, Ehrgeiz, Unternehmungslust, Selbstvertrauen, Ungeduld, Unbeugsamkeit, Zorn
Erde	fest materiell	melancholisch	♉ ♍ ♑	Das Materielle, Bewahren, Klugheit, Geduld, Ausdauer, überlegtes Handeln, Konzentration, Sturheit
Luft	gasförmig geistig	sanguinisch	♊ ♎ ♒	anpassungsfähig, lebhaft, geistig beweglich, schnell, vielfältige Empfindungen, eindrucksfähig
Wasser	flüssig seelisch	phlegmatisch	♋ ♏ ♓	Gemüt und Gefühl, leicht beeinflussbar, Stimmung, einfühlsam, bequemes sich Gehenlassen

Kardinal

Diese Anlage zeigt das Führende, das Bewegende, das Ingangsetzende, das Durchsetzende gegen Widerstände, das Treibende an. Die Kräfte sind nach außen gerichtet. Es besteht kein Gleichgewicht, sondern Herrschaft (♈, ♋, ♎).

Fix

Diese Anlage zeigt die Erhaltung und den Ausbau des Bestehenden, das Festhalten an Ordnungen, das Beharren in Bewährtem, das Bleiben in gewählten Bahnen an. Die Kräfte stehen im Gleichgewicht. Es wird nicht geherrscht, aber auch nicht geduldet (♉, ♌, ♏).

Labil

Diese Anlage zeigt bewegliche Reaktionen, die wendige Anpassung, den Wechsel nach Erfordernissen, das Aufgreifen von Möglichkeiten. Die Kräfte kommen von außen und zwingen zur Reaktion. Es wird nicht geherrscht, sondern reagiert und erduldet (♊, ♍, ♓).

2.6.2 Zusammenführung von Element und Richtung

Erst die Zusammenführung von Element und Richtung ermöglicht, die wahre Bedeutung der Tierkreiszeichen zu verstehen. Insbesondere in der Vulgärastrologie werden oft beschönigend die oberflächlich erkennbaren oder verurteilend die moralisch verwerflichen Eigenschaften in den Vordergrund gerückt und der Wesenskern nicht erfasst. Zwar kommen die ausschließlich behandelten Sonnenzeichen dem Kern am nächsten, verführen aber zu einer trivialen Vereinfachung.

Die Ordnungsprinzipien, die keinesfalls nur ein Theoriebedürfnis befriedigen, sondern sehr deutlich der Realität entsprechen, sind im Bild 3 übersichtlich gegenübergestellt. Dem Leser wird empfohlen, sich immer wieder darauf zu beziehen, damit er nicht auf eine Vulgärdeutung hereinfällt.

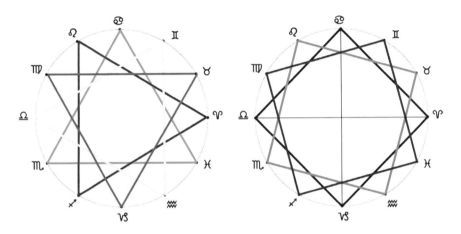

Bild 3   Elemente (links) und Richtungen (rechts) von Lebensäußerungen

Die vier Elemente sind als Trigone mit den Farben rot (Bewegung), braun (Materie, Erde), gelb (Anpassung, Luft) und blau (Gefühl, Wasser) kenntlich gemacht. Die Richtungen und Temperamente als Quadrate im rechten Tierkreis: schwarz (kardinal), grün (fix) und violett (labil).

Am Beispiel der vier kardinalen Tierkreiszeichen will ich das Grundprinzip erklären: Der Krebs liegt dem Steinbock gegenüber. Beide sind echte Gegensätze. Der Krebs lebt in seinen Gefühlen, gleichzeitig will er über seine Gefühle herrschen, das heißt, er will anderen seine Gefühle (Launen) aufzwingen. Deshalb findet man ihn oft in der Gastronomie.[12]

---

12 Ein Krebs hat sich mir gegenüber einmal geäußert, er würde gern eine Kneipe besitzen, und jeder Gast müsste immer die gleiche Stimmung haben wie er.

Der Steinbock herrscht über die Materie, ihm sind Sentimentalitäten und Leidenschaften fremd – höchstens kalte Leidenschaften kennt er. Er will seine langfristigen Pläne verwirklichen. Dafür ist ihm jedes (legale) Mittel recht. Sein Motto ist „Ich gebrauche" – auch Menschen.

Das zweite kardinale Gegensatzpaar ist Widder und Waage. Es wird fast immer übersehen, dass beide herrschen wollen, der Widder aus einem unmittelbaren, fast kindlichen Impuls und nackten Willen, die Waage viel subtiler über die von ihr verlangten Formen und nach ihren Spielregeln. Manche Astrologen bezeichnen die Waage auch als einen höflichen Widder.

Tierkreiszeichen, die im Quadrat zueinander stehen, sind noch viel stärker unvereinbar. Der ungestüme Widder und der zögerliche Gefühlsmensch Krebs können sich kaum verstehen.

Oppositionen und Quadrate zwischen fixen Zeichen lassen kaum zu, Sturheit und feste Positionen zu überwinden, auch nicht mit Auseinandersetzungen. Bei zwei labilen Zeichen fehlen gegenseitige Anregungen und Impulse, beide leben in völlig verschiedenen Welten. Die akribische Jungfrau erträgt den gefühlvollen Fisch mit nicht festgelegten Gedanken ebenso wenig wie den intellektuell umherschwirrenden Zwilling.

2.6.3 Die Tierkreiszeichen

Nach diesen Vorüberlegungen will ich möglichst kurz das Wesentliche der Tierkreiszeichen zusammenstellen. Dieses kommt am stärksten zum Ausdruck, wenn bei der Geburt die Sonne in diesem Tierkreiszeichen stand, insbesondere wenn die Sonne das wichtigste Gestirn im Horoskop ist.[13]

Die Sonne im Horoskop eines Menschen symbolisiert seine geistige Persönlichkeit, wie er wirklich ist und nicht wie er von anderen Menschen wahrgenommen wird (Aszendent), seine Wertvorstellungen, seien Vorlieben, seine wahren Interessen, sein Lebensantrieb, sein Selbstbewusstsein und seine Vitalität.

Widder – kardinal, Feuer, energetisch

Beim Widder kommt das Kardinale unmittelbar zum Ausdruck als spontane Willensäußerung. Wünsche und Ziele entstehen aus einem inneren Impuls

13   Das hängt vom Aszendenten ab. Davon später.

oder aus äußeren Reizen und werden sofort auf kürzestem Wege in die Tat umgesetzt. Widerstände werden nicht geduldet und rücksichtslos überwunden, oft nicht ohne Trotz- und Zornaffekte, keine Kompromissbereitschaft. Die Folgen der mutigen und kühnen Handlungen werden kaum vorher durchdacht, beim Scheitern oder in komplizierten Lagen orientierungslos und aus einer Illusion aufwachend.

Stier – fix, Erde, materiell

Anhaften an Realitäten und Sachen von Wert, Verteidigung lieb gewordener Dinge und Anschauungen, in Beziehungen treu und Besitz ergreifend, Sicherheit im Leben erlangend über Gewohntes, Wertbeständiges, Schönes und festgefügte Wünsche, materielle Bedürfnisse in schöner Umgebung, sinnliche Kontakte zu Menschen, Gebauchsgegenstände, Luxus und Kunst, Geduld und Ausdauer, tief empfundene Enttäuschungen bei Verlusten und misslungener Wunscherfüllung, Stagnation in der Weiterentwicklung, Neigung zur Sturheit und zu Dogmatismus, meist friedlich, bei übermäßiger Reizung jedoch ausrastend.

Zwilling – labil, Luft, Intellekt

Anpassungsfähigkeit durch schnelles Erfassen von Situationen, Möglichkeiten und Interessenlagen, wenig Bindung an Gegenstände, bereit zu wechselnder Tätigkeit, leichte Kommunikation in Wort und Schrift, wendiger Gesprächspartner, vielseitige Interessen, wechselnde Ziele und Wünsche, mehr Empfindungen als Gefühle, keine Neigung zum Kontemplativen, analytisch begabt mit Schärfe des Ausdrucks, Freude an Diskussionen und Auseinandersetzungen, meist komplizierter Lebensweg, waches Registrieren aller äußerer Eindrücke mit schneller Verarbeitung und Reaktion.

Krebs – kardinal, Wasser, Gefühl

Willensäußerung über starke und tiefe Gefühle, die unmissverständlich ausgestrahlt werden, oft bis zum Zwingen der Menschen in der Umgebung, die eigenen Launen zu übernehmen, fürsorglicher Familienmensch, Neigung alles und jeden zu bemuttern, schwankende, von Stimmungen abhängige Ziele, leicht gekränkt und nachtragend, in der Regel sich selber nicht verstehend, starke Phantasie, sachlichen Argumenten wenig zugänglich, interessiert an schönem Heim und Haushalt, zähes Verfolgen eigener Anliegen, niemals loslassend, Festhalten von Beziehungen bis zum bitteren Ende, Flucht vor äußeren Schwierigkeiten, dadurch wenig geradliniger Lebensweg.

Löwe – fix, Feuer, energetisch

Anhaften an Lebensansprüche, an erworbener oder zugefallener Geltung und Macht, Wille zur vollen Befriedigung der hochgespannten Wünsche, Führungsanspruch aus sich selbst durch meist angeborene Autorität, unternehmensfreudig, dabei wenig planvoll, eher improvisierend, kein pedantischer Verwalter, im eigenen Aufgabenbereich unumschränkter Herrscher, der anerkannt und bewundert werden will, bei Kompetenzstreitigkeiten zornige Reaktionen, großzügig zu sich und anderen, immer aus dem Vollen schöpfend, Ressourcen werden zur Steigerung der Lebensqualität und zur Selbstdarstellung genutzt, Gefühle werden durch Handlungen unterstrichen, Romantiker mit Hang zum Theatralischen.

Jungfrau – labil, Erde, materiell

Anpassungsfähigkeit an materielle Gegebenheiten, Umstände und Beschränkungen, Haften an Dingen, Umgebung und Arbeitsfeld. Neigung, Tätigkeitsfeld und Aufgaben einzugrenzen und zu zergliedern, dabei pedantische Sorgfalt und Genauigkeit in der Bearbeitung von Dingen und Vorgängen, leicht den Überblick verlierend, immer zuverlässig, präzise in der Ausdrucksweise, nicht müde werdend, das Wertige noch wertiger zu machen, kritisch und zurückhaltend mit der Äußerung von Gefühlen, daher oft als gefühllos verkannt, logisch in der schrittweisen Weiterentwicklung vom Bekannten zum Neuen, nur zugetan dem Beweiskräftigen, nicht den vagen Behauptungen.

Waage – kardinal, Luft, intellektuell

Willensäußerung durch Bestimmung von Formen und Spielregeln, deren Einhaltung unmissverständlich gefordert wird, schwankende Ziele und geringe Entscheidungsfähigkeit, hohes Bedürfnis nach Ästhetik, deren Vorstellung gern der Umwelt aufgezwungen wird, differenzierte Empfindungen, aber wenig Gefühle, schnelle Umorientierung mit eher lavierendem Verhalten, Hindernisse leicht umgehend, Führung durch Aufstellung verbindlicher Handlungsmaximen, wenig Neigung zu körperlichen Anstrengungen, oft über die Verhältnisse jammernd ohne Anstrengungen, sie zu ändern, durch Einhalten von Umgangsformen für Vermittlungsaufgaben geeignet. Kann nicht alleine sein, braucht viel Kontakt zu Menschen und viel Aufmerksamkeit.

Skorpion – fix, Wasser, Gefühle

Anhaften an Gefühlen, seelischen Erlebnissen, Kränkungen, die innerlich schwer verarbeitet und aufgestaut werden, bis das „Fass" überläuft und die Gefühle sich explosiv Luft machen, danach lange nachtragend, trotz Aussprache und Versöhnung manchmal ewig, durchdringender analytischer Verstand, auf den Grund gehend, nach Erkenntnissen strebend, zähes Verfolgen von Zielen, misstrauisch, eifersüchtig und zweifelnd, schwankende, tiefe Gefühle, hohes Einfühlungsvermögen, erkennt sofort die Schwachstellen eines Menschen, hat gern Geheimnisse vor Menschen, notfalls vortäuschend.

Schütze – labil, Feuer, energetisch

Anpassungsfähigkeit an die Herausforderungen des Lebens und den eingeschlagenen Weg, Drang nach Expansion, Abenteuer und Reisen, zähes Verfolgen hochgespannter Ziele, bei Planungen Details übersehend, ungeduldiges, voreiliges Handeln, durch Probleme herausgefordert, dramatisches und pathetisches Äußern von Gefühlen, reizbar bei Widerständen, Sinnsuche für das Leben und Handeln, oft andere davon überzeugen wollend, freiheitsliebend, philosophische Ader, offen und ehrlich seine Meinung äußernd, immer in Bewegung, Sport und intellektuelle Übungen brauchend.

Steinbock – kardinal, Erde, materiell

Willensäußerungen über konkrete Dinge, dabei Sachen genauso einsetzend wie Menschen („ich gebrauche"), langfristige, oft egoistische Ziele, über Jahrzehnte verfolgend solange noch erfolgversprechend, Macht eher im Verborgenen ausübend, sehr ehrgeizig, sorgfältig, vernünftig, ausdauernd, geduldig, diszipliniert und verlässlich, Neigung zu Pessimismus, Geiz und Starrsinn, wortkarg mit trockenem Humor, planvoll vorgehend mit Durchdenken aller Eventualitäten, erst nach langen Vorbereitungen handelnd, beim Scheitern von Plänen tief erschüttert mit großen Schwierigkeiten zur Umorientierung, langfristig auf Karriere hoffend, dafür Ausharren in untergeordneter Stellung mit Aufgaben, die Geduld und Sorgfalt verlangen, praktischer, zuverlässiger Partner ohne Romantik.

Wassermann – fix, Luft, Intellekt

Anhaften an Überzeugungen und an geistiger Unabhängigkeit, freundliches aber kühles Reagieren auf Mitmenschen, fortschrittlich bis revolutionär oder gewollt unkonventionell, im Denken der Zeit vorauseilend, analytischer, unpersönlicher Verstand, nicht an Gegenständen, Gefühlen und Menschen haftend, Originalität um jeden Preis, sowohl im Denken als auch im Auftreten, nach eigenen geistigen Maßstäben handelnd, gleichmütiges Ertragen von Unzulänglichkeiten, fähig, gescheiterte Pläne und Beziehungen sowie Lebensorte und berufliche Aktivitäten vollständig hinter sich zu lassen. Braucht in emotionalen Beziehungen hohes Maß an Freiheit und Toleranz, dann treu und anhänglich, aber wenig leidenschaftlich, eher freundschaftlich. Keine sportlichen, sondern mehr geistige Interessen.

Fische – labil, Wasser, Gefühl

Anpassungsfähigkeit durch Einfühlungsvermögen, Vorausahnungen und oftmals gute Menschenkenntnis, hoch beeindruckbar und beeinflussbar durch Gefühle, Stimmungen, Kränkungen und durch die eigene Phantasie, sehr hohe Sensibilität, Stimmungsschwankungen zwischen Optimismus und tiefem Pessimismus, wenig kämpferisch, gern die Dinge laufen lassend und Ungerechtigkeiten erduldend, Gefühle zum eigenen Schutz eher verbergend, dadurch oft als gefühllos verkannt, Leben in Träumen und Phantasievorstellungen, wenn Fähigkeiten zum Gestalten hinzukommen, oft begabte Künstler (Schauspieler, Musiker, Maler und Bildhauer), meist angeborene Musikalität, Erwerb von Macht und Besitz ist nicht Lebensinhalt, in jungen Jahren Anstrengungen zur Lebenssicherung, später eher Bequemlichkeit, liebreizend durch freundliches Einfühlungsvermögen, Einsatz für die Zukurzgekommenen, Kranken und Leidenden, zu echtem Mitleid fähig, aufopferungsfähig, Denkprozesse eher vom Chaos zur Klarheit, von Gefühlen beeinflusst, Bewusstsein je nach Entwicklungshöhe erweitert bis zum verbunden Fühlen mit allen Menschen und dem Kosmos.

2.6.4 Zusammenfassung

Dem Leser wird aufgefallen sein, dass die Beschreibungen keine Handlungen und konkreten Lebensäußerungen enthalten. Die gehören ohnehin eher zum

Aszendenten. Ich habe versucht, immer auf der seelischen Ebene zu bleiben. Die seelischen Regungen können sich ganz unterschiedlich äußern. Das hängt auch von der Entwicklungshöhe ab, die im Horoskop nicht erkennbar ist.

Darüber hinaus wird dem Leser klar geworden sein, dass die zwölf Typenbeschreibungen völlig unterschiedlich sind. Vom Astrologen wird daher eine hohe Menschenkenntnis und eine große Unterscheidungsfähigkeit verlangt.

Die Einteilung über die vier Elemente und drei Kraftrichtungen helfen dem Anfänger (und dem Profi) die Tierkreiszeichen wirklich zu verstehen und nicht in vulgäre Anschauungen abzugleiten.

2.7 Die Bedeutung der Planeten und des Mondes

Die Sonnenzeichen sagen oft bereits das Entscheidende über einen Menschen aus. Doch die Stellung des Mondes und der anderen Planeten können die Charaktereigenschaften eines Menschen erheblich modifizieren. Manchmal sogar wesentlich bestimmen. Das hängt vom Geburtsgebieter ab, den ich erst einführen kann, wenn alle Planeten besprochen sind.

Ich werde nicht auf alle Planeten so intensiv eingehen, wie auf die Sonnenzeichen, nur auf den Mond und die persönlichen Planeten Merkur bis Saturn. Uranus, Neptun und Pluto sind mehr mit den Generationseigenschaften verbunden. Jedem Tierkreiszeichen ist ein Planet zugeordnet, der in diesem Zeichen besonders stark wirkt und rein zur Geltung kommt. Man sagt, er ist in diesem Zeichen in seinem Domizil, er steht im eigenen Zeichen. Auf die anderen Charakterisierungen wie „im Fall, erhöht und im Exil" werde ich nicht eingehen, weil dies nichts zum Verständnis beiträgt.

Problematisch ist auch, dass sich durch die Entdeckung neuer Planeten in den letzten Jahrhunderten die Vorstellungen der Astrologen etwas geändert haben und im Fluss sind.

Die schon besprochene Sonne ist dem Tierkreiszeichen Löwe zugeordnet, weil in ihm die schöpferische Souveränität am reinsten zum Ausdruck kommt.

2.7.1 Der Mond

Die wenigsten Menschen, die sich für Astrologie interessieren, wissen in welchen Zeichen des Horoskops ihr Mond steht. Dabei ist der Mond neben der Sonne (geistige Persönlichkeit) die zweitwichtigste Einflussgröße, die etwas über die seelische Persönlichkeit aussagt.

Der Mond bestimmt die seelische Grundstimmung, die Art, wie jemand an die Erfüllung seiner Wünsche herangeht, welcher Art die Erwartungen sind. Er zeigt die gefühlsmäßigen Reaktionen und die vegetativen Rhythmen (im Zusammenleben sehr wichtig) an.

Im Gegensatz dazu bleiben die von Aszendenten bestimmten Reaktionen teilnahmslos und ohne emotionale Beteiligung. Die Mondstellung kann die Reaktionsmuster, die vom Aszendent angezeigt werden, erheblich modifizieren.

Die Bedeutung des Mondes in einem bestimmten Tierkreiszeichen wird natürlich deutlich von Aspekten mit anderen Planeten abgewandelt. Gefühlsäußerungen werden bei Aspekten mit Sonne, Mars oder Venus intensiviert, mit Saturn hingegen kräftig eingeschränkt.

Widder

Grundstimmung unreflektiert entschlossen zum Handeln, Probleme unter Einsatz des Willens lösend, keine Bedenken und Einwände duldend, sondern wortreich und laut abwehrend, wenig einfühlend in die Belange Betroffener, bedenkenlos Ansprüche durchsetzend. Die Erwartungen entstehen spontan und werden sofort verwirklicht. Gefühle werden heftig geäußert. Kontakte sind schnell und besitzergreifend. Wünsche werden befriedigt nach dem Motto „ich zuerst".

Stier

Grundstimmung ist Festhalten am Bestehenden, am Wertbeständigen. Veränderungen werden abgewehrt, wenn die zukommenden Dinge nicht bedrohlich oder wesentlich den Besitz oder die Lebensqualität verbessern. Im Gespräch auf das Praktische ausgerichtet, bei unbekanntem Neuen eher unbeteiligt und nur langsam aufgeschlossen. Sinnlich erfahrbare Realitäten werden naiv gläubig hingenommen. Erwartungen sind im Rahmen der erkennbaren Möglichkeiten starr festgelegt. Enttäuschungen werden schwer verkraftet und wirken lange nach. Bewegt sich gern in fester Ordnung, sicheren Verhältnissen und vertrauter Umgebung. Kontakte werden vorsichtig geknüpft, bei Vertrauen anhänglich und treu. Gefühle werden einfach und ohne Übertreibungen geäußert. Bei zu großer Reizung und Übergriffe auf den Besitz sind heftige Reaktionen möglich, sonst ruhig und friedfertig.

Zwilling

Grundstimmung unbekümmert, neugierig und sprunghaft, sehr gesprächig, rasch wechselnde Interessen, eher skeptisch und unverbindlich. Erwartungen sind sensationell und kurzlebig. Gefühle sind oberflächlich und werden übertrieben geäußert, oft nur herbeigeredet. Kontakte werden spontan und leicht, aber zweckdienlich geknüpft.

Krebs

Grundstimmung an der Vergangenheit haftend mit ausgezeichnetem Gedächtnis, umständlich und kompliziert im Gespräch, seelisch empfänglich und anregbar, seltsame Launen, leicht gekränkt, Neigung zu Selbstmitleid und zum Zurückziehen in sein Schneckenhaus, fühlt sich meist unverstanden, sich selber nicht verstehend. Erwartungen sind oft zu groß und unerfüllbar. Die Gefühle sind tief, intensiv und kompliziert, romantische Schwärmerei mit unerfüllbarer Phantasie. Gefühle sind weich, brauchen vertraute Umgebung von Heim und Partnerschaft.

Löwe

Grundstimmung totaler Anspruch an das Leben, Einsatz aller Mittel zur Steigerung der Lebensqualität, Optimismus bis zum Leichtsinn, unternehmungslustig. Im Gespräch sehr mitteilsam und dominierend, leidenschaftliche Gefühle werden nicht unterdrückt und deutlich geäußert, solange der große Stolz nicht verletzt ist, Leben in der Gegewart in fortwährenden Glanzmomenten, prunkende Selbstinszenierung, theatralisches Auftreten. Erwartung von großer Anerkennung, zuweilen unumwunden herausgefordert, empfänglich für Schmeicheleien, Neigung zur Selbstbeweihräucherung, Kontakte herausfordernd und warmherzig.

Jungfrau

Grundstimmung des wachsamen Selbstschutzes, ängstlich das Fremde und Unberechenbare abwehrend, lässt sich daher im Gespräch nicht in die Karten blicken, immer darauf bedacht, sich bei Nahestehenden fürsorglich nützlich zu machen, auch das Kleinste und Alltäglichste nach Nützlichkeitsprinzipien einordnend und bewertend, sorgfältig auf die äußere Erscheinung bedacht. Die Erwartungen werden kritisch beurteilt und heruntergeschraubt, bis sie zuverlässig erfüllbar erscheinen. Aus Angst vor Enttäuschung und Zurückweisung werden Wünsche klug in die Wege geleitet. Gefühle werden vorsichtig zurückgehalten, sind aber vorhanden. Wegen Schüchternheit werden Kontakte über angebotene Dienstleistungen geknüpft, Achten auf Sauberkeit und Hygiene, sowie gesunde Ernährung, oft gute Köche.

Waage

Grundstimmung ist Offenheit und Empfindsamkeit gegenüber Anschauungen, Dingen und Personen, jedoch werden eigene Standpunkte eingehalten, stillose und vulgäre Menschen werden als sehr unangenehm empfunden. Im Gespräch vermittelnd zwischen widersprüchlichen Anschauungen, das Allgemeinverbindliche suchend, beeindruckbar, heiter, Anregungen aufgreifend, vom Geschmack bestimmt. Erwartungen sind nicht festgelegt und werden erst durch äußeren Antrieb und gemeinschaftliche Ansprüche entwickelt. Kontakte werden geknüpft, wenn eigene Form- und Stilvorstellungen nicht verletzt werden.

Skorpion

Grundstimmung der Beobachtung bedrohlicher Gefahren und Gegnerschaften, stochern in Tabus und Geheimnissen herum, äußert sich direkt und liebt es, andere zu beobachten, um ihre verborgenen Leidenschaften aufzudecken. Misstrauisch und eifersüchtig, empfindlich gegen Kränkungen, lange bis ewig nachtragend, fähig, große Krisen und Feindschaften auszuhalten, kämpft entschlossen gegen das Übel an, heizt bei Streitigkeiten eher an als zu vermitteln. Die Erwartungen ändern sich und können widersprüchlich werden. Die Gefühle sind leidenschaftlich und von starken Begierden geprägt. Sie können selbstzerstörerisch und rachsüchtig werden. Kontakte sind stark von Sympathie und Antipathie geprägt.

Schütze

Grundstimmung der überspannten Gefühle, der Abenteuerlust und des Bewegungsdrangs, immer auf dem Weg zu einem großen Endziel, das dann doch wieder vorläufig wird, im Gespräch freimütig, das Gemüt braucht festgelegte Werte, Ideale und Verehrung von Personen, das Leben ist immer auf die Zukunft ausgerichtet, die Wünsche eilen der zeitlichen Erfüllbarkeit weit voraus. Die Erwartungen sind überzogen und werden leicht enttäuscht. Die Gefühle sind schnell übersteigert, je nach Kontakten.

Steinbock

Grundstimmung des Tragens großer Lasten und Verpflichtungen, sorgfältige Erfüllung aufgetragener Pflichten, keine Abschweifungen duldend, im Gespräch seelische Regungen verbergend, Bedenken äußernd, melancholische Gefühlslage, Gefühle werden zurückgehalten aus Angst vor dem Betrogenwerden, unterwirft sich bereitwillig Forderungen der Gesellschaft und von Autoritäten, Erwartung des Zustehenden, empfindlich gegen echte oder eingebildete Zurücksetzung mit vollständigem Zurückziehen, unbeholfen bei der Realisierung von Wünschen, schwer Kontakte knüpfend, wenig Empathie.

Wassermann

Gelassene Grundstimmung, offen für viele Erfahrungen, eigene Überzeugungen bestimmen die Asprüche an das Leben, im Gespräch Bedürfnis nach Mitteilung und Aussprache, wenig beeinflussbar, freundliches Verständnis für Menschen zeigend, aber ohne seelische Beteiligung, kühle Behandlung seelischer Probleme anderer, Bedürfnis nach Klarheit, Unabhängigkeit und Bildung, leidenschaftslose Erwartungen, abhängig von Überzeugungen, kontaktfreudig, Vorliebe für Gleichgesinnte und Gruppenaktivitäten, Streben nach unbedingter persönlicher Freiheit mit Angst vor persönlichen Bindungen, in Beziehungen eher intellektuell freundschaftlich als gefühlsintensiv.

Fische

Grundstimmung der Hilflosigkeit, der Verlorenheit, des Ausgeliefertsein an Umstände, Eindrücke, Strömungen und Umgebungen, trotzdem sich Einflüssen entziehend, im Gespräch verständnisvoll und liebevoll, zu echtem Mitleid fähig, manchmal mediale Fähigkeiten, leicht verletzbar mit zeitweisem Rückzug in sich selbst zur seelischen Regeneration, jedoch nicht nachtragend und berechnend, bei Kontakten oft schüchtern und im vertrautem Milieu bleibend, phantasievoll und oft künstlerisch begabt.

Zusammenfassung

Auch beim Mondeinfluss habe ich auf konkrete Beschreibungen von Handlungen und Eigenheiten verzichtet, weil sich die seelische Gestimmtheit sehr unterschiedlich äußern kann. Sie wird durch Aspekte erheblich modifiziert.

Der Mond ist im Krebs in seinem Domizil und wirkt dort am stärksten.

2.7.2 Merkur

Der Merkur wird oft der Intelligenz zugeordnet, eine problematische Vereinfachung, weil die Intelligenz sehr unterschiedlich definiert wird. Das geht von der künstlichen Intelligenz, die nicht mehr ist als eine Automatendressur[14], bis zu den intellektuellen Fähigkeiten eines Genies.

Dem Merkur ist nur ein Teil der Intelligenz zugeordnet, die genau abgegrenzt werden muss: Das bewegliche Verknüpfen von Fakten zu neuen Fakten, die Komunikationsfähigkeit, die verbale Ausdrucksfähigkeit in Wort und Schrift, die Art des Denkens und der Wissensaneignung, rationales Handeln, Kritik und Analyse, Ökonomie, methodisches Herangehen an Probleme.

Die Logik kommt erst in Verbindung mit dem Saturn zustande, die höhere Intelligenz ist mehr dem Uranus zugeordnet, die Ergebnisse des Denkens hervorbringt, die nicht aus Gedankenmühlen stammen, sondern der Intuition bedürfen.

Revolutionäre Ideen und neue Erfindungen werden nie aus dem Zusammenfügen von Bekanntem zum Naheliegenden[15] geboren, sondern sind immer Gedankenblitze, die lange auf Unverständnis stoßen. Am deutlichsten wird dies bei neuen Erfindungen, die den Chor der Experten und Professoren hervorrufen: „Das kann überhaupt nicht funktionieren!" Wenn die Erfindung sich durchgesetzt hat, entwickeln die Professoren eine Methode, lehren sie in der Vorlesung und sprechen im Chor: „Wir haben es schon immer gewusst."

---

14 Die KI ist eine unsinnige Wortkombination, denn die menschliche Intelligenz ist unendlich viel mehr. Wissenschaftler neigen gern zu Übertreibungen. Ein Computer macht nur das, was ich ihm mit meinen Algorithmen vorgebe. Wenn er etwas anderes tut, ist das nicht Ausdruck von selbständigem Denken, sondern mein Programmierfehler.

15 Bei Patentanmeldungen spricht man von fehlender Erfindungstiefe.

Die Höhe der Intelligenz ist auf keinem Fall aus dem Horoskop erkennbar, sie ist bekanntlich zum großen Teil erblich. Die Intelligenz ist neutral und bekommt ihre besondere Färbung durch Aspekte von Merkur zu anderen Planeten. Auch eine moralische Wertung ist sehr fraglich, denn ein Mafiaboss[16] ist in der Regel sehr intelligent, aber ein Nobelpreisträger auch.

Merkur ist im Zwilling und in der Jungfrau im Domizil. Die Tabelle 3 fasst die Merkurstellungen in den Tierkreiszeichen zusammen.

Tabelle 3   Merkur in den Tierkreiszeichen

TKZ	Eigenschaften
♈	zielgerichtetes Denken, schlagfertiges Diskutieren, unbewiesene Behauptungen
♉	konkretes Denken, an Anschauungen und sinnlicher Erfassung gebunden, Sammeln von Erfahrungen
♊	begriffliches Denken, zweckdienliche Ergebnisse, genaues Unterscheiden
♋	symbolisches Denken, Verborgenes suchend, fließende Begriffe, Denken vom Gefühl und von der Vergangenheit beeinflusst
♌	personengebundenes Denken, Macht und Rang beachtend, anschauliche Formen bevorzugend
♍	empirisches, experimentelles Denken, Denkprozesse zergliedernd, auf Genauigkeit bedacht
♎	vergleichendes Denken um Ideen und Systeme
♏	brütendes Denken, in symbolischen Begriffen, stets voller Zweifel und Argwohn
♐	praktisches auf Wertvorstellung gerichtetes Denken, Alternativen beachtend
♑	formalistisches, konzentriertes Denken, Gesetze und Normen beachtend
♒	abstraktes, unabhängiges, planendes und systematisches Denken in Begriffen
♓	herantastendes Denken, auf Umwegen zum Ziel, in den Gesamtzusammenhang einordnend

2.7.3 Venus

Die Venus in den verschiedenen Tierkreiszeichen gibt an, wie jemand seine persönlichen Gefühle und seine Zuneigung zum Ausdruck bringt, wie er das Leben genießt, welches Bedürfnis er nach Luxus und schönen, wertvollen Dingen hat, die Einstellung zur Ästhetik und Erotik.

---

16 Ich plane eine statistische Untersuchung von Verbrechern, vielleicht kann die darüber aufklären.

Wie bei allen Planeten ist der Einfluss des Geschlechts sehr wahrscheinlich. Diese Paaruntersuchungen haben es bewiesen. Dies gilt besonders für die Venus bei Aussagen zur Erotik. Das Problem liegt darin, dass es mindestens drei Ebenen gibt beim Sexualverhalten eines Menschen: das körperliche Geschlecht, die sexuelle Präferenz und die seelische Polarisierung, die aus dem Horoskop nicht erkennbar sind. Notwendig sind aber bei Paaren Gegensätze, die bei der Partnerwahl meistens instinktiv richtig gewählt werden. Kaum ein Mensch weiß etwas über seine seelische Polarisierung. Nur bei sehr großem Vertrauen kann der Astrologe mit einem Klienten darüber reden, weil es ein Tabu ist. Welcher Mann gibt leichtfertig zu, dass seine Seele weiblich ist und er eine männlich gepolte Frau bevorzugt. Das hat nichts mit der sexuellen Präferenz zu tun, denn bei homosexuellen Paaren gibt es diese Polarisierung ebenso. Die Einteilung in *männlich* und *weiblich* trifft den Sachverhalt nicht wirklich, aber *aktiv* und *passiv* ist auch nicht besser.

Die Venus ist in den Zeichen Stier und Waage in ihrem Domizil. Es bleibt abzuwarten, ob diese Doppelbesetzung bei den neu entdeckten Planeten bleibt. Der Waage wird auch schon Lilith zugeordnet.

Tabelle 4   Venus in den Tierkreiszeichen

TKZ	Eigenschaften
♈	stürmich geäußerte Gefühle, in der Werbung um die Person gern Konkurrenten bekämpfend, zuweilen derb agierend, egozentrisch Anerkennung erheischend
♉	beständige Zuneigung, Wunsch nach emotionaler Sicherheit, hoch entwickelter Tastsinn, Körperkontakt suchend, loyal und treu, sehr sinnlich, Hang zur Bequemlichkeit, zum Luxus, gutem Essen und guter Kleidung, Erwerb von schönen, wertbeständigen Dingen, Interesse an Malerei und Bildhauerei, künstlerisch begabt, in der Musik als Sänger, naturverbunden
♊	Abwechslung in Liebesdingen und bei gesellschaftlichen Kontakten, flirtbereit, ungern feste Beziehungen eingehend, nach Finden des richtigen Partners treu und beständig, bei ungünstigen Aspekten zur Venus mehrere Partner gleichzeitig
♋	große Sensibilität und leichte Verletzbarkeit, Wunsch nach Geborgenheit in Heim und Familie, schwankende und unberechenbare Gefühle mit Gefühlsausbrüchen oder Schmollen, kochen gern für Familie und Freunde
♌	fähig zur dauerhaften, großen Liebe, die theatralisch und prunkend zelebriert wird, stehen gern im Rampenlicht und im Mittelpunkt rauschender Feste, möchten von allen bewundert werden, besonders Frauen können Primadonnen sein, geborene Romantiker, lieben aufregende Liebesabenteuer, aber halten dem erwählten Partner die Treue und möchten stolz auf ihn sein

TKZ	Eigenschaften
♍	kritische Analyse von Gefühlen können Zuneigungen lähmen, bevorzugen Partner mit gemeinsamen, intellektuellen Interessen, legen Wert auf gute Umgangsformen, persönliche Erscheinung und Sauberkeit, in der Regel schüchtern, trotz Distanziertheit mitfühlend im Umgang mit Kranken
♎	nehmen Ehe und menschliche Verbindungen sehr wichtig, wohlgestaltetes Äußeres, romantisch und liebevoll, Beziehungen eher intellektuell als gefühlvoll, kompromissloses Bedürfnis nach Ästhetik beim Wohnen, bei Kleidung und Luxusgegenständen, leider auch bei Menschen, bestehen auf Einhaltung von Formen
♏	starke Gefühle und sexuelle Begierden, eifersüchtig und leidenschaftlich, hohe Ideale und Maßstäbe, wenig Nachsicht und Humor, daher leicht enttäuscht, schützen sich davor mit Geheimnissen und Hintergründigkeit, erwarten vom Partner gleiche Gefühlstiefe und Unbedingtheit
♐	hohe Ideale und geistige Prinzipien bei der Liebe, richten sich nach gesellschaftlichen Normen, nach Religion und Ethik aus, freundliche und gesellige Menschen, die offen in ihren Beziehungen über alles reden, reiselustig
♑	Unterdrücken von Gefühlen und Trieben, in vertrauensvoller Zweisamkeit jedoch sehr sinnlich, können Vernunftehen eingehen mit gesellschaftlichem und finanziellem Aufstieg, in der Regel loyal und verantwortungsvoll dem Partner gegenüber
♒	unpersönliche aber freundliche Einstellung zur Partnerschaft, großer Bekanntenkreis, eigene Ansichten zur meist freien Liebe, fühlen sich zu ungewöhnlichen Menschen hingezogen, möchten nicht mit Problemen und Gefühlen anderer belästigt werden, verlangen unbedingte Freiheiten in der Partnerschaft, können abrupt Partnerschaften beenden mit Abbruch aller Beziehungen
♓	Fähigkeit zur spirituellen und erlösenden Liebe, zum Verstehen des Partners und zum Mitfühlen, romantisch und empfindsam, leicht enttäuscht und einsam bei fehlender Gegenliebe, halten Gefühle aus Angst vor Verletzungen zurück

2.7.4 Mars

Der Mars repräsentiert die zielgerichtete Energie, die Aggression, den Trieb. Die Richtung kommt durch das Tierkreiszeichen, den Quadranten und die Aspekte zum Ausdruck. Während das Sonnenzeichen das grundlegende Wollen bestimmt, gibt der Mars die spezielle Stoßrichtung an. Beide können sich ergänzen, aber auch behindern und schwächen.

Bei Mars in den Erdzeichen ist der Energieeinsatz an ein konkretes, begehrenswertes Ziel gebunden. Geduldig kann der Angriff bis zu einer passenden Gelegenheit und besseren Umständen zurückgehalten werden. Gegenüber Menschen, die Widerstand leisten, nachtragend bis zur Rachsucht.

Im Feuerzeichen ist die Energie spontan und vom Eroberungswillen getrieben. Bedenken anderer werden beiseite geschoben, Widerstände werden überrannt und erregen Widerwillen und Zorn.

Bei Mars im Wasserzeichen braucht es zur Energieauslösung eine gewisse Gefühlslage. Eine bestimmte Stimmung ist das Ziel, das auch wechseln kann. Der Einsatz kann bei Widerstand erlahmen oder bei Unterstützung wachsen. Bei seelischer Verletzung heftige Gegenreaktionen, die auch gegen sich selber gerichtet sein können.

Bei Mars im Luftzeichen rufen äußere Umstände das Verfolgen von Zielen, die von Ideen und Wertvorstellungen bestimmt sind, hervor. Widerständler werden überredet oder elegant umgangen.

Der Mars ist im Widder und im Skorpion in seinem Domizil. Mars im Skorpion sollte besser durch Pluto ersetzt werden.

Tabelle 5   Mars in den Tierkreiszeichen

TKZ	Eigenschaften
♈	Verwirklichung des in den Kopf gesetzten Vorhabens auf kürzestem Wege, dreist in der Ausführung, Schwierigkeiten missachtend, in der Erregung ein Hitzkopf
♉	Initiative durch sinnliche Lust und greifbare Reize, schwer in Gang kommend, den eingeschlagenen Weg stur verfolgend, Veränderungen heftig abwehrend
♊	Ziel nach Zweck und Nutzen, hastig Methoden anwendend, die schnell zum Ziel führen, trickreich und taktisch vorgehend, wichtige Details übersehend, vom Verstand und nicht von Leidenschaft getrieben
♋	schwankende Ziele durch Stimmungen und Launen, eingebildete Widerstände, bedürftig nach Ermunterung und Unterstützung, Anfangsängste
♌	schwungvolles Verfolgen von Unternehmen, Anerkennung brauchend, keine Einmischung duldend, sich leicht übernehmend, andere mitreißend, Führung beanspruchend, direkt vorgehend
♍	eifriger Einsatz verfeinerter Methoden nach Nützlichkeitsprinzipien, egozentrisch, pedantisch, vorsichtig und bereit zum Rückzug, fürsorgliches Bemühen um Angehörige, Aggressionen äußern sich durch scharfe Kritik
♎	Einsatz von Energie durch Anreize, sinnliche Anregung und Umstände, Aktivität erst durch Gebrauchtwerden hervorgerufen, wendiges Lavieren, brauchen Anerkennung und Mitarbeit von Menschen, verwechseln eigene Begierden mit denen anderer, manchmal charmante Nachsicht, aber auch Einhaltung von überlieferten Verhaltensregeln
♏	Verfolgung von Zielen mit großem Durchhaltevermögen, kühnem Mut, geduldigem Ertragen von unangenehmen Widerständen, fühlt sich herausgefordert durch Bedrohungen, Misstrauen und Geheimnissen, großer Spürsinn

TKZ	Eigenschaften
♐	Verfolgung von Zielen nicht an einen Zweck gebunden, die Bewältigung von Herausforderungen ist das Ziel, Kampf für religiöse, philosophische oder auch profane Überzeugungen, elastisch bewegliche Energie, Freude an sportlichen Wettkämpfen, verabscheuen hinterhältige Taktiken
♑	Sehr ehrgeizige Ziele, die gut vorbereitet werden. Erst wenn die notwendigen Mittel bereit stehen, wird konsequent zugeschlagen, manchmal rücksichtslos, egoistisch und unflexibel, nie ohne praktischen Grund handelnd
♒	Unabhängige und eigensinnige Ziele nach eigenen Überzeugungen, dabei erfinderisch, überlegt, flexibel, das angesammelte Wissen auswertend, kühl abwägend
♓	Von Gefühlen geleitete Ziele, durch Stimmungen schwankende Energie, anpassungsfähig, sich schwach fühlend, Vermeiden von direkten Konfrontationen, Arbeit im Verborgenen, wo Feingefühl gebraucht wird

2.7.5 Unpersönliche Planeten

Die Planeten bis zum Mars mit einer Umlaufzeit von bis zu zwei Jahren werden persönliche oder innere Planeten genannt. Ab Jupiter mit einer Umlaufzeit von 11,86 Jahren[17] spricht man von unpersönlichen oder äußeren Planeten mit Einfluss auf eine oder mehrere Generationen. Die Umlaufzeiten von Saturn (29,45 J), Uranus (84,02 J) und Neptun (164,79 J) umfassen schon unterscheidbare Epochen.

Der Pluto (248,25 J) zählt nach einem Beschluss der Internationalen Astronomischen Union nicht mehr zu den Planeten des Sonnensystems, wird aber als bedeutsamer Himmelskörper im Horoskop nach reichlicher Erfahrung von Astrologen weiter berücksichtigt.

In Horoskopen werden die langsamen Planeten durch Aspekte zu den schnelleren Planeten bedeutungsvoll und repräsentieren mehr als einen Generationseinfluss.

Jupiter

Nach der astrologischer Tradition wird Jupiter (♃) als das große Glück bezeichnet als Pendant zum kleinen Glück (♀). Das ist grob vereinfachend und führt zu Fehlinterpretationen. Natürlich erleichtert ein gut gestellter Jupiter

---

17   siderisches Jahr, d.h. auf einen Fixstern bezogen

das Leben, ist aber nicht ohne Nachteile. Spannungsgeladene Interaspekte[18] mit Jupiter können eine Beziehung sehr belasten, wie noch zu zeigen ist.

Jupiter zeigt an, wie sich ein Mensch selbst verwirklicht, wie er wächst, sich ausdehnt, wie er reicher werden kann, aber nicht nur vordergründig an Besitz und Vermögen, sondern viel mehr an Erfahrung und Einsichten, wie er das ganze Leben zu einem glücklichen Optimum führen kann, wie er zur Lebensreife gelangen kann, wie es mit seinem Optimismus bestellt ist, es geht weniger um sein Glück als um seine Glücksfähigkeit, welche religiösen oder philosophischen Ansichten er entwickelt, welches zentrale Anliegen sein Herzensbedürfnis ist, wie er die Welt und sich in einem größeren Zusammenhang sieht, aber auch bei geringem Entwicklungsniveau und ungünstigen Aspekten, wie er genießt und dabei in Völlerei abgleiten kann oder großspurig übertreibt.

Jupiter wird dem Schützen zugeordnet, aber auch den Fischen. Man sollte aber besser Fische für Neptun als Domizil ansehen.

Tabelle 6   Jupiter in den Tierkreiszeichen

TKZ	Eigenschaften
♈	Pionierarbeit, Angriff von Vorhaben großen Ausmaßes und Risikos, solche, die andere nicht einmal im Traum wagen würden, Fähigkeiten zur Erneuerung geistiger Systeme, Bedürfnis alles neu zu machen, Ungeduld können Erfolg gefährden
♉	Geduldiges Ausreifenlassen von anschaulichen, konkreten Vorhaben, stetiges Wachsen, durch Umstände begünstigt, im Vordergrund steht der Lebensgenuss, das ungestörte Glück in gewohnten Bahnen, das planbare Angehen von zufriedenen Momenten und schönen Situationen
♊	Differenzierte Betrachtung der Vorhaben, originelle und rationale Methoden anwendend, rastlos Kontakte suchend, Bedürfnis nach geistiger Weiterentwicklung, weitgefächertes Interessenspektrum, Vorliebe für Philosophie und Religion
♋	Von Stimmungen beeinflusste Vorhaben, phantasievoll in der Ausführung, Vorliebe für gutes Essen, gute Köche, träumerisch, tolerant, nachgiebig, gastfrei
♌	Großzügig und optimistisch organisierte Vorhaben, in allen Bemühungen eine große Machtfülle anstrebend, geltungsbedürftig, eitel, selbstbewusst, Vorliebe für Prachtentfaltung, große Zeremonien, bombastische künstlerische Auftritte
♍	Sorgfältiger Einsatz von Mitteln für erreichbare Vorhaben, Entwicklungsmöglichkeiten begrenzt durch Haften an Nebensächlichkeiten, im Laufe des Berufslebens meist Experte geworden, von Vorgesetzten und Mitarbeitern geschätzt, den Nahestehenden mit kleinen, nützlichen Geschenken beistehend,
♎	Sehen ihre Aufgaben im Vermitteln bei gegensätzlichen Ansichten, Glück durch gemeinschaftliche Unternehmungen und Partnerschaft, hohe Ansprüche an Moral und Gerechtigkeit, Entwicklung durch Partner beeinflusst

---

18   zwischen Horoskopen von Paaren

TKZ	Eigenschaften
♏	Aufträge mit starken inneren Spannungen, großem Zweifel erledigend, immer auf der Suche nach dem Ungewöhnlichen, Geheimnisvollen, kompromisslos soziale und religiöse Grundsätze verfolgend, nur schwer Glück erreichend, meist durch Verzicht und nach überwundenen Niederlagen
♐	Vorhaben mit hochgesteckten Zielen, brauchen Vorbilder und orientieren sich an Moralvorstellungen, Leitlinien, Philosophien und Ideologien, Abenteuerlust behindert Entwicklung zur Reife, zu hohe Erwartungen bringen Enttäuschungen
♑	Aufgaben werden durch optimales Ausnutzen von Gegebenheiten mit traditionellen Methoden bewältigt, sittliche, gesetzliche und soziale Normen beachtend, bescheiden im Glücksanspruch, Reifung durch lange Erfahrung
♒	Vorhaben werden gut durchdacht und geplant, Erfolg durch gute Beziehung zu Menschen, denen sie tolerant und vorurteilsfrei begegnen, vernünftig agierend, die eigenen Begierden beherrschend, erfinderisch und fortschrittsgläubig
♓	Vorhaben werden hingebungsvoll vollbracht, immer mit Verständnis für Schwächen von Menschen und Tolerieren von Situationen, Begabungen werden nicht konsequent genutzt und Leistungen ungeschickt verkauft, gütig und hilfsbereit

Saturn

Nachdem das Lebensschöpferische (☉), die Wünsche und Gefühle (☽), die einfache Intelligenz (☿), die Ästhetik und der Lebensgenuss (♀), das zielgerichtete Drängen (♂) und die Entwicklungs- und Glücksmöglichkeiten (♃) über die Stellung der Planeten in den Tierkreiszeichen besprochen sind, fehlt noch etwas, das in jedem Leben und Charakter erfahrbar wird: das Einschränkende, die Begrenzung und die Frustration, die von der Stellung des Saturns (♄) im Horoskop und den Aspekten zu den anderen Planeten und Achsen angezeigt werden. Die Gleichsetzung mit dem großen Unglück ist genau so eine Fehlinterpretation wie das große Glück beim Jupiter. Diese Anschauung kommt von der Beobachtung der Transite[19] von Saturn über persönliche Planeten im Horoskop her.

Diese Transite bringen oft Unglück, Niederlagen oder Krankheiten mit sich, müssen es aber nicht. Eine alte, sehr anschauliche Bezeichnung für Saturn ist „Hüter der Schwelle". Dies bedeutet, wenn ein Mensch seine Fähigkeiten übersteigen will, mehr will, als er hat und kann, kurz, wenn er das ihm zugemessene Haus verlässt, bekommt er (von Saturn) eins aufs Dach. Wenn er aber das ihm Zugemessene nicht überschreitet, passiert gar nichts. Saturn hat hier also die Bedeutung eines Korrektivs, eines Wegweisers oder einer Sühne.

---

19   Bewegung des Saturns am Himmel über eine Planetenstellung im Horoskop

So ähnlich ist sein Einfluss auch im Geburtsbild zu verstehen. Saturn bedeutet Einschränkung, aber auch Konzentration auf das Wesentliche, Anstrengung, aber auch Durchhaltevermögen, Erstarrung, aber auch Sicherheit. In Verbindung mit bestimmten Aspekten werden mögliche Depressionen, übermäßiger Energieeinsatz, verminderte Vitalität, aber auch Erfahrungen und Stabilität angezeigt. Nicht zuletzt ist Saturn mit dem logischen Denken verbunden, das je nach Tierkreiszeichen, in dem sich der Saturn im Horoskop befindet, große Unterschiede aufweist.

Unangenehme Erfahrungen, die ins Unbewusste verdrängt werden und von C. G. Jung „Schatten" genannt werden, können auch von der Saturnstellung angezeigt werden. Hier spielen die Aspekte die größere Rolle.

Der Saturn ist dem Steinbock (♑) zugeordnet, aber auch dem Wassermann (♒). Zum Wassermann passt aber besser der Uranus (♅).

Tabelle 7   Saturn in den Tierkreiszeichen

TKZ	Eigenschaften
♈	Ausblenden von unerwünschten Erfahrungen und Eindrücken, egoistisches Handeln, keine Hilfe annehmen und leisten, logisches Denken persönlich gefärbt
♉	Anschauliche Erfahrungen begründen Überzeugungen, an denen standhaft festgehalten werden, kann schwer Behinderungen vergessen, Sturheit bis Starrsinn
♊	Begriffliche Erfahrungen, von mehreren Seiten betrachtet, in mitteilsame Form gebracht, nach Nützlichkeit geordnet und verwendet
♋	Erfahrungen zur Bestätigung von Grundüberzeugungen, Hemmung der Gefühlsäußerungen, Überempfindlichkeit, Verschlossenheit
♌	Erfahrung zur Ausübung von Macht, katastrophale Erfahrungen können Machttrieb beeinträchtigen, Kontrolle der Umgebung, Forderung von Aufmerksamkeit, Furcht vor negativen Fremdurteilen beeinträchtigt das vorurteilslose Denken, Einschränkung der Vitalität
♍	Zersplitterte Erfahrungen, detailgenau, Beachtung von Nebensächlichkeiten verhindert die Synthese beim Denken, Geduld bei wissenschaftlicher Arbeit
♎	Angepasste, weltoffene Erfahrung, angestrebte Gesamtschau, wenig Einzelheiten behaltend, Beobachtungen in Lehrmeinungen einordnend, Unpassendes unterdrückend, Denken in Begriffen
♏	Erfahrungen durch seelische Betroffenheit, Perfektionismus und Gründlichkeit, unabhängiges Denken, Spürsinn für verborgene Zusammenhänge
♐	Erfahrungen von Vorstellungen und Anschauungen vorgeprägt, große Enttäuschung, wenn reale Erfahrungen sich nicht damit decken, Wunsch nach Macht und Autorität in Bildung, Recht und Religion
♑	Erfahrung als erlebte Tatsachen, das Gesetzmäßige suchend, Grenzen aufspürend, formalistisches und konzentriertes Denken, Streben nach Macht

TKZ	Eigenschaften
♒	Breite Erfahrungen führen zu großem Wissen, systematisch geordnet, gut formulierbar und praktisch anwendbar, Details beachtend, Denken ist streng unpersönlich und abstrakt mit guter Konzentrationsfähigkeit
♓	Große Lebenserfahrung durch einfühlsame Begegnungen, unscharfes, von Gefühlen beeinflusstes Denken, richtige Ergebnisse oft durch Intuition und über Umwege. Angst vor Katastrophen

Uranus

Der Uranus im Horoskop zeigt die höhere Intelligenz an. Uranus ist die höhere Oktave zu Merkur. Uranus ist verbunden mit dem plötzlichen Einfall, der Intuition, der Veränderung, der Erfindung schlechthin, der Revolution, dem Rhythmus in der Musik, dem Okkultismus, dem Freiheits- und Unabhängigkeitsbestreben, der zukunftsweisenden Vorausnahme von Ideen, der Gewissheit der Richtigkeit des (noch) nicht Beweisbaren.

Die Auswirkungen hängen stark vom Entwicklungsniveau eines Menschen ab. Dies ist nicht aus dem Horoskop erkennbar. So kann bei hoch entwickelten Menschen ein gut gestellter Uranus geniale, schöpferische Leistungen anzeigen, hingegen bei wenig entwickelten Leuten nur mangelnde Anpassung an die Gesellschaft, Widerspruchsgeist und unrealistische Ideen.

Uranus braucht sieben Jahre, um durch ein Zeichen zu wandern. Er hat daher einen Einfluss auf einen Teil einer ganzen Generation. Erst durch Aspekte mit den schnellen Planeten bekommt er eine persönliche Bedeutung.

Uranus (♅) ist dem Wassermann zugeordnet. Es gibt noch andere Symbole für den Uranus. Das von mir bevorzugte Symbol enthält ein „H" zu Ehren von Wilhelm Herschel, der den Planeten 1781 entdeckte.

Die Bedeutung des Uranus in den einzelnen Tierkreiszeichen ist besonders schwer zu formulieren, weil die Realität der Charaktereigenschaften manche Überraschung mit sich bringen kann.

Tabelle 8   Uranus in den Tierkreiszeichen

TKZ	Eigenschaften
♈	schnelles Verwirklichen von Eingebungen, wenig Geduld zum Ausreifen, eigenwillige Behauptungen, starker Individualismus, freiheitliches Handeln
♉	Eingebungen zur besseren Verwendung von Geld und Materie, Talent für Musik und Malerei, Interesse für Datenverarbeitung

TKZ	Eigenschaften
♊	Entwicklung neuer Denkweisen, schöpferischer, scharfsinniger, beweglicher Intellekt, Pioniere in Wissenschaft und Literatur, unstetes Wesen, sprunghaftes Denken, Fortschrittsgeist
♋	Freiheitliche Gefühlsäußerungen, ungewöhnliche Erlebnisse, Unberechenbarkeit, launenhafte Planungen für Haus und Heim
♌	Gespür für Machterweiterung, exzentrische Unternehmungslust, originelles Führertum, humorvolle Einfälle, freie Liebe, eigene Maßstäbe
♍	Originelle Ideen für neue Arbeitsverfahren in Wissenschaft, Technik und Medizin, Geschäftstüchtigkeit, verbesserte, kostengünstigere Organisation von Arbeit
♎	Neue Ideen über Ehe, Partnerschaft und Gesellschaft mit hohen Freiheitsbestrebungen, neue Formen des Zusammenlebens
♏	Umbruch bestehender Werte, Unzufriedenheit mit den Verhältnissen, neue Ideologien, Rücksichtslosigkeit
♐	Ideologische Eingebungen, schnelle Begeisterung, ungeduldiges Durchsetzen, unwirkliche Forderungen
♑	Vorsichtige Veränderung von bekannten Tatsachen, auf Zukunftssicherung bedacht
♒	Intuitives Verständnis für Zeitgeist, Freigeist, praktisch und konstruktiv, emotional unbeteiligt, neigt zu Ideologien
♓	Intuitive Fähigkeiten, Schöpfen aus dem Unbewussten, Eingebungen im Traum

Neptun

Neptun wurde erst 1846 entdeckt und hat eine Umlaufzeit um die Sonne von 165 Jahren. Er hat also seit seiner Entdeckung die Sonne gerade einmal umrundet. Zum Verständnis der Bedeutung im Horoskop ist es unerlässlich, die Horoskopeigner sorgfältig zu befragen. Die Zeit dafür war viel zu kurz, um wirklich zuverlässige Aussagen machen zu können. Natürlich kann man sich mit den Horoskopen historischer Persönlichkeiten beschäftigen. Nur die wenigsten unter ihnen haben sich mit sich selber beschäftigt und schriftliche Aufzeichnungen hinterlassen.

Neptun sagt etwas über eine Generation und ihre Zeit aus: die wichtigsten Irrtümer und Illusionen, Auflösungserscheinungen, Wunschträume, Utopien. Im persönlichen Horoskop kennzeichnet Neptun die Hinwendung zum Verborgenen, zur Mystik, die Verfeinerung von Handlungen und Gefühlen, die Täuschung, Selbsttäuschung und das Getäuschtwerden, den Betrug und die mangelnde Bodenhaftung. Neptun (♆) wird den Fischen zugeordnet.

In der Tabelle 9 wird auf allgemeine geistige Strömungen und Auflösungs-
erscheinigungen eingegangen. Die Bedeutung für ein persönliches Horoskop
hängt stärker von den Aspekten zu den schnelleren Planeten ab.

Tabelle 9   Neptun in den Tierkreiszeichen

TKZ	Eigenschaften
♈	Hervorbringen neuer mystischer und religiöser Begriffe mit geistiger Überheblichkeit, Kulturkampf (1862 – 1875)
♉	Auflösung starrer Nutzungen von Geld und Besitz und von sozialen Grenzen (1874 – 1888), Sozialismus und Abeiterbewegung
♊	Auflösung des klaren Denkens und der angemessenen Sprache, Großmäuligkeit, Geschwätzigkeit und übertriebenes Reden (1887 – 1901)
♋	Auflösung klarer Gefühlswerte, schweifende Phantasie, mitfühlend und empfindsam, Bindung an Familie und Heimat, leicht beleidigt (1901 – 1915), 1.Weltkrieg wurde durch die Beleidigung der Monarchie von Österreich ausgelöst
♌	Überbewertung von Macht und Massenstimmungen, Vergnügungssucht, Realitätsverlust, Verschwendungssucht (1916 – 1929), Weltwirtschaftskrise
♍	Auflösung wirtschaftlicher Stabilität, Überbewertung betriebswirtschaftlicher Prinzipien, Verfälschung der Nahrungsmittel durch Chemie (1928 – 1943)
♎	Auflösung traditioneller Lebensformen (Liebe und Ehe), provokante Äußerlichkeiten, Realitätsflucht durch Drogen (1942 – 1957), Hippiegeneration
♏	Auflösung der Sexualmoral, der traditionellen Geschlechterrollen, Rückkehr von Geschlechtskrankheiten, übermäßiger Einsatz von Antibiotika – AIDS (1955 – 1970)
♐	Auflösung von Glaubensgrundsätzen, religiöse Unabhängigkeit, zu große Hoffnungen (1970 – 1984)
♑	Auflösung von Traditionen mit Gegenbewegungen, Zunahme von Spannungen in der Welt (1984 – 1998)
♒	Illusionen der Religionen, Verlust der Spiritualität, erbitterter Kampf gegeneinander (1998 – 2012), Terrorismus
♓	Unruhen, Durchsetzung demokratischer Strukturen, beginnende Trennung von Staat und Kirche (1847 – 1861, 2013 – 2025)

Pluto

Pluto (♇) wurde 1930 endeckt. Seine Bahn um die Sonne ist nicht nur stark
elliptisch, sondern reicht auch ein wenig in die Bahn des Neptuns hinein. Die
Verweilzeit in den einzelnen Tierkreiszeichen schwankt je nach Abstand von
der Sonne zwischen 12 und 32 Jahren. Die kürzeste Zeit befand er sich in der
Waage (1972 – 1984).

Im Gegensatz zum Einfluss des Neptuns ist der des Plutos auf ein persönliches Horoskop deutlicher und manchmal sogar drastisch und nicht so

verschwommen, wie es dem Symbol des Neptuns entspricht. Trotzdem hat der Pluto eher einen Einfluss auf eine ganze Generation und ist verbunden mit Massenbewegungen, großen Umwälzungen in Staat und Gesellschaft, enscheidenden Erfindungen, Krisen und Revolutionen.

Im persönlichen Horoskop sagt die Stellung des Pluto etwas über mögliche (plötzliche) Transformationen des Lebens und der geistigen Grundhaltung, über die Regenerationsfähigkeit, den Bezug zum Unbewussten sowie langfristige psychische Wandlungsprozesse aus.

Die Aspekte mit den schnellen Planeten geben dem Plutoeinfluss eine besondere Färbung. Aspekte mit den Planeten außerhalb des Saturns können sehr lange dauern und deuten eine Lebensaufgabe einer ganzen Generation an. Beispielsweise dauerte die Konjunktion von Uranus mit Pluto in der Jungfrau von November 1963 bis Dezember 1967. In diese Zeit fällt die Spitze der Geburtenrate der Babyboomer (in Deutschland). Einige von ihnen habe ich als Hochschullehrer im Maschinenbau ausgebildet. Alle arbeiten wie die Blöden in der Industrie, lassen sich in nie dagewesener Weise ausbeuten und leisten viel für unseren Fortschritt zum Bestehen im globalen Markt.

Noch länger dauerte die ♆☌♇ (Mai 1887 – Juli 1896) im Zwilling. In jener Zeit wurden viele Staatsmänner wie Adolf Hitler, Francisco Franco, Juan Perón, Josep Broz Tito und Walter Ulbricht geboren, die mit ihrem Wahnsinn ganze Völker ins Chaos und Elend stürzten. In der Tabelle 10 sind zuerst die Auswirkungen auf die Generation und auf die Welt,[20] dann die Dauer in Jahren und danach persönliche Eigenschaften genannt.

Tabelle 10 Pluto in den Tierkreiszeichen

TKZ	Eigenschaften
♈	Zeit großer Pioniertaten, wie Eroberung der amerikanischen Kontinents, Revolutionen und Erkämpfung von Freiheitsrechten (1823 – 1852), furchtloser Kämpfer und Streber nach Macht
♉	Entstehung großer Unternehmen, industrielle Revolution (1852 – 1884), Eroberungswille, Habgier
♊	Große bahnbrechende Erfindungen, Bruch mit alten Lehren und Vorstellungen (1884 – 1914), ruheloser Geist, tiefgründiger, zwiespältiger Charakter
♋	Unruhen, Nationalismus, Bedrohung der wirtschaftlichen Sicherheit von Familien Beginn 1. Weltkrieg (1914 – 1939), Einfühlungsgabe, starke Vorurteile

---

20   Berührt schon die Mundanastrologie

TKZ	Eigenschaften
♌	Bedrohung der Menschheit durch technische Mittel (Atombombe), Entstehung neuer Staaten (1939 – 1957), rücksichtsloser Geschäftssinn, Liebe zur Macht
♍	Große Veränderungen in der Arbeitswelt, Computer und Automation beseitigten zahllose Arbeitsplätze (1957 – 1972), guter Geschäftssinn, Ordnungsfanatismus
♎	Neue Regelungen für das Zusammenleben durchgesetzt, Reform des Ehe- und Familienrechts in Deutschland, Schuldprinzip durch Zerrüttungsprinzip ersetzt (1972 – 1984), Streben nach ausgewogenen Machtverhältnissen, Arbeitsteilung in der Ehe
♏	Übermäßiger Einsatz von Dopingmitteln, Zeit von AIDS (1983 – 1995), Kampf um neue Lebensformen
♐	Große Auseinandersetzungen aus religiösen Gründen, Terrorismus (1995 – 2008), Verfechten von Idealen und Moral
♑	Durchsetzen neuer Strukturen in der Welt, Teilung Polens, Beginn amerikanischer Unabhängigkeitskrieg (1772 – 1778, 2008 – 2023), Auflehnung gegen konservative Tabus
♒	Beginn Aufhebung der Sklaverei, Entdeckung des Uranus, Beginn der Luftfahrt durch Montgolfière, französische Revolution (1777 – 1798, 2023 – 2043), menschfreundlicher Einsatz für die Gleichheit aller Menschen
♓	zahlreiche Kriege, Neuordnung Europas nach dem Wiener Kongress (1797 – 1823, 2043 – 2068)

2.7.6 Weitere Planeten und Wirkpunkte in der Astrologie

Zu den bisher genannten Planeten und Achsen werden weitere Planeten und Wirkpunkte zur Deutung herangezogen. In der Hamburger Schule werden darüber hinaus noch Planeten berücksichtigt, die bisher nicht nachgewiesen werden konnten. In dieser und anderen Arbeiten wurden der Planet Chiron, der Mondknoten und der schwarze Mond in meine statistischen Untersuchungen einbezogen. Die Deutung ist nicht einheitlich, daher werde ich nicht darauf eingehen, sondern nur einige allgemeine Angaben machen. In der Astrologie der Paare, insbesondere bei der Scheidungswahrscheinlichkeit konnte ich ihren Einfluss nachweisen.

Chiron

Chiron (⚷) ist ein Planet mit einer stark elliptischen Bahn. Er zählt zu den Asteroiden und kann auch als periodischer Komet gedeutet werden. Er hat einen Durchmesser von nur 200 km. Die Umlaufbahn liegt zwischen Saturn und Uranus. Die Umlaufzeit beträgt im Durchschnitt 50,7 Jahre. Er hat sich in der Astrologie inzwischen durchgesetzt und symbolisiert den Heiler. Beim Horoskopvergleich von glücklichen Paaren fallen starke Aspekte zwischen Chiron und anderen Planeten auf. Bei den statistischen Untersuchungen zu Scheidungen ergeben sich signifikant häufigere oder seltenere Interaspekte und Horoskopaspekte. Das Gleiche ergibt sich aus meinen Untersuchungen zur Astrologie der Berufe [23], [24].

Mondknoten

Die Mondbahn hat gegenüber der Ekliptik eine Neigung von 5°. Daher befindet sich Mond bei seinem Umlauf um die Erde abwechselnd nördlich und südlich der Ekliptik. Die Ebene der Ekliptik schneidet die Mondbahn an zwei gegenüberliegenden Punkten. Von der Erde ausgesehen sind dies Punkte im Tierkreis, die als Mondknoten (☊) bezeichnet werden. Der aufsteigende Mondknoten (☊) ist der östliche Schnittpunkt. Er ist kein sichtbarer Himmelskörper, sondern nur ein Wirkpunkt. Der Mondknoten wird entweder mit früheren Inkarnationen in Beziehung gesetzt, was leicht ins Spekulative abgleitet, oder mit dem Umgang mit der Gesellschaft, was durchaus nachprüfbar ist und daher von mir bevorzugt wird. Auch der Mondknoten spielt bei Paarbeziehungen und Scheidungen eine wichtige Rolle.

Schwarzer Mond (Lilith)

Der zweite Wirkpunkt ist der schwarze Mond (⚸, ☽), der auch als Lilith bezeichnet wird. Mit Lilith ist oft auch ein winziger Himmelskörper gemeint. Daher werde ich nur den Ausdruck „schwarzer Mond" benutzen. In Bild 4 ist die Umlaufbahn des Mondes dargestellt. Von der Erde aus gesehen liegt der 2. Brennpunkt (schwarzer Mond) der elliptischen Umlaufbahn im Tierkreis. In der gleichen Richtung liegt das Apogäum. Beide sind natürlich nur virtuelle Punkte. Beide Strahlen von den Brennpunkten zum Mond ergeben zusammen den Durchmesser der großen Achse.
Die Interpretation des schwarzen Mondes ist noch ziemlich uneinheitlich. Meine Untersuchungen haben ergeben, dass er über seine Aspekte zu allen Planeten und Wirkpunkten eine wichtige Bedeutung für der Scheidungswahrscheinlichkeit eines Paares hat. Dies ist auch für das Glück eines Paares erkennbar, was aber aus schon mehrfach genannten Gründen statistisch nicht beweisbar ist. Ich werde diese Aspekte bei den Ergebnissen diskutieren.

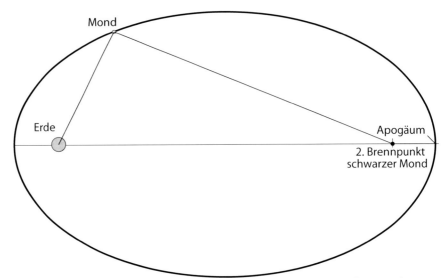

Mondbahn um die Erde, Erddurchmesser, Monddurchmesser und größter Durchmesser der Ellipse stehen im maßstäblichen Verhältnis zueinander, die kleine Achse ist in Wirklichkeit nur 5,55% kleiner als die große Achse

Bild 4   Mondumlaufbahn, schwarzer Mond

2.7.7 Geburtsgebieter

Der Planet, der dem Tierkreiszeichen des Aszendenten zugeordnet ist, muss als wichtigster Planet im Horoskop angesehen werden. Man nennt ihn den Geburtsgebieter. Seine Stellung im Horoskop und alle Aspekte zu ihm sind dominierend. Beim Aszendenten im Zeichen Löwe ist es die Sonne. Damit kommt in diesem Fall das Sonnenzeichen besonders deutlich zur Geltung.

2.8 Nicht besprochene Horoskopelemente

Die kurze Einführung kann nicht auf alles eingehen, was in der Astrologie eingesetzt wird, Dieser Absatz wird nur kurz auf diese Themen eingehen. Für das Verständnis meiner Forschungsarbeit sind sie entbehrlich. Es sind Themen dabei, die bei Astrologen höchst umstritten oder nicht genügend untersucht worden sind.

2.8.1 Häuser (Felder)

Die Einteilung des Horoskopkreises in 12 Häuser (Felder), die verschiedenen Lebensbereichen zugeordnet werden, kann über mindestens 16 verschiedene Methoden vorgenommen werden. Man unterscheidet die Einteilung in gleichgroße Sektoren von 30°, die vom Aszendenten oder vom MC ausgehend gegen den Uhrzeigersinn abgetragen werden. Die anderen Methoden teilen die vier Quadranten mit teils rechenintensiven Methoden in drei unterschiedlich große Sektoren auf (vgl. „2.4.3 Die vier Quadranten" auf Seite 30).

Häuser sind umstritten. Jeder Astrologe schwört auf sein Haussystem und verteidigt es als die heiligste Kuh. Wenn man auf die mathematisch exakte Einteilung besteht, sind sie alle inkompatibel. Die Häuser wurden als Erstes statistisch untersucht, alle Bemühungen blieben ergebnislos. Ich habe diesem Thema in meinen statistischen Untersuchungen zu astrologischen Merkmalen der Berufe viel Zeit geopfert [24] und komme auch nicht zu dem Ergebnis, dass sich der Sinn von Häusern statistisch beweisen lässt. Vielmehr lässt sich beweisen, dass es signifikante Aspekte von den Planeten auf die vier Eckpunkte des Horoskops gibt.

Johannes Kepler hat die Häuser abgelehnt und bemerkt, dass sie von Astrologen erfunden worden sind, um den Ratsuchenden auf Fragen, die die Astrologie nicht beantworten kann, doch noch eine Antwort geben zu können. Ebertin [9] kommt ganz ohne Häuser aus. Die Hamburger Schule hat ihre eigenen Definitionen [49].

Das erste Haus wird dem Widder zugeordnet, das zweite dem Stier usw. Viele Beschreibungen von Planetenstellungen in Tierkreiszeichen in Lehrbüchern drücken sich um die wahre seelische Bedeutung und gehen auf die konkrete Ebene der Lebensbereiche, die den Häusern zugeordnet werden. Die wichtigste Ausnahme stellen die Bücher von Thomas Ring [37] dar.

2.8.2 Halbsummentechnik nach Ebertin und der Hamburger Schule

Die Halbsummentechnik ist ein mächtiges Werkzeug der Astrologie. Ich selbst arbeite oft damit. Für Prognosemethoden ist sie unentbehrlich, aber auch für

Geburtszeitkorrekturen [48] kann man sie sehr gut einsetzen. Die Möglichkeiten sind sehr zahlreich. Ich habe mir vorgenommen, diese einmal statistisch zu untersuchen. Der Aufwand wird beträchtlich sein.

2.8.3 Prognosemethoden

In dieser Arbeit werden keine Prognosen untersucht. Daher gehe ich in dieser Einführung nicht darauf ein. Es kommen Transite, Direktionen und Progressionen zum Einsatz. Über alle Methoden kann man bei G. Hürlimann [26] nachlesen.

Für Prognosen gilt ganz besonders der Grundsatz „Die Sterne zwingen nicht, sie machen nur geneigt." Eigentlich können keine Ereignisse zuverlässig vorausgesagt, sondern nur, wie man sich in der betrachteten Zeit fühlt, wie man sie erlebt (vgl. „Saturn" auf Seite 58).

2.8.4 Combin und Composit

Combin und Composit sind Horoskope, die aus zwei Horoskopen zur Partnerschaftsuntersuchung konstruiert werden.

Beim Composit werden aus gleichen Merkmalen beider Horoskope (Planetenstellungen, Achsen und Häuserspitzen die Halbsummen berechnet und in ein neues Horoskop eingezeichnet. Halbsummen sind die Punkte auf dem Tierkreis, die genau in der Mitte der beiden Punkte liegen. Beispiel: Sonne der Frau auf 20° ♋ (110°) und Sonne des Mannes auf 16° ♈ (16°) ergibt 110+16=126, 126/2 = 63, 63° = 3° ♊.

Composit-Horoskope lassen sich leicht, auch schematisch deuten [18]. Sie haben m. E. einen Nachteil: Der Orbis der Interaspekte fällt unter den Tisch.

Beim Combin berechnet man ein neues reales Horoskop auf der Basis des Mittelwertes von Geburtstag, Geburtszeit und Geburtsort und deutet es für die Beziehung zweier Menschen [36].

Kapitel 3 Grundlagen

Diese Arbeit beschäftigt sich mit Paarbeziehungen, mit der Frage, was Paare zusammenbringt, zusammenhält und auseinandertreibt. Mit Hilfe der Statistik werden astrologische Merkmale gesucht, die signifikant in Korrelation zur Scheidungshäufigkeit stehen. Nicht untersucht wird das Glück von Paaren, weil es nicht eindeutig bestimmbar ist, denn niemand kann in eine Paarbeziehung wirklich hineinsehen. Man müsste sich auf mündliche Aussagen der Partner oder auf Fragebogenerhebungen verlassen. Da kaum jemand sich und die Beziehung, in der er lebt, so sieht, wie sie wirklich ist, würden statistische Betrachtungen auf unsicheren Aussagen basieren und nicht auf belastbaren Fakten.

Statistik kann also nur auf beweisbaren Tatsachen aufgebaut werden. Bei Paarbeziehungen ist es der Paarstatus: verheiratet, zusammenlebend – geschieden, getrennt. Heirat und Scheidungen sind im Bürgerlichen Gesetzbuch gesetzlich geregelt. Scheidungen sind das Ergebnis eines Gerichtsurteils.

Da heute immer mehr Paare ohne Trauschein in dauerhaften Beziehungen zusammenleben und dabei Verantwortung für den Partner und die Kinder übernehmen, wäre es falsch, diese Paare nicht in die Untersuchung von Paarbeziehungen einzubeziehen. Solche Paare leben nicht mehr heimlich zusammen wie vor 50 Jahren, als in der konservativen Adenauer-Ära Vermieter nur verheirateten Paaren Wohnungen überließen. Trennungen sind bei solchen Paaren genauso schmerzhaft wie bei Verheirateten und werden genauso wenig leichtfertig vollzogen, wie ich bei vielen Beratungen erfahren konnte. Scheidungen sind zwar aufwändiger und teurer, jedoch kein Paar heiratet mit dem Vorsatz, sich wieder scheiden zu lassen.

3.1 Astrologische Beratung

Für Paarbeziehungen haben die Astrologen große Gedankengebäude errichtet. Für Paare mit Problemen kann daher eine astrologische Beratung eine große Hilfe sein. Die Hilfe wäre wirkungsvoll, wenn sie vor der Eheschließung stattfinden würde. Zu Astrologen gehen nur Paare, die unsicher sind. Dann kann der Astrologe noch sinnvoll beratend zur Klärung beitragen. Er kann den Klienten natürlich nicht die Entscheidung abnehmen, selbst wenn er erkennt, dass das Paar mit höchster Wahrscheinlichkeit sich trennen wird.

Nur wenige Menschen haben ein Gespür dafür, dass etwas in der Beziehung nicht stimmt. Die meisten laufen blind in ihr Unglück. Woran das liegt, wird noch aus den Untersuchungen hervorgehen.

Nicht nur bei astrologischen Beratungen von Paaren, sondern auch im privaten Bereich kann es vorkommen, dass die Fassade in wenigen Sekunden vollständig zusammenbricht. Darauf sollte man bei astrologischen Beratungen nicht hoffen und solche Zusammenbrüche auch nicht herbeiführen, sondern nur behutsam ansprechen, was die Klienten quält und was aus dem Geburtsbildern erkennbar ist.

Bei Beratungen streiten sie entweder alles ab, was der Astrologe ihnen sagt oder bejahen bereitwillig alles, was sie über sich hören. Wenn ich einem Menschen ein paar unverbindliche Nettigkeiten sage, werde ich keinen Widerspruch bekommen. Wenn ich aber Eigenschaften nenne, die ich wirklich aus dem Horoskop erkenne, dann werden sie nicht hingenommen, wenn sie unangenehm sind, wie beispielsweise, dass jemand zum Geiz neigt, zum endlosen Geschwätz, zur Gefühllosigkeit, zum Egoismus, zur Prahlsucht oder Eitelkeit.

Wenn man Paare gemeinsam berät, kann es vorkommen, dass der Betroffene die genannten Eigenschaften entrüstet zurückweist, während der Lebenspartner im Dreieck springt und ausruft: „Ja, genauso ist er". Wenn sich der Klient ein wenig für Astrologie interessiert, identifiziert er sich mit dem, was er über sich gelesen hat, genauer gesagt über sein Sonnenzeichen.

Die meisten Menschen haben so wenig Menschenkenntnis, dass sie sich nicht vorstellen können, dass andere Menschen völlig anders sind als sie selber. In den Medien wird leider allzu häufig über einen Kamm geschert, weil die Reduktion auf ganz wenige Klassen natürlich einfacher ist.

Bei der Beurteilung ihrer Partnerschaft ist es genauso. Hinzu kommen die klassischen Fehler, dass Männer das Maul nicht aufkriegen und Frauen gigantisch zu viel von der Ehe erwarten. Beide erwarten vom Partner, dass er sie glücklich machen soll, ein fundamental falscher Ansatz für eine Partnerschaft.

Nur die Gegenüberstellung von getrennten und ungetrennten Paaren liefert statistisch die zuverlässigsten Ergebnisse, weil sie auf Tatsachen und nicht auf Selbsteinschätzungen beruhen.

3.2 Fragestellungen

Ich habe mir die folgenden Fragen gestellt:

- Stimmen die Aussagen der Vulgärastrologie, die vielen Menschen geläufig sind? Heiraten Skorpione signifikant häufiger Krebse oder Fische? Was ist überhaupt an der reinen Sonnenstandsastrologie dran?

- Gibt es astrologische Unterschiede zwischen Männern und Frauen in der Paarbeziehung?

- Weichen die Planetenaspekte zwischen den Paaren signifikant von den theoretischen Wahrscheinlichkeiten ab?

- Welche Aspekte zwischen den Planeten und Achsen sagen etwas über die Haltbarkeit von Beziehungen aus?

- Gibt es Horoskopmerkmale bei den Partnern, die eine Trennung fördern?

- Gibt es Planetenstellungen in den Zeichen und Häusern, die bei Getrennten signifikant häufiger sind als bei Ungetrennten?

- Gibt es Killeraspekte, die notwendig und hinreichend für eine Trennung sind?

- Liegt die Trennungswahrscheinlichkeit an einem Partner, an beiden, an einer Unvereinbarkeit der Horoskope oder an allen dreien?

- Welche Horoskopmerkmale haben einen dominierenden Einfluss auf die Trennungwahrscheinlichkeit?

- Lassen sich Trennungswahrscheinlichkeiten zuverlässig voraussagen?

3.2.1 Einschränkungen

Die Astrologie ist schon lange kein einheitliches Wissensgebiet mehr. Vor allem im 20. Jahrhundert sind neue Sichtweisen und Methoden entwickelt worden.

Die neuen Methoden haben sich von der traditionellen Astrologie sehr weit entfernt. Mit der traditionellen Astrologie meine ich nicht die alte Sichtweise, dass die Planeten und die Sterne das Schicksal der Menschen beeinflussen, was mit einem gewissen Fatalismus hingenommen werden muss, sondern die revidierte Astrologie, wie sie Thomas Ring in seinem Büchern zum Ausdruck gebracht hat.

Meine Untersuchungen haben sich auf Faktoren beschränkt, die in der traditionellen Astrologie eine Rolle spielen. Andere Astrologiesysteme wie

- Hamburger Schule

- Halbsummen nach Ebertin

- Rhythmenlehre

- Combine

- Composit

habe ich nicht behandelt. Planetenstellungen in Häusern habe ich nur kurz untersucht. Insbesondere sind alle veröffentlichten Statistiken zum Einfluss der Häuser bisher ohne Ergebnis geblieben [24]. Das wundert mich nicht, weil sich die Astrologen über zahllose Häusersysteme streiten und Ebertin [9] ganz ohne Häuser auskommt. Daher sind Häuser für mich kein Gegenstand wissenschaftlicher Forschung mehr.

3.3 Einflussgrößen

Natürlich kann man nicht alle Einflussgrößen in die Untersuchung einbeziehen. Nach weiteren Einschränkungen bleiben noch so viele übrig, dass der Aufwand beträchtlich ist.

Es sind die astrologischen Merkmale, die in Kapitel 2 bereits eingeführt wurden. Sie werden hier noch einmal zusammengestellt.

3.3.1 Planeten und Wirkpunkte

Bei Planeten und Wirkpunkten bedarf es einer vernünftigen Beschränkung. Es bleiben 13 übrig:

0	☉	Sonne
1	☽	Mond
2	☿	Merkur
3	♀	Venus
4	♂	Mars
5	♃	Jupiter
6	♄	Saturn
7	♅	Uranus
8	♆	Neptun
9	♇	Pluto
10	☊	aufsteigender Mondknoten
11	☽	schwarzer Mond
12	⚷	Chiron
13	A	Aszendent
14	M	Himmelsmitte (Medium Coeli)

Die Reihenfolge und Nummerierung wird in Listen und Verknüpfungen konsequent verwendet.

3.3.2 Aspekte

Im Zusammenhang mit Paaruntersuchungen muss man zwei Arten von Aspekten unterscheiden. Die schon bekannten Aspekte in den Horoskopen der Partner, die ich künftig als Horoskopaspekte bezeichnen werde, sagen etwas über das Verhalten der Partner in der Beziehung aus. Die Aspekte zwischen den Planeten, Wirkpunkten und Achsen in beiden Horoskopen zeigen an, wie gut oder schlecht die Partner zusammenpassen. Sie entstehen, wenn ein Planet in das Horoskop des anderen übertragen wird. Ich werde sie künftig Interaspekte nennen. In der Tat wirken solche übertragenen Planeten im Leben des anderen.

Beispielsweise kann sich im Berufsleben eines Mannes großer Erfolg einstellen, wenn bei einer Heirat die Sonne der Frau im 4. Quadranten in Konjunktion mit dem MC hinzukommt. Bei einer Scheidung kann dieser Mann wieder in die Bedeutungslosigkeit absinken, weil der Einfluss der Sonne fehlt. Dieser Einfluss läuft unbewusst ab und nicht aufgrund eines ständigen Antreibens. Dieser Zusammenhang wird gern übersehen.[1]

In der Astrologie sind eine große Zahl von Aspekten gebräuchlich. Nur die wenigsten werden häufig verwendet. Manche werden in Deutungswerken zusammen behandelt. Wenn ich schon mit großem Aufwand untersuche, welche Interaspekte bei Trennungen von Bedeutung sind, ist es sinnvoll, die „Nebenaspekte" unabhängig von den Hauptaspekten, denen sie meistens zugeordnet werden, zu untersuchen:

0 (0)	-	kein Aspekt
1 (1)	☌	Konjunktion
2 (3)	□	Quadrat
3 (4)	△	Trigon
4 (5)	☍	Opposition
5 (2)	✳	Sextil
6 (6)	⊻	Semisextil (Halbsextil)
7 (8)	∠	Semiquadrat (Halbquadrat)
8 (7)	⊼	Quinkunx
9 (9)	⚼	Sesquiquadrat (Eineinhalbquadrat)
10 (10)	Q	Quintil
11 (11)	BQ	Biquintil

Die ersten vier sind die Hauptaspekte. Die nächsten vier gelten als Nebenaspekte. Das Eineinhalbquadrat habe ich mit aufgenommen als Brücke zur Halbsummenastrologie. Natürlich gibt es noch viele andere, wie Septil, Novil, Dezil u. a. Wenn man die Aspekte zu fein unterteilt, werden die Abstände zwischen ihnen zu klein. Damit die Summe der Aspekte immer 100 % ist, braucht man zum Ausgleich (als Komplement) noch die Häufigkeit für keinen dieser Aspekte.

Die erste Ordnungszahl dient zur Einteilung in Haupt- und Nebenaspekte. Die zweite Ornungszahl in Klammern ist die Verschlüsselung in meinem Programm.

---

1   Es gibt Grabsteine von berühmten Leuten, auf denen die Daten der Ehefrauen fehlen, weil die Nachwelt sie nicht für würdig genug befunden hat.

3.3.3 Horoskopachsen

Interaspekte der Planeten zu den beiden Horoskopachsen Aszendent und MC spielen nach meiner Erfahrung bei Partnerschaften eine wichtige Rolle. Konjunktionen und Oppositionen der beiden Achsen habe ich bei Paaren gefunden, die nicht nur glaubhaft versicherten, eine glückliche Ehe zu führen, sondern es auch deutlich ausstrahlten.

Leider braucht man für die Achsen und den Mond die genauen Geburtszeiten. Das ist das Hauptproblem bei der Datenbeschaffung.

3.3.4 Kombinationsmöglichkeiten

Die Planeten, Achsen und Wirkpunkte ergeben zusammen 15 Punkte im Tierkreis. Dies Punkte ergeben 225 Kombinationsmöglichkeiten, wenn man die Horoskope von Männern und Frauen unterscheidet. Für jede müssen 12 Aspekte untersucht werden. Somit müssen für die Paare 2700 Interaspekte ermittelt werden.

Bei den Horoskopaspekten sind es nur $15 \cdot 14 \cdot 12 = 210 \cdot 12 = 2520$. In Wirklichkeit sind es nur 2495, weil Sonne, Merkur und Venus nicht alle Aspekte miteinander bilden können.

Somit ergeben sich zusammen $2700 + 2495 + 2495 = 7690$ Aspekte, die untersucht werden müssen. Dafür musste ich nicht lange überlegen, um mich für die Entwicklung eines eigenen Computerprogrammes zu entscheiden.

3.3.5 Beschaffung und Auswertung von Daten

Der notwendige Umfang der statistisch auszuwertenden Daten (Stichprobenumfang) wird vom Laien gern unterschätzt, insbesondere bei geringen Unterschieden zwischen den Wahrscheinlichkeiten von Merkmalen. Dies gilt auch für das Auftreten bestimmter Interaspekte und Horoskopaspekte bei Getrennten und Ungetrennten.

Das große Problem bei meinen Untersuchungen war, genügend Daten für gesicherte statistische Aussagen zu bekommen. Die im Laufe meines Lebens bei Beratungen gesammelten Daten reichten nicht aus, zumal ich längst nicht alle festgehalten habe. Daher kam mir die Idee, öffentliche Paardaten zu sammeln, die man beispielsweise auf Grabsteinen finden kann. Mit einer guten

Digitalkamera und einem modernen Apple-Rechner konnte ich selbst die verwitterten Inschriften mit starker Vergrößerung des Computers entziffern.

Wenn ich diese Ehen mit meinen eigenen Kriterien, die durchaus im Einklang mit von vielen Astrologen veröffentlichten Beurteilungen stehen, untersuchte, kam ich zu dem Schluss, dass auf den Grabsteinen alle Ehequalitäten zu finden sind, von der großen Liebe bis zur Horrorehe, Letztere ganz besonders im 19. Jahrhundert. Trotzdem sind diese Daten für meine Untersuchungen wertvoll, bilden sie doch eine große Grundgesamtheit und verteilen sich auf mehrere Jahrhunderte. Sie sagen aber zuverlässig nicht mehr und nicht weniger aus, als dass die Paare verheiratet waren und ihre Namen nach ihrem Tod zusammen auf dem Grabstein verewigt wurden – auch nach einem vierzigjährigen Grabenkrieg. Spätere Vergleiche mit weiteren Daten haben ergeben, dass sie sich kaum von diesen unterscheiden.

Die weiteren Datensätze sind ein Sammelsurium von mir zufällig zugetragen Paaren. Sie stammen von Freunden und Verwandten, teilweise mit genauen Geburtsdaten, sowohl von Getrennten als auch von solchen, die mehr oder weniger glücklich zusammenleben. Der Rest wurde von mir aus astrologischen Zeitschriften entnommen oder im Internet recherchiert.

Ein großer Teil mit genauen Ehedaten stammt aus der Sammlung der Gauquelins, die sie zum Studium der Vererbung gesammelt und veröffentlicht haben [15].

Insgesamt verfüge ich zur Zeit (03.09.2013) über die Geburtsdaten von 6143 Paaren und 6469 Singles. Die gegengeschlechtlichen Paare schlüsseln sich wie in der Tabelle 11 auf Seite 77 auf.

In dieser Tabelle sind in der letzten Zeile Daten genannt, die vom Bundesamt für Statistik (BFS) der Schweizerischen Eidgenossenschaft stammen. Es sind die Jahrgänge 1984 und 2009 für Heiraten, sowie die Jahrgänge 1984, 1996 und 2009 für Scheidungen, die ich ausgewertet habe. Die Jahrgänge für Heiraten wurden nach langem Bemühen letztlich von mir verworfen, weil sie noch 30 - 40 % Paare enthalten, die noch geschieden werden könnten. Sie sind daher für eine Statistik ungeeignet. Deshalb habe ich nur noch Scheidungsdaten ausgewertet und in Beziehung zu den Daten für die übrigen Ungetrennten gesetzt.

Die Sammlung der Daten zog sich über sechs Jahre hin und begann mit eigenen Daten, gefolgt vom Koblenzer Friedhof, danach folgten die Friedhöfe von Frankfurt, München, Neuried, Köln-Porz-Eil und Altdorf. Der Friedhof von Bremen-Osterholz kam als Beispiel aus Nordeutschland ein paar Jahre später hinzu. Die Daten aus dem Sterberegister dürften besonders repräsentativ sein, was grundsätzlich auch für die Friedhöfe gilt.

Die Hoffnung, von anderen Astrologen anonyme Scheidungsdaten mit genauer Geburtszeit zu bekommen, hat sich praktisch nicht erfüllt.

Tabelle 11 Erfasste Paargruppen

Paargruppen	Ge-trennte	Unge-trennte	Summe
alle	697	5373	6143
genaue Geburtszeiten	361	3042	3403
Friedhof Koblenz		546	546
Friedhof Frankfurt		450	450
Südfriedhof München		248	248
Norddfriedhof München (nur ein zusammenhängendes Teilgebiet erfasst)		276	276
Friedhof Berlin Lichterfelde		100	100
Friedhof Köln-Porz-Eil		45	45
Dorffriedhof Neuried		60	60
Friedhof Bremen-Osterholz		397	397
Altdorf (Franken)		36	36
Sterberegister eines Standesamtes einer deutschen Großstadt (15.04.2006 - 9.01.2008)	191	65	256
Scheidungen der Schweiz gegen alle ungetrennten Paare	48262	5373	53635

Öffentlich verfügbare genaue Geburtsdaten sind fast ausnahmslos von Prominenten. Die Geburtsdaten der Lebenspartner sind nur dann vorhanden, wenn sie ebenfalls berühmt sind. Prominente (Schauspieler, Künstler) sind meist exzentrisch und wenig geeignet für stabile Partnerschaften (bis zu 8 Scheidungen!).

Ich war zunächst sehr skeptisch gegenüber diesen Daten eingestellt, habe aber dann festgestellt, dass es auch sehr viele stabile, prominente Paare gibt und sie nicht anders sind als unbekannte Paare. Auch unter den Paaren, die nicht prominent sind, gibt es welche, die 8 Trennungen hinter sich haben.

Zu der Frage, wie die Daten ohne genaue Geburtszeit gegenüber denen mit genauer Geburtszeit zu werten sind, werde ich noch eingehend Stellung nehmen (siehe 4.1 auf Seite 113).

3.4 Computerprogramm

Die zahlreichen Daten und die vielfältigen Auswertungsmethoden erzwingen förmlich das Schreiben eines speziellen Computerprogramms. Es gibt zwar leistungsfähige Astrologieprogramme zur Berechnung und Darstellung von einzelnen Horoskopen. Mit ihnen lassen sich auch Synastrien auswerten und als Graphik ausgeben. Auch fehlt es nicht an professionellen (und teuren) Statistikprogrammen, deren stereotype Ausgaben dem Leser wissenschaftlicher Arbeiten, in denen Statistik angewendet wird, immer wieder als zahllose Screenshots begegnen und nerven. Das gern eingesetzte Hilfsmittel der Tabellenkalkulation ist auch nur eine Notlösung und eher eine ABM, weil der Arbeitsaufwand verglichen mit dem Schreiben eines Programms gigantisch ist.

Will man alle Arbeiten zusammenführen, endet das Unterfangen in einer heillosen Sisyphusarbeit. Daher habe ich vor Beginn meiner Arbeit nicht lange gezögert und ein sorgfältig geplantes Programm, das alle Fähigkeiten in sich vereint, in Angriff genommen.

3.4.1 Anforderungen an das Computerprogramm

Das Programm muss der professionellen Astrologie und auch den Methoden der Statistik gerecht werden. Es soll die Eingabe der Geburtsdaten von Paaren mit geringstem Aufwand ermöglichen. Alle Methoden der Statistik sollen einzeln für beliebige Datensätze und im Zusammenhang mit den gefundenen Aspekt- und Interaspektverteilungen anwendbar sein. Die Ergebnisse sollen als Listen mit den Symbolen der Astrologie oder als Datensätze zum Zeichnen von Diagrammen ausgegeben werden. Im Einzelnen sind das die folgenden Anforderungen:

Dateneingabe für Paare und Singles

Die Geburtsdaten werden paarweise eingegeben. Wenn genaue Geburtszeiten bekannt sind, werden die Zeiten auf die Sekunde genau eingetippt (natürlich nur, wenn die Geburtszeit über wichtige Lebensereignisse sorgfältig korrigiert wurde). Die Koordinaten des Geburtsortes werden so genau wie möglich erfasst. Wenn das Geburtsgebäude bekannt ist, können sie mit GoogelEarth auf eine Bogensekunde genau bestimmt werden. Wenn keine genauen Geburtszeiten und Geburtsorte bekannt sind, wird bei Deutschen eine Geburt um 12 Uhr in Kassel als mittleren deutschen Ort eingesetzt (siehe Bild 6 auf Seite 81).

In vergleichbarer Weise werden auch Daten für einzelne Personen (Singles) eingegeben. Sie werden zu speziellen Themen wie Berufswahl, Krankheiten, Todesursachen, Verbrechen u. a. ausgewertet. Über eine zweite Eingabepalette werden Friedhöfe und Angaben über den Paarstatus (verheiratet, feste Bindung, wilde Ehe, verpartnert, getrennt lebend, Scheinehe, geschieden, einseitige Beziehung, kurze Affäre, kurze Begegnung, Freundschaft) ausgewählt. Das Trauungsdatum und die Dauer der Verbindung kann man in diesem Eingabefenster festhalten, sofern sie bekannt sind.

Die Qualität der Verbindung ist nur bei Paaren, die genau bekannt sind oder in der Öffentlichkeit stehen, erfassbar (unbekannt, große Liebe, mittlere Liebe, Vernunftehe, gleichgültig, großer Hass, Krieg wegen der Kinder, zusammen wegen der Gesellschaft, zusammen wegen der Kirche, zusammen wegen der Familie, kurz entflammt, Leidenschaft). Die Eigenschaften der Grabstätte lassen sich mit ein paar Mausklicks erfassen. Hier können auch neue Friedhöfe eingegeben werden. Siehe Screenshot Bild 7 auf Seite 82.

Ursprünglich wollte ich die Grabeigenschaften (z. B. katholisch gegen evangelisch) untersuchen. Nachdem aber keine Unterschiede zwischen Friedhöfen des evangelischen Nordens und katholischen Südens feststellbar waren, habe ich diese Idee fallen gelassen.

Dateneingabe für die Auswertung

Grundsätzlich lässt sich das Programm vollständig über eine Menüsteuerung bedienen. Es gibt auch keine esoterischen, kryptischen Tastenkombinationen. Benutzbare Tastenkombinationen sind in den Menüs dokumentiert. Auf zahlreiche Bedienungsicons wurde verzichtet, weil das Programm rechenintensiv und nicht bedienungsaufwändig ist. Zum Ausprobieren statistischer Methoden können die wenigen erforderlichen Daten über eine weitere Palette „Statistikparameter" eingegeben werden (Bild 5 auf Seite 80). Umfangreichere Datensätze werden aus vorbereiteten Textdateien gelesen. Die Palette „Statistikparameter" dient aber vor allem zur Automatisierung der Eingrenzung der Paare nach bestimmten Kriterien. Da fast immer zwei Gruppen von Paaren gegenübergestellt werden (Getrennte A und Ungetrennte B), können diese Gruppen unabhängig voneinander gruppiert werden.

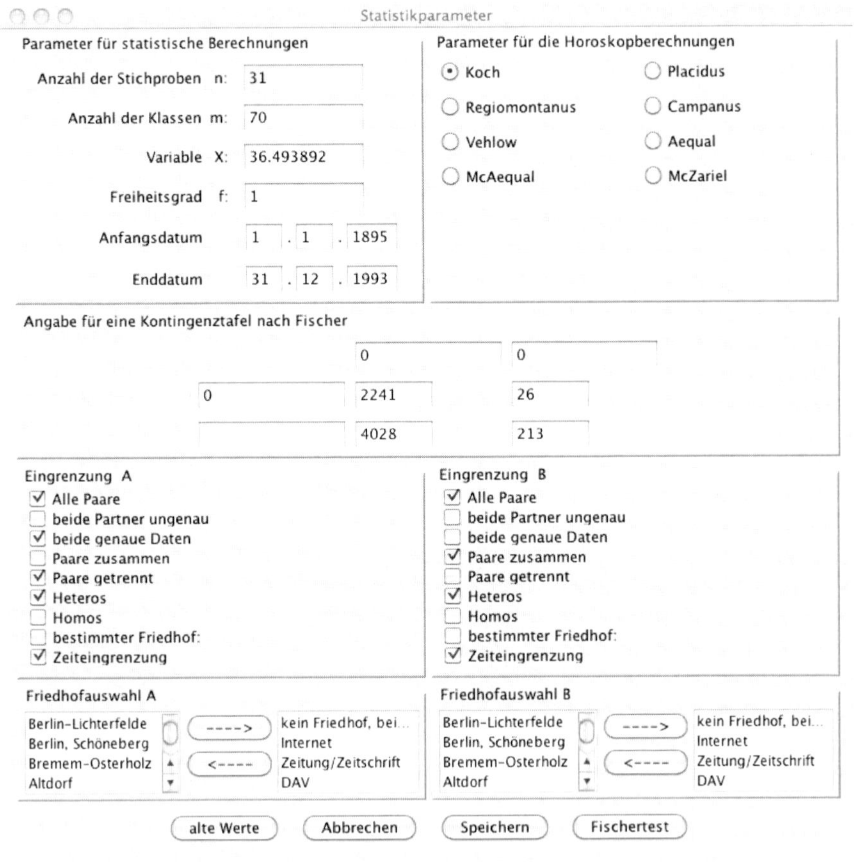

Bild 5   Statistikparameter und Eingrenzungssteuerung

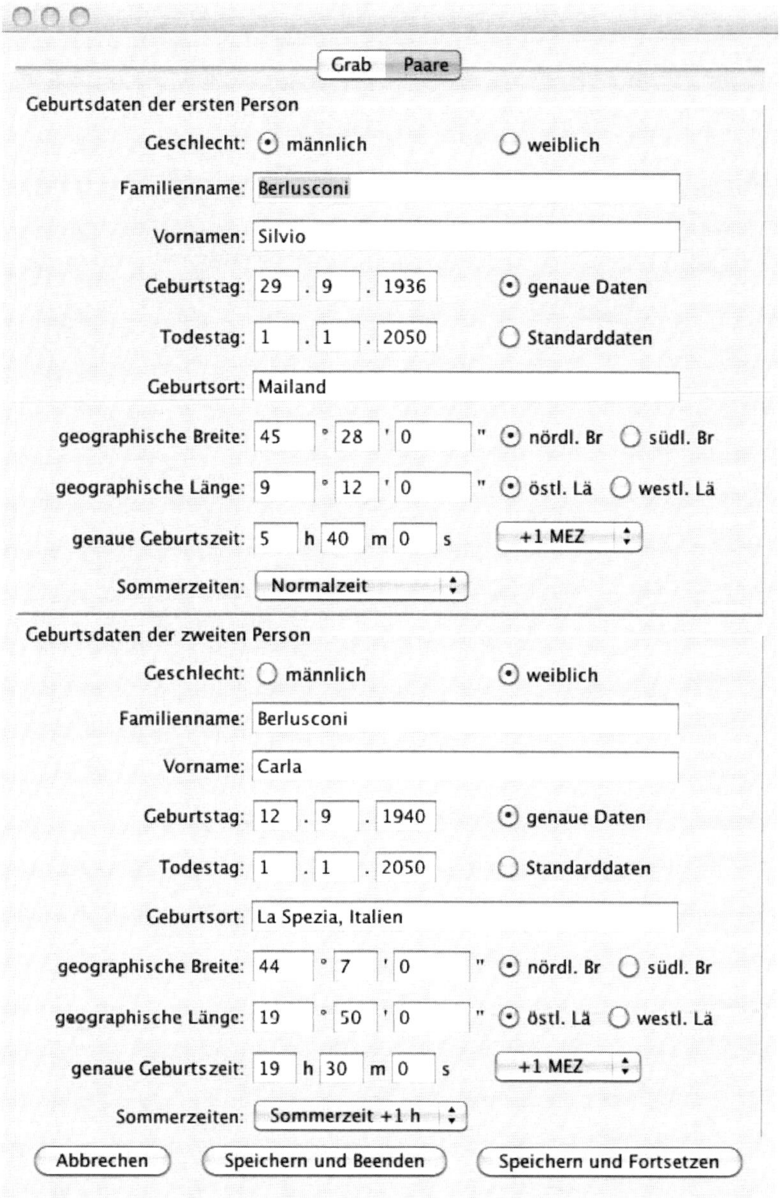

Grab   Paare

Geburtsdaten der ersten Person

Geschlecht: ⦿ männlich   ◯ weiblich

Familienname: Berlusconi

Vornamen: Silvio

Geburtstag: 29 . 9 . 1936   ⦿ genaue Daten

Todestag: 1 . 1 . 2050   ◯ Standarddaten

Geburtsort: Mailand

geographische Breite: 45 ° 28 ' 0 "   ⦿ nördl. Br   ◯ südl. Br

geographische Länge: 9 ° 12 ' 0 "   ⦿ östl. Lä   ◯ westl. Lä

genaue Geburtszeit: 5 h 40 m 0 s   +1 MEZ ⇕

Sommerzeiten: Normalzeit ⇕

Geburtsdaten der zweiten Person

Geschlecht: ◯ männlich   ⦿ weiblich

Familienname: Berlusconi

Vorname: Carla

Geburtstag: 12 . 9 . 1940   ⦿ genaue Daten

Todestag: 1 . 1 . 2050   ◯ Standarddaten

Geburtsort: La Spezia, Italien

geographische Breite: 44 ° 7 ' 0 "   ⦿ nördl. Br   ◯ südl. Br

geographische Länge: 19 ° 50 ' 0 "   ⦿ östl. Lä   ◯ westl. Lä

genaue Geburtszeit: 19 h 30 m 0 s   +1 MEZ ⇕

Sommerzeiten: Sommerzeit +1 h ⇕

Abbrechen   Speichern und Beenden   Speichern und Fortsetzen

Bild 6   Eingabe von Geburtsdaten

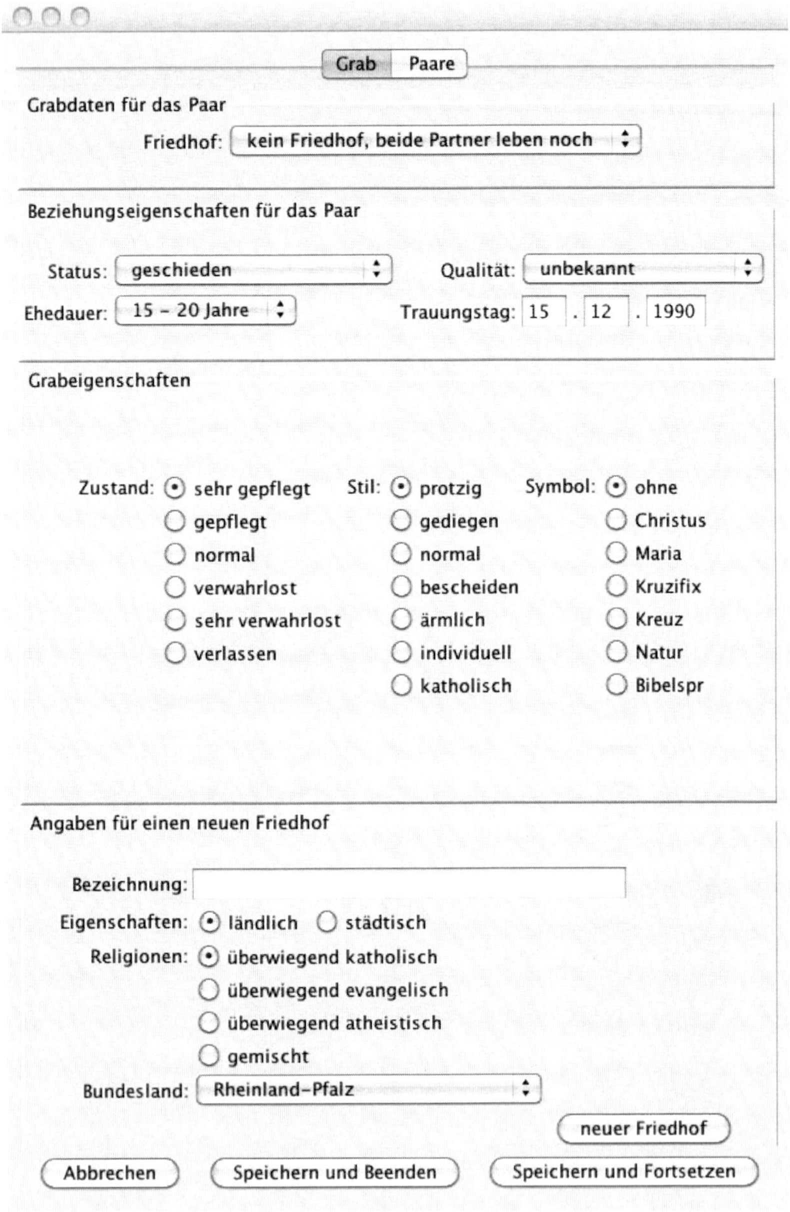

Grab   Paare

Grabdaten für das Paar

Friedhof: [kein Friedhof, beide Partner leben noch ⇕]

Beziehungseigenschaften für das Paar

Status: [geschieden ⇕]   Qualität: [unbekannt ⇕]

Ehedauer: [15 – 20 Jahre ⇕]   Trauungstag: [15] . [12] . [1990]

Grabeigenschaften

Zustand: ⦿ sehr gepflegt   Stil: ⦿ protzig   Symbol: ⦿ ohne
○ gepflegt   ○ gediegen   ○ Christus
○ normal   ○ normal   ○ Maria
○ verwahrlost   ○ bescheiden   ○ Kruzifix
○ sehr verwahrlost   ○ ärmlich   ○ Kreuz
○ verlassen   ○ individuell   ○ Natur
                    ○ katholisch   ○ Bibelspr

Angaben für einen neuen Friedhof

Bezeichnung: [   ]

Eigenschaften: ⦿ ländlich ○ städtisch

Religionen: ⦿ überwiegend katholisch
○ überwiegend evangelisch
○ überwiegend atheistisch
○ gemischt

Bundesland: [Rheinland–Pfalz ⇕]

(neuer Friedhof)

(Abbrechen)   (Speichern und Beenden)   (Speichern und Fortsetzen)

Bild 7   Eingabe von ergänzenden Angaben und Friedhöfen

Die Gruppen werden von oben nach unten nach den gesetzten Checkboxen eingegrenzt. In dem Beispiel (s. Bild 5) werden für die Gruppe A zuerst alle gespeicherten Paare zugelassen. Danach werden die Paare ausgesucht, von denen für beide Partner genaue Geburtszeiten bekannt sind. Beim dritten Eingrenzungsschritt werden nur noch die Paare übrig gelassen, die getrennt sind.

Schließlich werden davon noch die heterosexuellen Paare ausgewählt. Eingrenzungen nach Friedhöfen und einer vorgegebenen Zeitspanne sind ebenfalls möglich.

Darüber hinaus lassen sich auch einzelne Berechnungen der Statistik für Datensätze ausführen und ein Häusersystem vorgeben.

Etwas Vergleichbares gibt es auch für die Gruppierungen von Singledaten.

Ergebnisausgabe

Ergebnisse werden vorwiegend als Text in ein Fenster mit einem Texteditor ausgegeben. Bild 8 auf Seite 84 zeigt ein etwas unscharfes Pixel-Bildschirmfoto. In dieser Arbeit werden mehrfach solche Texte vollkommen klar eingefügt. Voraussetzung ist allerdings, dass die verwendeten Schriften alle Zeichen des Unicodes beherrschen.

Die Ausgabe in Textdateien ist für einige seltene Fälle vorgesehen (Diagrammdaten). Der Ausgabeeditor kann fast alle Zeichen des Unicodes schreiben, was für die Weiterverarbeitung in astrologischen Texten ein großer Vorteil ist. Schön gestaltete Ausgabeseiten, wie bei Astrologieprogrammen üblich, haben den Nachteil, dass sie gezeichnet werden müssen, und bestenfalls als Graphik verwendet werden können.

Horoskopgraphiken sind für das Programm nicht vorgesehen. Nicht weil ich zu faul zum Programmieren bin, sondern weil es genügend Astrologieprogramme gibt, die dies mehr oder weniger befriedigend können. Ich bevorzuge das Programm „Kairon" für den Apple Computer, weil das Horoskop besonders übersichtlich dargestellt ist und meiner Handzeichnung fast entspricht.

Für besondere Diagramme können aber besondere Algorithmen programmiert und eingebaut werden.

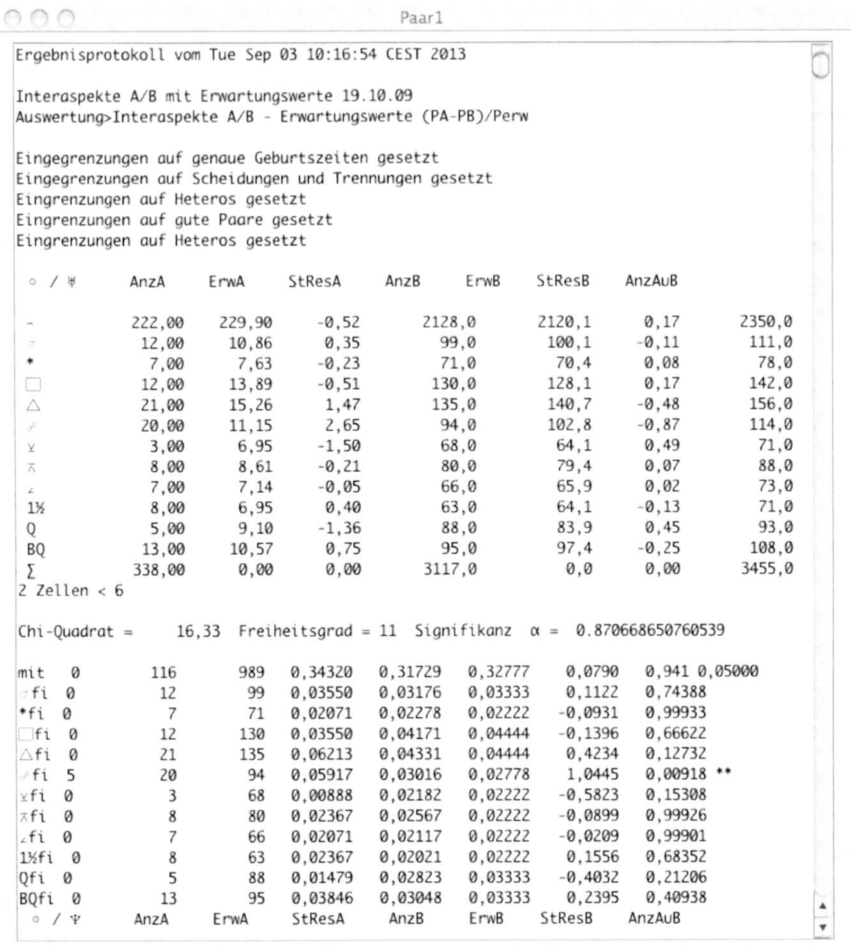

```
○ ○ ○                                    Paar1

Ergebnisprotokoll vom Tue Sep 03 10:16:54 CEST 2013

Interaspekte A/B mit Erwartungswerte 19.10.09
Auswertung>Interaspekte A/B - Erwartungswerte (PA-PB)/Perw

Eingegrenzungen auf genaue Geburtszeiten gesetzt
Eingegrenzungen auf Scheidungen und Trennungen gesetzt
Eingrenzungen auf Heteros gesetzt
Eingrenzungen auf gute Paare gesetzt
Eingrenzungen auf Heteros gesetzt

   ○ / ☿    AnzA      ErwA     StResA    AnzB     ErwB    StResB   AnzAuB

     -      222,00   229,90    -0,52    2128,0   2120,1   0,17    2350,0
     ⚹       12,00    10,86     0,35      99,0    100,1  -0,11     111,0
     *        7,00     7,63    -0,23      71,0     70,4   0,08      78,0
     □       12,00    13,89    -0,51     130,0    128,1   0,17     142,0
     △       21,00    15,26     1,47     135,0    140,7  -0,48     156,0
     ⚻       20,00    11,15     2,65      94,0    102,8  -0,87     114,0
     ⚼        3,00     6,95    -1,50      68,0     64,1   0,49      71,0
     ⚺        8,00     8,61    -0,21      80,0     79,4   0,07      88,0
     ∠        7,00     7,14    -0,05      66,0     65,9   0,02      73,0
     1½       8,00     6,95     0,40      63,0     64,1  -0,13      71,0
     Q        5,00     9,10    -1,36      88,0     83,9   0,45      93,0
     BQ      13,00    10,57     0,75      95,0     97,4  -0,25     108,0
     Σ      338,00     0,00     0,00    3117,0      0,0   0,00    3455,0
2 Zellen < 6

Chi-Quadrat =    16,33  Freiheitsgrad = 11  Signifikanz  α =  0.870668650760539

mit  0    116      989    0,34320   0,31729   0,32777    0,0790   0,941 0,05000
⚹fi  0     12       99    0,03550   0,03176   0,03333    0,1122   0,74388
*fi  0      7       71    0,02071   0,02278   0,02222   -0,0931   0,99933
□fi  0     12      130    0,03550   0,04171   0,04444   -0,1396   0,66622
△fi  0     21      135    0,06213   0,04331   0,04444    0,4234   0,12732
⚻fi  5     20       94    0,05917   0,03016   0,02778    1,0445   0,00918 **
⚼fi  0      3       68    0,00888   0,02182   0,02222   -0,5823   0,15308
⚺fi  0      8       80    0,02367   0,02567   0,02222   -0,0899   0,99926
∠fi  0      7       66    0,02071   0,02117   0,02222   -0,0209   0,99901
1½fi 0      8       63    0,02367   0,02021   0,02222    0,1556   0,68352
Qfi  0      5       88    0,01479   0,02823   0,03333   -0,4032   0,21206
BQfi 0     13       95    0,03846   0,03048   0,03333    0,2395   0,40938
  ○ / ☿    AnzA      ErwA     StResA    AnzB     ErwB    StResB   AnzAuB
```

Bild 8   Benutzeroberfläche, Ausgabeeditor

3.4.2 Wahl der Programmiersprache und des Computers

Die einzige moderne Hochsprache, die von Anfang an für den Umgang mit den weltweit gebräuchlichen Zeichen der verschiedenen Sprachen und den vielen Sonderzeichen des Unicodes konzipiert war, ist Java. Doch was nützt

diese Fähigkeit, wenn das Betriebssystem sie nicht unterstützt. Diese lücken-
lose Unterstützung des Unicodes findet man beim Apple mit dem Mac OS X
(ab 10.3) und den Apple-Programmen iWork (mit Pages als preiswertes Text-
verarbeitungsprogramm mit hervorragenden Layoutfunktionen) und TextEdit
als vielseitiger und komfortabler Texteditor.

Die neuesten Versionen der großen Layoutprogramme (InDesign und
QuarkXPress) haben inzwischen nachgezogen und die Darstellung des Unicodes stark verbessert. Java hat darüber hinaus den Vorteil, eine plattform-
unabhängige Programmiersprache zu sein. Das Programm ließe sich mit
Einschränkungen auf Windows und Linux mit vergleichbarer graphischer Benutzeroberfläche übertragen, wobei auf einige spezifische Vorteile des MacOS
verzichtet werden müsste.

Das Programm heißt „Paar1" (siehe Bild 9) ist für meinen Eigengebrauch geschrieben worden und hat für fremde Anwender die Nachteile:

- Keine Kommentare, weder im Programmquelltext noch in der Bedie-
  nungsoberfläche

- Kein Handbuch und keine Hilfsfunktion

- Programm ist unfertig und wird ständig erweitert, auch für ganz andere Untersuchungen.

Ich wurde mehrfach gefragt, ob ich das Programm auch anderen Interessenten
verfügbar machen wolle. Das würde mich unendlich viel Arbeit kosten und
aus langer Erfahrung würde mich die Frage, ob das Programm auch Eier ko-
chen könne, nicht im geringsten wundern.

Der wichtigste Grund ist aber für mich, dass mit der Weitergabe des Programms dem Unsinn der Repliken Vorschub geleistet würde. Die meisten
statistischen Untersuchungen leiden unter einer unsicheren Datenlage, einer
viel zu kleinen Anzahl von Probanden, die nicht im geringsten repräsentativ
sind (meist weibliche College-Studentinnen Anfang 20) und Fragebogenerhebungen, also einer Vielzahl von statistischen Kardinalfehlern, die nur Unsinn
ergeben. Repliken ergeben auch wieder Unsinn, also was soll das?

Der einzige vernünftige Weg wäre, möglichst viele Daten in **einem** Computer oder einer Datenbank zu sammeln und auszuwerten.

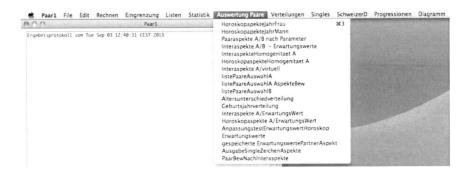

Bild 9   Benutzeroberfläche von Paar I

3.5 Paarbildung und -trennung

Die Merkmale, die in den Horoskopen eines Paares gefunden werden, können alle denkbaren sein. Dann müssten alle diese „Hypothesen" statistisch
überprüft werden, um die relevanten zu finden. Dies wäre ein exploratives
Vorgehen, sozusagen eine Hypothesengenerierung.

Das andere Extrem wäre nur die Behauptungen zu überprüfen, die einheitlich zu Paarbeziehungen von Astrologen aufgestellt worden sind.

Das Problem dabei ist, dass die Astrologen viel zu wenig wissen über astrologische Merkmale, die vermehrt Scheidungen anzeigen. Über Elemente, die
Glück oder Unglück anzeigen, weiß man schon mehr, wobei diese sich kaum
statistisch beweisen lassen. Ich werde die wichtigsten aufzählen, die bei Scheidungen relevant sein können, wobei sie in den Einzelhoroskopen oder beim
Horoskopvergleich auftreten können:

• Beziehungen der Sonnenzeichen ohne Berücksichtigung eines Orbis

• Beziehung der Achsen zueinander ohne Berücksichtigung eines Orbis

• Beziehung des Sonnenzeichens zu den Achsen ohne Berücksichtigung eines Orbis

• Stellung der Planeten in den Tierkreiszeichen oder Häusern

- Achsen in den Tierkreiszeichen

- Beziehungen der Planeten zueinander ohne Berücksichtigung eines Orbis

- Aspekte der Planeten und Achsen zueinander mit Beachtung eines Orbis

Mit dem ersten Punkt hat man sich bisher am meisten befasst. Nur die wenigsten Arbeiten erfüllen wichtige Kriterien der Statistik.

3.5.1 Paarbildung und Sonnenzeichen

Viele Menschen mit Interesse für die Astrologie sind davon überzeugt, dass die Sonnenzeichen eine entscheidende Rolle spielen. Viele populärastrologische Bücher sind darauf aufgebaut. Für die Charakterdeutung wäre das eine Beschränkung auf zwölf Typen. Auch für die Paarbildung wird diese Vereinfachung häufig angewendet. Bei Laien ist die Vorstellung weit verbreitet, dass Menschen eines bestimmten Sonnenzeichens sich bevorzugt mit wenigen anderen Sonnenzeichen verbinden, mit solchen, die vier Zeichen danach oder davor im Tierkreis angeordnet sind (Trigon) oder jeweils zwei Zeichen entfernt sind (Sextil). Beispielsweise sollen Löwen häufiger Schützen oder Widder, bzw. Waage oder Zwilling heiraten.

Ich habe vor 50 Jahren auf Grabsteinen eines großen Dorffriedhofs deutliche Hinweise auf die Richtigkeit solcher Sonnenbeziehungen gefunden. War die Beobachtung nur zufällig oder lässt sich diese Erfahrung mit Hilfe der Statistik bestätigen? Genau diese Beobachtungen waren Ausgangspunkt der vorliegenden umfangreichen Untersuchungen.

Doch die Gräber gibt es nicht mehr, und ich habe diese Beobachtungen nie wieder bestätigt gefunden. Meine statistischen Untersuchungen sagen ohnehin etwas ganz anderes:

Wenn man voraussetzt, dass alle Paarbildungen zwischen zwei Sonnenzeichen gleich wahrscheinlich sind – es gibt keinen Grund, daran zu zweifeln, hat doch jeder die freie Wahl – ergibt ein Chiquadrattest, dass keine Sonnenzeichenkombination mehr als zufällig vom Erwartungswert abweicht. Mit anderen Worten, es existiert keine Korrelation zwischen den Sonnenzeichen. Gibt es denn wenigstens einen signifikanten Unterschied zwischen Getrennten und Ungetrennten?

Die Überprüfung der Unabhängigkeit mit Hilfe des Chiquadrattests ist nicht möglich, weil die 144 möglichen Sonnenzeichenkombinationen durchschnittliche Häufigkeiten von rund 5 bei den 697 Getrennten ergeben. Wenn man jeweils die feurigen, erdigen, luftigen und wässrigen Zeichen zusammenfasst, gelingt dieser Test immer noch nicht, weil nicht alle Häufigkeiten größer als 5 sind. Es lässt sich aber ein Fishertest durchführen, der zeigt, dass die Trennung nicht vom Sonnenzeichen des Partners abhängt. Lediglich bei Löwemännern und -frauen sind Getrennte signifikant häufiger mit Fische-, Krebs- und Skorpionpartnern und seltener mit Stier-, Jungfrau- und Steinbockpartnern verbunden gewesen. Doch diese Aussage ist nicht wirklich gesichert. Zumindestens bei der Sonnenzeichenkombination gibt es keine erkennbaren Unterschiede zwischen Männern und Frauen.

Eine weitere Möglichkeit besteht darin, eine große Zahl von Heiraten und Scheidungen daraufhin zu untersuchen, ob in den erfassten Heirats- bzw. Scheidungsjahrgängen bestimmte Sonnenzeichen bei Männern signifikant häufiger ein Zeichen bei Frauen heiraten, wobei auf die Anzahl der erfassten Männer und Frauen in diesen Zeichen bezogen wird. Durch solche Untersuchungen ergeben sich bei meinen Daten auch keine Signifikanzen.

Noch besser wäre es, wenn auf die Anzahl der Männer und Frauen, die in dem Sonnenzeichen geboren wurden, bezogen wird. Dazu müsste man sie nach Geburtsjahrgängen untersuchen.

Bei der Verwertung offizieller Heiratsdaten ergibt sich das große Problem, dass viele Paare, die heute ohne Trauschein zusammenleben, nicht erfasst werden, und die vielen Paare, die noch getrennt werden, das Ergebnis verfälschen.

Dabei kann nicht mehr und nicht weniger herauskommen, als welche Sonnenzeichen häufiger und welche seltener die Ehe eingehen. Bei der Verwertung von Grabdaten habe ich wenigstens Paare untersucht, die zum allergrößten Teil ein Leben lang zusammengeblieben sind.

3.5.2 Interaspekt, Orbis und Erwartungswert

Wenn die groben Interaspekte zwischen den Sonnenzeichen der Partner keinen signifikanten Einfluss auf die Paarbildung und -trennung haben, ist zu vermuten, dass solche groben Interaspekte zwischen den anderen Planeten ebenfalls ohne Einfluss sind. Dies ließ sich auf gleiche Weise bestätigen.

Somit brauchen Vorstellungen der Vulgärastrologie nicht weiter untersucht werden. Nachfolgend werden nur noch Interaspekte untersucht, die nur mit einem kleinen Fehler zum genauen Winkel α vorliegen. Jeder professionelle Astrologe legt diese zulässige Abweichung fest. Sie wird Orbis genannt. In der Skizze (Bild 10) sind diese Winkelbereiche, die ein zweiter Planet (rot) zu einem ersten Planet (blau) einnehmen kann, grün gekennzeichnet. Es ergeben sich zwei mögliche Lagen für den zweiten Planeten, im Uhrzeigersinn und gegen den Uhrzeigersinn. Allein für die Konjunktion und Opposition ist nur eine Lage möglich.

Wenn man die möglichen Winkel auf den ganzen Zentrumswinkel von 360° bezieht, erhält man den theoretischen Erwartungswert für die Wahrscheinlichkeit eines Interaspekts. Für das Trigon ergibt sich bei einem Orbis von 4° 2·2·4/360 = 0,04444. Die theoretischen Erwartungswerte aller Aspekte mit den vorgegebenen Orben zeigt die Tabelle 12.

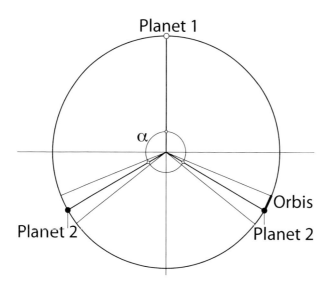

Bild 10 Theoretischer Erwartungswert beim Trigon

Für den Fall der Unabhängigkeit vom Geschlecht sind die Erwartungswerte außer bei gleichen Planeten doppelt so groß. Die Erwartungswerte lassen sich nur mit einer großen Anzahl von Paaren überprüfen. Dieser Beweis wird in einem späteren Kapitel gezeigt.

Tabelle 12 Theoretische Wahrscheinlichkeiten der Interaspekte

Symbol	Aspekt	Winkel	Orbis	gesamt	Erwartungswert
☌	Konjunktion	0°	6°	12°	0,03333
✳	Sextil	60°	2°	8°	0,02222
☐	Quadrat	90°	4°	16°	0,04444
△	Trigon	120°	4°	16°	0,04444
☍	Opposition	180°	5°	10°	0,02778
⋁	Halbsextil	30°	2°	8°	0,02222
⋀	Quinkunx	150°	2°	8°	0,02222
∠	Halbquadrat	45°	2°	8°	0,02222
⟗	Eineinhalbquadrat	135°	2°	8°	0,02222
Q	Quintil	72°	3°	12°	0,03333
BQ	Biquintil	144°	3°	12°	0,03333
	Summe			118°	0,32777
	kein Aspekt				0,67223

3.5.3 Abhängigkeit der Interaspekte vom Paarstatus – getrennt/ungetrennt

Wenn die Untersuchungen mit den Sonnenzeichen bei der Paarbildung und -trennung keine signifikanten Ergebnisse geliefert haben, sind jetzt genauere Berechnungen unter Einbeziehung der in der Tabelle 12 gelisteten Orben notwendig. Zum Verständnis für die weniger in der Statistik bewanderten Leser beginne ich mit einem bedeutsamen Interaspekt zwischen Venus und Mars.

Bei der Untersuchung der Abhängigkeit der Paarbildung von den Sonnenzeichen habe ich, ohne jetzt näher darauf einzugehen, sogenannte Unabhängigkeitstests eingesetzt. Es war die Rede vom Chiquadrattest (χ^2-Test), der am häufigsten in der Statistik angewendet wird. Vielen Lesern, insbesondere wenn sie eine wissenschaftliche Ausbildung (moderne Psychologie, Medizin, Natur- und Ingenieurwissenschaft) genossen haben, sind sie vertraut. Da Unabhängigkeitstest die Grundlage aller Untersuchungen dieser Arbeit sind, werde ich sie nachfolgend an einem Beispiel erklären.

Für die Leser, die in der Statistik nicht bewandert sind und trotzdem die genauen Zusammenhänge für die Unabhängigkeitstests verstehen wollen, ist der Anhang Kapitel 9 eingerichtet. Dort können Sie die Herleitungen nachlesen. Ich habe versucht, mit einfachen Mitteln auszukommen, doch ohne elementare Mathematik geht es nicht.

Beispiel: Venus-Mars-Halbquadrat

Zum Einstieg sollen nicht sofort alle 2700 Interaspekte dargestellt werden, sondern nur ein einziger. Die Interaspekte ♀-♂ werden ausführlich in Büchern über Synastrie behandelt. An dem Beispiel ♀∠♂ kann man mehrere Dinge untersuchen und erklären.

- Ist dieser Interaspekt bei getrennten Paaren als negativer erotischer Interaspekt signifikant häufiger zu finden?

- Ist er vom Geschlecht unabhängig, wie es in fast allen Büchern dargestellt wird?

In dieser Arbeit wird bei Interaspekten immer der Planet des Mannes zuerst genannt und dann der Planet der Frau. Der Interaspekt ♀∠♂ bedeutet daher ein Halbquadrat zwischen der Venus im Horoskop des Mannes und dem Mars im Horoskop der Frau.

Sehen wir uns einmal die Ergebnisse meiner Untersuchung für diesen Aspekt an:

Von den 611 getrennten Paaren[2] haben 20 diesen Interaspekt und 591 nicht. Bei 2596 Ungetrennten findet man 50 mit dem Venus-Mars-Halbquadrat und 2546 ohne.

Fasst man die Ergebnisse in einer Vierfeldertafel zusammen, ergibt sich die Tabelle 13 von Paaren mit Geburtsdaten zwischen 1.1.1804 und 31.12.1999.

Die vier statistischen Ereignisse sind, wie in der Statistik üblich, mit den großen Buchstaben G, U, H und N bezeichnet (in Klammern).

---

2 Mit „Paare" sind immer heterosexuelle Paare gemeint. Bei homosexuellen Paaren sieht es sicher anders aus, jedoch für eine Statistik fehlen mir ausreichend viele Daten.

Tabelle 13 Vierfeldertafel für Venus-Mars-Halbquadrat

Interaspekt	Getrennte Paare (G)	Ungetrennte Paare (U)
Venus-Mars-Halbquadrat (H)	20	50
Nicht Venus-Mars-Halbquadrat (N)	591	2546

Die Tabelle 14 auf Seite 92 fasst die Häufigkeiten noch einmal übersichtlich zusammen. Sie erhält zusätzlich eine rechte Randspalte mit den Häufigkeiten aller Paare und eine untere Randzeile mit den Häufigkeiten aller Aspekte.

Tabelle 14 Vierfeldertafel für Venus-Mars-Halbquadrat

	G	U	
H	20	50	70
N	591	2546	3137
	611	2596	3207

Die Zahlen sind absolute Häufigkeiten und lassen keine direkten Vergleiche zu. Erst wenn man die Häufigkeiten des Halbquadrats auf die jeweiligen Häufigkeiten H beider Aspekte bezieht (H(H) + H(N)), ergeben sich Zahlenwerte zwischen null und eins, die man auch als

Wahrscheinlichkeiten deuten kann. Sie werden in der nächsten Tabelle gezeigt.

Die Zahlenwerte der ersten Zeile geben die relativen Häufigkeiten für das Halbquadrat bei den drei Gruppen an:
Getrennte Paare (20/611 = 0,0327)
Ungetrennte Paare (50/2596 = 0,0193)
Alle erfassten Paare (70/3207 = 0,0218)

	G	U	
H	0,0327	0,0193	0,0218
N	0,9673	0,9807	0,9782
	0,1905	0,8095	1,0000

Die relative Häufigkeit bei allen Paaren entspricht ziemlich genau der theoretischen Wahrscheinlichkeit für ein Halbquadrat (0,02222 = 2,222 %). Bei den getrennten Paaren ist sie wesentlich größer, bei den ungetrennten ein wenig geringer. Bei den Getrennten ist sie fast doppelt so groß wie bei den Ungetrennten. Dieser Unterschied ist deutlich, aber ist er auch signifikant im Sinne der Statistik oder nur zufällig?

Mit den gegebenen Zahlenwerten lässt sich ein Unabhängigkeitstest (χ^2-Test) durchführen, der die folgende Nullhypothese H0 überprüfen soll:

- H0: Die Häufigkeiten der vier Ereignisse H, N, G und U sind voneinander unabhängig und beeinflussen sich nicht.

Die ermittelten relativen Häufigkeiten wären unabhängig, wenn sie gleich wären und nicht vom Paarstatus abhingen, sondern so groß wären wie die relativen Häufigkeiten aller Paare. Das ist, wie schon gesagt, nicht der Fall. Jedoch sind die Abweichungen groß genug, dass sie nicht dem Zufall zugeschrieben werden müssen? Diese Frage beantwortet der χ^2-Test oder der exakte Fishertest. Sie ergeben eine Irrtumswahrscheinlichkeit p, mit der die Unabhängigkeit (Nullhypothese!) verworfen werden muss (Theorie s. 9.1 auf Seite 249). Üblich ist die Grenze $\alpha = 0{,}05 = 5\,\%$. Die Grenze für die Irrtumswahrscheinlichkeit wird auch Signifikanzniveau genannt.

Der χ^2-Test ergibt, dass die Nullhypothese mit einer Irrtumswahrscheinlichkeit von 4,12 % verworfen werden muss. Mit anderen Worten: Die Wahrscheinlichkeit für das Auftreten des Venus-Mars-Halbquadrats ist mit einem Signifikanzniveau (p = 0,0412 < 0,05) signifikant abhängig vom Paarstatus. Die fast doppelt so hohe relative Häufigkeit bei getrennten Paaren kann nicht dem Zufall zugeschrieben werden.

Tabelle 15 Vierfeldertafel für Venus-Mars-Halbquadrat

	G	U	
H	15	3	18
N	263	348	581
	278	321	599

Wertet man die Paare aus, von denen genaue Geburtsdaten bekannt sind, ist die Irrtumswahrscheinlichkeit noch wesentlich geringer (siehe Tabelle 15). Da die Venus täglich durchschnittlich 1°36'08" im Tierkreis fortschreitet, ist der Fehler bei einem Orbis von 2° schon 40 %.

Obwohl die Anzahl der Paare geringer ist, sind die Ergebnisse bei den schnellen Planeten zuverlässiger (p = 0,0015 < 0,05).

Deutungsansatz

Die Interaspekte zwischen ♀ und ♂ werden allgemein eher positiv bewertet, trotzdem ist er bei Getrennten seltsamerweise signifikant häufiger anzutreffen. Er ist nicht der einzige Interaspekt, auf den dies zutrifft.

Es gibt viele Bücher, die auf vielen Seiten ausbreiten, wie beispielsweise ein Fischemars zu einer Widdervenus passt. Doch über genaue Interaspekte findet man nur wenig Literatur. In der Regel wird nicht zwischen Mann und Frau unterschieden.

Akron deutet die Interaspekte tiefenpsychologisch [1] und unterscheidet sie aus der Sicht des Mannes und der Frau. Zu dem Mars-Venus-Interaspekt schreibt er: „Wenn Venus und Mars harmonisch miteinander kommunizieren, geht es um Sexualität als Ausdruck des Lebens, denn dieser Aspekt steht für vitale Lust und ist damit wesentlicher Bestandteil echter Leidenschaft." Die Deutung aus der Sicht der Frau fällt allerdings kaum anders aus. Negative Aspekte werden als Bedrohung erlebt.

Giani & Paltinieri [16] unterscheiden nicht zwischen Mann und Frau und sagen über harmonische Interaspekte zwischen Venus und Mars aus: „Sofern keine weiteren disharmonischen Nebenaspekte auftreten, bewirken Sextil und Trigon starke körperliche Anziehung und ermöglicht sowohl sexuell als gefühlsmäßig erfüllte Beziehung, in der Treue eine große Rolle spielt. Das Quadrat und die Opposition stehen für eine gewisse anfängliche Anziehung, die sich jedoch im Laufe der Zeit erschöpfen könnte. Daher ist mit Blockaden zu rechnen."

In „Die kosmische Ehe" von Ebertin [10] findet man zu den positiven Interaspekten die Schlagworte: „Harmonischer körperlicher Ausgleich, glückliche Befriedigung, immer wieder neuen Reiz aufeinander ausüben, triebhafte Neigung offenbaren. Bei Quadrat und Opposition ist auf ein starkes Triebleben zu schließen mit der Gefahr zeitweiliger Übersteigerung und Irreleitung."

Felber [12] sieht dagegen keinen besonderen Zusammenhang zur Erotik, bewertet aber Trigon und Sextil als ausschließlich positiv: „Dieser Interaspekt erzeugt Elan, Kreativität, Gesundheit und Lebensfreude, die offen zum Ausdruck kommt. Er unterstützt ein ausgeglichenes Verhältnis von Geben und Nehmen in der Beziehung". Negative Aspekte charakterisiert er als belastend. Felber unterscheidet nicht zwischen Mann und Frau.

Stephen Arroyo spricht in seinem wenig systematischen Workshop [2] mehr über die negativen Interaspekte: „… innere Uneinigkeit beim Versuch, die eigenen Bedürfnisse zu befriedigen."

Zwischen positiven und negativen Interaspekten unterscheidet Jehle [27] nicht. Er spricht von einer knisternden erotischen Spannung und Begehren. Beides wird als angenehm erlebt.

Sargent beschränkt sich auf die Hauptinteraspekte und unterscheidet nicht zwischen Mann und Frau [40].

Leider hat Thomas Ring nichts zur Synastrie hinterlassen. Er hätte sicherlich ähnlich Tiefgründiges geschrieben wie in seiner Astrologischen Menschenkunde [37].

Ich deute den Interaspekt Venus-Mars-Halbquadrat so:

Alle Mars-Venus-Aspekte haben mit der Sexualität eines Paares zu tun. Es macht auch wenig Sinn, den Begriff „Sexualität" durch vornehmere zu verklären wie „Erotik", „Liebe" oder „Zuneigung". Positive Mars-Venus-Aspekte werden als beglückend erlebt, negative als wenig beglückend, als frustrierend und schal. Die sexuelle Anziehung ist aber in beiden Fällen hoch und geradezu zwingend.

Da kommt für mich die wahre Bedeutung des Begriffs „Leidenschaft" ins Spiel. Wenn ein Paar in einer sexuellen Begegnung leidet, weil sie nicht beglückend ist, liegt im eigentlichen Sinne eine Leidenschaft vor: Die Paare versuchen immer wieder eine beglückende sexuelle Begegnung zu erreichen. Negative Venus-Mars-Interaspekte können sich nach meiner Erfahrung im Laufe der Zeit zu Hass und Abneigung entwickeln, so dass am Ende nicht einmal mehr eine Berührung ertragen wird.

Die positiven Venus-Mars-Interaspekte stehen am Anfang einer intimen Beziehung so sehr im Vordergrund, dass alle weiteren Eigenschaften der Verbindung kaum wahrgenommen werden. Liebe macht bekanntlich blind und keine sexuelle Beziehung bleibt länger als 1–3 Jahre das, was sie am Anfang einmal war.

Das Venus-Mars-Trigon gehört zu den Interaspekten, die übersehen lassen, dass man überhaupt nicht zusammenpasst. Es gehört sicher nicht zu den „Killeraspekten", sondern zu den „Vernebelungs- oder Illusionsaspekten". Davon gibt es noch einige mehr, wie diese Untersuchung gezeigt hat.

Meine eigenen Erfahrungen und Erkenntnisse aus Gesprächen sagen mir, dass das Venus-Mars-Trigon auf eine starke sexuelle Anziehung hinweist, die schon beim Kennenlernen den sofortigen Vollzug fordert. Dagegen sprechen heute kaum noch gesellschaftliche Hindernisse.

Abhängigkeit vom Geschlecht

Wenn es keine Abhängigkeit vom Geschlecht gäbe, müsste der umgekehrte Interaspekt Mars-Venus-Halbquadrat ebenfalls bei Trennungen signifikant häufiger zu beobachten sein. Das ist aber nicht der Fall, wie die beiden nächsten Tabellen beweisen:

	G	U	
H	7	3	10
N	271	318	581
	278	321	599

	G	U	
H	0,0252	0,0093	0,0167
N	0,9748	0,9907	0,9833
	0,4641	0,5359	1,0000

Die Unterschiede der beiden relativen Häufigkeiten für das Halbquadrat ♂∠♀ bei Getrennten und Ungetrennten sind zu gering. Ein Fishertest zeigt, dass keine signifikante Abhängigkeit vom Paarstatus (p = 0,2003) vorliegt.

Dieser Fall zeigt aber, dass nicht nur der Einfluss des Paarstatus beachtet werden muss, sondern auch eindeutig das Geschlecht der Partner. Die Qualitäten der Mars- und Venuseigenschaften, die sich aus den Stellungen in den Tierkreiszeichen ergeben, zeigten keinen Einfluss.

Negative Interaspekte zwischen Mars und Venus

Negative Interaspekte zwischen dem Mars des Mannes und der Venus der Frau ergaben keinen nennenswerten Zusammenhang mit dem Paarstatus. Die Konjunktion hingegen findet man bei den Getrennten häufiger.[3]

Bei negativen Aspekten zwischen der Venus des Mannes und dem Mars der Frau gibt es noch einen belastenden Aspekt mit signifikantem Einfluss. Es ist der Interaspekt ♀⚻♂.

Ein Quinkunx wird leicht in seiner negativen Wirkung unterschätzt. Der p-Wert ist immerhin 0,045 und die Häufigkeit bei Getrennten 63 % höher.

Selbst der Interaspekt ♂△♀ ist bei Getrennten häufiger, wenn man nur deutsche Paare untersucht. Das hat aber bei genauer Betrachtung mit den beiden Weltkriegen zu tun, zu deren Beginn es viele Kurzschlusshochzeiten gab. Das entspräche dem schon genannten Illusionsaspekt.

Werden Interaspekte von Mann und Frau unterschiedlich erlebt?

Die Frage drängt sich förmlich auf. Schließlich wird der Mars des Mannes mit dem Durchsetzungs- und Eroberungswillen in Zusammenhang gebracht und die Venus der Frau mit ihrer Hingabefähigkeit. Doch passen solche Kategorien überhaupt noch in unsere moderne, aufgeklärte Welt mit Gleichberechtigung und Emanzipation?

---

3   Mit „häufiger" ist immer „signifikant häufiger" gemeint.

Hinzu kommt, dass es wahrscheinlich nicht nur eine körperliche Polarität und eine sexuelle Präferenz, sondern auch eine seelische Polarität zwischen Paaren (Mann-Frau, Frau-Frau, Mann-Mann) gibt, die sich mir bei sehr intensiven und vertraulichen Gesprächen mit Menschen gezeigt hat. Da sich die meisten Menschen nicht darüber im Klaren sind, würde man solche Merkmale niemals durch Fragebogenerhebungen herausbekommen.

Es kann sein, dass Mann und Frau negative Interaspekte unterschiedlich erleben, ganz sicher werden sie aber von beiden als unangenehm wahrgenommen. Diese Unterschiede kann die Statistik nicht herausbringen. Dazu müsste man noch wissen, wer die Scheidung angestrebt hat oder wer der unglücklichere Teil in der Ehe war. Daher bleibe ich besser bei den Tatsachen und versuche eine maßvolle Interpretation.

3.6 Interaspekte häufiger als Erwartungswerte

Zur Überprüfung der signifikanten Abweichung der Interaspekte bei Paaren von den theoretischen Wahrscheinlichkeiten genügt eigentlich ein χ^2-Test mit den zu erwartenden Häufigkeiten. Vorher wird aber ein Beweis für die Richtigkeit der theoretischen Wahrscheinlichkeiten notwendig sein.

Wenn man die Partner einer möglichst großen Zahl von Paaren miteinander kombiniert, entsteht eine große Anzahl von möglichen Paaren, die ich „virtuelle Paare" nenne. Deren Interaspekte müssten den theoretischen Wahrscheinlichkeiten sehr nahe kommen.

Bei Friedhöfen kleinerer Orte hätten die Personen von einigen aufeinanderfolgenden Jahrgängen sich kennen können und standen somit als potenzielle Lebenspartner zur Verfügung. Sie haben aber einen ganz bestimmten Partner gewählt.

3.6.1 Paare und virtuelle Paare bei Grabdaten

Die Geburtsdaten von Paaren auf Grabsteinen liegen mir so zahlreich vor, dass sie für χ^2-Tests ausreichen. Zunächst werden Paare untersucht, deren Alter theoretisch eine Paarbildung ermöglicht hätte. Danach werde ich eine möglichst große Zahl von realen Paaren den virtuellen Paaren gegenüberstellen, um die theoretischen Erwartungswerte zu bestätigen.

Paare, die altersmäßig zusammenpassen

Der Altersunterschiede von Paaren, die zwischen dem 01.01.1895 und 31.12.1913 geboren wurden, lassen theoretisch eine Paarbildung zu. Damit ergeben sich 408 reale und 408·407 = 166056 virtuelle Paare.

Für alle Planetenkombinationen (Mond ausgenommen) habe ich Kontingenztafeln aufgestellt, in denen die Häufigkeiten aller Interaspekte der realen, ungetrennten Paare denen der virtuellen Paare gegenübergestellt sind. Bei einigen Planetenkombinationen sind die Abweichungen insgesamt signifikant. Ein Beispiel zeigt die Tabelle 16.

Tabelle 16 Interaspekte für Merkur/Pluto – reale Paare gegen virtuelle

$\mathgreek{☿}/\mathgreek{♇}$	H_{real}	H_{erw}	St_{real}	H_{virt}	H_{erw}	St_{virt}	$H_{real} \cup H_{virt}$
−	280,00	301,89	−1,26	122890,0	122868,1	0,06	123170,0
☌	13,00	12,92	0,02	5260,0	5260,1	−0,00	5273,0
*	19,00	8,95	3,36	3633,0	3643,0	−0,17	3652,0
□	26,00	20,31	1,26	8259,0	8264,7	−0,06	8285,0
△	23,00	18,49	1,05	7520,0	7524,5	−0,05	7543,0
☍	7,00	8,76	−0,59	3567,0	3565,2	0,03	3574,0
⌄	14,00	9,10	1,62	3699,0	3703,9	−0,08	3713,0
⌅	9,00	9,11	−0,04	3707,0	3706,9	0,00	3716,0
∠	6,00	6,80	−0,31	2767,0	2766,2	0,02	2773,0
⬜	11,00	11,68	−0,20	4754,0	4753,3	0,01	4765,0
Σ	408,00	0,00	0,00	166056,0	0,0	0,00	166464,0

```
Chi-Quadrat =     18,74  Freiheitsgrad = 9  Signifikanz  p =  0.0275
Geburtstage vom 1.1.1895 bis 31.12.1913
```

In dieser Tabelle erkennt man, dass die Standardresiduen

$$St = \frac{H_{real} - H_{erw}}{\sqrt{H_{erw}}}$$

bei den virtuellen Paaren sehr gering sind, bei den realen Paaren hingegen beim Sextil bis zu 3,36 ansteigen, ein Hinweis, dass bei ungetrennten Paaren ein ☿*♇ deutlich häufiger zu beobachten ist, als zu erwarten wäre. Dies bezieht sich nur auf die angegebenen 18 Jahre, in denen die Geburtstage beider Partner lagen. Ein wirklicher Beweis für die Richtigkeit der theoretischen Wahrscheinlichkeiten der Interaspekte sind solche Kontingenztafeln natürlich nicht, zumal nur einige wenige insgesamt signifikant sind (♅/☽, ☊/☊).

In der Regel sind aber nur einzelne Interaspekte signifikant, die in der Tabelle 17 zusammengestellt sind. Die Wahrscheinlichkeiten von realen Paaren

P_{real}, virtuellen Paaren P_{virt} und die theoretischen Wahrscheinlichkeiten P_{erw} zeigen viel deutlicher, dass die Werte für die virtuellen Paare nur geringfügig von den Wahrscheinlichkeiten abweichen. Als Bewertungsmaß wurden in der Tabelle nicht die Standardresiduen, sondern die auf die theoretische Wahrscheinlichkeit P_{erw} bezogene Differenz

$$\delta = \frac{P_{real} - P_{erw}}{P_{erw}}$$

verwendet. Die Tabelle 17 enthält alle signifikanten Interaspekte. Einige von ihnen sagen für die Deutung nichts aus, weil die langsamen Planeten innerhalb von 18 Jahren nur einen Aspekt bilden können. Es sind dies die Interaspekte ♅☌♅, ♅⚼♆, ♅☍♇, ♅☌⚷, ♅∠⚷, ♆☍♅, ♆⊼♅, ♆☌♆, ♆⊻♇, ♇⚼♅, ♇☌♆, ♇☌♇, ⚷△♆ und ⚷☌⚷. Der Vollständigkeit halber habe ich diese Interaspekte in der Tabelle belassen, aber mit einem * gekennzeichnet.

Tabelle 17 Reale gegen virtuelle Paare vom 01.01.1895 bis 31.12.1913 (408 reale Paare)

Interaspekt	p	P_{erw}	P_{real}	P_{virt}	δ	H_{real}	
☉ ⊼ ♃	0, 0248	0, 0222	0, 0392	0, 0225	0, 766	16	
☉ * ♅	0, 0253	0, 0222	0, 0368	0, 0207	0, 658	15	
☿ * ♇	0, 0038	0, 0222	0, 0466	0, 0219	1, 099	19	
♀ ☌ ♂	0, 0374	0, 0333	0, 0515	0, 0329	0, 547	21	
♂ ☌ ☿	0, 0389	0, 0333	0, 0147	0, 0332	−0, 559	6	
♂ ⊼ ♃	0, 0062	0, 0222	0, 0417	0, 0209	0, 878	17	
♂ ⚼ ♃	0, 0311	0, 0222	0, 0392	0, 0230	0, 766	16	
♂ * ⚷	0, 0288	0, 0222	0, 0343	0, 0192	0, 545	14	
♃ ☌ ♀	0, 0418	0, 0333	0, 0515	0, 0332	0, 547	21	
♄ □ ♂	0, 0327	0, 0444	0, 0221	0, 0440	−0, 502	9	
♄ △ ♃	0, 0311	0, 0444	0, 0662	0, 0440	0, 491	27	
♄ ☌ ♄	0, 0037	0, 0333	0, 0931	0, 0536	1, 786	38	
♄ ⚼ ♆	0, 0201	0, 0222	0, 0172	0, 0402	−0, 225	7	
♄ * ☊	0, 0159	0, 0222	0, 0343	0, 0180	0, 545	14	
♄ ⊻ ☊	0, 0152	0, 0222	0, 0319	0, 0163	0, 437	13	
♄ ☌ ⚷	0, 0036	0, 0333	0, 1176	0, 0717	2, 532	48	
♄ □ ⚷	0, 0098	0, 0444	0, 0147	0, 0411	−0, 669	6	
♅ ∠ ☿	0, 0394	0, 0222	0, 0368	0, 0217	0, 658	15	
♅ * ♄	0, 0132	0, 0222	0, 0441	0, 0246	0, 986	18	
♅ △ ♄	0, 0133	0, 0444	0, 0686	0, 0430	0, 545	28	
♅ ☌ ♅	0, 0061	0, 0333	0, 2623	0, 1456	6, 877	107	*
♅ ⚼ ♆	0, 0193	0, 0222	0, 0147	0, 0370	−0, 338	6	*
♅ ☍ ♇	0, 0168	0, 0222	0, 1961	0, 1525	7, 833	80	*
♅ * ☽	0, 0173	0, 0222	0, 0441	0, 0252	0, 986	18	
♅ □ ☽	0, 0124	0, 0444	0, 0196	0, 0465	−0, 042	8	

♅ ∠ ☽	0,0192	0,0222	0,0417	0,0237	0,878	17	
♅ ☌ ⚷	0,0398	0,0333	0,0319	0,0554	−0,042	13	*
♅ ∠ ⚷	0,0051	0,0222	0,0809	0,0484	2,644	33	*
♆ ⚻ ☉	0,0193	0,0222	0,0392	0,0219	0,766	16	
♆ ☌ ♃	0,0373	0,0333	0,0613	0,0407	0,847	25	
♆ ∠ ♃	0,0194	0,0222	0,0343	0,0184	0,545	14	
♆ ⚼ ♃	0,0460	0,0222	0,0368	0,0221	0,658	15	
♆ ☍ ♅	0,0036	0,0222	0,1863	0,1274	7,392	76	*
♆ ⚻ ♅	0,0124	0,0222	0,0368	0,0691	0,658	15	*
♆ ☌ ♆	0,0077	0,0333	0,4583	0,2729	12,763	187	*
♆ ⚺ ♇	0,0050	0,0222	0,0147	0,0467	−0,338	6	*
♆ △ ☊	0,0057	0,0444	0,0539	0,0291	0,214	22	
♆ ⚻ ☊	0,0421	0,0222	0,0270	0,0147	0,216	11	
♆ △ ⚷	0,0341	0,0444	0,0735	0,1063	0,696	30	
♆ ⚻ ⚷	0,0198	0,0222	0,0784	0,0522	2,532	32	
♇ △ ♃	0,0315	0,0444	0,0490	0,0305	0,104	20	
♇ ⚼ ♅	0,0131	0,0222	0,0221	0,0494	−0,005	9	*
♇ ☌ ♆	0,0036	0,0333	0,0490	0,1073	0,471	20	*
♇ ☌ ♇	0,0082	0,0333	0,7770	0,5586	1,312	317	*
☊ ∠ ☉	0,0181	0,0222	0,0392	0,0218	0,776	16	
☊ ⚺ ♄	0,0462	0,0222	0,0319	0,0184	0,437	13	
☊ △ ♅	0,0461	0,0444	0,0613	0,0414	0,381	25	
☊ ☌ ☊	0,0144	0,0333	0,0515	0,0302	0,547	21	
☊ △ ☊	0,0090	0,0444	0,0172	0,0452	−0,613	7	
☊ □ ☽	0,0192	0,0444	0,0686	0,0443	0,545	28	
☽ ✶ ☿	0,0466	0,0222	0,0368	0,0221	0,658	15	
☽ □ ♂	0,0349	0,0444	0,0662	0,0444	0,491	27	
☽ □ ♃	0,0173	0,0444	0,0686	0,0439	0,545	28	
☽ ✶ ♆	0,0279	0,0222	0,0368	0,0209	0,658	15	
⚷ ∠ ♄	0,0184	0,0222	0,0515	0,0308	1,320	21	
⚷ △ ♆	0,0038	0,0444	0,0221	0,0634	−0,502	9	*
⚷ ☌ ⚷	0,0045	0,0333	0,1667	0,0957	4,006	68	*

Große Anzahl realer und virtueller Paare

Zur Bestätigung der Erwartungswerte für die Wahrscheinlichkeit von Interaspekten habe ich eine möglichst große Zahl der von mir erfassten realen Paare zu virtuellen Paaren miteinander kombiniert. Es sind die Paare, deren Geburtstage zwischen dem 01.04.1856 und 31.12.1999 liegen.

Aus den 1468 realen Paaren[4] werden 2153556 virtuelle gebildet und gegenübergestellt. Wenn man die Interaspekte aller Planeten wie in der Tabelle 16 auswertet, sind die Ergebnisse bis auf wenige Ausnahmen eindeutig und lassen sich in wenigen Sätzen zusammenfassen:

4 Ist nicht der letzte Stand der Paardaten, spielt aber für die getroffenen Aussagen keine Rolle. Bei der Berechnung von zahlreichen virtuellen Paaren stößt man schnell an die Grenzen des Arbeitsspeichers.

- Die Wahrscheinlichkeiten der Interaspekte entsprechen bei virtuellen Paaren sehr genau den theoretischen Erwartungswerten.

- Einige Kontingenztafeln über alle Interaspekte sind mit einer Irrtumswahrscheinlichkeit von weniger als 5 % insgesamt signifikant, das heißt, die Nullhypothese, dass die Bildung und der Zusammenhalt von Paaren unabhängig von Interaspekten ist, muss verworfen werden.

- Viele einzelne Interaspekte sind signifikant.

- Es gibt bei realen, ungetrennten Paaren positive und negative Abweichungen von den Erwartungswerte, d. h. Interaspekte, die signifikant häufiger und weniger häufiger auftreten. Einige sind also förderlich für die Paare und andere hinderlich für die Bildung einer Paarbeziehung.

Ein interessantes Beispiel liefern die Interaspekte zwischen dem Saturn der beiden Partner, das gut für die Erklärung der Ergebnisse herangezogen werden kann (s. Tabelle 18 auf Seite 102). Die Kontingenztafel ergibt ein Signifikanzniveau von $p < 10^{-12}$, sie ist also extrem signifikant. An den Standardresiduen (4. Spalte) kann man die Größe der signifikanten Abweichungen erkennen. Das Maximum ist mit 8,27 außergewöhnlich hoch, aber auch die Standardresiduen der virtuellen Paare liegen etwas über dem Durchschnitt.

Viel aussagekräftiger ist die Tabelle 19 auf Seite 102. Sie stellt die Signifikanz der Einzelinteraspekte gemäß der Vierfeldertafel Tabelle 20 auf Seite 103 dar. Die letzte Spalte enthält den p-Wert. Die Spalte davor kennzeichnet die relative Abweichung vom Erwartungswert für die realen Paare. Die Konjunktion ist hoch signifikant, was nur aussagt, dass die meisten Paare etwa gleichaltrig sind und somit der Saturn an der gleichen Stelle in den Geburtshoroskopen steht.

Sextil und Quadrat sind einzeln betrachtet nicht signifikant, obwohl sie in der vollständigen Kontingenztafel signifikant sind. Das Saturnquadrat gilt als so belastend, dass es bei den Paaren mit genauen Geburtszeiten, die nachweisbar zusammengeblieben sind, praktisch nicht vorkommt. Zum Glück merken die meisten (sensiblen) Paare dies rechtzeitig, bevor sie heiraten. Dafür ist schließlich die Verlobungszeit vorgesehen.

Ein anderer Effekt ist deutlich erkennbar. Wenn man die Aspekte mit steigendem Abstand, also nach der Größe der Winkel ordnet, kann man feststellen, dass H_{rel} von 108 bis 10 monoton abnimmt. Wie ich noch zeigen werde, korreliert dies mit der Verteilung des Altersunterschiedes.

Das Quadrat ist weniger häufig als die Wahrscheinlichkeit (0,03951 < 0,04444, δ = -0,1110). Der Altersunterschied beträgt für ein Quadrat ungefähr sieben Jahre, der sogar in der Vulgärastrologie als gefährlich für die Haltbarkeit der Ehe gilt. Halbsextil und Halbquadrat sind häufig, wegen des Altersunterschiedes bis zu vier Jahren. Die Aspekte mit größerem Abstand als ein Trigon sind hoch signifikant aber seltener als die Erwartungswerte. Die Ergebnisse bestätigen die Vorstellungen der Astrologen.

Tabelle 18 Interaspekte für ♄ / ♄ – reale Paare gegen virtuelle

♄ / ♄	H_{real}	H_{erw}	St_{real}	H_{virt}	H_{erw}	St_{virt}	$H_{real} \cup H_{virt}$
–	1092,00	1084,60	0,22	1591103,0	1591110,4	-0,01	1592195,0
☌	108,00	49,71	8,27	72868,0	72926,3	-0,22	72976,0
✱	39,00	32,83	1,08	48159,0	48165,2	-0,03	48198,0
□	58,00	65,14	-0,88	95565,0	95557,9	0,02	95623,0
△	32,00	64,89	-4,08	95230,0	95197,1	0,11	95262,0
☍	10,00	39,71	-4,72	58290,0	58260,3	0,12	58300,0
⌄	63,00	33,14	5,19	48592,0	48621,9	-0,14	48655,0
⊼	10,00	32,37	-3,93	47514,0	47491,6	0,10	47524,0
∠	46,00	33,13	2,23	48596,0	48608,9	-0,06	48642,0
⬠	10,00	32,46	-3,94	47639,0	47616,5	0,10	47649,0
Σ	1468,00	0,00	0,00	2153556,0	0,0	0,00	2155024,0

Chi-Quadrat = 172,25 Freiheitsgrad = 9 Signifikanz p = 1.712 E-13
Geburtstage vom 1.4.1856 bis 31.12.1999

Tabelle 19 Einzelaspekte ♄ / ♄ – reale gegen virtuelle

♄ / ♄	H_{real}	H_{virt}	P_{real}	P_{virt}	P_{erw}	δ	p-Wert
mit	376	562453	0,25613	0,26117	0,26111	-0,0191	>0,5
☌	108	72868	0,07357	0,03384	0,03333	1,2071	0,00775
✱	39	48159	0,02657	0,02236	0,02222	0,1955	>0,25
□	58	95565	0,03951	0,04438	0,04444	-0,1110	>0,25
△	32	95230	0,02180	0,04422	0,04444	-0,5095	0,00388
☍	10	58290	0,00681	0,02707	0,02778	-0,7548	0,00441
⌄	63	48592	0,04292	0,02256	0,02222	0,9312	0,00483
⊼	10	47514	0,00681	0,02206	0,02222	-0,6935	0,00373
∠	46	48596	0,03134	0,02257	0,02222	0,4101	0,02582
⬠	10	47639	0,00681	0,02212	0,02222	-0,6935	0,0037

Tabelle 20 Vierfeldertafel für reale und virtuelle Paare

Interaspekt	Reale Paare (R)	Virtuelle Paare (V)
Interaspekt (I)	H(I ∩ R)	H(I ∩ V)
Nicht-Interaspekt (N)	H(N ∩ R)	H(N ∩ V)

Gesamttafel signifikant – wenige einzelne Interaspekte signifikant

Es gibt Interaspekte mit den langsamen Planeten, die insgesamt signifikant sind, obwohl die meisten Einzelaspekte es nicht sind. Ein Beispiel dafür bietet die Tabelle 21 auf Seite 104 mit den Interaspekten Sonne/Uranus. Deutlich signifikant ist ⊙＊♅ mit p = 0,00369. Dieser Interaspekt sorgt für eine gegenseitige erregende Faszination, wie andere positive Uranusaspekte auch.

Gesamttafel nicht signifikant – einzelne Interaspekte signifikant

Das dritte Beispiel einer Kontingenztafel (Tabelle 23 auf Seite 105) ist am häufigsten: Obwohl die Gesamttafel über alle Interaspekte einer Planetenkombination nicht signifikant ist, sind einige Interaspekte signifikant häufiger oder seltener als bei den virtuellen Paaren. Im Beispiel sind fast alle Interaspekte zwischen Sonne und Mondknoten seltener als die Erwartungswerte, die Konjunktion mit p = 0,0072 sogar sehr ausgeprägt.

Alle signifikanten Kontingenztafeln

Da nicht alle Kontingenztafeln und immer nur wenige einzelne Interaspekte signifikant sind, wäre es Platzverschwendung, hier alle Ergebnisse wie in Tabelle 18 bis Tabelle 23 aufzulisten. Die Tabelle 22 auf Seite 105 führt daher alle Planetenkombinationen auf, deren Kontingenztafeln signifikant sind.

Es sind nur 17 von 144 möglichen Kombinationen, wobei Interaspekte mit dem Mond, dem Aszendenten und der Himmelsmitte nicht gewertet werden, weil dafür die genauen Geburtszeiten bekannt sein müssen.

Das extrem geringe Signifikanzniveau von $p < 10^{-6}$ bei den langsamen Planeten beruht darauf, dass bei etwa gleichaltrigen Paaren die langsamen Planeten in beiden Horoskopen an der gleichen Stelle stehen und somit keine zusätzlichen Aspekte in das Horoskop des anderen bringen.

Deshalb sind sie für die Paarbeziehung von geringer Bedeutung. Anders ist es bei großen Altersunterschieden. Da können Interaspekte zwischen den langsamen Planeten (beispielsweise ein ♅ △ ♅ mit einem Altersunterschied von etwa 28 Jahren) ungeheuer stark wirken. Oftmals ist dies das Geheimnis einer lebenslangen Liebe.

Tabelle 21 Interaspekte für Sonne/Uranus – reale/virtuelle Paare

$\odot$/♅	H_{real}	H_{erw}	St_{real}	H_{virt}	H_{erw}	St_{virt}	$H_{real} \cup H_{virt}$
–	1062,00	1068,01	−0,18	1555032,0	1555026,0	0,00	1556094,0
☌	50,00	47,44	0,37	69065,0	69067,6	−0,01	69115,0
✳	52,00	32,32	3,46	47043,0	47062,7	−0,09	47095,0
◻	63,00	65,64	−0,33	95580,0	95577,4	0,01	95643,0
△	58,00	65,90	−0,97	95962,0	95954,1	0,03	96020,0
☍	50,00	48,99	0,14	71334,0	71335,0	−0,00	71384,0
⊻	26,00	31,72	−1,02	46191,0	46185,3	0,03	46217,0
⚻	38,00	32,61	0,94	47469,0	47474,4	−0,02	47507,0
∠	33,00	31,68	0,23	46123,0	46124,3	−0,01	46156,0
⚼	25,00	32,68	−1,34	47593,0	47585,3	0,04	47618,0
Σ	1457,00	0,00	0,00	2121392,0	0,0	0,00	2122849,0

Chi-Quadrat =   17,02 Freiheitsgrad = 9 Signifikanz p = 0.0483

$\odot$/♅	H_{real}	H_{virt}	P_{real}	P_{virt}	P_{erw}	δ	p-Wert
mit	395	566360	0,27111	0,26698	0,26111	0,0383	>0,5
☌	50	69065	0,03432	0,03256	0,03333	0,0295	>0,5
✳	52	47043	0,03569	0,02218	0,02222	0,6060	0,00369
◻	63	95580	0,04324	0,04506	0,04444	−0,0271	>0,5
△	58	95962	0,03981	0,04524	0,04444	−0,1043	>0,25
☍	50	71334	0,03432	0,03363	0,03333	0,0295	>0,5
⊻	26	46191	0,01784	0,02177	0,02222	−0,1970	>0,25
⚻	38	47469	0,02608	0,02238	0,02222	0,1736	>0,25
∠	33	46123	0,02265	0,02174	0,02222	0,0192	>0,5
⚼	25	47593	0,01716	0,02243	0,02222	−0,2279	>0,10

Tabelle 22 Alle signifikanten Kontingenztafeln

Planetenkom-bination	Singnifikanz-niveau	Planetenkom-bination	Singnifikanzni-veau
☉/♅	0,0484	♅/☊	0,0463
☿/☊	0,0148	♆/☉	0,0033
☿/☽	0,0229	♆/♄	0,0152
♀/♀	0,0360	♇/♅	$2\ 10^{-7}$
♃/☊	0,0152	☊/☉	0,0302
♄/♄	$1,7\ 10^{-13}$	☊/☊	$2\ 10^{-5}$
♄/⚷	$4,7\ 10^{-6}$	⚷/♅	$8\ 10^{-14}$
♅/☿	0,0037	⚷/♆	$4\ 10^{-14}$
♅/♇	$2\ 10^{-10}$	⚷/♇	0,0314

Tabelle 23 Interaspekte für Sonne/Mondknoten – reale/virtuelle Paare

☉/☊	H_{real}	H_{erw}	St_{real}	H_{virt}	H_{erw}	St_{virt}	$H_{real} \cup H_{virt}$
–	1110,00	1068,85	1,26	1556207,0	1556248,1	−0,03	1557317,0
☌	29,00	48,40	−2,79	70494,0	70474,6	0,07	70523,0
✱	29,00	32,32	−0,58	47060,0	47056,7	0,02	47089,0
□	56,00	64,90	−1,10	94502,0	94493,1	0,03	94558,0
△	59,00	64,17	−0,65	93432,0	93426,8	0,02	93491,0
☍	48,00	48,86	−0,12	71146,0	71145,1	0,00	71194,0
ⅴ	36,00	32,39	0,63	47158,0	47161,6	−0,02	47194,0
⊤	28,00	32,24	0,75	46939,0	46934,8	0,02	46967,0
∠	29,00	32,48	−0,61	47294,0	47290,5	0,02	47323,0
⚼	33,00	32,39	0,11	47160,0	47160,6	−0,00	47193,0
Σ	1457,00	0,00	0,00	2121392,0	0,0	0,0	2122849,0

Chi-Quadrat = 12,71 Freiheitsgrad = 9 Signifikanz p = 0.176368238149

☉/☊	H_{real}	H_{virt}	P_{real}	P_{virt}	P_{erw}	δ	p-Wert
mit	347	565185	0,23816	0,26642	0,26111	-0,0879	0,01696
☌	29	70494	0,01990	0,03323	0,03333	-0,4029	0,00716
＊	29	47060	0,01990	0,02218	0,02222	-0,1043	>0,5
□	56	94502	0,03844	0,04455	0,04444	-0,1352	>0,25
△	59	93432	0,04049	0,04404	0,04444	-0,0889	>0,5
☍	48	71146	0,03294	0,03354	0,03333	-0,0117	>0,5
⚺	36	47158	0,02471	0,02223	0,02222	0,1119	>0,5
⚻	28	46939	0,01922	0,02213	0,02222	-0,1352	>0,25
∠	29	47294	0,01990	0,02229	0,02222	-0,1043	>0,5
⚼	33	47160	0,02265	0,02223	0,02222	0,0192	>0,5

Tabelle 24 1468 reale ungetrennte gegen virtuelle Paare, alle Einzelaspekte (01.04.1856 bis 31.12.1999)

Nr	Interaspekt	p	P_{erw}	P_{real}	P_{virt}	δ	H_{real}
0	☉ ☌ ♄ p	0,0227	0,0333	0,0443	0,0334	0,3283	65
1	☉ ＊ ♅ p	0,0037	0,0222	0,0354	0,0222	0,5940	52
2	☉ ☌ ☊ p	0,0067	0,0333	0,0198	0,0332	-0,4074	29
4	☿ ＊ ☉ p	0,0471	0,0222	0,0300	0,0223	0,3488	44
5	☿ ☍ ♅ p	0,0344	0,0278	0,0177	0,0267	-0,3624	26
6	☿ △ ♆ p	0,0098	0,0444	0,0313	0,0460	-0,2950	46
7	☿ ＊ ☊ p	0,0058	0,0222	0,0109	0,0223	-0,5095	16
8	☿ □ ☊ p	0,0057	0,0444	0,0286	0,0446	-0,3563	42
9	☿ ⚻ ☽ p	0,0036	0,0222	0,0361	0,0222	0,6247	53
11	♀ ⚼ ☿ p	0,0271	0,0222	0,0307	0,0221	0,3794	45
12	♀ ⚺ ♀ p	0,0224	0,0222	0,0129	0,0218	-0,4176	19
12	♀ ∠ ♀ p	0,0356	0,0222	0,0136	0,0217	-0,3869	20
13	♀ ⚼ ♀ p	0,0154	0,0222	0,0320	0,0224	0,4407	47
12	♀ ☍ ☊ p	0,0105	0,0278	0,0388	0,0275	0,3978	57
14	♀ ⚼ ☽ p	0,0273	0,0222	0,0307	0,0221	0,3794	45
17	♂ ⚼ ☿ p	0,0195	0,0222	0,0313	0,0222	0,4101	46
18	♂ ⚻ ♀ p	0,0287	0,0222	0,0137	0,0223	-0,3829	20
19	♂ △ ♆ p	0,0306	0,0444	0,0552	0,0435	0,2415	81
20	♂ ⚺ ♆ p	0,0162	0,0222	0,0136	0,0233	-0,3869	20
22	♂ ∠ ☽ p	0,0180	0,0222	0,0129	0,0222	-0,4176	19
23	♂ ⚼ ☽ p	0,0222	0,0222	0,0313	0,0224	0,4101	46
25	♃ ＊ ☿ p	0,0341	0,0222	0,0307	0,0224	0,3794	45
26	♃ ⚺ ☿ p	0,0342	0,0222	0,0307	0,0224	0,3794	45
27	♃ ☌ ♃ p	0,0249	0,0333	0,0450	0,0342	0,3488	66
28	♃ □ ♄ p	0,0362	0,0444	0,0329	0,0444	0,7425	48
29	♃ ⚺ ☊ p	0,0066	0,0222	0,0109	0,0219	-0,5095	16
30	♃ ⚻ ☊ p	0,0492	0,0222	0,0300	0,0223	0,3488	44
34	♄ ∠ ☉ p	0,0170	0,0222	0,0129	0,0223	-0,4176	19

35	♄	☌	♄	p	0, 0078	0, 0333	0, 0736	0, 0338	1, 2071	108
36	♄	△	♄	p	0, 0039	0, 0444	0, 0218	0, 0442	−0, 5095	32
37	♄	☍	♄	p	0, 0044	0, 0278	0, 0068	0, 0271	−0, 7548	10
38	♄	⚺	♄	p	0, 0048	0, 0222	0, 0429	0, 0226	0, 9312	63
39	♄	⚻	♄	p	0, 0037	0, 0222	0, 0068	0, 0221	−0, 6935	10
40	♄	∠	♄	p	0, 0258	0, 0222	0, 0313	0, 0226	0, 4101	46
41	♄	⚼	♄	p	0, 0037	0, 0222	0, 0068	0, 0221	−0, 6935	10
43	♄	*	☊	p	0, 0066	0, 0222	0, 0334	0, 0223	0, 5020	49
44	♄	☌	☽	p	0, 0052	0, 0333	0, 0477	0, 0335	0, 4305	70
45	♄	☌	⚷	p	0, 0045	0, 0333	0, 0586	0, 0350	0, 7575	86
46	♄	⚼	⚷	p	0, 0199	0, 0222	0, 0123	0, 0212	−0, 4482	18
47	♅	*	☿	p	0, 0039	0, 0222	0, 0095	0, 0225	−0, 5708	14
48	♅	△	☿	p	0, 0337	0, 0444	0, 0552	0, 0437	0, 2415	81
49	♅	⚻	♄	p	0, 0364	0, 0222	0, 0300	0, 0219	0, 3488	44
50	♅	⚼	♄	p	0, 0182	0, 0222	0, 0313	0, 0221	0, 4101	46
51	♅	☌	♅	p	0, 0287	0, 0333	0, 1969	0, 0391	4, 9060	289
52	♅	*	♅	p	0, 0041	0, 0222	0, 0102	0, 0230	−0, 5402	15
53	♅	□	♅	p	0, 0060	0, 0444	0, 0089	0, 0431	−0, 8007	13
54	♅	⚺	♅	p	0, 0066	0, 0222	0, 0538	0, 0248	1, 4217	79
55	♅	☍	♆	p	0, 0088	0, 0278	0, 0845	0, 0371	2, 0409	124
56	♅	⚻	♆	p	0, 0175	0, 0222	0, 0388	0, 0283	0, 7473	57
57	♅	☌	♇	p	0, 0047	0, 0333	0, 0116	0, 0240	−0, 6526	17
58	♅	*	♇	p	0, 0305	0, 0222	0, 0095	0, 0169	−0, 5708	14
59	♅	☍	♇	p	0, 0052	0, 0278	0, 0736	0, 0434	1, 6485	108
60	♅	⚺	♇	p	0, 0173	0, 0222	0, 0075	0, 0153	−0, 6628	11
61	♅	☌	☊	p	0, 0153	0, 0333	0, 0211	0, 0326	−0, 3665	31
62	♅	⚼	☊	p	0, 0304	0, 0222	0, 0307	0, 0222	0, 3794	45
63	♅	*	☽	p	0, 0423	0, 0222	0, 0300	0, 0221	0, 3488	44
64	♅	☌	⚷	p	0, 0396	0, 0333	0, 0198	0, 0288	−0, 4074	29
65	♅	*	⚷	p	0, 0048	0, 0222	0, 0409	0, 0213	0, 8392	60
66	♅	△	⚷	p	0, 0037	0, 0444	0, 0259	0, 0472	−0, 4176	38
67	♅	☍	⚷	p	0, 0041	0, 0278	0, 0102	0, 0298	−0, 6322	15
68	♅	⚺	⚷	p	0, 0043	0, 0222	0, 0368	0, 0199	0, 6553	54
69	♅	⚻	⚷	p	0, 0044	0, 0222	0, 0048	0, 0237	−0, 7854	7
70	♅	∠	⚷	p	0, 0075	0, 0222	0, 0511	0, 0207	1, 2990	75
71	♆	⚻	☉	p	0, 0040	0, 0222	0, 0381	0, 0217	0, 7166	56
72	♆	☍	☿	p	0, 0309	0, 0278	0, 0198	0, 0294	−0, 2888	29
73	♆	☌	♄	p	0, 0060	0, 0333	0, 0177	0, 0310	−0, 4687	26
74	♆	⚺	♄	p	0, 0406	0, 0222	0, 0286	0, 0209	0, 2875	42
75	♆	*	♅	p	0, 0038	0, 0222	0, 0041	0, 0182	−0, 8161	6
75	♆	□	♅	p	0, 0068	0, 0444	0, 0286	0, 0440	−0, 3563	42
76	♆	☍	♅	p	0, 0109	0, 0278	0, 0974	0, 0383	2, 5068	143
77	♆	⚻	♅	p	0, 0054	0, 0222	0, 0552	0, 0294	1, 4830	81
78	♆	⚼	♅	p	0, 0178	0, 0222	0, 0381	0, 0278	0, 7166	56
82	♆	☌	♇	p	0, 0061	0, 0333	0, 1308	0, 0832	2, 9237	192
83	♆	*	♇	p	0, 0039	0, 0222	0, 0170	0, 0324	−0, 2337	25
84	♆	⚺	♇	p	0, 0482	0, 0222	0, 0613	0, 0500	1, 7589	90
85	♆	☌	☽	p	0, 0334	0, 0333	0, 0232	0, 0332	−0, 3052	34
86	♆	☌	⚷	p	0, 0074	0, 0333	0, 0681	0, 0315	1, 0436	100

87	♆	✶	⚷	p	0,0039	0,0222	0,0102	0,0235	−0,5402	15
88	♆	□	⚷	p	0,0040	0,0444	0,0238	0,0479	−0,4636	35
89	♆	□	⚷	p	0,0040	0,0444	0,0238	0,0479	−0,4636	35
89	♆	△	⚷	p	0,0047	0,0444	0,0743	0,0463	0,6706	109
90	♆	⚼	⚷	p	0,0325	0,0222	0,0300	0,0217	0,3488	44
91	♇	□	♂	p	0,0143	0,0444	0,0313	0,0449	−0,2950	46
92	♇	☌	♅	p	0,0036	0,0333	0,0054	0,0182	−0,8365	8
93	♇	✶	♅	p	0,0380	0,0222	0,0095	0,0165	−0,5708	14
94	♇	△	♅	p	0,0153	0,0444	0,0688	0,0541	0,5480	101
95	♇	☍	♅	p	0,0055	0,0278	0,0572	0,0416	1,0599	84
96	♇	⚺	♅	p	0,0266	0,0222	0,0061	0,0127	−0,7241	9
97	♇	☌	♆	p	0,0046	0,0333	0,1117	0,0769	2,3515	164
98	♇	✶	♆	p	0,0037	0,0222	0,0170	0,0335	−0,2337	25
99	♇	⚺	♆	p	0,0060	0,0222	0,0872	0,0499	2,9237	128
101	☊	✶	☉	p	0,0386	0,0222	0,0143	0,0224	−0,3563	21
102	☊	∠	☉	p	0,0153	0,0222	0,0320	0,0224	0,4407	47
104	☊	∠	☿	p	0,0251	0,0222	0,0307	0,0220	0,3794	45
105	☊	☌	♂	p	0,0308	0,0333	0,0232	0,0334	−0,3052	34
106	☊	⚼	♂	p	0,0443	0,0222	0,0143	0,0221	−0,3563	21
107	☊	☌	☊	p	0,0097	0,0333	0,0456	0,0331	0,3692	67
108	☊	⚻	☊	p	0,0157	0,0222	0,0129	0,0225	−0,4176	19
109	☊	∠	☊	p	0,0041	0,0222	0,0402	0,0227	0,8086	59
109	☊	☍	☽	p	0,0163	0,0278	0,0381	0,0276	0,3733	56
112	☽	☌	☊	p	0,0068	0,0333	0,0470	0,0335	0,4101	69
113	☽	∠	⚷	p	0,0205	0,0222	0,0129	0,0220	−0,4176	19
114	⚷	⚺	☿	p	0,0235	0,0222	0,0313	0,0224	0,4101	46
115	⚷	△	♀	p	0,0146	0,0444	0,0572	0,0438	0,2875	84
116	⚷	☌	♅	p	0,0042	0,0333	0,0531	0,0323	0,5940	78
117	⚷	✶	♅	p	0,0036	0,0222	0,0075	0,0221	−0,6628	11
118	⚷	□	♅	p	0,0047	0,0444	0,0177	0,0452	−0,6015	26
119	⚷	△	♅	p	0,0036	0,0444	0,0647	0,0453	0,4561	95
120	⚷	☍	♅	p	0,0037	0,0278	0,0129	0,0282	−0,5341	19
121	⚷	⚺	♅	p	0,0066	0,0222	0,0490	0,0218	1,2071	72
122	⚷	☌	♆	p	0,0058	0,0333	0,0552	0,0282	0,6553	81
123	⚷	✶	♆	p	0,0038	0,0222	0,0061	0,0219	−0,7241	9
124	⚷	□	♆	p	0,0049	0,0444	0,0177	0,0472	−0,6015	26
125	⚷	☍	♆	p	0,0043	0,0278	0,0416	0,0278	0,4959	61
126	⚷	⚻	♆	p	0,0073	0,0222	0,0341	0,0230	0,5327	50
127	⚷	⚼	♆	p	0,0045	0,0222	0,0436	0,0241	0,9619	64
130	⚷	☌	⚷	p	0,0191	0,0333	0,1669	0,0495	4,0068	245
131	⚷	✶	⚷	p	0,0036	0,0222	0,0109	0,0261	−0,5095	16
132	⚷	□	⚷	p	0,0056	0,0444	0,0102	0,0422	−0,7701	15
133	⚷	△	⚷	p	0,0055	0,0444	0,0061	0,0344	−0,8621	9
134	⚷	☍	⚷	p	0,0037	0,0278	0,0054	0,0176	−0,8038	8
135	⚷	⚺	⚷	p	0,0209	0,0222	0,0416	0,0309	0,8699	6
136	⚷	⚻	⚷	p	0,0038	0,0222	0,0041	0,0147	−0,8161	6
137	⚷	⚼	⚷	p	0,0045	0,0222	0,0054	0,0157	−0,7548	8

In der Tabelle 24 auf Seite 106 sind 1468 reale ungetrennte Paare virtuellen Paaren mit Vierfeldertafeln gegenübergestellt.

Die meisten Werte für P_{virt} entsprechen genau der Wahrscheinlichkeit P_{erw}. Nur bei Interaspekten zwischen den langsamen Planeten sind nennenswerte Abweichungen zu beobachten ($P_{virt} \gg P_{erw}$). Dies ist ein Hinweis darauf, dass diese Interaspekte in der betrachteten Paargruppe nicht gleichmäßig verteilt sind. Anders ausgedrückt: Die Interaspekte kommen zu selten vor und spiegeln die Verteilung der Geburtstage und Altersunterschiede wider. Daher können diese Interaspekte nicht gewertet werden (siehe auch 3.5.1 auf Seite 50).

Die Relevanz der Interaspekte hängt von vielen Faktoren ab. Deshalb ist es wichtig, Kriterien zu entwickeln, die dies objektiv beurteilen, damit man nicht subjektiv auswählt und damit vielleicht vorgefasste Meinungen einfließen lässt. Diese ausführliche Darstellung sollte die Zusammenhänge zeigen und beweisen, dass die berechneten theoretischen Wahrscheinlichkeiten für die Interaspekte brauchbar sind.

Aus verschiedenen Gründen sind die hier aufgelisteten signifikanten Interaspekte noch nicht für die Beurteilung der Scheidungs- oder Heiratswahrscheinlichkeit verwertbar. Dafür müssen noch bessere Methoden entwickelt werden.

3.6.2 Paare mit genauer Geburtszeit

Interaspekte mit Mond, AC und MC fehlten bisher. Ich habe sie an Paaren mit genauen Geburtszeiten untersucht. Grundsätzlich sind genaue Geburtsdaten besser für statistische Untersuchungen zur Astrologie, auch wenn sie mir nicht so zahlreich vorliegen wie ungenaue. Das liegt daran, dass die Fehler bei der Bestimmung der Interaspekte und Horoskopaspekte beträchtlich sind, wenn schnelle Planeten beteiligt sind (bis zu 60 %, wenn man sie real überprüft).

Solche Fehler und weitere Einschränkungen werden im nächsten Kapitel eingehend untersucht. Was nützt die beste Statistik, wenn die Daten hochgradig fehlerhaft sind.

Auf eine Auflistung der signifikanten Interaspekte aus genauen Daten im Vergleich mit virtuellen Paaren verzichte ich. Es kam mir darauf an, die Richtigkeit der theoretischen Wahrscheinlichkeiten der Interaspekte zu bestätigen.

3.7 Historische Daten

Die Vorstellung der Astrologen, dass einige Planeten einen Bezug zum Geschlecht haben, ist schon ziemlich alt. Die männliche Persönlichkeit drückt
sich über die Sonne aus, die weibliche durch den Mond. Bei den Aussagen zur
sexuellen Anziehung zwischen Mann und Frau sind sich die astrologischen
Autoren bei der Zuordnung von Mars und Venus zu Mann und Frau nicht
einig. Seit Freud und Jung ihre Gedankengebäude zu den Beziehungen der
Geschlechter publiziert haben, gilt es fast als unumstößlich, dass die Eigenschaften von Mann und Frau sich stark unterscheiden, insbesondere in der
Partnerschaft. Viele der populären Astrologiebücher bauen darauf auf. Bei Akron [1] bekommen diese Vorstellungen schon religiöse Züge. Betty Lundsted
[32] wird nicht müde, die Unterschiede der männlichen und weiblichen Seele
zu zelebrieren. Die Erfahrung lehrt, dass dies oftmals nicht so zutrifft, weil
eine Unterscheidung nach dem körperlichen Geschlecht doch stark vereinfachend ist.

Es gibt nur ganz wenige astrologische Daten zu Paarbeziehungen, die in
der Vergangenheit so genau veröffentlicht wurden, dass sie heute mit modernen Methoden der Statistik ausgewertet werden können. Das sind die Arbeiten von C. G. Jung, der 1952 den Einfluss der Interaspekte zwischen Sonne,
Mond, Venus, Mars und Aszendent zwar nicht zum Beweis der Astrologie
veröffentlichte, aber von Astrologen gern zitiert wird, ohne die Quelle anzuge-
ben [28]. Die wissenschaftliche Psychologie möchte diese Arbeiten von Jung
gern totschweigen.

Da Jung seine astrologischen Überlegungen vorbildlich offengelegt hat,
habe ich sie auf signifikante Abhängigkeiten untersucht und mit meinen eigenen Ergebnissen verglichen. Jung verfügte über genaue Geburtsdaten von
483 Ehepaaren. Die Horoskope dieser Personen erhielt er von professionellen
Astrologen. Von den untersuchten Interaspekten sind einige so häufig oder so
selten, dass man die Annahme, das Zustandekommen einer Ehe wäre von ihnen unabhängig, mit einem Signifikanzniveau von α = 5 % verwerfen muss.
Jung vergleicht die realen Ehen mit solchen, die sich aus allen Kombinationen
der Ehepartner (virtuelle Ehen) ergeben würden.

Der Orbis wurde von Jung mit 8° festgelegt. Damit ich seine Ergebnisse
mit meinen Untersuchungen vergleichen kann, habe ich für diese Berechnungen die Orben für die Konjunktion und Opposition auf 8° erhöht.

Da er die genauen Geburtsdaten nicht veröffentlichte, kann ich für jeden Interaspekt nur die Vierfeldertafel (s. Tabelle 20 auf Seite 103) berechnen. Die Ergebnisse zeigt die Tabelle 25 auf Seite 111.

Jung verfügte insgesamt über vier Pakete zu 180, 220 und 83 Paarhoroskopen die er paketweise chronologisch angehäuft und ausgewertet hat. Die signifikanten Interaspekte sind in der Tabelle vollständig aufgeführt. Lediglich die ☽ ☌ ☽ bleibt in allen Gruppen (180, 220, 400, 483) signifikant. Meine Ergebnisse können dies nicht bestätigen, die ich in gleicher Weise mit 3038 Paaren und 2980 Ehepaaren ermittelt habe.

Jung ordnet die Ergebnisse nach fallender Häufigkeit. Interessant ist, dass auch an dem unteren Ende zwei Interaspekte signifikant sind: ☉☌☉ und ☉☍☉. Sie sind bei Ehepaaren signifikant seltener und werden von Jung nicht weiter beachtet. Daher teilt er dafür die Häufigkeiten bei den anderen Gruppen nicht mit. Die Daten von Jung können wohl kaum als repräsentativ angesehen werden. Mir ist nicht bekannt, aus welcher Zeit die Geburtsdaten stammen. Es ist anzunehmen, dass die Personen so privilegiert waren, dass sie sich einen Astrologen leisten konnten. Meine Daten sind mit Sicherheit repräsentativer, zumindest bei den neueren des 20. Jahrhunderts. Sie lassen sich noch beliebig erweitern.

Bedauerlich ist aber, dass man bei statistischen Untersuchungen zur Astrologie nicht beim Altmeister C. G. Jung angeknüpft hat, sondern das Sonnenzeichen viel zu sehr in den Mittelpunkt des Interesses rückte.

Tabelle 25 Signifikante Interaspekte bei Ehepaaren nach C. G. Jung

Interaspekt	H_{real}	H_{virt}	p [%]	P_{erw} [%]	P_{real} [%]	P_{virt} [%]
☉☌☉	2/178	1480/30740	1,31	4,44	1,11	4,59
☉☍☉	2/78	1482/30738	57	4,44	2,56	4,60
☉☌☽	35/488	1507/30714	2,66	4,44	7,2	4,7
☉☌☽	18/62	1507/30714	<0,1	4,44	10,0	4,7
☉☍☽	13/67	1438/30782	0,001	4,44	7,22	4,46
☽☌☽	41/422	1479/30741	0,006	4,44	8,48	4,59

In der vorstehender Tabelle bedeuten die Zahlenkombinationen x/y, dass x Paare den Interaspekt in Spalte 1 in ihren Horoskopen aufweisen, y Paare hingegen nicht.

3.8 Zusammenfassung

In diesem Kapitel wurden auf die grundlegenden Fragestellungen zur Astrologie der Paarbeziehungen und die Einschränkungen der astrologischen Richtungen aufgelistet, die Einflussgrößen genannt und daraus die Kombinationsmöglichkeiten berechnet. Auf die Schwierigkeiten bei der Datenbeschaffung habe ich hingewiesen und den Datenbestand aufgelistet.

Das von mir entwickelte Computerprogramm „Paar1" habe ich beschrieben und die Vor- und Nachteile genannt.

Auf die möglichen Hypothesen für die Paarbildung und -trennung bin ich eingegangen. Die ersten Untersuchungen ergaben, dass die Sonnenstandsastrologie keine brauchbaren statistischen Ergebnisse lieferte. Die Gründe habe ich erklärt.

Die Begriffe „Interaspekt, Horoskopaspekt, Orbis und Erwartungswert" habe ich definiert und für diese Arbeit festgelegt. Eine einfache Berechnungsmethode für die Erwartungswerte aller Interaspekte habe ich entwickelt. Ein einführendes Beispiel für einen Unabhängigkeitstest mit Hilfe einer Vierfeldertafel machte den χ^2-Test und Fishertest plausibel. Ich habe gezeigt, dass die Interaspekte vom Geschlecht abhängen.

Mit Hilfe von virtuellen Paaren, die sich ergeben, wenn alle Partner miteinander kombiniert werden, konnte ich zeigen, dass deren Interaspekte ziemlich genau den Erwartungswerten entsprechen, während es bei den Originalpaaren deutliche Abweichungen gab. Auf typische Beispiele bin ich genauer eingegangen.

Auf mögliche Fehlerquellen bei den Datensätzen, durch fehlende Geburtszeiten wurde hingewiesen, ebenso darauf, dass nicht alle signifikanten Interaspekte relevant sind, insbesondere nicht zwischen den langsamen Planeten, die lediglich die Verteilung der Altersunterschiede wiedergeben.

Kapitel 4 Interaspekte – Irrtümer, Einschränkungen, Ungenauigkeiten, Fehlerquellen

Die signifikanten Interaspekte hatte ich im Abschnitt 3.6 auf Seite 97 durch Vergleich mit virtuellen Paaren bei Grabdaten bestimmt. Der Zweck war, die theoretischen Erwartungswerte zu bestätigen. Die bessere Methode hatte ich bereits in 3.5.3 auf Seite 90 eingeführt, in der ich getrennte Paare in einer Vierfeldertafel gegenüberstellte und mit Unabhängigkeitstest überprüfte, ob die Häufigkeiten mit dem Paarstatus korreliert sind.

Schon bei dieser ersten Einführung ist aufgefallen, dass die Ergebnisse bei der Verwertung von Paardaten mit bekannter und unbekannter Geburtszeit unterschiedlich sind. Da ich durch die große Zahl der Schweizer Heirats- und Scheidungsdaten, die erst spät hinzugekommen sind, geradezu gezwungen wurde, mich mit der Genauigkeit der Geburtsdaten auseinanderzusetzen, soll diese Frage in vorliegenden Kapitel zuerst behandelt werden.

4.1 Fehler durch ungenaue Daten

Ich greife noch einmal Interaspekte zwischen Venus und Mars auf und berechne die Signifikanzen für alle Aspekte aus drei Paargruppen: nur mit genauen Geburtsdaten, nur mit fehlender Geburtszeit und mit beiden. Die Schweizer Daten sind nicht einbezogen, weil sie noch einer besonderen Analyse bedürfen. In der Tabelle 26 auf Seite 114 ergeben sich bei den genauen Geburtsdaten drei Signifikanzen (☌ ist seltener, ∠ und BQ häufiger), bei den ungenauen keine und bei allen zwei Signifikanzen.

Tabelle 26 Interaspekte zwischen Venus und Mars auf der Basis von mir gesammelter Daten

Nur genaue Geburtsdaten:

intAsp	γ	H_A	H_B	P_A	P_B	P_{erw}	δ	p_{Zweis}	
mit	0	134	1021	0,36915	0,33608	0,32777	0,1009		
☌fi	-3	6	126	0,01653	0,04147	0,03333	-0,7484	0,02013	**
*fi	0	11	60	0,03030	0,01975	0,02222	0,4749	0,17508	
□fi	0	16	125	0,04408	0,04115	0,04444	0,0660	0,77951	
△fi	0	13	133	0,03581	0,04378	0,04444	-0,1792	0,58265	
☍fi	0	16	112	0,04408	0,03687	0,03333	0,2163	0,46612	
⚹fi	0	10	62	0,02755	0,02041	0,02222	0,3213	0,33663	
⚻fi	0	10	71	0,02755	0,02337	0,02222	0,1880	0,58426	
∠fi	4	17	69	0,04683	0,02271	0,02222	1,0854	0,01157	**
⚼fi	0	7	79	0,01928	0,02600	0,02222	-0,3024	0,59383	
Qfi	0	8	95	0,02204	0,03127	0,03333	-0,2770	0,41727	
BQfi	4	20	89	0,05510	0,02930	0,03333	0,7740	0,01649	**
Σ		363	3038						

Nur ungenaue Geburtsdaten

intAsp	γ	H_A	H_B	P_A	P_B	P_{erw}	δ	p_{Zweis}
mit	0	87	755	0,33591	0,33114	0,32777	0,0145	
☌fi	0	4	90	0,01544	0,03947	0,03333	-0,7209	0,05473
*fi	0	4	49	0,01544	0,02149	0,02222	-0,2721	0,64697
□fi	0	12	100	0,04633	0,04386	0,04444	0,0556	0,87202
△fi	0	11	108	0,04247	0,04737	0,04444	-0,1102	0,87575
☍fi	0	8	62	0,03089	0,02719	0,03333	0,1109	0,68777
⚹fi	0	3	47	0,01158	0,02061	0,02222	-0,4064	0,47220
⚻fi	0	10	53	0,03861	0,02325	0,02222	0,6914	0,13716
∠fi	0	4	45	0,01544	0,01974	0,02222	-0,1932	0,80795
⚼fi	0	7	59	0,02703	0,02588	0,02222	0,0517	0,83597
Qfi	0	13	65	0,05019	0,02851	0,03333	0,6505	0,08296
BQfi	0	11	77	0,04247	0,03377	0,03333	0,2610	0,47115
Σ		259	2280					

beide zusammen

intAsp	γ	H_A	H_B	P_A	P_B	P_{erw}	δ	p_{Zweis}	
mit	0	248	1793	0,35479	0,33377	0,32777	0,0641		
☌fi	-5	11	216	0,01574	0,04021	0,03333	-0,7342	0,00063	**
*fi	0	15	110	0,02146	0,02048	0,02222	0,0442	0,88611	
□fi	0	31	226	0,04435	0,04207	0,04444	0,0513	0,76322	
△fi	0	29	242	0,04149	0,04505	0,04444	-0,0801	0,76884	
☍fi	0	26	177	0,03720	0,03295	0,03333	0,1274	0,57427	
⚹fi	0	14	110	0,02003	0,02048	0,02222	-0,0202	0,99910	
⚻fi	0	24	127	0,03433	0,02364	0,02222	0,4812	0,09271	
∠fi	0	22	115	0,03147	0,02141	0,02222	0,4530	0,10271	
⚼fi	0	18	141	0,02575	0,02625	0,02222	-0,0223	0,99909	
Qfi	0	22	161	0,03147	0,02997	0,03333	0,0451	0,81300	
BQfi	5	36	168	0,05150	0,03127	0,03333	0,6069	0,00732	**
Σ		699	5372						

Dem Leser wird aufgefallen sein, dass die Summen der ersten beiden Gruppen kleiner sind als in der letzten Gruppe. Das liegt daran, dass in der letzten Gruppe auch die Paare erfasst sind, bei denen nur bei einem Partner die genaue Geburtszeit bekannt ist.

Bei der letzten Gruppe kommen die ♂ und das BQ richtig heraus, das ∠ hingegen nicht. Der Grund liegt im unterschiedlichen relativen Fehler, der mit dem Orbis zusammenhängt (6°, 3° und 2°).

Bevor ich diese Fehler untersuche, mache ich ein kleines Experiment mit einem Teil meiner Daten: Alle Paare mit genauen Geburtszeiten, die ich selbst erfasste, habe ich dupliziert und auf die Geburtszeit 12 Uhr geändert. Dies erfordert zwar einigen Arbeitsaufwand, gibt aber verlässlichere Hinweise auf den Einfluss der fehlenden Geburtszeit. Die veränderten Daten (K wie korrigiert) unterscheiden sich bei den signifikanten Interaspekten deutlich von den Originaldaten (U wie unkorrigiert).

- 101 Interaspekte sind bei den U signifikant, bei 32 davon sind MC, AS und der ☽ beteiligt. Somit bleiben 69, die man auch bei den K finden müsste. Es sind aber nur 58. Davon sind 44 unverändert. Somit findet man 14, die auch bei den K aufgelistet sind, jedoch ein verändertes Signifikanzniveau und damit eine andere Bewertungszahl aufweisen (Definition s. Tabelle 29 auf Seite 118).

- 108 Interaspekte sind bei den K signifikant, davon müssen 39 für MC, AS und ☽ abgezogen werden, weil die Ergebnisse zu ungenau sind. Somit bleiben 69, die man mit den U vergleichen könnte. Davon sind 11 neue, die man bei den U nicht findet. Das sind 15,9 %.

- Nur 44 sind bei beiden Gruppen von Paaren gemeinsam und unverändert. Das sind nur 44/69 = 63,7 %. Bezieht man sie auf alle Interaspekte, die bei genauen Geburtsdaten bestimmt werden, sind es nur noch 43,6 %.

- Die 11 Interaspekte bei den U und die 11 bei den K, die man in der jeweils anderen Gruppe nicht findet, sind fast ausnahmslos solche mit den schnellen Planeten ☉, ☿, ♀ und ♂ (vergl. Tabelle 27 auf Seite 116).

- Eigentlich müssten daher die Ergebnisse aus ungenauen Daten unberücksichtigt bleiben. Bei den langsamen Planeten können sie unter bestimmten Bedingung verwertet werden. Das trifft auch zum Teil auf die Schweizer Daten zu.

Tabelle 27 Änderung der Signifikanzen durch Mittagsgeburtszeiten

Nicht in korrigierten Daten	Neu in korrigierten Daten	Verändert in korrigierten Daten U|K
☉ ☍ ♀ 2	☉ △ ♄ −1	☉ ☍ ♅ 3|1
☉ ⚹ ♄ 1	♂ △ ♅ 1	☉ ⚹ ☽ 1|3
♀ □ ☿ −3	♂ ⚼ ♆ 1	☿ ⚹ ♃ −3|−2
♀ □ ♅ 3	♂ ⚹ ☊ −1	☿ BQ ☊ −2|−1
♀ □ ♆ −2	♂ ⚼ ☽ −1	♀ ⚼ ☽ 3|1
♃ Q ☿ 3	♆ ⚻ ♀ −2	♂ ☍ ♇ −4|−5
♅ ⚼ ♂ 1	♆ BQ ♀ 1	♄ ⚼ ♅ 1|3
♆ Q ♄ 4	☊ ⚹ ♀ 1	♆ △ ☉ −3|−2
☊ ☌ ☉ −3	☊ □ ♆ 1	♆ △ ☿ 4|3
☊ ⚻ ♂ −2	☽ ⚼ ☿ 1	♆ BQ ♄ −3|−4
☽ ∠ ☿ −2	☋ ∠ ♄ 1	♇ BQ ♀ 4|5
		☊ △ ♄ 2|3
		☊ ⚹ ♆ 4|2
		☋ Q ♂ −5|−2

Die Konsequenz aus diesen Ergebnissen ist eindeutig: Für die Bestimmung signifikanter Interaspekte können nur Paardaten mit möglichst genauen Geburtsdaten herangezogen werden. Dies gilt für alle statistischen Untersuchungen zur Astrologie.[1]

4.1.1 Planetenbewegungen und Fehler

Die Planeten bewegen sich von der Erde aus gesehen täglich im Durchschnitt um einen Winkel im Tierkreis weiter oder auch zurück, was rückläufig genannt wird und in den Ephemeriden und Horoskopen mit einem „R" gekennzeichnet wird. Deshalb können die Planetenstellungen innerhalb dieses Winkels schwanken. Die Sonnenbewegung ist nahezu konstant und nie rückläufig und beträgt etwa 1°. Bei Annahme einer Geburt um 12 Uhr kann somit die Sonne im Tierkreis 0,5° früher oder später stehen, mit der Möglichkeit, in einem benachbarten Tierkreis erfasst zu werden.

---

1 Ich wurde schon von mehreren Personen gedrängt, die von ihnen gesammelten ungenauen Daten zu unterschiedlichen Fragestellungen auszuwerten. Die gerade entwickelten Einschränkungen lassen dies nicht zu. Umso mehr bin ich den Gauquelins [15] dankbar für ihre eifrige Beschaffung von genauen Geburtsdaten.

Die Zusammenhänge erläutere ich mit dem Bild 11. Der relative Fehler lässt sich für alle Planetenkombinationen und Orben berechnen. Die wichtigsten fasse ich in der Tabelle 28 zusammen (Bewegungen aus [26]).

Bild 11 Relative Fehler bei der Bestimmung von Interaspekten bei fehlender Geburtszeit

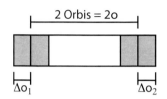

Der relative Fehler ist die Summe der Einzelfehler dividiert durch den Gesamtorbis

$$f = \frac{\Delta o_1 + \Delta o_2}{2o}$$

mit o als Orbis.

Tabelle 28 Relative Fehler für verschiedene Planetenkombinationen und Orben

Planeten-kombina-tion	Bewegung pro Tag	Orbis 6°	Orbis 3°	Orbis 2°
☉/☉	0°59′08″	8,21 %	16,4 %	24,64 %
☽/☽	13°10′35″	110 %	220 %	329 %
☿/☿	4°05′35″	34,1 %	68,21 %	102 %
♀/♀	1°36′08″	13,35 %	26,7 %	40 %
♂/♂	0°31′27″	4,37 %	8,74 %	13,1 %
♃/♃	0°04′59″	0,7 %	1,4 %	2,08 %
♄/♄	0°02′45″	0,4 %	0,8 %	1,15 %
♅/♅	0°00′42″	0,1 %	0,2 %	0,29 %
♆/♆	0°00′22″	0,05 %	0,1 %	0,15 %
♇/♇	0°00′14″	0,03 %	0,06 %	0,1 %
☉/☿	59′08″/ 4°05′35″	21,16 %	42,32 %	63,5 %
♀/♂	1°36′08″/31′27″	8,85 %	17,7 %	26,58 %

Die Tabelle 28 zeigt, dass erst ab ♃/♃ der Fehler so klein wird, dass ungenaue Daten ausgewertet werden können. Die Häufigkeit vom ♀∠♂ wird mit einem Fehler von 23 % bestimmt, wenn auf Daten mit fehlender Geburtszeit zugegriffen wird. Daraus folgt, dass man für die Bestimmung der Signifikanzen für Interaspekte mit schnellen Planeten einschließlich Mars nur von genauen Paardaten ausgehen darf.

Fehler bei Betrachtungen der Vulgärastrologie

In der Vulgärastrologie wird in der Regel nur der Sonnenstand im Tierkreiszeichen untersucht [38]. Auch hier tritt ein nennenswerter Fehler auf. Wenn über die Ephemeriden das Tierkreiszeichen zum Geburtstag bestimmt wird, bleibt ein Fehler von ± 0,5°, relativer Fehler ist dann f = 1/30 = 3,33 %. Wenn das Tierkreiszeichen über eine feste Jahreseinteilung bestimmt wird, kommen noch wegen der Schaltjahre ±0,75° hinzu, also f = 8,33 %. Beim schnelllaufenden Merkur werden daraus 18,33 %.

Bewertung der Interaspekte

Die Interaspekte müssen gewichtet und bewertet werden. Ich habe die Bewertung in mehreren Schritten entwickelt.

Tabelle 29 Gewichtung und p-Wert

p-Bereich %	Gewichtung γ
$\delta > 0$	
$0 < p < 1$	−5
$1 \leq p < 2$	−4
$2 \leq p < 3$	−3
$3 \leq p < 4$	−2
$4 \leq p < 5$	−1
$\delta < 0$	
$0 < p < 1$	1
$1 \leq p < 2$	2
$2 \leq p < 3$	3
$3 \leq p < 4$	4
$4 \leq p < 5$	5
$p > 5$	0

Wie schon erwähnt, ist der Orbis von großer Bedeutung, denn zu meinen ganz sicheren praktischen Erfahrungen bei Paarbeziehungen zählt: Je genauer ein Interaspekt, desto intensiver wirkt er. Entscheidende Interaspekte sind bei guten Paarbeziehungen bis auf wenige Bogenminuten genau. Das trifft auch auf Aspekte zwischen den Achsen zu.

Alle signifikanten Interaspekte bewerte ich über ihren p-Wert, den man linear, geometrisch, exponentiell oder logarithmisch einteilen kann. Ich entscheide mich für eine lineare Einteilung. In der nebenstehenden Tabelle sind die Gewichtungen γ neben den Bereichen der p-Werte aufgelistet.

Negative Vorzeichen bedeuten, dass die relativen Häufigkeiten bei Getrennten (Index A) signifikant seltener ($\delta < 0$) zu finden sind als bei Vereinten (Index B).

4.1.2 Relevanz der Interaspekte zwischen den langsamen Planeten

Der Tabelle 28 kann man entnehmen, dass die Interaspekte zwischen den Plutostellungen mit besonders geringem Fehler f = 0,03 % bestimmt werden können. Daher berechne ich die Einzelsignifikanzen für die Plutointeraspekte aus allen gespeicherten Daten (Tabelle 30 ohne Schweizer Daten).

Tabelle 30 Plutointeraspekte aus allen gespeicherten Daten

ℙ/ℙ	γ	H_A	H_B	P_A	P_B	P_{erw}	δ	p_{Zweis}
mit	0	330	3646	0,47210	0,67870	0,32777	−0,6303	
☌ fi	−5	316	3621	0,45207	0,67405	0,03333	−6,6593	0,00000 **
*fi	0	1	1	0,00143	0,00019	0,02222	0,0560	0,21704
☍ fi	0	0	1	0,00000	0,00019	0,03333	−0,0056	1,00000
⚼fi	4	7	17	0,01001	0,00316	0,02222	0,3082	0,01553 **
∠ fi	5	6	5	0,00858	0,00093	0,02222	0,3444	0,00063 **
Qfi	0	0	1	0,00000	0,00019	0,03333	−0,0056	1,00000
Σ		699	5372					

Bei dieser Tabelle fällt auf, dass nicht alle Interaspekte vorkommen, insbesondere keine mit großem Abstand (□△⚌⚛BQ). Die eine Opposition dürfte ein Tippfehler bei der Eingabe eines Geburtsdatums gewesen sein, denn der Pluto hat eine Umlaufzeit 248,2 J. Die Opposition tritt also bei einem Altersunterschied von 124 Jahren auf.[2] Das Ergebnis macht aber eine ganz wichtige Fehlbewertung deutlich, denn die Häufigkeiten der Interaspekte spiegeln bei den langsamen Planeten nur die Altersunterschiede wider.

Daher ist es wichtig, sich einen Überblick über die Verteilung der Altersunterschiede zu verschaffen. Die Konjunktion findet man bei 67,4 % der Ungetrennten und bei 45,2 % der Getrennten. Bei einem Orbis von 6° ergibt sich ein maximaler Altersunterschied von:

$$\tau - 91250 \frac{12}{360} = 3042 Tage = 8,45 Jahre$$

Für genaue Ergebnisse berechne ich für jedes Paar den Altersunterschied in Tagen. Positive Werte bedeuten, dass der Mann älter ist. Die lange Liste benutze ich zur Berechnung der Quantile und Medianwerte, die ich in Jahre umrechne (s. Tabelle 32). Die Originaltabellen sind sehr lang und können

---

2 Wenn ich einmal nichts Besseres zu tun habe, werde ich diesen Fehler in meinen 6071 Datensätzen suchen.

daher hier nicht mitgeteilt werden. Die Tabelle 31 zeigt einen kleinen Auszug um den Medianwert für Getrennte. Zwei Diagramme (Bild 12 und Bild 13) zeigen die Verteilungen der Altersunterschiede.

Tabelle 31 Dichte und Summenwerte der Altersunterschiedverteilung bei Getrennten

Tage	Anz	Dichte	Summe
1190	1	0. 001430615164520744	0. 4949928469241774
1198	1	0. 001430615164520744	0. 49642346208869814
1214	1	0. 001430615164520744	0. 4978540772532189
1218	1	0. 001430615164520744	0. 49928469241773965
1226	1	0. 001430615164520744	0. 5007153075822603
1234	1	0. 001430615164520744	0. 5021459227467812
1248	1	0. 001430615164520744	0. 5035765379113019
1256	1	0. 001430615164520744	0. 5050071530758226
1266	1	0. 001430615164520744	0. 5064377682403434
1280	1	0. 001430615164520744	0. 5078683834048641
1281	1	0. 001430615164520744	0. 5092989985693849
1285	1	0. 001430615164520744	0. 5107296137339056

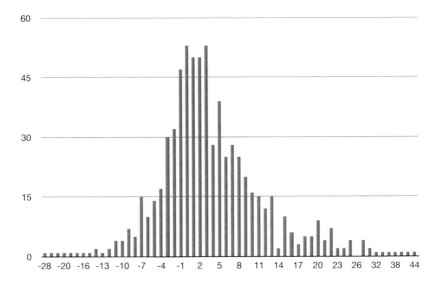

Bild 12   Altersunterschiedverteilung von 699 Getrennten

**Tabelle 32 Quantile und Medianwerte der Altersunterschied-
verteilungen**

Gruppe	Medianwert T	5%-Quantil	95%-Quantil
699 Getrennte	1222 Tage = 3,35 J	-2350 Tage = -6,44 J	7595 Tage 20,81 J
5372 Ungetrennte	1137 Tage = 3,12 J	-1451 Tage = -3,98 J	4941 Tage = 13.54 J

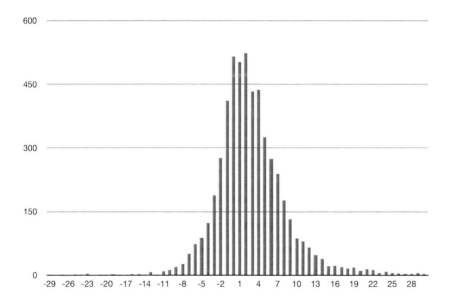

Bild 13   Altersunterschiedverteilung von 5372 Ungetrennten

Die Breite der Altersunterschiedverteilung ist bei Getrennten (27,25 J) sehr viel größer als bei Ungetrennten (17,52 J), obwohl der Medianwert bei beiden ungefähr gleich groß ist. Man könnte daraus den Schluss ziehen, dass ein hoher Altersunterschied eine Trennung fördern könnte, zumal ein geschiedener Mann dabei war, der 45 Jahre älter als die Frau war.

In früheren Jahrhunderten war der Mann oft erheblich älter als die Frau, insbesondere wenn er als Witwer nochmals geheiratet hatte. Die Ehefrauen starben nicht selten früh, vermutlich im Kindbett. Doch stimmt der Eindruck vom höheren Altersunterschied?

Ich teile die Paare in drei Gruppen ein: Geburtsdaten vor 1800, vor 1900 und nach 1900:

Geburtsdaten	Medianwert
38 vor 1800	1578 T = 4,32 J
2295 vor 1900	1156 T = 3,17 J
2424 nach 1900	852 T = 2,33 J

Der Medianwert des Altersunterschieds hat in den drei Jahrhunderten erheblich abgenommen. Der Altersunterschied war aber auch im 18. Jahrhundert eher gering.

Altersunterschied und Aspektwahrscheinlichkeit bei unterschiedlichen langsamen Planeten

Die Signifikanzen bei gleichen langsamen Planeten hingen nur vom Altersunterschied ab. Bei ungleichen Planeten kommt noch das Geburtsdatum hinzu, weil sich innerhalb einer Generation (25 Jahre) nur ganz wenige Interaspekte finden lassen. Zur Abschätzung braucht man die Einholzeit. Beispielsweise braucht der Pluto für eine Umrundung der Sonne 248 Jahre, der Neptun immerhin 165 Jahre. Die Zeit von einer Konjunktion bis zur nächsten ist die Einholzeit τ. Der Neptun eilt dem Pluto voraus, dieser wandert ebenfalls weiter, wenn auch langsamer. In 485 Jahren hat der Neptun den Pluto eingeholt. Es ist klar, dass in den drei Jahrhunderten meiner Paardaten nur ein Teil der Aspekte zwischen Neptun und Pluto vorkommen kann. Die Berechnungsformel für die Einholzeit τ ist

$$\tau = \frac{\tau_2 \tau_1}{\tau_1 - \tau_2}$$

mit der Umlaufzeit τ_1 für den langsameren Planten und τ_2 für den schnelleren Planeten.[3]

Die Nachfolgende Tabelle 33 enthält die Einholzeiten für die äußeren und langsameren Planeten ab Mars.[4] Die Umlaufzeit für den Mondknoten ist negativ, weil er rückläufig ist.

Innerhalb der Einholzeit kommen Konjunktionen und Oppositionen nur einmal vor, die restlichen Aspekte hingegen zweimal. Somit können Konjunktionen und Oppositionen nur gewertet werden, wenn die Einholzeit kleiner

---

3   Die Herleitung findet man im Theoriekapitel 9.4.
4   Die Planetendaten sind von http://de.wikipedia.org/wiki/Liste_derPlaneten_des_Sonnensystems entnommen.

ist als das 90 %-Quantil der Geburtsjahre. Die doppelte Anzahl an Jahren gälte dann für die restlichen Aspekte, genau nur für die Quadrate.

Tabelle 33 Einholzeiten für die langsamen Planeten

Schnel-lerer Planet	Umlaufzeit in Jahren	)	♃	☊	♄	⚷	♅	♆	♇
♂	1,881	2,40	2,24	-1,69	2,01	1,95	1,92	1,90	1,90
)	8,75		33,34	-5,97	12,45	10,58	9,77	9,24	9,07
♃	11,86			-9,42	19,86	15,49	13,81	12,78	12,46
☊	-18,83				-11,5	-13,7	-15,4	-19,9	-17,5
♄	29,45					70,3	45,3	35,9	33,4
⚷	50,67						127,7	73,2	63,7
♅	84,02							171,4	127,1
♆	164,79								492,4
♇	247,7								

Verteilung der Geburtsjahre

Die Verteilung der Geburtsjahre der Ungetrennten ist ziemlich breit, während die der Getrennten eng ist, weil es Scheidungen erst seit 1895 gib. Die wesentlichen Daten habe ich in der Tabelle 34 zusammengestellt.

Tabelle 34 Kennwerte der Verteilung der Geburtsjahre

Gruppe	erstes Jahr	letztes Jahr	Median-wert	5 %-Quantil	95 %-Quantil	Q_{90}
Ungetrennte	1553	1996	1901	1843	1937,5	94,5
Getrennte	1722	1991	1938,5	1898	1970,5	72,5

4.2 Interaspekte

Die Häufigkeitsverteilungen der verschiedenen Paargruppierungen nach der neuesten Datenlage sind in Tabelle 35 zusammengestellt. Zunächst werden die Ergebnisse mit den Paaren mit den genauen Geburtszeiten als Tabelle 36 auf Seite 124 dargestellt. Verwertet werden nur Interaspekte mit Sonne, Mond, Merkur, Venus, Mars und den Achsen. Die 76 Interaspekte sind aufsteigend nach dem p-Wert (Fishertest) geordnet. Der Index A weist auf getrennte Paare (Anzahl = 361), der Index B auf ungetrennte Paare (Anzahl = 3042). Da es sich bei dem angewendeten Verfahren um eine explorative Hypothesengenerierung handelt, wird die α-Schranke von 5 % nach dem Simes (Benjamin-Hochberg)-Verfahren korrigiert. Bei dieser Prozedur kann man alle Nullhypothesen (Unabhängigkeit vom Paarstatus) bis zu p-Werten, die kleiner sind als der größte p-Wert, der eine zugehörige Schranke unterschreitet[25][47], ablehnen. Die erste Unterschreitung ist durch einen „*" gekennzeichnet.

Ich muss den geneigten Leser darauf hinweisen, dass ich alles offenlegen werde, sowohl meine Methoden als auch meine tabellarischen Ergebnisse. Leider gibt es Veröffentlichungen mit großer Geheimniskrämerei, gegen die die Skeptiker einen verbalen Grabenkrieg geführt haben [15], [38]. Wer nur das Endergebnis wissen will, möge bis zur Tabelle 39 auf Seite 131 springen.

Tabelle 35 Kennwerte der im Folgenden verwerteten Paargruppen

Paargruppen	Getrennte	Ungetrennte	Summe
alle	697	5373	6143
genaue Geburtszeiten	361	3042	3403
Scheidungen der Schweiz gegen alle ungetrennten Paare	48262	5373	53635

Tabelle 36 Interaspekte über genaue Geburtszeiten

interAsp	bew	P_{erw}	P_A	P_B	H_A	H_B	ν	p_{Zweis}	p_{korr}
♂ ∠ ☽	−5	0,02222	0,00000	0,02040	0	62	0,000	0.001406759252	0,000658
♀ ☌ ☊	5	0,03333	0,06925	0,03323	25	101	2,084	0.001666241468	0,001316
A ☌ ♇	5	0,03333	0,06648	0,03225	24	98	2,062	0.002366637333	0,001974
☉ ☍ ☿	5	0,02778	0,05817	0,02698	21	82	2,156	0.002873070573	0,002632
☉ ☍ ♅	5	0,02778	0,05817	0,02797	21	85	2,080	0.003645825083	0,003289
☽ ⊼ ☿	5	0,02222	0,04155	0,01744	15	53	2,383	0.004166283352	0,003947
☉ ⚹ ☽	5	0,02222	0,04709	0,02172	17	66	2,168	0.006102029030	0,004605
☽ ⊻ M	5	0,02222	0,04709	0,02205	17	67	2,136	0.006738205956	0,005263
☽ ☐ ♀	−5	0,04444	0,01939	0,04936	7	150	0,393	0.007555819243	0,005921
☿ ☌ ♇	−5	0,03333	0,01108	0,03587	4	109	0,309	0.008094248338	0,006579
♂ ☌ ♆	−5	0,03333	0,01385	0,04113	5	125	0,337	0.008225728076	0,007237
M ⊻ ☉	5	0,02222	0,04155	0,01810	15	55	2,296	0.008581054579	0,007895
♂ ☌ M	5	0,03333	0,04986	0,02468	18	75	2,020	0.009622591012	0,008553
♆ ⊡ A	−4	0,02222	0,00554	0,02665	2	81	0,208	0.010130895473	0,009211
♄ ∠ M	−4	0,02222	0,00554	0,02665	2	81	0,208	0.010130895473	0,009868
☋ Q ♂	−4	0,03333	0,00831	0,03093	3	94	0,269	0.011049388225	0,010526
♀ ∠ ♂	4	0,02222	0,04709	0,02270	17	69	2,074	0.011336722397	0,011184
☉ ⊼ ♆	−4	0,02222	0,00277	0,02073	1	63	0,134	0.011506311652	0,011842
☊ △ ♂	4	0,04444	0,07756	0,04574	28	139	1,696	0.013561073835	0,012500

A	☍	♄	4	0,02778	0,05263	0,02797	19	85	1,882	0.014771651926	0,013158
♄	☌	☉	4	0,03333	0,05263	0,02797	19	85	1,882	0.014771651926	0,013816
A	BQ	♇	-4	0,03333	0,01108	0,03356	4	102	0,330	0.015622880477	0,014474
♀	BQ	♂	4	0,03333	0,05540	0,02929	20	89	1,892	0.016282975035	0,015132
☿	□	☊	-4	0,04444	0,01939	0,04541	7	138	0,427	0.018425455906	0,015789
A	Q	☽	4	0,03333	0,05540	0,03060	20	93	1,810	0.018876670755	0,016447
☽	△	♃	4	0,04444	0,07479	0,04574	27	139	1,635	0.019781427039	0,017105
♀	☌	♂	-4	0,03333	0,01662	0,04146	6	126	0,401	0.019985355504	0,017763
♆	BQ	☉	3	0,03333	0,05817	0,03258	21	99	1,786	0.022069742730	0,018421
A	△	♇	-3	0,04444	0,02216	0,04837	8	147	0,458	0.022492821877	0,019079
♀	✶	☉	3	0,02222	0,04155	0,02073	15	63	2,004	0.022937016864	0,019737
♀	⚺	☽	3	0,02222	0,04709	0,02468	17	75	1,908	0.023522180681	0,020395
☽	Q	☽	3	0,03333	0,05263	0,02896	19	88	1,818	0.023857708568	0,021053
♄	✶	♂	-3	0,02222	0,00277	0,01777	1	54	0,156	0.024048759934	0,021711
)	⚻	☽	3	0,02222	0,04709	0,02501	17	76	1,883	0.024453075916	0,022368
♅	□	♀	-3	0,04444	0,01939	0,04442	7	135	0,437	0.024809387350	0,023026
♇	✶	☽	-3	0,02222	0,00277	0,01843	1	56	0,150	0.025317489720	0,023684
♃	☌	A	-3	0,03333	0,01662	0,04014	6	122	0,414	0.026892781499	0,024242
♂	☌	♂	-3	0,03333	0,01662	0,04014	6	122	0,414	0.026892781499	0,025000
♆	△	M	3	0,04444	0,07479	0,04640	27	141	1,612	0.027822231351	0,025658
M	☌	☉	-3	0,03333	0,01385	0,03587	5	109	0,386	0.028796155598	0,026316
☿	⚼	♅	3	0,02222	0,04155	0,02205	15	67	1,885	0.028858968349	0,026974
☿	∠	♅	-3	0,02222	0,00554	0,02270	2	69	0,244	0.029557803494	0,027632
♆	BQ	M	-3	0,03333	0,01108	0,03126	4	95	0,354	0.029900843521	0,028289
☿	✶	☉	-2	0,02222	0,00831	0,02665	3	81	0,312	0.030237960646	0,028947
M	Q	♅	-2	0,03333	0,01108	0,03159	4	96	0,351	0.030296654554	0,029605
♆	△	☿	2	0,04444	0,06094	0,03653	22	111	1,668	0.030441180315	0,030263
♂	☍	M	-2	0,02778	0,00831	0,02698	3	82	0,308	0.030508579692	0,030921
♂	⚻	⚷	-2	0,02222	0,00831	0,02698	3	82	0,308	0.030508579692	0,031579
☿	☌	♄	-2	0,03333	0,01939	0,04278	7	130	0,453	0.032652959333	0,032237
☊	△	A	2	0,04444	0,06925	0,04344	25	132	1,594	0.033254439029	0,032895
⚷	⚼	☽	2	0,02222	0,03878	0,02007	14	61	1,932	0.034008844358	0,033553
♇	⚼	M	2	0,02222	0,03878	0,02007	14	61	1,932	0.034008844358	0,034211
♃	BQ	M	2	0,03333	0,05540	0,03291	20	100	1,684	0.034368171797	0,034868
A	☌	☊	2	0,03333	0,06371	0,03883	23	118	1,641	0.034810742435	0,035526
♃	△	M	-2	0,04444	0,02493	0,04969	9	151	0,502	0.034824127243	0,036184
☊	BQ	♂	2	0,03333	0,04986	0,02896	18	88	1,722	0.036959782124	0,036842
♆	☍	♀	2	0,02778	0,04432	0,02468	16	75	1,796	0.037148870773	0,037500
☽	Q	♅	-2	0,03333	0,01385	0,03455	5	105	0,401	0.038946533640	0,038158
)	☍	☿	2	0,02778	0,04432	0,02501	16	76	1,772	0.039106186614	0,038816
♀	⚺	)	1	0,02222	0,03878	0,02106	14	64	1,841	0.040324343783	0,039474
♂	☌	♀	1	0,03333	0,05817	0,03554	21	108	1,637	0.040579490419	0,040132
A	☌	⚷	-1	0,03333	0,01108	0,02994	4	91	0,370	0.040950430636	0,040789
M	⚼	♄	-1	0,02222	0,00554	0,02106	2	64	0,263	0.041375290244	0,041447*
♆	⚻	♀	-1	0,02222	0,00554	0,02139	2	65	0,259	0.041939147909	0,042105
♃	⚻	☿	-1	0,02222	0,00831	0,02534	3	77	0,328	0.042075718032	0,042763
☊	⚺	M	-1	0,02222	0,00831	0,02567	3	78	0,324	0.042442740101	0,043421
A	☌	☽	1	0,03333	0,05263	0,03126	19	95	1,684	0.042844468465	0,044079

Von den 76 Interaspekten sind ein Drittel (25) unter Beteiligung vom AS und MC, 10 mit ☉, 12 mit ☽, 7 mit ☿, und 10 mit ♀. Es genügt, wenn nur ein schneller Planet beteiligt ist, wenn der andere ein langsamer ist, weil der Interaspekt immer mindestens einmal im Jahr vorkommt. Beim Mars wäre das mindestens einmal in zwei Jahren.

4.2.1 Interaspekte zwischen langsamen Planeten

Zur Bestimmung der Interaspekte zwischen den langsamen Planeten kommen die beiden letzten Gruppen der Tabelle 35 infrage. Zunächst muss mit Tabelle 33 und Tabelle 34 geklärt werden, welche Interaspekte infrage kommen. Bei den Getrennten ist Q_{90} = 72,5 Jahre. Ich lege willkürlich fest, dass ein Interaspekt in dieser Zeit mindestens dreimal vorkommen muss. Dann bleiben nur die Interaspekte der Tabelle 37 übrig.

Tabelle 37 Interaspekte aller eigenen Daten

interAsp bew	h_{erw}	h_A	h_B	H_A	H_B	δ	p_{Zweis}	p_{korr}
♇ ☌ ♃ 5	0,03333	0,04161	0,02159	29	116	0,601	0.0022680183550	0,002381
♃ △ ♇ 5	0,04444	0,06600	0,04243	46	228	0,530	0.0065543131052	0,004762
♄ ⚻ ☊ 4	0,02222	0,03587	0,01973	25	106	0,726	0.0116702792136	0,007143
♄ □ ☽ 4	0,04444	0,06600	0,04374	46	235	0,501	0.0123381759079	0,009524
♆ ∠ ♃ 4	0,02222	0,03730	0,02140	26	115	0,715	0.015126122421	0,011905
♅ ⚻ ☽ 4	0,02222	0,03443	0,01917	24	103	0,687	0.0156448286354	0,014286
♃ ⚻ ☽ 3	0,02222	0,03300	0,01936	23	104	0,614	0.0237168015864	0,016667
♃ ⚻ ♃ -3	0,02222	0,01004	0,02271	7	122	-0,570	0.0252445442161	0,019048
♅ △ ☊ -3	0,04444	0,02869	0,04727	20	254	-0,418	0.0253640486161	0,021429
⚷ ⚹ ♃ 3	0,02222	0,03443	0,02103	24	113	0,603	0.0299317630258	0,023810
♅ ☍ ☽ 2	0,02778	0,04304	0,02792	30	150	0,544	0.0322290337415	0,026190
☽ △ ♃ -2	0,04444	0,03013	0,04820	21	259	-0,407	0.0341518189942	0,028571
☽ △ ☊ 2	0,04444	0,05882	0,04095	41	220	0,402	0.0364528788308	0,030953
☽ △ ♄ -2	0,04444	0,03156	0,04951	22	266	-0,404	0.0367902115929	0,033333
♅ BQ☊ -2	0,03333	0,01865	0,03331	13	179	-0,440	0.0377785422507	0,035714
☊ BQ ☊ 2	0,03333	0,03013	0,01787	21	96	0,368	0.0385694764947	0,038095
☽ △ ♅ -1	0,04444	0,03013	0,04709	21	253	-0,382	0.0415904767205	0,040476
♇ ⚹ ♃ 1	0,02222	0,02726	0,01582	19	85	0,515	0.0415972729137	0,042857
☊ □ ☽ 1	0,04444	0,05739	0,04020	40	216	0,387	0.0443125152286	0,045238
♇ ⚹ ☽ -1	0,02222	0,00861	0,01898	6	102	-0,467	0.0480486219525	0,047619
☽ △ ♆ -1	0,04444	0,03300	0,05044	23	271	-0,392	0.0482630314397	0,05

4.2.2 Interaspekte aus der dritten Gruppe – Schweizer Scheidungen gegen eigene Ungetrennte

Die Schweiz hat in den letzten 40 Jahren viele Daten ihrer Bürger zentral erfasst. Davon sind die Geburtstage ab 1969 von besonderer Bedeutung. Aber auch die Daten von Scheidungen und Heiraten sind ab dem Jahrgang 1969 verfügbar. Über ihre Auswertung und die Aussagen zu Paarbeziehungen wird in dieser Arbeit berichtet. Wie in den vorangegangenen Untersuchungen muss wieder sorgfältig über die Relevanz und die Aussagegrenzen nachgedacht werden. Erst ab 1984 sind die Geburtstage erfasst. Diese sind mindestens notwendig, wenn Interaspekte und Horoskopaspekte untersucht werden sollen. Einschränkungen der Aussagen könnten sich ergeben durch:

* Kleiner Zeitraum von 25 Jahren für die Ereignisse Heirat und Scheidung.

* Die Daten der Eheschließungen enthalten auch die 30 bis 40 % der Ehen, die noch geschieden werden.

* Die Geburten werden immer häufiger medizinisch manipuliert.

* Fehlende Geburtszeiten und die Annahme einer Mittagsgeburt könnten zu deutlichen Fehlern führen, wenn die schnellen Planeten an den Aspekten beteiligt sind.

Verfügbare Daten

Die Schweizerische Eidgenossenschaft stellt über das Bundesamt für Statistik (BFS) gegen Bezahlung Datensätze von Jahrgängen von Heiraten und Scheidungen zur Verfügung. Voraussetzung ist der Abschluss eines Datenschutzvertrages. Ich werde daher keinerlei Einzeldaten veröffentlichen, sondern nur Ergebnisse der statistischen Untersuchungen und die daraus gezogen Schlussfolgerungen. Da die Jahrgänge die gesamte Schweiz erfassen, sind die Datensätze sehr umfangreich. Um Kosten zu sparen, habe ich die Jahrgänge 1984 und 2009 für Heiraten und 1984, 1996 und 2009 für Scheidungen ausgewählt und ausgewertet. Das sind 88 259 Heiraten und 48 262 Scheidungen.

Ich habe zunächst alle Auswertungen mit diesen Daten vorgenommen, die ich auch mit den von mir gesammelten Geburtsdaten angestellt habe. Die Ergebnisse waren sehr unbefriedigend. Zwischen Heiraten und Scheidungen gab es statistisch wenig Unterschiede. Das ist auch kein Wunder, enthalten die Heiraten noch bis zu 40 % mögliche Scheidungen. Ich habe mir aber vom BFS die Genehmigung eingeholt, die Schweizer Daten meinen Daten gegenüberzustellen. Die Heiraten habe ich aus den schon genannten Gründen für meine Arbeit verworfen. Die Schweizer Scheidungen machen aber eine eindeutige Aussage. Eine Wiederverheiratung spielt bei meinen Betrachtungen keine Rolle. 48262 Scheidungen der Schweiz sind also 5373 Ungetrennten aus meiner Sammlung gegenüberzustellen.

Da die Geburtszeiten der Schweizer Paare zeitlich viel enger begrenzt sind als meine Daten, müssen sie zur Auswahl der relevanten Interaspekte herangezogen werden. Zunächst aber die Verteilung der Geburtszeiten (Bild 14).

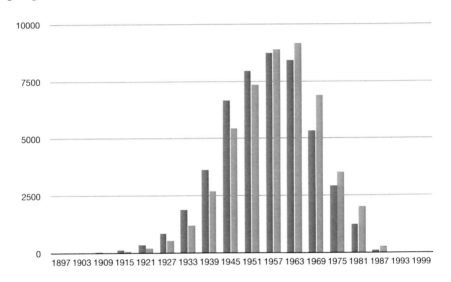

Bild 14 Verteilung der Geburtsjahrgänge bei Schweizer Scheidungen (blau männlich, grün weiblich)

Das 90 %-Quantil (Q_{95} - Q_5) ist 41 Jahre. Das ist etwas mehr, als der Saturn für einen Umlauf um die Sonne braucht, und knapp die Hälfte von einem Uranusumlauf. Wenn Interaspekte (σ, σ^o) dreimal in dieser Zeit vorkommen müssen, kommen nur Überholzeiten und Umlaufzeiten infrage, die kleiner als 17 Jahre sind, bei den übrigen Interaspekten <34 Jahre. Damit ergibt sich die Tabelle 38. Darin sind noch vier Interaspekte, deren relative Häufigkeiten einseitig liegen. Es sind dies ☊☌☊, ♇□♃, ♃☍♇ und ♄⚺☽. Werden diese entfernt, bleiben 37 übrig, die als signifikant gewertet werden und sowohl die Simes-Prozedur als auch die Bonferroni-Holm-Korrektur erfüllen [20].

Nur 4 Interaspekte findet man darin aus der Tabelle 37 mit den Ergebnissen aus meinen eigenen Daten wieder. Da die Schweizer Scheidungen viel zahlreicher sind als die von mir gesammelten, verwerte ich die letzte Tabelle.

Tabelle 38 Interaspekte von allen 48262 Schweizer Scheidungen und 5373 eigenen Daten von Ungetrennten

interAsp	bew	h_{erw}	h_A	h_B	H_A	H_B	δ	p_{Zweis}	p_{korr}	
♇ ☌ ♃	5	0, 0333	0, 0348	0, 0216	1678	116	0, 395	9. 487E-8	0, 001220	
♇ ⚺ ♃	5	0, 0222	0, 0240	0, 0158	1160	85	0, 370	8. 641E-5	0, 002439	
♆ ☍ ♃	-5	0, 0278	0, 0249	0, 0331	1200	178	-0, 298	0, 000455	0, 003659	
☽ ✱ ☽	5	0, 0222	0, 0226	0, 0154	1091	83	0, 322	0, 000471	0, 004878	
♇ ☍ ♃	-5	0, 0278	0, 0250	0, 0331	1207	178	-0, 292	0, 000560	0, 006098	
♇ ✱ ♃	5	0, 0222	0, 0228	0, 0162	1099	87	0, 296	0, 001453	0, 007317	
♃ ☌ ♇	5	0, 0333	0, 0363	0, 0281	1753	151	0, 247	0, 001632	0, 008537	
☊ ☍ ☽	-5	0, 0278	0, 0275	0, 0352	1327	189	-0, 276	0, 001758	0, 009756	
☽ ⚺ ⚷	5	0, 0222	0, 0222	0, 0162	1072	87	0, 271	0, 003471	0, 010976	
♃ BQ ♆	-5	0, 0333	0, 0312	0, 0387	1507	208	-0, 225	0, 003693	0, 012195	10
♇ ☌ ☽	5	0, 0333	0, 0350	0, 0277	1689	149	0, 218	0, 004971	0, 013415	
☊ ☌ ☊	5	0, 0333	0, 0570	0, 0478	2751	257	0, 275	0, 005379	0, 014634	
☊ ⚺ ☊	5	0, 0222	0, 0287	0, 0223	1383	120	0, 284	0, 006867	0, 015854	
♃ ⚼ ♇	-5	0, 0222	0, 0214	0, 0272	1034	146	-0, 259	0, 008034	0, 017073	
♆ ☌ ☽	4	0, 0333	0, 0331	0, 0266	1596	143	0, 194	0, 010489	0, 018293	15
♇ △ ♃	-4	0, 0444	0, 0407	0, 0480	1963	258	-0, 165	0, 011492	0, 019512	
♃ BQ ☊	4	0, 0333	0, 0354	0, 0288	1707	155	0, 196	0, 013252	0, 020732	
☊ □ ☊	-4	0, 0444	0, 0403	0, 0475	1943	255	-0, 162	0, 013571	0, 021951	
♃ BQ ♅	4	0, 0333	0, 0338	0, 0275	1633	148	0, 189	0, 014282	0, 023171	
☽ Q ♅	-4	0, 0333	0, 0327	0, 0391	1580	210	-0, 190	0, 016210	0, 024390	20
⚷ Q ☊	4	0, 0333	0, 0350	0, 0288	1690	155	0, 185	0, 017860	0, 025610	
♃ ✱ ♆	4	0, 0222	0, 0223	0, 0173	1076	93	0, 224	0, 017933	0, 026829	
☽ ☍ ⚷	-4	0, 0278	0, 0272	0, 0329	1315	77	-0, 205	0, 018127	0, 028049	
⚷ ☌ ☊	-4	0, 0333	0, 0328	0, 0391	1585	210	-0, 187	0, 018232	0, 029268	
♇ Q ☊	4	0, 0333	0, 0342	0, 0281	1649	151	0, 182	0, 018430	0, 030488	25
♇ BQ ♃	-4	0, 0333	0, 0296	0, 0355	1428	191	-0, 17	0, 018480	0, 031707	
♃ ⚻ ♃	-3	0, 0222	0, 0181	0, 0227	874	122	-0, 207	0, 021801	0, 032927	
♇ □ ♃	-3	0, 0444	0, 0451	0, 0521	2179	280	-0, 157	0, 023176	0, 034146	
♇ □ ☽	3	0, 0444	0, 0458	0, 0391	2209	210	0, 150	0, 024273	0, 035366	
☊ ☌ ⚷	-3	0, 0333	0, 0331	0, 0389	1598	209	-0, 174	0, 028287	0, 036585	30
♅ ⚻ ☽	3	0, 0222	0, 0240	0, 0192	1156	103	0, 215	0, 028740	0, 037805	
♃ ☍ ♇	2	0, 0278	0, 0263	0, 0214	1268	115	0, 175	0, 032846	0, 039024	
☽ △ ♄	-2	0, 0444	0, 0431	0, 0495	2079	266	-0, 145	0, 031834	0, 040244	
☽ ⚼ ☽	-2	0, 0222	0, 0218	0, 0264	1054	142	-0, 207	0, 036037	0, 041463	
☊ ⚼ ⚷	2	0, 0222	0, 0232	0, 0188	1122	101	0, 200	0, 038197	0, 042683	35

☽	∠	⚷	1	0,0222	0,0226	0,0182	1090	98	0,196	0,040039	0,043902	
♅	⚹	☽	1	0,0222	0,0234	0,0190	1129	102	0,198	0,043493	0,045122	
♅	△	☽	1	0,0444	0,0455	0,0395	2194	212	0,135	0,043857	0,046341	
♄	⚹	☽	-1	0,0222	0,0226	0,0270	1090	145	-0,198	0,043947	0,047561	
☊	△	♇	-1	0,0444	0,0444	0,0504	2141	271	-0,137	0,044080	0,048780	40
♃	⚹	♇	1	0,0222	0,0245	0,0201	1181	108	0,197	0,048449	0,05	41

Die relevanten Interaspekte fasse ich nun zu einer gemeinsamen Tabelle 39 zusammen.

Diese Tabelle enthält drei Angaben: den Interaspekt, die positive (bei getrennten häufiger) oder negative (bei Ungetrennten häufiger) Bewertungszahl und das Ergebnis des Fisher-Tests, das zur Berechnung der Scheidungswahrscheinlichkeit eingesetzt werden soll. Diese p-Werte sind auf sieben Stellen nach dem Komma abgerundet. Viel genauer wurde ohnehin nicht gerechnet.

Der erste Abschnitt enthält die Interaspekte mit Sonne, Mond, Merkur, Venus sowie den Achsen AS und MC. Die letzte Spalte die Ergebnisse aus den Schweizer Scheidungen und den eigenen Geburtsdaten mit den schon genannten Einschränkungen.

11 der Interaspekte sind mit dem MC. Diese wären ohne genaue Geburtszeit nicht zu finden. Dies gilt auch für die 13 Interaspekte mit dem AS und 12 mit dem Mond.

4.2.3 Zusammenfassung von Interaspekten

In den meisten Deutungswerken für Paaraspekte werden positive (∗, △) oder negative (□, ☍) zusammengefasst. Die Konjunktion (☌) gilt als positiv oder negativ, je nach den beteiligten Planeten. Die Anzahlen von zwei oder mehreren Interaspekten für eine bestimmte Planetenkombination können einfach addiert werden, da sie sich gegenseitig ausschließen, denn ein Paar kann nicht zugleich über ☉□☊ und ☉☍☊ verbunden sein.

Signifikanzen in %

Aspekt	1900 - 1990
☉□☊	12,6
☉☍☊	22,38
☉□☊ | ☉☍☊	4,7

Die nebenstehende Tabelle zeigt, dass zwei Interaspekte in der Zusammenfassung signifikant werden, obwohl die Einzelaspekte nicht signifikant sind. Es gib aber nur wenige Interaspekte, die zusammengefasst signifikant oder noch signifikanter werden.

Tabelle 39 Bewertungszahlen und p-Werte zur Scheidungswahrscheinlichkeit für Interaspekte

♂ ∠ ☾	-5	0.00140676	♆ △ M	3	0.0278222			
♀ ☌ ☊	5	0.00166624	M ☌ ☉	-3	0.0287961	♇ ☌ ♃	5	9.487E-8
A ☌ ♇	5	0.00236664	☿ ⚼ ♅	3	0.0288589	♇ ⊻ ♃	5	8.641E-5
☉ ☍ ☿	5	0.00287307	☿ ∠ ♅	-3	0.0295578	♆ ☍ ♃	-5	0,000455
☉ ☍ ♅	5	0.00364582	♆ BQ M	-3	0.0299008	☾ ∗ ☾	5	0,000471
☾ ⊼ ☿	5	0.00416628	☿ ∗ ☉	-2	0.0302379	♇ ☍ ♃	-5	0,000560
☉ ∗ ☽	5	0.00610203	M Q ♅	-2	0.0302966	♇ ∗ ♃	5	0,001453
☽ ⊻ M	5	0.00673821	♆ △ ☿	2	0.0304411	♃ ☌ ♇	5	0,001632
☽ □ ♀	-5	0.00755582	♂ ☍ M	-2	0.0305085	☊ ☍ ☾	-5	0,001758
☿ ☌ ♇	-5	0.00809425	♂ ⊼ ⚷	-2	0.0305085	☾ ⊻ ⚷	5	0,003471
♂ ☌ ♆	-5	0.00822573	☿ ☌ ♄	-2	0.0326529	♃ BQ ♆	-5	0,003693
M ⊻ ☉	5	0.00858105	☊ △ A	2	0.0332544	♇ ☌ ☾	5	0,004971
♂ ☌ M	5	0.00962259	⚷ ⚼ ☽	2	0.0340088	☊ ⊻ ☊	5	0,006867
♆ ⚼ A	-4	0.0101308	♇ ⚼ M	2	0.0340088	♃ ⚼ ♇	-5	0,008034
♄ ∠ M	-4	0.0101308	♃ BQ M	2	0.0343681	♆ ☌ ☾	4	0,010489
⚷ Q ♂	-4	0.0110493	A ☌ ☊	2	0.0348107	♇ △ ♃	-4	0,011492
♀ ∠ ♂	4	0.0113367	♃ △ M	-2	0.0348241	♃ BQ ☊	4	0,013252
☉ ⊼ ♆	-4	0.0115063	☊ BQ ♂	2	0.0369597	☊ □ ☊	-4	0,013571
☊ △ ♂	4	0.0135610	♆ ☍ ♀	2	0.0371488	♃ BQ ♅	4	0,014282
A ☍ ♄	4	0.0147716	☽ Q ♅	-2	0.0389465	☾ Q ♅	-4	0,016210
♄ ☌ ☉	4	0.0147716	☾ ☍ ☿	2	0.0391061	⚷ Q ☊	4	0,017860
A BQ ♇	-4	0.0156228	♀ ⊻ ☾	1	0.0403243	♃ ∗ ♆	4	0,017933
♀ BQ ♂	4	0.0162829	♂ ☌ ♀	1	0.0405794	☾ ☍ ⚷	-4	0,018127
☿ □ ☊	-4	0.0184254	A ☌ ⚷	-1	0.0409504	⚷ ☌ ☊	-4	0,018232
A Q ☽	4	0.0188766	M ⚼ ♄	-1	0.0413752	♇ Q ☊	4	0,018430
☽ △ ♃	4	0.0197814	♆ ⊼ ♀	-1	0.0419391	♇ BQ ♃	-4	0,018480
♀ ☌ ♂	-4	0.0199853	♃ ⊼ ☿	-1	0.0420757	♃ ⊼ ♃	-3	0,021801
♆ BQ ☉	3	0.0220697	☊ ⊻ M	-1	0.0424427	♇ □ ☾	3	0,024273
A △ ♇	-3	0.0224928	A ☌ ☽	1	0.0428444	☊ ☌ ⚷	-3	0,028287
♀ ∗ ☉	3	0.0229370	☊ BQ ☿	1	0.0428444	♅ ⊼ ☾	3	0,028740
♀ ⊻ ☽	3	0.0235221	☉ △ ♆	-1	0.0429376	☾ △ ♄	-2	0,031834
☽ Q ☽	3	0.0238577	☽ △ M	1	0.0448227	☾ ⚼ ☾	-2	0,036037
♄ ∗ ♂	-3	0.0240487	☉ △ ♄	-1	0.0452148	☊ ⚼ ⚷	2	0,038197
☾ ⊼ ☽	3	0.0244530	☉ ⊼ ♂	1	0.0469885	☾ ∠ Ch	1	0,040039
♅ □ ♀	-3	0.0248093	M ∠ ♂	1	0.0478447	♅ ⚼ ☾	1	0,043493
♇ ∗ ☽	-3	0.0253174	A ⚼ ♃	1	0.0478447	♅ △ ☾	1	0,043857
♃ ☌ A	-3	0.0268927	♆ ∗ A	1	0.0478447	☊ △ ♇	-1	0,044080
♂ ☌ ♂	-3	0.0268927	♀ ☌ ♄	1	0.0479968	♃ ⊻ ♇	1	0,048449

Man sollte daher bei den Einzelaspekten bleiben und nicht mit den Zusammenfassungen arbeiten, nur um die Zahl der signifikanten Aspekte zu erhöhen. Die Nebenaspekte (⊻⊼∠⚼) werden in der Regel überhaupt nicht behandelt. Einige Autoren weisen darauf hin, dass sie ebenfalls bedeutsam sind. Die Tabelle 39 zeigt, dass sie zumindestens bei der Scheidungswahrscheinlichkeit von Einfluss sind. Ich weise noch einmal darauf hin, dass die Interaspekte vom Geschlecht abhängen: Der Planet des Mannes wird immer zuerst genannt, und nach dem Aspekt steht der Planet der Frau.

4.2.4 Diskussion der Tabelle 39

Interaspekte mit großem ν zeigen prinzipiell starke Unterschiede zwischen den Wahrscheinlichkeiten des Auftretens bei getrennten und ungetrennten Paaren. Dies wird ausgedrückt durch den Quotienten:

$$\nu = \frac{P_A}{P_B}$$

Ein großer ν-Wert bedeutet, dass der Interaspekt bei Getrennten signifikant häufiger auftritt. Das reicht von 0,0 ($\sigma\angle$) bis 2,4 ($\mathrm{)}\,\overline{\wedge}\,\breve{\varphi}$). $\nu < 1$ bedeutet signifikant seltener. Der Interaspekt $\odot\overline{\wedge}\Psi$ mit $\nu = 0,134$ ist daher bei Ungetrennten 7,5fach häufiger. Man sieht, die Unterschiede betragen nicht nur wenige %. Bei den langsamen Planeten sind die Unterschiede nicht so drastisch, maximal = 1,6 bei $\mathrm{P}\,\sigma\,\mathfrak{A}$, übrigens einer der wenigen Interaspekte, der auch in der Umkehrung signifikant ist.

4.2.5 Interpretation der Interaspekte der Tabelle 39

Die Ergebnisse der signifikanten Abweichungen der Interaspekthäufigkeiten sind auf den ersten Blick sehr uneinheitlich. Sie scheinen sich zu widersprechen. Positive Interaspekte, die in der Deutungsliteratur als sehr förderlich für die Liebe, das Verstehen und den Zusammenhalt von Paaren beschrieben werden, findet man bei Getrennten ebenso häufiger wie negative Interaspekte.

Grundsätzlich kann ein signifikanter Interaspekt allein keine Trennung bewirken. Eine Trennung ist in der Regel auch nicht die Folge eines bestimmten Ereignisses – dies trifft höchstens bei Untreue zu, sondern ein schleichender Prozess der Entfremdung, ein Aufwachen aus Träumen, eine sich aus Frustrationen bis zum Hass entwickelnde Abneigung.

Jede längerfristige Liebesbeziehung entwickelt sich in verschiedenen Phasen. Darauf bin ich schon im „Kapitel 1 Einleitung" (s. 1.8 auf Seite 18) ausführlich eingegangen.

Kann der Astrologe aus dem Vergleich der beiden Horoskope erkennen, nach welchem Muster die Beziehung zustande kommt, sich entwickelt, stabilisiert oder scheitert? Wenn ich davon nicht überzeugt wäre, hätte ich diese umfangreiche Arbeit nicht in Angriff genommen.

Wie schon beschrieben, ist eine Liebesbeziehung eine sehr komplexe Geschichte. Sie ist um so komplexer, je weniger die Partner zusammenpassen. Über eine große Liebe gibt es praktisch keine Romane, Theaterstücke oder Filme. Über ein glückliches Paar kann nur wenig berichtet werden, was einen anderen Menschen interessieren könnte. Glück ist für andere nur langweilig.

Wenn zwei Menschen gut zusammenpassen, heißt es nicht, dass sie keine Konflikte haben könnten, aber sie werden gut bewältigt, weil sie nicht von Dauer sind. Es kommt auf die richtige Mischung von Gleichklang und Polarität an. Es ist wie bei elektrisch geladenen Teilchen. Gegensätzliche Ladungen ziehen sich an und gleiche stoßen sich ab.

Ohne Polaritäten gibt es keine Anziehung zwischen zwei Menschen. Ohne Gleichklang ist Harmonie nicht möglich. Leider kommt ein Astrologe nicht weiter in der Beurteilung einer Beziehung, wenn er die positiven gegen die negativen Interaspekte aufrechnet. Er darf ihre Gewichtung nicht außer Acht lassen, die nicht nur mit der Stellung der Planeten in den Horoskopen zusammenhängt, sondern auch mit der Genauigkeit der Interaspekte.

Dies lässt sich am einfachsten mit den Transiten begründen. Ein genaues Quadrat zwischen Sonne und Mond der Partner mit einem Orbis von wenigen Winkelminuten wird durch einen Quadrat- oder Oppositionstransit zur gleichen Zeit aktiviert. Handelt es sich um einen Transit mit Saturn, können damit schwere Depressionen, gesundheitliche Störungen und geschwächte Vitalität angezeigt sein. Wegen der Gleichzeitigkeit bilden sie eine schwere Belastung für das Paar.

Der Astrologe kann über viele gemeinsame Lebensbereiche eines Paares Voraussagen treffen: Sex, Zusammenarbeit, Ergänzung, Unterstützung, beruflichen Erfolg, Selbstverwirklichung, emotionale Sicherheit, harmonisches Zusammenleben, Liebe, tiefes Verstehen. Die vorliegenden statistischen Untersuchungen können solche detaillierten astrologischen Zusammenhänge nicht beweisen, sondern nur den Sachverhalt: Trennung oder nicht. Daher versuche ich, den Einfluss der signifikanten Interaspekte in Kategorien einzuteilen:

• Sexualität

• Anziehung

- Illusionen, falsche Sicht der Beziehung, Vernebelung

- zu große Kritik

- unerträgliche Machtkämpfe

- latente Unverträglichkeiten

- schleichend wachsende Abneigungen

- persönliche Beziehungen – Karma

Während die Interaspekte bei den zusammengebliebenen Paaren relativ leicht als positiv oder negativ eingeordnet werden können, sind die Interaspekte der Getrennten ein wenig verwirrend.

Für eine geringe Anzahl von Interaspekten wird nachfolgend eine Deutung versucht. Der astrologiekundige Leser kann die übrigen Interaspekte überprüfen, ob sie sinnvoll sind. Für ganz wenige Interaspekte habe ich Beispiele aus meinen erfassten, geschiedenen Paaren zugefügt.

Am liebsten hätte ich für jede Deutung eine Literaturstelle angegeben, denn jeder kann mir unterstellen, dass ich die Deutung so hinbiege, dass meine Ergebnisse sinnvoll sind. Gegen diese Manipulation spricht, dass die Regel nicht erfüllt ist, dass negative Interaspekte die Scheidung fördern und positive sie verhindern. Für die folgenden Interpretationen habe vorwiegend die Deutungen von Giani & Paltrinieri, Astrologie für Paare [16], verwendet.

Sexualität

In früheren Jahrhunderten mussten die Bedürfnisse nach Sexualität sorgfältig umschrieben werden. Überlieferte Briefe geben interessante Zeugnisse darüber, insbesondere wenn es sich um heimliche homosexuelle Beziehungen handelte. Heute werden derb Ross und Reiter genannt. Deshalb möchte ich den Begriff „Sex" durch keinen vornehmeren ersetzen, wie „Erotik oder Liebe". Liebe ist ohnehin etwas ganz anderes als Sex und zudem noch dreideutig.

Wie schon früher ausgeführt, stehen Mars-Venus-Interaspekte für Sexualität. Negative weisen wie positive auf starke sexuelle Anziehung hin, wobei die negativen nicht glücklich machen und sich in eine unüberwindliche Abneigung wandeln können. Die Sexualität kann eine Beziehung ohnehin nicht auf Dauer tragen.

In der Tabelle 39 stehen einige Nebenaspekte (∠⚺⚻⚼), deren Orbis ich mit 2° vorgegeben habe. Ein Astrologe wird natürlich auch die beteiligten Tierkreiszeichen beachten, doch ein Quinkunx bleibt belastend, egal ob zwischen Widder und Jungfrau|Skorpion oder Stier und Waage|Schütze. Darüber hinaus ergeben sich viele belastende Quintile und Biquintile, die nach Felber [12] zu Rivalitäten und Konkurrenzkämpfen führen können.

♀∠♂   Ein Interaspekt, der große sexuelle Leidenschaft bedeutet. Dieses Halbquadrat kann man sicher zu den Killeraspekten (Interaspekt, der eine Paarbeziehung gefährden kann) zählen.

♀BQ♂ Ähnlich wie davor, jedoch mit egoistischen Tendenzen.

♂☐♀   Schwach scheidungsfördernd. Dies einer falschen Polarisierung zuzuschreiben wäre zu gewagt, obwohl es mehr weibliche Männer und männliche Frauen gibt, als allgemein zugegeben wird.

♀☐♄   Wirkt frustrierend auf die Gefühle des Mannes. Kühle und verstandesmäßige Beziehung, die diszipliniert organisiert ist, aber auf die Dauer zur Trennung beiträgt.

♀☌♂   Starke sexuelle Anziehung. Die Sexualität wird positiv erlebt, so stark, dass längere Zeit die Dissonanzen in der Beziehung nicht wahrgenommen werden. Sie kann aber nicht eine wirkliche geistige und seelische Beziehung ersetzen, fördert aber auch keine Trennung. Daher ein Illusionsaspekt.[5]

Anziehung

Die Anziehung von zwei Menschen wird von Wissenschaftlern, die sich mit dem Verhalten von Menschen beschäftigen, gern in eine einfache Formel gepresst. Jeder Astrologe weiß, dass es komplizierter und vielfältiger ist, sonst würden sich beispielsweise alle Frauen in einen großen, kräftigen, breitschultrigen Mann mit vielversprechendem Beruf verlieben. Seltsamerweise heiraten Frauen auch kleine, dicke Männer. Alles eine Frage von Angebot und Nachfrage, behaupten die Evolutionspsychologen im Zeitalter der dominierenden Betriebswissenschaft. R. D. Precht zeigt in „Liebe" [35], dass dies nicht stim-

---

5 Liebe macht blind und vernebelt die Wahrnehmung. Zeigt sich insbesondere bei Blitzhochzeiten zu Beginn der Weltkriege in Deutschland für die Geburtsdaten 1890 – 1925.

men kann. Unzählige amerikanische Forscher weisen immer wieder nach, welche Typen bei der Partnerwahl bevorzugt werden. Diese Erhebungen werden durchweg an College-Studenten Anfang 20 gewonnen – also Musterbeispiele nichtrepräsentativer Probanden, von der notwendigen Stichprobengröße ganz zu schweigen.

Männer jammern gern darüber, dass ihre Frauen Luder sind, und Frauen klagen, dass ihre Männer unverbesserliche Machos sind. Genau diese Luder und Machos wollten sie unbedingt heiraten. Es muss wohl doch einen Unterschied geben zwischen Partnern, die als attraktiv angesehen werden, und solchen, die geliebt werden.

Anziehung kann zu Partnerschaften führen. Sie ist jedoch keine Garantie für Glück und Stabilität einer Beziehung. Oftmals beruht die Anziehung nur auf der sexuellen Anziehung. Hier ein paar weitere Interaspekte für Attraktivität. Alle aufgeführten Interaspekte fördern den Zusammenhalt:

A △ ♇ Starke sexuelle Anziehung und Faszination durch die Frau.

♅ □ ♀ Leidenschaftliche Sexualität und Anziehung. Wird in der Literatur als Scheidungsaspekt bezeichnet [16]. Meine Ergebnisse sagen das Gegenteil.

♇ ＊ ☽ Gefühlstiefe Beziehung, die den Zusammenhalt fördert. Starke Leidenschaft, die nicht immer die Zustimmung der Mitmenschen findet.

♃ ☌ A Mann versucht mit großem Wohlwollen der Frau ein angenehmes Leben zu verschaffen.

☿ ∠ ♅ Gegenseitige Anregung durch unterschiedliche Ideen.

☿ ＊ ☉ Gegenseitiges Verständnis und müheloser Gedankenaustausch, anregende Beziehung.

MQ ♅ Frau fördert mit Ideen die Selbstverwirklichung des Mannes.

♂ ☍ M Auseinandersetzungen, die belebend wirken.

☽ Q ♅ Erlebnisreiche Beziehung mit vielen Überraschungen ohne Langeweile.

♃ ⊼ ☿ Bedürfnis, sich gegenseitig von der eigenen Meinung zu überzeugen.

Illusion

Bei den Illusionsinteraspekten gibt es zwei verschiedene. Zu der ersten Gruppe zählen die, die dem Paar eine größere Harmonie vorgaukelt, als vorhanden ist. Unter Sexualität waren schon einige genannt worden, die auch in diese Gruppe gehören. Es gehören auch die Folgenden dazu. Die zweite Gruppe hat mit Täuschung und Getäuschtwerden zu tun. An vielen ist Neptun beteiligt. Alle erhöhen die Scheidungswahrscheinlichkeit. Bis auf die letzte Deutung sind alle Zitate aus [16].

☉✶☽ „Der Interaspekt trägt zum Einvernehmen bei, denn die Geborenen streben nach Heiterkeit, Gelassenheit und gegenseitigem Verständnis, sie gehen mit einer positiven Einstellung in die Zweierbeziehung, in der sie gemeinsame Ziele verfolgen."

☽△♃ Gilt als äußerst günstiger Interaspekt für die Beziehung: „Guter Einfluss auf die gute, fröhliche Stimmung und die selbstlose Haltung der Partner, die in entspannter und unbeschwerter Atmosphäre ihren Zusammenhalt vertiefen".

♆BQ☉„Geistige Konfusion und Enttäuschungen im Innenleben des Paares".

♀✶☉ „Zärtliche und warmherzige Verhaltensweise, Freude an der liebevollen Geste".

♆△M „Verschreiben sich denselben Idealen zur Verfolgung gemeinsamer Interessen".

☊△♂ Mann heiratet attraktive Frau, dadurch viele gesellschaftliche Kontakte, verleiht Beziehung Oberflächlichkeit.

♆△☿ „Den Partnern fällt es leicht, die Beweggründe und Reaktionen des anderen zu verstehen".

♆☍♀ „Übererregbarkeit, und Empfindlichkeit der Frau, Täuschung und Unzuverlässigkeit des Mannes".

A♂☽ „Optimale Übereinstimmung in Bezug auf zärtliche Gefühle und innerste Empfindungen".

☽△M „Beim Mondpartner regen sich beständig Gefühle, und diese beeinflussen das Verhalten und die Entscheidungen des Partners. Darüber hinaus können eventuelle Phasen der Melancholie und übermäßiger Empfindlichkeit ein übertriebenes Schutzbedürfnis beim Partner wachrufen."

Ψ∗A „Der Neptunpartner übt mit seinem mysteriösen Fluidum auf den anderen einen starken Einfluss aus und rührt an dessen innerstes Wesen. Unter Umständen richten die Partner ihren Erlebensbereich und ihre Intuition auf die Welt der Transzendenz, der Religion, der großen gemeinschaftlichen Ideale aus."

☊BQ☿ „Ungeselliges Wesen, Beziehungen zu eigenem Vorteil ausnutzen [9]".

Kritik

Kritik ist der Tod jeder Liebe. Für manche Menschen ist Kritik Lebenselixier, andere sterben an ständiger Kritik. Die Tabelle 39 bringt es an den Tag. Verantwortlich für Kritik in der Beziehung sind insbesondere Interaspekte mit Merkur und Saturn, aber auch mit Sonne, Mars oder Jupiter.

Es gibt nur wenige Menschen, die so unempfindlich sind, dass sie nicht durch fortwährende Kritik und Maßregelungen des Partners tief verletzt werden. Kein größerer Blödsinn wird immer wieder von Lebensberatern geäußert, als dass Kritik eine Beziehung belebt. Das Gegenteil ist der Fall. Zwar ist die Feier der Versöhnung sehr schön, aber irgendwann kann der Kritisierte nicht mehr und springt aus dem Fenster oder landet – etwas harmloser – im Wirtshaus oder bei einer Geliebten. Männer kritisieren zwar auch, aber etwas weniger wortreich. Hinter diesem Irrtum steckt ein psychologischer Grundansatz, denn ich ganz und gar nicht teile, dass man einen Menschen ändern könne. Er ändert sich auch nicht durch Erfahrungen, nicht einmal durch katastrophale. Nach meiner Beobachtung ändern sich Menschen nach einer Katastrophe mit Todesnähe maximal 6 Wochen und sind danach ganz die alten. Selten treffen Selbsteinschätzung und Beobachtung von außen so wenig zusammen. Die Menschen glauben, sich geändert zu haben – aber nur mit dem Verstand. Sie schreiben sogar dicke Bücher darüber, und jeder, der sie kennt, merkt, dass es nicht stimmt.

Die meisten Menschen glauben nicht nur, sie hätten die Möglichkeit, den Partner zu erziehen, sondern auch das Recht, ihn nach ihrer Vorstellung umzuformen. Leider werden sie von vielen Menschen darin bestärkt, was zu Konflikten in der Ehe beiträgt. Wenn junge Menschen glauben, ihren Partner ändern zu können, ist das verzeihlich. Wenn aber ältere, erfahrene Leute den jüngeren einreden, ist es unverantwortlich. Insbesondere stelle ich fest, dass immer mehr die meisten Mütter auf ganzer Linie versagen, den Töchtern und noch mehr den Söhnen die notwendige Aufklärung zu geben: **Einen Partner, den man nicht so lieben kann, wie er ist, sollte man nicht heiraten.**

Kritiksucht ist eine häufige Scheidungsursache. Sie hat auch mit einer weit verbreiteten Eigenschaft von Menschen zu tun, die nichts, aber auch wirklich ums Verrecken nichts hinnehmen können im Leben. Das trifft nicht nur auf Trennungen zu. Selbst der Tod des Partners als unwiderruflich endgültige Trennung wird nicht hingenommen. Deshalb macht nichts so unglücklich wie das Nichtloslassenkönnen. Die im Folgenden besprochenen Interaspekte, die Probleme der Kritik ansprechen, sind praktisch alle Killeraspekte.

☽⊻M „Die enorme Emotionalität des Mondes kann Launenhaftigkeit, Wankelmut und übertriebene Kritik hervorrufen."

♂♂M „Der Marspartner kann seine Aggressivität und Kritik nicht zurückhalten; die Entscheidungen des Partners im beruflichen Bereich können Kontroversen und häufige Auseinandersetzungen herbeiführen."

M♇♄ „Die Frau kritisiert den Mann so deutlich, dass sie seine Zielsetzungen hemmt."

♃BQM „Die Überheblichkeit des Mannes erzeugen starke Dissonanzen in der Beziehung, die auch den beruflichen Bereich erfassen."

A♂♄ „Der Saturn steht am Deszendenten des Mannes. Kein Platz für Gefühle, drückende Last von Pflichten, konventionell und eintönig".

♄♂☉ „Die Frau fühlt sich unterdrückt, Lebensfreude bekommt immer wieder kalte Duschen".

☉⊼♂ „Mangelndes Taktgefühl und Rücksichtnahme der Frau gegenüber dem Mann, Überheblichkeit und brutale Kritik".

A⚹♃ „Die Überheblichkeit der Frau führt zu häufigen Kränkungen des Mannes. Seitensprünge möglich".

Unverträglichkeiten

Unverträglichkeiten gibt es sowohl im geistigen als auch im emotionalen Bereich. Passen die vegetativen Rhythmen nicht zusammen, wird das Zusammenleben sehr erschwert (meist ungünstige Interaspekte zum Mond). Dann hilft oft nur ein getrenntes Leben.

☉☍☿ „Führt zu Konflikten im geistigen Bereich und Schwierigkeiten beim Akzeptieren der Persönlichkeit und Meinung des anderen. Auseinandersetzungen und mangelndes Verständnis".

☉☍♅ „Sie können ein jähes oder dramatisches Ende der Beziehung herbeiführen, oder sie stellt sich sehr bald als äußerst stürmisch heraus".

☿⚹♅ „Unterschiedliche Standpunkte, Frau fällt es sehr schwer, den Mann zu verstehen, der mit den häufigen Absichtsänderungen der Frau nicht zurechtkommt."

♀⊻☽ „Gefühlskälte und Unverständnis führen zu Enttäuschungen."

☽Q☽ „Distanz zwischen den Partnern". Unverträglichkeit der vegetativen Rhythmen.

AQ☽ „Frau hat Probleme bei der Mitteilung der Gefühle und fühlt sich unverstanden."

A☌☊ Zu viele Kontakte außerhalb der Beziehung.

♀☌☊ „Herzlichkeit, Entgegenkommen, allgemeine Menschenliebe (Ebertin)" - Eifersucht?

☽⚻☽ Bedürfnis nach Freiheit der Gefühle der Frau.

☽☍☿ Probleme in der Kommunikation, Sprachhemmung.

⚷⚹☽ Starke Anziehung und gleichzeitig große Unverträglichkeit.

Machtkämpfe

Eigentlich sollte es in einer glücklichen Beziehung keine Machtkämpfe geben.

Doch die Realität sieht anders aus, insbesondere wenn kardinale Kräfte heftig aufeinandertreffen. Machtkämpfe können zu erbitterten Auseinandersetzungen führen. Sie sind auch nicht unbedingt auf die Machtlüsternheit der Partner zurückzuführen. Es gibt Männer, die ihre Macht in der Ehe mit Gewalt durchsetzen und nach der Scheidung bei einer anderen Frau lammfromm werden. Auch Frauen können bei Machtkämpfen handgreiflich werden, viel häufiger als zugegeben wird. Zu einem Machtkampf gehören aber immer zwei. In der Regel spielen Pluto, Saturn und Lilith in Interaspekten dabei eine Rolle, aber auch Jupiter darf man nicht unterschätzen. Interaspekte mit Jupiter findet man in der Gruppe mit den langsamen Planten, die zum Teil sehr signifikant sind.

A♂P   Kann große Kräfte für ein gemeinsames Ziel freisetzen, wenn es keinen Kampf um die Führerschaft gibt und die Ziele nicht unvereinbar sind.

P⚺M   Mann gönnt der Frau nicht die eigene Individualität und Selbstverwirklichung.

M☌☉   Frau hat wenig Verständnis für die Lebensziele des Mannes oder hintertreibt sie.

P♂♃   Paar strebt nach Macht, Frau will Teil der Macht, führt zum Bruch ($p = 10^{-7}$).

P☌♃   Ähnlich wie davor.

♃☌P   Ähnlich wie davor, jedoch schwach signifikant.

P∗♃   Paar strebt nach Macht, führt zu Zerwürfnissen.

♃♂P   Kampf um die Vorherrschaft in der Beziehung.

P♂☽   Paar ist in heftige Machtkämpfe verwickelt, Frau will ihre Unabhängigkeit durchsetzen (Killeraspekt).

P□☽   Machtkampf noch unerbittlicher als bei P♂☽.

☽∗☽   Hoch signifikant, den Partnern gelingt es nicht, ihre Individualität auf einen gemeinsamen Nenner zu bringen.

♅⚼) Die Unabhängigkeits- und Freiheitsbestrebungen von Mann und Frau treffen direkt aufeinander (Killeraspekt)

♅△) Freiheitsbedürfnis.

♃BQ☊ Unkameradschaftliches Verhalten, Kampf um eigene Vorteile

♃BQ♅ Frau versucht dem Mann ihre Vorstellungen aufzuzwingen.

♅⊼) Unabhängigkeitsbestreben, Killeraspekt.

)⌄⚷ Frau belehrt Mann.

)∠⚷ Dissonantes Verhalten.

☊△A Öffentliche Beliebtheit und zu viele Kontakte sind für die Frau ein Problem. Kann bei allen Paaren auftreten (z. B. Karnevalspräsident, Sportler, selbst bei einem Kirchenmusikerehepaar), aber häufig bei Künstlerehepaaren (Yves Allegret & Simone Signoret, Gregg Allmann & Cher, Al Bano & Romina Power, Lex Barker & Arlene Dahl, Jacques Bergerac & Ginger Rogers, Johnny Depp & Vanessa Paradis, Max Frisch & Ingeborg Bachmann, Vittorio Gassman & Nora Ricci, Gary Hart & Lee Hart, Helmut Kohl & Hannelore Kohl, Lee Majors & Farah Fawcett, Gene Markey & Hedy Lamarr, Steve Martin & Bernadette Peters, Dave Navaro & Carmen Electra, Roman Polanski & Natassja Kinski, Burt Reynolds & Lonny Anderson, Dennis Rodman & Carmen Electra, Helmut Rudolph & Inge Meysel, Philip Sedgwick & Tolni Glover, Tony Walton & Julie Andews, Brian Wilson & Marilyn Wilson)

☊⌄☊ Unverträglichkeit bei gesellschaftlichen Kontakten.

)⊼☿ Hohes Streitpotenzial.

☊BQ♂ Mann mit vielen gesellschaftlichen Kontakten durch Frau, Frau möchte teilhaben.

Persönliche Beziehungen – Karma

Unter den trennenden Interaspekten der Tabelle 39 auf Seite 131 gibt es viele in Verbindung mit dem Mondknoten. Um so merkwürdiger ist es, dass die meisten Autoren astrologischer Bücher den Einfluss des Mondknotens vollständig ignorieren. Der Mondknoten ist nur ein Wirkpunkt, wie der schwarze Mond auch, und daher weder philosophisch noch mythologisch interpretierbar.

Die wenigen Autoren, die sich mit dem Mondknoten befassen, haben im Wesentlichen zwei Sichtweisen: „persönliche Beziehungen" (Ebertin [8] [9], [10]) oder „Karma und Reinkarnation". Beide Sichtweisen haben ihre Berechtigung und werden bei Beschäftigung mit Interaspekten bestätigt. Während die erste gut durch Beobachtungen und intensive Gespräche mit Paaren gefunden werden kann, also auf Erfahrungen beruht, gerät die zweite leicht auf das Feld der Spekulation.

Viele Paare empfinden ihre Ehe als Strafe Gottes oder als schweres Karma – je nach Weltanschauung. Unglückliche Ehepartner können unabhängig von den Forderungen von Kirche und Gesellschaft so lange nicht auseinandergehen, bis das „schwere Karma" abgetragen ist.

Andererseits stellen Paare von Anfang an eine große Vertrautheit fest, wenn sie durch eine große Liebe verbunden sind, die nur noch dadurch erklärbar ist, dass sie schon in einem früheren Leben zusammen gewesen sind. Darüber kann sich ein Astrologe vernünftige Gedanken machen. Gefährlich wird es, wenn der Astrologe etwas über frühere Inkarnationen seines Klienten aussagt. Das kann und darf er nicht wissen, davon bin ich überzeugt. Es steht uns Menschen nicht zu. Daher beschränke ich mich bei den folgenden Interaspekten im Wesentlichen auf die „diesseitige" Interpretation.

$\text{P} \square \text{☊}$ Getrennt nach langer schwerer Ehe, viele mir persönlich bekannt.

$\text{♄} \square \text{♄}$ Saturnquadrate und -oppositionen gelten als besonders schwerwiegend für eine Beziehung. Jeder Astrologe hat wie ich genug Erfahrungen mit betroffenen Paaren und kann dies bestätigen. Dafür ist ein Altersunterschied von etwa 7 (14) Jahren erforderlich. Meine Untersuchungen zeigen, dass das Saturnquadrat signifikant häufiger bei Ungetrennten zu beobachten ist (bew = -4, P_A=0,03046, P_B=0,03666, P_{Erw}=0,04444,   p-Wert =0,01444). Beide relativen Häufigkeiten sind kleiner als der Erwartungswert. Die Abneigung ist bei nicht allzu unsensiblen Menschen so groß, dass sie sich sofort aus dem Wege gehen. Nur karmisch bedingte Partnerschaften kommen zustande. Diese Interaspekte spielen meist die Hauptrolle bei Menschen, die ihren Hass öffentlich auskotzen.

Dafür gibt es einige Beispiele: Reich-Ranicki gegen Martin Walser und jüngst Dirk Kurbjuweit (Spiegel-Autor) gegen Peer Steinbrück.

Tabelle 40 Bewertungszahlen zur Scheidungswahrscheinlichkeit für Interaspekte (geordnet)

Aspekt	Wert	p	Aspekt	Wert	p	Aspekt	Wert	p
☉ ✳ ☽	5	0.00610203	♃ BQ ♆	-5	0,003693	☊ BQ ♂	2	0.0369597
☉ ☍ ☿	5	0.00287307	♃ ☌ ♇	5	0,001632	☊ △ ♇	-1	0,044080
☉ ⚹ ♂	1	0.0469885	♃ ⚻ ♇	1	0,048449	☊ □ ☊	-4	0,013571
☉ △ ♄	-1	0.0452148	♃ □ ♇	-5	0,008034	☊ ⚻ ☊	5	0,006867
☉ ☍ ♅	5	0.00364582	♃ BQ ☊	4	0,013252	☊ ☍ ☽	-5	0,001758
☉ △ ♆	-1	0.0429376	♃ ☌ A	-3	0.0268927	☊ △ A	2	0.0332544
☉ ⚹ ♆	-4	0.0115063	♃ △ M	2	0.0348241	☊ ⚻ M	-1	0.0424427
☽ Q ☽	3	0.0238577	♃ BQ M	2	0.0343681	☊ ☌ M	-3	0,028287
☽ □ ♀	-5	0.00755582	♄ ☌ ☉	4	0.0147716	☊ □ ⚷	2	0,038197
☽ △ ♃	4	0.0197814	♄ ✳ ♂	-3	0.0240487	☽ ⚼ ☽	3	0.0244530
☽ Q ♅	-2	0.0389465	♄ ∠ M	-4	0.0101308	☽ ☍ ☿	2	0.0391061
☽ △ M	1	0.0448227	♅ □ ♀	-3	0.0248093	☽ ⚼ ☿	5	0.0041663
☽ ⚻ M	5	0.00673821	♅ ⚼ ☽	3	0,028740	☽ △ ♄	-2	0,031834
☿ ✳ ☉	-2	0.0302379	♅ △ ☽	1	0,043857	☽ Q ♅	-4	0,016210
☿ ☌ ♄	-2	0.0326529	♅ □ ☽	1	0,043493	☽ ✳ ☽	5	0,000471
☿ □ ♅	3	0.0288589	♆ BQ ☉	3	0.0220697	☽ □ ☽	-2	0,036037
☿ ∠ ♅	-3	0.0295578	♆ △ ☿	2	0.0304411	☽ ☍ ⚷	-4	0,018127
☿ ☌ ♇	-5	0.00809425	♆ ☍ ♀	2	0.0371488	☽ ⚻ ⚷	5	0,003471
☿ □ ☊	-4	0.0184254	♆ ⚼ ♀	-1	0.0419391	☽ ∠ ⚷	1	0,040039
♀ ✳ ☉	3	0.0229370	♆ ☍ ♃	-5	0,000455	⚷ □ ☽	2	0.0340088
♀ ⚻ ☽	3	0.0235221	♆ ☌ ☽	4	0,010489	⚷ Q ♂	-4	0.0110493
♀ ☌ ♂	-4	0.0199853	♆ ✳ A	1	0.0478447	⚷ ☌ ☊	-4	0,018232
♀ ∠ ♂	4	0.0113367	♆ □ A	-4	0.0101308	⚷ Q ☊	4	0,017860
♀ BQ ♂	4	0.0162829	♆ △ M	3	0.0278222	A ☌ ☽	1	0.0428444
♀ ☌ ♄	1	0.0479968	♆ BQ M	-3	0.0299008	A Q ☽	4	0.0188766
♀ ☌ ☊	5	0.00166624	♇ ✳ ☽	-3	0.0253174	A □ ♃	1	0.0478447
♀ ⚻ ☽	1	0.0403243	♇ ✳ ♃	5	0,001453	A ☌ ♄	4	0.0147716
♂ ☌ ♀	1	0.0405794	♇ △ ♃	-4	0,011492	A ☌ ♇	5	0.0023666
♂ ☌ ♂	-3	0.0268927	♇ ☍ ♃	-5	0,000560	A △ ♇	-3	0.0224928
♂ ☌ ♆	-5	0.00822573	♇ ⚻ ♃	5	8.641E-5	A BQ ♇	-4	0.0156228
♂ ∠ ☽	-5	0.00140676	♇ BQ ♃	-4	0,018480	A ☌ ☊	2	0.0348107
♂ ⚼ ⚷	-2	0.0305085	♇ Q ☊	4	0,018430	A ☌ ⚷	-1	0.0409504
♂ ☌ M	5	0.00962259	♇ ☌ ☽	5	0,004971	M ☌ ☉	-3	0.0287961
♂ ☍ M	-2	0.0305085	♇ □ ☽	3	0,024273	M ⚻ ☉	5	0.0085811
♃ ⚼ ☿	-1	0.0420757	♇ □ M	2	0.0340088	M ∠ ♂	1	0.0478447
♃ ⚼ ♃	-3	0,021801	☊ BQ ☿	1	0.0428444	M □ ♄	-1	0.0413752
♃ BQ ♅	4	0,014282	☊ △ ♂	4	0.0135610	M Q ♅	-2	0.0302966
♃ ✳ ♆	4	0,017933						

Die Tabelle 39 wurde nach aufsteigenden p-Werten sortiert. Zur besseren Lesbarkeit wiederhole ich sie in der Reihenfolge der Planeten und Wirkpunkte (Tabelle 40).

Kapitel 5 Horoskopaspekte – Irrtümer, Einschränkungen, Ungenauigkeiten, Fehlerquellen

Die Frage „Bin ich beziehungsunfähig?" wird dem Astrologen von Menschen, die häufig „Pech in der Liebe haben", immer wieder gestellt. In Astrologiebüchern findet man viele Hinweise darauf, dass manche Aspekte im Horoskop eines Menschen die erschwerte Aufnahme oder Aufrechterhaltung von Beziehungen anzeigen. Einige Uranusaspekte weisen auf die Unfähigkeit, für eine Partnerschaft Kompromisse einzugehen, hin. Saturnaspekte können Stabilität, aber auch Gefühlskälte bedeuten.

Wenn eine statistische Betrachtung zeigen kann, dass einige Aspekte bei getrennten Partnern signifikant häufiger sind als bei ungetrennten, wäre das eine gute Bestätigung eines Teils der Charakterdeutung mit Hilfe der Astrologie.

Die Vorgehensweise ist die gleiche wie bei den Interaspekten. Zunächst ist zu klären, ob statistische Untersuchungen theoretische Wahrscheinlichkeiten bestätigen. Danach müssen, wie in den vorangegangenen Kapiteln, die beobachteten relativen Häufigkeiten der Aspekte von getrennten und ungetrennten Partnern gegenübergestellt werden.

Weichen einige von diesen signifikant voneinander ab und damit von den Wahrscheinlichkeiten, hätte man Einflüsse durch Partneraspekte auf die Beziehungsfähigkeit nachgewiesen. Ich gehe gleich von Unterschieden zwischen Mann und Frau aus und verzichte auf Überlegungen zum Zusammenfassen von Aspekten (vergl. 4.2.3).

5.1 Wahrscheinlichkeit für Horoskopaspekte

Leider ist es nicht möglich, mit einfachen Berechnungsformeln wie bei der Wahrscheinlichkeit von Interaspekten (siehe 3.5.2 auf Seite 88) die Erwartungswerte für die Aspekte in den Partnerhoroskopen zu bestimmen. Doch das Prinzip ist vergleichbar. In beiden Fällen bezieht man die Zeiten für einen möglichen Aspekt auf eine Gesamtzeit (mit und ohne Aspekt). Bei den theoretischen Wahrscheinlichkeiten der Interaspekte bleibt ein kleiner Fehler wegen der elliptischen Umlaufbahnen der Planeten, der aber, wie gezeigt, vernachlässigt werden kann.

Bei den Horoskopaspekten muss man von wahren Zeiten für die Aspekte ausgehen, weil die sonnennahen inneren Planeten nur wenige Aspekte mit der Sonne bilden können und innerhalb einer Generation die langsamen Planeten (Uranus, Chiron, Neptun und Pluto) untereinander nur höchstens zwei Aspekte aufweisen.

Eine exakte Bestimmung der Wahrscheinlichkeit erfordert die minutengenaue Ermittlung der Zeiten für die verschiedenen Aspekte, die zwei Himmelskörper miteinander bilden können. Die untersuchte Zeitspanne muss so groß sein, dass ein Aspekt, beispielsweise ein Halbquadrat zwischen Venus und Sonne, genau wieder erreicht wird. Dabei muss es das gleiche Halbquadrat sein, wie z.B. Venus östlich von der Sonne (Abendstern).

Die möglichen Aspekte sind unterschiedlich wahrscheinlich: Konjunktion 9,235 %, Halbsextil 7,383 % und Halbquadrat 20,861 %. Der Aufwand ist auch mit gängigen Astrologieprogrammen beträchtlich und bei Aspekten mit langsamen Planeten unzumutbar.

Daher habe ich einen einfachen Weg gewählt, der mit wenig Programmieraufwand von meinem Programm in ein paar Stunden durchgerechnet ist. In einer Zeitspanne von 485,3 Jahren holt auch der Neptun den Pluto wieder ein (siehe Tabelle 33 auf Seite 123), so dass beide den gleichen Aspekt bilden wie zu Anfang. Die Horoskope werden für Abstände von einer Minute berechnet und die Zeiten für die Aspekte zusammengezählt und auf die Gesamtzeit bezogen. Die Abweichungen von den exakten Wahrscheinlichkeiten, die ich für die Aspekte zwischen Sonne, Merkur und Venus bestimmt habe, sind sehr gering.

Die Erwartungswerte für ☉/MC gelten ziemlich genau, aber für ☉/AS sind sie nur eine gute Näherung (ortsabhängig). Diese Erwartungswerte sind in der

Tabelle 41 vollständig aufgelistet. Sie werden bei den nachfolgenden Berechnungen verwendet.

Tabelle 41 Wahrscheinlichkeit für Horoskopaspekte

pl_1/pl_2	☌	*	□	△	☍	⊻	⊼	∠	⚼	Q	BQ
☉/☽	0,0328	0,0224	0,0452	0,0448	0,0273	0,0220	0,0220	0,0222	0,0222	0,0338	0,0331
☉/☿	0,1745	0,0000	0,0000	0,0000	0,0000	0,0000	0,0000	0,0000	0,0000	0,0000	0,0000
☉/♀	0,0925	0,0000	0,0000	0,0000	0,0000	0,0739	0,0000	0,2082	0,0000	0,0000	0,0000
☉/♂	0,0554	0,0312	0,0443	0,0265	0,0095	0,0357	0,0088	0,0340	0,0105	0,0420	0,0140
☉/♃	0,0398	0,0244	0,0444	0,0401	0,0224	0,0260	0,0185	0,0253	0,0192	0,0353	0,0281
☉/♄	0,0368	0,0234	0,0445	0,0422	0,0249	0,0242	0,0202	0,0238	0,0206	0,0344	0,0306
☉/♅	0,0351	0,0228	0,0444	0,0433	0,0263	0,0232	0,0212	0,0230	0,0214	0,0339	0,0319
☉/♆	0,0344	0,0226	0,0444	0,0437	0,0269	0,0229	0,0216	0,0227	0,0217	0,0337	0,0325
☉/♇	0,0343	0,0226	0,0444	0,0438	0,0269	0,0228	0,0216	0,0227	0,0218	0,0336	0,0325
☉/☊	0,0351	0,0216	0,0422	0,0433	0,0293	0,0228	0,0228	0,0222	0,0222	0,0320	0,0338
☉/)	0,0333	0,0222	0,0445	0,0445	0,0278	0,0222	0,0222	0,0222	0,0222	0,0333	0,0333
☉/⚷	0,0359	0,0231	0,0444	0,0428	0,0257	0,0237	0,0208	0,0234	0,0210	0,0341	0,0313
☉/A	0,0333	0,0222	0,0444	0,0444	0,0278	0,0222	0,0222	0,0222	0,0222	0,0333	0,0333
☉/M	0,0333	0,0222	0,0444	0,0444	0,0278	0,0222	0,0222	0,0222	0,0222	0,0333	0,0333
☽/☿	0,0329	0,0224	0,0451	0,0447	0,0273	0,0221	0,0221	0,0222	0,0222	0,0338	0,0332
☽/♀	0,0331	0,0223	0,0448	0,0446	0,0275	0,0221	0,0221	0,0222	0,0222	0,0336	0,0332
☽/♂	0,0333	0,0222	0,0444	0,0444	0,0278	0,0222	0,0222	0,0222	0,0222	0,0333	0,0333
☽/♃	0,0333	0,0222	0,0444	0,0445	0,0278	0,0222	0,0223	0,0222	0,0223	0,0333	0,0334
☽/♄	0,0333	0,0222	0,0444	0,0445	0,0278	0,0222	0,0222	0,0222	0,0222	0,0333	0,0334
☽/♅	0,0333	0,0222	0,0444	0,0445	0,0278	0,0222	0,0222	0,0222	0,0222	0,0333	0,0333
☽/♆	0,0333	0,0222	0,0444	0,0445	0,0278	0,0222	0,0222	0,0222	0,0222	0,0333	0,0333
☽/♇	0,0333	0,0222	0,0444	0,0444	0,0278	0,0222	0,0222	0,0222	0,0222	0,0333	0,0333
☽/☊	0,0336	0,0221	0,0441	0,0443	0,0280	0,0223	0,0223	0,0222	0,0222	0,0331	0,0334
☽/)	0,0371	0,0234	0,0442	0,0419	0,0249	0,0244	0,0202	0,0239	0,0205	0,0343	0,0304
☽/⚷	0,0333	0,0222	0,0444	0,0444	0,0278	0,0222	0,0222	0,0222	0,0222	0,0333	0,0333
☽/A	0,0333	0,0222	0,0444	0,0444	0,0278	0,0222	0,0222	0,0222	0,0222	0,0333	0,0333
☽/M	0,0333	0,0222	0,0444	0,0444	0,0278	0,0222	0,0222	0,0222	0,0222	0,0333	0,0333
☿/♀	0,0968	0,0385	0,0000	0,0000	0,0000	0,0689	0,0000	0,0492	0,0000	0,0131	0,0000
☿/♂	0,0575	0,0275	0,0441	0,0279	0,0092	0,0339	0,0098	0,0355	0,0114	0,0453	0,0161
☿/♃	0,0395	0,0245	0,0440	0,0404	0,0228	0,0259	0,0190	0,0251	0,0194	0,0357	0,0275
☿/♄	0,0369	0,0236	0,0446	0,0422	0,0249	0,0245	0,0200	0,0240	0,0203	0,0344	0,0308
☿/♅	0,0349	0,0229	0,0442	0,0433	0,0263	0,0233	0,0216	0,0230	0,0214	0,0336	0,0320
☿/♆	0,0344	0,0227	0,0445	0,0437	0,0267	0,0229	0,0216	0,0228	0,0214	0,0335	0,0326
☿/♇	0,0334	0,0228	0,0439	0,0442	0,0282	0,0224	0,0220	0,0222	0,0226	0,0329	0,0328
☿/☊	0,0341	0,0232	0,0424	0,0389	0,0294	0,0223	0,0236	0,0231	0,0210	0,0320	0,0328
☿/)	0,0333	0,0220	0,0441	0,0442	0,0279	0,0224	0,0224	0,0221	0,0221	0,0335	0,0330
☿/⚷	0,0353	0,0227	0,0446	0,0430	0,0253	0,0236	0,0206	0,0230	0,0217	0,0339	0,0319
☿/A	0,0336	0,0224	0,0448	0,0441	0,0275	0,0224	0,0220	0,0226	0,0220	0,0336	0,0330
☿/M	0,0333	0,0222	0,0443	0,0444	0,0279	0,0222	0,0222	0,0222	0,0222	0,0333	0,0333
♀/♂	0,0528	0,0285	0,0440	0,0307	0,0111	0,0349	0,0109	0,0315	0,0127	0,0398	0,0173
♀/♃	0,0391	0,0240	0,0447	0,0410	0,0232	0,0258	0,0193	0,0247	0,0198	0,0347	0,0288
♀/♄	0,0364	0,0228	0,0443	0,0424	0,0254	0,0238	0,0215	0,0237	0,0202	0,0342	0,0306

♀/♅ 0,0350 0,0229 0,0443 0,0434 0,0265 0,0234 0,0215 0,0229 0,0217 0,0342 0,0321
♀/♆ 0,0346 0,0226 0,0442 0,0436 0,0268 0,0226 0,0216 0,0229 0,0216 0,0340 0,0329
♀/♇ 0,0342 0,0224 0,0444 0,0442 0,0269 0,0225 0,0215 0,0224 0,0217 0,0334 0,0328
♀/☊ 0,0341 0,0219 0,0432 0,0441 0,0285 0,0224 0,0225 0,0223 0,0222 0,0326 0,0336
♀/☽ 0,0337 0,0225 0,0449 0,0442 0,0273 0,0223 0,0218 0,0219 0,0226 0,0338 0,0329
♀/⚷ 0,0364 0,0230 0,0436 0,0419 0,0268 0,0235 0,0211 0,0234 0,0219 0,0323 0,0319
♀/A 0,0332 0,0222 0,0445 0,0443 0,0277 0,0223 0,0222 0,0222 0,0222 0,0334 0,0333
♀/M 0,0333 0,0222 0,0443 0,0443 0,0279 0,0222 0,0224 0,0222 0,0226 0,0332 0,0336
♂/♃ 0,0344 0,0263 0,0471 0,0372 0,0312 0,0227 0,0188 0,0232 0,0176 0,0405 0,0281
♂/♄ 0,0357 0,0225 0,0432 0,0433 0,0278 0,0225 0,0211 0,0233 0,0216 0,0327 0,0327
♂/♅ 0,0334 0,0208 0,0452 0,0441 0,0281 0,0220 0,0213 0,0233 0,0225 0,0344 0,0328
♂/♆ 0,0328 0,0215 0,0446 0,0451 0,0276 0,0216 0,0228 0,0222 0,0227 0,0347 0,0330
♂/♇ 0,0323 0,0221 0,0452 0,0444 0,0273 0,0219 0,0218 0,0223 0,0227 0,0334 0,0334
♂/☊ 0,0348 0,0221 0,0453 0,0438 0,0286 0,0215 0,0220 0,0182 0,0182 0,0372 0,0294
♂/☽ 0,0330 0,0222 0,0446 0,0439 0,0280 0,0224 0,0223 0,0227 0,0224 0,0327 0,0336
♂/⚷ 0,0350 0,0214 0,0436 0,0443 0,0302 0,0223 0,0230 0,0218 0,0221 0,0318 0,0342
♂/A 0,0349 0,0227 0,0445 0,0434 0,0265 0,0231 0,0213 0,0229 0,0215 0,0338 0,0321
♂/M 0,0332 0,0222 0,0445 0,0445 0,0278 0,0222 0,0223 0,0222 0,0223 0,0333 0,0334
♃/♄ 0,0353 0,0226 0,0430 0,0434 0,0272 0,0221 0,0221 0,0224 0,0214 0,0357 0,0324
♃/♅ 0,0322 0,0225 0,0453 0,0441 0,0277 0,0224 0,0215 0,0235 0,0218 0,0333 0,0336
♃/♆ 0,0325 0,0218 0,0449 0,0437 0,0272 0,0214 0,0219 0,0229 0,0226 0,0336 0,0328
♃/♇ 0,0306 0,0226 0,0435 0,0446 0,0282 0,0209 0,0223 0,0218 0,0236 0,0335 0,0341
♃/☊ 0,0317 0,0212 0,0469 0,0422 0,0260 0,0230 0,0244 0,0237 0,0215 0,0295 0,0347
♃/☽ 0,0316 0,0199 0,0432 0,0449 0,0293 0,0255 0,0199 0,0222 0,0216 0,0320 0,0366
♃/⚷ 0,0344 0,0242 0,0450 0,0461 0,0298 0,0236 0,0222 0,0201 0,0240 0,0320 0,0325
♃/A 0,0341 0,0225 0,0445 0,0440 0,0271 0,0227 0,0218 0,0226 0,0219 0,0336 0,0327
♃/M 0,0333 0,0222 0,0444 0,0445 0,0278 0,0222 0,0222 0,0222 0,0222 0,0333 0,0333
♄/♅ 0,0315 0,0236 0,0443 0,0443 0,0274 0,0233 0,0220 0,0216 0,0225 0,0320 0,0341
♄/♆ 0,0331 0,0183 0,0442 0,0438 0,0267 0,0278 0,0239 0,0208 0,0194 0,0310 0,0317
♄/♇ 0,0333 0,0229 0,0460 0,0438 0,0271 0,0228 0,0220 0,0222 0,0234 0,0341 0,0342
♄/☊ 0,0374 0,0260 0,0435 0,0433 0,0255 0,0230 0,0204 0,0195 0,0246 0,0365 0,0303
♄/☽ 0,0310 0,0185 0,0378 0,0402 0,0246 0,0179 0,0198 0,0186 0,0174 0,0327 0,0376
♄/⚷ 0,0207 0,0205 0,0446 0,0307 0,0344 0,0269 0,0234 0,0240 0,0193 0,0396 0,0302
♄/A 0,0333 0,0222 0,0444 0,0444 0,0278 0,0222 0,0222 0,0222 0,0222 0,0333 0,0333
♄/M 0,0333 0,0222 0,0444 0,0445 0,0278 0,0222 0,0222 0,0222 0,0222 0,0333 0,0333
♅/♆ 0,0350 0,0229 0,0432 0,0445 0,0297 0,0187 0,0239 0,0229 0,0235 0,0331 0,0359
♅/♇ 0,0338 0,0265 0,0425 0,0440 0,0243 0,0238 0,0201 0,0240 0,0208 0,0312 0,0305
♅/☊ 0,0324 0,0235 0,0448 0,0419 0,0284 0,0218 0,0221 0,0222 0,0220 0,0323 0,0325
♅/☽ 0,0334 0,0219 0,0438 0,0447 0,0283 0,0223 0,0225 0,0222 0,0223 0,0337 0,0340
♅/⚷ 0,0627 0,0096 0,0675 0,0276 0,0424 0,0179 0,0409 0,0255 0,0086 0,0129 0,0401
♅/A 0,0326 0,0220 0,0444 0,0450 0,0284 0,0218 0,0227 0,0219 0,0226 0,0331 0,0339
♅/M 0,0333 0,0222 0,0445 0,0444 0,0278 0,0222 0,0222 0,0222 0,0222 0,0333 0,0333
♆/♇ 0,0189 0,0637 0,0302 0,1245 0,0168 0,0136 0,0141 0,0147 0,0156 0,0234 0,0216
♆/☊ 0,0332 0,0229 0,0444 0,0445 0,0275 0,0221 0,0225 0,0222 0,0219 0,0343 0,0333
♆/☽ 0,0331 0,0223 0,0445 0,0443 0,0280 0,0222 0,0222 0,0222 0,0222 0,0332 0,0333
♆/⚷ 0,0367 0,0216 0,0440 0,0497 0,0255 0,0187 0,0223 0,0214 0,0238 0,0287 0,0334
♆/A 0,0333 0,0222 0,0444 0,0444 0,0279 0,0222 0,0223 0,0222 0,0222 0,0333 0,0334
♆/M 0,0334 0,0222 0,0444 0,0444 0,0278 0,0222 0,0222 0,0222 0,0222 0,0333 0,0334
♇/☊ 0,0333 0,0239 0,0449 0,0447 0,0279 0,0214 0,0241 0,0218 0,0219 0,0332 0,0341

♇/☽	0,0330	0,0226	0,0443	0,0435	0,0281	0,0224	0,0222	0,0221	0,0225	0,0331	0,0339
♇/⚷	0,0399	0,0255	0,0428	0,0318	0,0327	0,0249	0,0187	0,0250	0,0150	0,0354	0,0261
♇/A	0,0304	0,0212	0,0444	0,0464	0,0303	0,0205	0,0240	0,0208	0,0237	0,0323	0,0358
♇/M	0,0334	0,0222	0,0444	0,0444	0,0278	0,0223	0,0222	0,0222	0,0222	0,0333	0,0333
☊/☽	0,0334	0,0221	0,0445	0,0440	0,0280	0,0225	0,0224	0,0222	0,0222	0,0330	0,0336
☊/⚷	0,0316	0,0243	0,0441	0,0438	0,0275	0,0208	0,0245	0,0223	0,0193	0,0330	0,0324
☊/A	0,0333	0,0222	0,0445	0,0444	0,0278	0,0222	0,0222	0,0222	0,0222	0,0334	0,0333
☊/M	0,0333	0,0222	0,0444	0,0444	0,0278	0,0222	0,0222	0,0222	0,0222	0,0333	0,0333
☽/⚷	0,0316	0,0199	0,0456	0,0476	0,0259	0,0211	0,0230	0,0234	0,0226	0,0338	0,0329
☽/A	0,0334	0,0222	0,0444	0,0444	0,0277	0,0223	0,0222	0,0223	0,0222	0,0334	0,0333
☽/M	0,0333	0,0222	0,0444	0,0444	0,0278	0,0222	0,0222	0,0222	0,0222	0,0333	0,0333
⚷/A	0,0271	0,0203	0,0448	0,0487	0,0325	0,0186	0,0256	0,0194	0,0251	0,0317	0,0381
⚷/M	0,0331	0,0223	0,0448	0,0446	0,0275	0,0222	0,0221	0,0222	0,0222	0,0336	0,0332
A/M	0,0000	0,0677	0,1247	0,1775	0,0000	0,0000	0,0000	0,0000	0,0000	0,0645	0,0000

5.1.1 Überprüfung der Wahrscheinlichkeiten für Horoskopaspekte

Für die Überprüfung der Wahrscheinlichkeiten für die Horoskopaspekte der Partner muss ein anderer Weg gewählt werden als bei den Interaspekten. Keine Datenbank für Einzelpersonen ist repräsentativ genug, um Abhängigkeiten ausschließen zu können. Meine eigenen Daten von Grabsteinen könnten eine Abhängigkeit von der Tatsache besitzen, dass diese Menschen eine langfristige Bindung eingegangen sind. Daher kommt nur die Erzeugung von Geburtsdaten mit Hilfe eines Zufallsgenerators in Frage.

Obwohl die Randomfunktionen der Computer im Sinne der Statistik nicht zufällig genug sind, sehe ich keinen anderen Weg. Ideal wären die genauen Geburtsdaten eines ganzen Staates. Da es in kaum einem Staat ein Zentralregister gibt, ist diese Vorstellung aussichtslos.[1]

Ich habe bis zu 100 000 minutengenaue Geburtsdaten mit dem Zufallsgenerator eines neuen iMacs erzeugt. Die Auswertung aller Horoskope ergab 1 100 000 Zahlenwerte für die Häufigkeiten aller Horoskopaspekte. χ^2-Anpassungstests für alle Planetenkombinationen zeigten keine ausreichenden Signifikanzen.

Die Untersuchung mit verschiedenen Anzahlen von zufälligen Geburtsdaten zeigte die Schwächen der zufällig erzeugten Daten auf. Bei kleinen Anzahlen waren die Signifikanzen schlecht, wurden mit steigender Anzahl besser bis

---

1   Die Schweiz hat anonyme Daten von Geburtstagen veröffentlicht. Sie wurden von mir zur Überprüfung der Geburtsmanipulationen ausgewertet. Leider wird nicht zwischen weiblichen und männlichen Geburten unterschieden.

zu einem Optimum und danach stetig schlechter. Der Grund liegt darin, dass die Zufallszahlen nicht zufällig sind, sondern das Ergebnis eines Berechnungsalgorithmus, der Zahlen liefert, die sich zyklisch wiederholen.

Ein weiterer Hinweis auf die Fragwürdigkeit von Zufallszahlen, die vom Computer erzeugt werden, ist die schlechte Reproduzierbarkeit. Die Überprüfung mit 1 000 Zufallsdaten ergab die beste Bestätigung der Erwartungswerte und auch die beste Reproduzierbarkeit. Einstweilen gehe ich von der Richtigkeit der Erwartungswerte aus.

Die Tabelle 42 zeigt den Anfang der Liste der χ^2-Anpassungstests für die ersten Aspekte mit der Sonne. Die erste Zeile enthält jeweils die Häufigkeiten der Aspekte bei den 1 000 Zufallsdaten, die zweite von den Erwartungswerten. Da beide Zeilen genau 1 000 ergeben müssen, sind auch die Komplemente für den Nicht-Aspekt (-) aufgenommen. Mit dem Freiheitsgrad 11 können aus den χ^2-Summen die p-Werte bestimmt werden. Für eine Irrtumswahrscheinlichkeit von 0,05 ist die obere Grenze 19,68. Keine χ^2-Summe überschreitet diesen Wert. Erst bei 5000 Zufallsdaten beginnt diese Überschreitung.

Tabelle 42 Wahrscheinlichkeiten für Horoskopaspekte

Pl_1/Pl_2	−	☌	*	□	△	☍	⋎	⋏̄	∠	⌐	Q	BQ	χ^2-Summe
⊙ / ☽	681	34	23	47	51	15	19	20	22	27	28	33	
⊙ / ☽	672	33	22	45	45	27	22	22	22	22	34	33	ch = 9.264
⊙ / ☿	809	191	0	0	0	0	0	0	0	0	0	0	
⊙ / ☿	826	174	0	0	0	0	0	0	0	0	0	0	ch = 1.898
⊙ / ♀	626	106	0	0	0	0	81	0	187	0	0	0	
⊙ / ♀	625	92	0	0	0	0	74	0	208	0	0	0	ch = 4.819
⊙ / ♂	703	49	24	50	21	7	30	7	39	14	42	14	
⊙ / ♂	688	55	31	44	26	9	36	9	34	10	42	14	ch = 8.450
⊙ / ♃	699	45	14	43	36	16	28	16	31	9	29	34	
⊙ / ♃	677	40	24	44	40	22	26	19	25	19	35	28	ch = 17.733
⊙ / ♄	670	47	21	38	39	30	27	34	14	23	30	27	
⊙ / ♄	674	37	23	44	42	25	24	20	24	21	34	31	ch = 19.339
⊙ / ♅	661	28	31	44	54	33	24	23	19	20	35	28	
⊙ / ♅	673	35	23	44	43	26	23	21	23	21	34	32	ch = 10.428
⊙ / ♆	650	35	30	48	45	33	22	21	18	24	44	30	
⊙ / ♆	673	34	23	44	44	27	23	22	23	22	34	32	ch = 9.571
⊙ / ♇	659	41	23	45	48	32	18	17	20	22	32	43	
⊙ / ♇	673	34	23	44	44	27	23	22	23	22	34	33	ch = 8.733
⊙ / ☊	690	34	20	39	42	29	19	20	25	27	26	29	
⊙ / ☊	673	35	22	42	43	29	23	23	22	22	32	34	ch = 5.042

Die Hypothese, dass die berechneten Wahrscheinlichkeiten der Horoskopaspekte mit zufälligen Abweichungen den Zufallspersonen entsprechen, kann also nicht verworfen werden.

5.2 Signifikanz der Horoskopaspekte

Horoskopaspekte sind unabhängig von der Verteilung der Altersunterschiede, aber abhängig von der Verteilung der Geburtstage. Natürlich sind auch hier Aspekte zwischen den langsamen Planeten bei geringem Altersunterschied zwischen Mann und Frau gleichermaßen zu finden. Daher gelten für die Auswahl der Aspekte die gleichen Regeln wie bei den Interaspekten.

Bei den schnellen Planeten und Achsen sind die vormals bereits ermittelten Erwartungswerte durchaus anwendbar. Bei den langsamen Planeten sind sie nicht zutreffend, weil die Zeiträume der Geburtsdaten viel zu klein sind und allenfalls noch für Jupiteraspekte ausreichen und weil die Verteilungen der Geburtsdaten nicht übereinstimmen.

Daher wähle ich einen anderen Weg, den ich auch auf die schnellen Planeten anwenden kann.

5.2.1 Methode der jährlichen Erwartungswerte

Für jedes Jahr wird die Anzahl der Tage bestimmt, für die zur Mittagszeit ein bestimmter Aspekt zutrifft. Für Getrennte und Vereinte werden die Anzahl der männlichen und weiblichen Personen bestimmt, die in diesem Jahr geboren sind. Unter diesen wird jeweils die Anzahl derjenigen bestimmt, die diesen Aspekt in ihrem Horoskop aufweisen.

Die Summe der Tage, an denen der Aspekt zutrifft, dividiert durch die Tage der betrachteten Jahre ergibt den Erwartungswert des betrachteten Aspekts:

$$P_{erw} = \frac{Ta_{Asp}}{Ta_{Jahr}}$$

Aus den realen Anzahlen berechnen sich die relativen Häufigkeiten der Horoskopaspekte bei Männern und Frauen. Diese können für Männer und Frauen unterschiedlich sein. Indizes: G für Getrennte, U für Ungetrennte, M für Männer, F für Frauen, a Anzahl mit Aspekt, n alle im Geburtsjahr.

$$h_{MG} = \frac{a_{MG}}{n_{MG}} \qquad h_{MU} = \frac{a_{MU}}{n_{MU}} \qquad h_{FG} = \frac{a_{FG}}{n_{FG}} \qquad h_{FU} = \frac{a_{FU}}{n_{FU}}$$

5.2.2 Beispiele

Die aufgeführten Formeln sind viel zu abstrakt und sollen jetzt mit Beispielen anhand der Schweizer Daten erläutert werden. Da bei den Heiraten noch viele Paare (> 30 %) dabei sind, die noch geschieden werden, habe ich die Daten etwas bereinigt. Von den Männern und Frauen bestimme ich diejenigen, die noch nie geschieden waren, und diejenigen, die schon mindestens einmal geschieden waren, aus den Datensätzen für Heiraten und Scheidungen. So komme ich auf 70 536 ungeschiedene Männer und 64 834 geschiedene Männer. Als erstes Beispiel soll der Aspekt Sonne/Saturn dienen (siehe Tabelle 43).

Tabelle 43 Schweizer Männer, geschieden (A) gegen ungeschiedene (B), Sonne-Saturn-Horoskopaspekte

$\odot / \hbar$		HA	HB	pA	pB	pErw	δ	χ^2	p
☌	4	2495	2533	0,03848	0,03591	0,03676	0,0700	6,250	<0,0200
✱	0	1506	1748	0,02323	0,02478	0,02337	−0,0664	3,474	>0,1000
□	0	2907	3115	0,04484	0,04416	0,04445	0,0152	0,363	>0,5000
△	0	2709	3071	0,04178	0,04354	0,04215	−0,0416	2,544	>0,2500
☍	0	1635	1751	0,02522	0,02482	0,02492	0,0158	0,215	>0,5000
⬦	3	1619	1631	0,02497	0,02312	0,02421	0,0764	4,926	<0,0300
⊼	0	1378	1499	0,02125	0,02125	0,02024	0,0001	0,000	>0,7500
∠	0	1518	1588	0,02341	0,02251	0,02385	0,0378	1,221	>0,5000
1½	0	1361	1463	0,02099	0,02074	0,02059	0,0122	0,104	>0,5000
Q	0	2240	2469	0,03455	0,03500	0,03440	−0,0132	0,207	>0,5000
BQ	0	1986	2159	0,03063	0,03061	0,03056	0,0008	0,001	>0,7500
		64834	70536						

Signifikant sind die Konjunktion und das Halbsextil. Männer mit $\odot$ ☌ $\hbar$ sind wenig gesellig, oft Eigenbrötler, Misanthropen, nehmen alles schwer und sind wenig für die Partnerschaft geeignet. Oft sind sie unverheiratet (Beispiel: Arthur Schopenhauer). Halbsextile weisen ähnlich wie Quinkunxe auf Unverträglichkeiten der Planeteneinflüsse hin.

Die mit dem Fishertest ermittelten genauen p-Werte sind 0,01274 bzw. 0,02739. Die Bestimmung erfordert wegen der großen Zahlen einen hohen Rechenaufwand.

Aspekte zwischen Sonne und Saturn kommen in fast jedem Jahr mindestens einmal vor. Bei den langsamen Planeten sind die Aspekte wesentlich seltener. Beispielsweise ist eine Jupiter-Saturn-Konjunktion u. a. nur innerhalb der Tage 14.07.1921 – 17.11.1921, 27.05.1940 – 21.04 1941 uns 30.12 1960 – 25.04.1961 möglich.

Die nachfolgende Tabelle zeigt viele Signifikanzen. Die meisten p-Werte sind viel kleiner als 0,01. Man erkennt es an den hohen Werten für χ^2.

$\text{♃}/\text{♄}$		HA	HB	pA	pB	pErw	δ	χ^2	p
♂	−5	2235	4399	0,03447	0,06237	0,03531	−0,7900	563,950	<0,01000
✳	−5	1736	2976	0,02678	0,04219	0,02261	−0,6816	238,941	<0,01000
□	2	2536	2600	0,03912	0,03686	0,04296	0,0525	4,705	<0,04000
△	5	2580	1868	0,03979	0,02648	0,04342	0,3066	188,356	<0,01000
☍	5	1507	948	0,02324	0,01344	0,02719	0,3606	182,356	<0,01000
⚺	−5	1164	2089	0,01795	0,02962	0,02212	−0,5272	195,920	<0,01000
⚻	5	1829	1073	0,02821	0,01521	0,02212	0,5876	272,087	<0,01000
∠	5	1157	798	0,01785	0,01131	0,02237	0,2919	101,275	<0,01000
⚼	5	1075	712	0,01658	0,01009	0,02142	0,3028	109,120	<0,01000
Q	−5	2421	3211	0,03734	0,04552	0,03571	−0,2291	56,709	<0,01000
BQ	5	2375	1614	0,03663	0,02288	0,03245	0,4238	223,332	<0,01000

Das $\text{♃} \triangle \text{♄}$ ist bei Geschiedenen besonders häufig. Daher berechne ich für diesen Aspekt ebenfalls den genauen p-Wert nach Fisher: $3{,}43 \cdot 10^{-43}$. Die Konjunktion ist bei Ungetrennten sehr häufig ($p = 1{,}84 \cdot 10^{-127}$). Diese extremen p-Werte lassen darauf schließen, dass die für die obige Tabelle angewendete Methode nicht vernünftig ist. Natürlich ist auch die Gegenüberstellung nicht sinnvoll, weil in den Heiraten noch viele mögliche Scheidungen enthalten sind. Darüber hinaus sind beim Trigon und bei der Opposition *beide* relativen Häufigkeiten kleiner als die Erwartungswerte.

Die Wahrscheinlichkeiten für das Auftreten der Horoskopaspekte sind über einen viel größeren Zeitraum ermittelt worden. Daher ist es sinnvoll, für jedes Geburtsjahr die Anzahl der Tage zu ermitteln, an denen um 12:00 Uhr ein bestimmter Aspekt auftritt. Diese Anzahl bezogen auf die Anzahl der Tage des Jahres ergibt die Wahrscheinlichkeit für das Eintreten dieses Aspektes in diesem Jahr.

Die ermittelten Ergebnisse für jedes Jahr zeigt die Tabelle 44. Die Tabelle ist unterteilt in vier Abschnitte. Im ersten Abschnitt werden die Geburtsjahrgänge aufgelistet, in denen die $\text{♃}\text{♂}\text{♄}$ auftritt. Im Einzelnen bedeuten die Spaltenüberschriften mit den Formelzeichen:

Jahr   j   Geburtsjahr

Ta t_{Jahr} Anzahl der Tage mit der Konjunktion in diesem Geburtsjahr

nMS n_{MS} Anzahl der geschiedenen Männer mit dem Geburtsjahr

aMS a_{MS} davon Anzahl der geschiedenen Männer mit dem Aspekt im
Horoskop

Mrel   qM   relative Anzahl der geschiedenen Männer mit der Konjunktion, dividiert durch die Wahrscheinlichkeit p_{Jahr} im Jahr

Die Zahlenwerte berechnen sich mit den einfach Formeln:

$$p_{Jahr} = \frac{t_{Jahr}}{365} \qquad q_M = \frac{a_M}{n_M p_{Jahr}}$$

Tabelle 44 Jährliche Zusammenstellung der Jupiter-Saturn-Konjunktion der Schweizer Männer und Frauen

Jahreswerte

Jahr	Ta	nMS	aMS	Mrel	nMH	aMH	Mrel	nFS	aFS	Frel	nFH	aFH	Frel
1901	229	0	0	0,000	3	0	0,000	1	0	0,000	0	0	0,000
1902	20	1	1	18,250	1	0	0,000	1	0	0,000	0	0	0,000
1920	10	61	7	4,200	22	3	4,991	33	1	1,109	5	0	0,000
1921	146	61	21	0,861	16	9	1,406	38	18	1,184	9	5	1,389
1940	211	848	490	1,002	89	49	0,955	590	323	0,950	61	34	0,967
1941	107	974	290	1,016	101	27	0,912	747	205	0,936	76	20	0,898
1960	3	1846	18	1,190	3553	34	1,167	1937	23	1,449	2795	33	1,440
1961	212	1791	1090	1,048	3767	2316	1,059	2003	1209	1,039	3397	2054	1,041
1980	82	380	79	0,928	2072	469	1,010	631	141	0,997	2498	548	0,979
1981	267	307	245	1,091	1891	1503	1,087	535	410	1,048	2358	1871	1,085

Summen

alle	Ta	anSM	asSM	Mrel	anHM	asHM	Mrel	alle	Ta	anSF	asSF	Frel	anHF	asHF	Frel
3289	1058	6269	2241	29,585	11512	4410	12,6	3654	1287	6516	2330	8,7	11199	4565	7,8

Mittelwerte

scheiM	heiM	scheiF	heiF
1,1113	1,1909	1,0152	1,1573

Homogenitäts- und Signifikanztests

scheiM		heiM		fisherM		scheiF		heiF		fisherF	
0,00000	5	0,00000	5	M: 7.3746E-4	5	0,06000	0	0,00000	5	F: 4.0752E-11	5

(Bei Schaltjahren wird statt mit 365 mit 366 Tagen gerechnet). Die drei danach folgenden Spalten zeigen die Zahlenwerte für die Heiraten der Männer an. Danach folgt der gleiche Block für Frauen. Darunter stehen die Summen aus den darüber stehenden Spalten, wobei „alle" die Abkürzung für „alle Tage der aufgeführten Jahre" ist.

Die nachfolgenden Mittelwerte werden mit der Formel für qM bzw. qF aus den Summenwerten (Index M für Männer bzw. F für Frauen) errechnet. Je näher diese bei 1.0 liegen, um so weniger weichen die relativen Häufigkeiten von den Erwartungswerten ab.

In der letzten Zeile stehen die p-Werte, die sich aus einem Anpassungstest an die Erwartungswerte, die sich aus allen erfassten Jahren ergeben, berechnen lassen. Der erste p-Werte betrifft die Scheidungen der Männer, der zweite die Heiraten der Männer, gemäß der nachfolgenden Vierfeldertafel.

	Scheidungen (Männer) (S)	erwartete Scheidungen (E)
mit Jupiter-Saturn-Konjunktion (M)	a_{MS}	$n_{MS} p_{Jahr}$
ohne Jupiter-Saturn-Konjunktion (O)	$n_{MS} - a_{MS}$	$n_{MS} (1 - p_{Jahr})$

	S	E
M	2249	2016,6
O	4020	4252,4

$$h_{erw} = \frac{1058}{3289} = 0,3217$$

$$h_{Schei} = \frac{2241}{6269} = 0,3575$$

$$h_{Heir} = \frac{4410}{11512} = 0,3831$$

$$h_{erw} = \frac{1287}{3654} = 0,3522$$

$$h_{Schei} = \frac{2330}{6516} = 0,3576$$

$$h_{Heir} = \frac{4565}{11199} = 0,4076$$

Führt man den nebenstehenden Anpassungstest aus, ergibt sich ein p-Wert von $9 \cdot 10^{-9}$, das heißt, die relative Scheidungshäufigkeit h_{Sch} weicht hoch signifikant vom Erwartungswert h_{erw} ab. Er ist deutlich größer, ebenso wie die relative Heiratshäufigkeit h_{Heir} mit $p = 3,45 \cdot 10^{-45}$. Der Unabhängigkeitstest nach Fisher ergibt zwar eine hohe Signifikanz für die Abhängigkeit vom Paarstatus, doch die Scheidungs- und Heiratswerte weichen beide in positiver Richtung vom Erwartungswert ab. Daher ist das Ergebnis nicht verwertbar.

Bei den Schweizer Frauen sieht es etwas anders aus. Dies zeigen die nebenstehenden Werte für die relativen Häufigkeiten. Die Scheidungs- und Heiratswerte weichen ebenfalls beide in positiver Richtung vom Erwartungswert ab. Jedoch weicht der Scheidungswert nur wenig vom Erwartungswert ab und der Unerschied zwischen Scheidungs- und Heiratswert ist größer. Trotzdem ist es besser, das Ergebnis nicht zu verwerten.

In der Tabelle 45 sind einige Ergebnisse aus realen und theoretischen Wahrscheinlichkeiten gegenübergestellt.

Tabelle 45 Gegenüberstellung einiger Ergebnisse aus realen (P_R) bzw. theoretischen Wahrscheinlichkeiten (P)

	Aspekt	P_R	h_A	bew_A	h_B	bew_B	P	h_A	h_B	bew
1	☉ ☐ ♂	0,0533	0,0564	5	0,0522	0	0,0443	0,0448	0,0441	0
2	☿ ⚹ ♂	0,0448	0,0473	5	0,0391	-5	0,0357	0,0459	0,0385	5
3	☿ ☌ ☽	0,0333	0,0360	5	0,0311	-5	0,0332	0,0339	0,0295	5
4	♃ △ ♄	0,1768	0,1871	5	0,1651	-5	0,0434	0,0398	0,0265	5
5	♃ BQ ☽	0,1943	0,1972	0	0,1761	-5	0,0366	0,0429	0,0480	-5
6	♃ BQ ⚷	0,1429	0,1526	5	0,1750	5	0,0325	0,0346	0,0365	0
7	♄ ☌ ♅	0,4807	0,4441	-5	0,5235	5	0,0315	0,0237	0,0110	5
8	♄ ∠ ♆	0,1820	0,1455	0	0,1676	-5	0,0239	0,0169	0,0209	-5
9	♄ ⚺ ♇	0,2320	0,2590	5	0,2221	-5	0,0228	0,0296	0,0234	5
10	♆ ✳ ♇	0,4877	0,4842	0	0,4713	5	0,0637	0,3815	0,4809	-5

Die Bewertungszahlen bew_A und bew_B sind Ergebnisse eines Anpassungstests an die reale Wahrscheinlichkeit P_R. Eindeutig sind die Kombinationen 5, -5 oder -5, 5, die anzeigen, dass die Abweichungen in beide Richtungen gehen (Zeilen 2, 3, 4, 7, 9). Diese Horoskopaspekte werden als relevant angesehen. Die Kombination 5, 5 sagt aus, dass beide Abweichungen signifikant in die positive Richtung gehen und sich auf Heiraten und Scheidungen nicht entgegengesetzt ausgewirkt haben (6). Sie werden daher nicht gezählt.

Dazwischen liegen die Kombinationen ±5 und 0, die als Grenzfall noch gewertet werden könnten, weil wenigstens eine Gruppe signifikant von P_R abweicht. Wenn beide 5 sind, wird damit nur ausgesagt, dass solche Menschen gerne heiraten, unabhängig davon, ob sie geschieden werden oder nicht.

5.2.3 Horoskopaspekte der schnellen Planeten

Zur Bestimmung der relevanten Horoskopaspekte mit den schnellen Planeten für die Berechnung der Scheidungswahrscheinlichkeit kommen nur genaue Geburtsdaten infrage, also nur solche, die ich persönlich gesammelt habe. Diese Horoskopaspekte sind bei Männern und Frauen grundsätzlich unterschiedlich. Es sind einige Männer und Frauen dabei, die mehrfach geschieden sind. Da ich nur wenige geschiedene Paare mit genauen Geburtsdaten in meiner Sammlung habe, fallen diese übermäßig ins Gewicht und führen mit ihren speziellen Horoskopaspekten zu falschen Signigifikanzen. Diese Personen wurden daher nur einfach gewertet.

Horoskopaspekte der Männer

Nur Aspekte mit Sonne, Mond, Merkur, Venus, Mars und den Achsen werden in Betracht gezogen. Dann bleiben die 66 signifikanten Aspekte der Tabelle 46 übrig. Darin sind 17 Horoskopaspekte, an denen die Horoskopachsen beteiligt sind. Nur 6 betreffen die Sonne, 11 den Mond, 14 den Merkur, 11 die Venus, 10 den Mars, 8 den schwarzen Mond und 9 den Mondknoten. An diesen Ergebnissen kann man einsehen, dass Geburtsdaten ohne **genaue** Geburtszeit keinen großen Wert für statistische Untersuchungen in der Astrologie haben.

Tabelle 46 Horoskopaspekte von Männern mit genauen Geburtsdaten

Aspekt	bew	h_{erw}	h_A	h_B	H_A	n_A	H_B	n_B	δ	ν	p_{Zweis}	B_{Korr}
A * M	-5	0,09981	0,02041	0,07812	8	392	231	2957	-0,578	0,261	3.220E-6	0,00075
A △ M	-5	0,13264	0,06378	0,14237	25	392	421	2957	-0,593	0,448	5.42139E-6	
♂ * ♅	5	0,02176	0,05488	0,01681	18	328	48	2855	1,750	3,264	7.19148E-5	
A □ M	5	0,13664	0,21684	0,13933	85	392	412	2957	0,567	1,556	1.06753E-4	
☽ ⚻ ♆	5	0,02115	0,05357	0,01860	21	392	55	2957	1,653	2,880	1.70214E-4	
♀ ☍ ♄	5	0,02609	0,04945	0,01705	18	364	48	2815	1,242	2,900	2.83544E-4	
♇ * A	5	0,05102	0,01860	0,02304	20	392	55	2957	1,407	0,807	3.29400E-4	
☿ ☍ ☊	5	0,02736	0,05102	0,01995	20	392	59	2957	1,136	2,557	5.76074E-4	
⚷ □ M	-5	0,04331	0,01531	0,05107	6	392	151	2957	-0,826	0,300	8.01E-4	
♀ ⚻ ♂	5	0,01654	0,05430	0,01636	12	221	27	1650	2,293	3,318	0.001158	0,00758
☽ ⚻ ♄	5	0,02113	0,05102	0,02097	20	392	62	2957	1,422	2,433	0.0012782	
☿ BQ ☊	-5	0,03572	0,00765	0,03652	3	392	108	2957	-0,808	0,210	0.0013054	
♀ □ ☊	-5	0,04145	0,01531	0,04768	6	392	141	2957	-0,781	0,321	0.0015219	
☽ ∠ ♃	5	0,02122	0,04592	0,01928	18	392	57	2957	1,256	2,382	0.0028165	
☿ ∠ ♄	5	0,02374	0,04592	0,01961	18	392	58	2957	1,108	2,341	0.0030541	
☽ □ ☊	5	0,04291	0,07908	0,04295	3	392	127	2957	0,842	1,841	0.0032075	
♀ Q ♄	5	0,03285	0,05867	0,02908	23	392	86	2957	0,901	2,017	0.0037187	
☽ ⚼ M	5	0,02126	0,04592	0,02063	18	392	61	2957	1,189	2,226	0.004127	
♂ ∠ ♆	-5	0,02793	0,00958	0,03936	3	313	88	2236	-1,066	0,244	0.0050050	
☽ ∠ ☿	-5	0,02195	0,00255	0,02131	1	392	63	2957	-0,855	0,120	0.0052653	0,0152
♀ BQ ☊	-5	0,03211	0,00765	0,03145	3	392	93	2957	-0,741	0,243	0.0053815	
☿ △ ☊	-5	0,03987	0,04082	0,07846	16	392	232	2957	-0,944	0,520	0.0054883	
♅ Q M	-5	0,03290	0,01276	0,03923	5	392	116	2957	-0,805	0,325	0.0056851	

♂	☍	♅	-5	0, 04452	0, 00939	0, 04688	2	213	76	1621	-0, 842	0, 200	0. 0061680	
☿	*	☊	5	0, 01763	0, 02551	0, 00879	10	392	26	2957	0, 948	2, 901	0. 0065803	
♂	△	♅	-5	0, 05028	0, 01928	0, 05051	7	363	129	2554	-0, 621	0, 382	0. 0071666	
☿	∠	☽	-4	0, 02158	0, 00765	0, 02841	3	392	84	2957	-0, 962	0, 269	0. 0105642	
☿	⚻	☽	-4	0, 02233	0, 00765	0, 02807	3	392	83	2957	-0, 914	0, 273	0. 010575	
☉	⚼	☽	4	0, 02156	0, 04337	0, 02164	17	392	64	2957	1, 008	2, 004	0. 0134589	
☉	☍	♄	-4	0, 02466	0, 00521	0, 02396	2	384	69	2880	-0, 760	0, 217	0. 0140004	0, 0227
☽	☌	M	-4	0, 03536	0, 01401	0, 03864	5	357	108	2795	-0, 697	0, 362	0. 0148833	
♆	Q	A	-4	0, 03311	0, 01276	0, 03551	5	392	105	2957	-0, 687	0, 359	0. 0149117	
☿	BQ	♃	-4	0, 02601	0, 01020	0, 03145	4	392	93	2957	-0, 817	0, 324	0. 0152202	
☉	☌	M	4	0, 36001	0, 05612	0, 03044	22	392	90	2957	0, 071	1, 844	0. 0154819	
♃	☌	M	4	0, 04060	0, 05946	0, 03258	22	370	91	2793	0, 662	1, 825	0. 0158163	
☿	☍	☽	4	0, 03014	0, 05571	0, 02936	20	359	79	2691	0, 874	1, 898	0. 0159114	
☽	☌	☽	4	0, 03598	0, 06378	0, 03720	25	392	110	2957	0, 739	1, 714	0. 0190662	
♅	△	M	5	0, 04199	0, 06378	0, 03686	25	392	109	2957	0, 945	2, 076	0, 0204	
☿	BQ	☽	3	0, 02924	0, 05357	0, 02942	21	392	87	2957	0, 826	1, 821	0. 0209783	
☽	∠	♀	3	0, 02180	0, 03827	0, 01860	15	392	55	2957	0, 902	2, 057	0. 0216034	0, 0303
☽	△	♇	3	0, 04323	0, 07143	0, 04396	28	392	130	2957	0, 635	1, 625	0. 0217703	
♂	□	♅	-3	0, 04632	0, 02162	0, 04796	8	370	135	2815	-0, 569	0, 451	0. 0221279	
♀	⚼	♆	3	0, 02088	0, 03316	0, 01589	13	392	47	2957	0, 827	2, 086	0. 0237497	
☽	BQ	M	3	0, 03228	0, 05357	0, 03077	21	392	91	2957	0, 706	1, 741	0. 0242482	
☿	☌	♄	-3	0, 03600	0, 02296	0, 04735	9	392	140	2957	-0, 677	0, 485	0. 0260905	
☉	□	♄	-3	0, 04308	0, 02296	0, 04768	9	392	141	2957	-0, 574	0, 481	0. 0262484	
♇	☍	A	-3	0, 02310	0, 01276	0, 03247	5	392	96	2957	-0, 853	0, 393	0. 0275865	
♂	∠	♄	-3	0, 02617	0, 00785	0, 02512	3	382	68	2707	-0, 660	0, 313	0. 0288567	
♀	⚺	☽	-3	0, 02302	0, 01081	0, 03031	4	370	87	2870	-0, 847	0, 357	0. 0290451	
♀	*	♅	-3	0, 02180	0, 00765	0, 02469	3	392	73	2957	-0, 782	0, 310	0. 0294512	0, 0379
♆	☍	A	-3	0, 02389	0, 01020	0, 02942	4	392	87	2957	-0, 804	0, 347	0. 0296648	
♀	⚼	☽	2	0, 02175	0, 03571	0, 01759	14	392	52	2957	0, 833	2, 031	0. 0303434	
♇	Q	A	2	0, 03352	0, 04592	0, 02570	18	392	76	2957	0, 603	1, 787	0. 0325970	
☉	⚺	♅	2	0, 02227	0, 04082	0, 02198	16	392	65	2957	0, 846	1, 857	0. 0335238	
♂	⚻	♃	-2	0, 02687	0, 00395	0, 02413	1	253	46	1906	-0, 751	0, 164	0. 0366212	
☿	BQ	⚷	-2	0, 03204	0, 01276	0, 03179	5	392	94	2957	-0, 594	0, 401	0. 0376409	
☿	□	♇	2	0, 04259	0, 07398	0, 04870	29	392	144	2957	0, 594	1, 519	0. 0387494	
☽	□	☿	-2	0, 04361	0, 03061	0, 05479	12	392	162	2957	-0, 554	0, 559	0. 03977925	
☽	∠	☊	-1	0, 02158	0, 00765	0, 02333	3	392	69	2957	-0, 727	0, 328	0. 04107823	
♂	∠	♅	1	0, 02802	0, 04746	0, 02606	14	295	66	2533	0, 764	1, 821	0. 04172432	0, 046
☉	⚻	♂	-1	0, 01565	0, 00000	0, 01770	0	213	30	1695	-1, 131	0, 000	0. 04187324	
♀	BQ	♇	1	0, 03057	0, 04337	0, 02435	17	392	72	2957	0, 622	1, 781	0. 04243889	
♃	⚼	A	1	0, 02083	0, 03827	0, 02063	15	392	61	2957	0, 847	1, 855	0. 04407540	
♀	⚼	A	1	0, 04132	0, 03947	0, 01507	6	152	17	1128	0, 591	2, 619	0. 04595309	
☿	☌	♇	-1	0, 03217	0, 01531	0, 03416	6	392	101	2957	-0, 586	0, 448	0. 04622087	
♀	⚻	♃	1	0, 01998	0, 03316	0, 01759	13	392	52	2957	0, 780	1, 886	0. 04851680	0, 05

In der vorangegangenen Tabelle bedeuten die Indizes: A Getrennte, B Ungetrennte. Sowohl die Simes-Prozedur als auch die Bonferroni-Holm-Korrektur sind vollständig erfüllt. Die korrigierten α -Werte sind in der letzten Spalte nur in jeder zehnten Zeile ergänzt worden.

Aspekte zwischen den Achsen werden in der Astrologie nicht gewertet. Hier ist allerdings hochsignifikant herausgekommen, dass positive Aspekte zwischen Aszendent und MC (Trigon und Sextil), den Zusammenhalt fördern, ein Quadrat hingegen die Trennung.

Die meisten Horoskopaspekte entsprechen darüber hinaus den Anschauungen der Astrologen und können als Bestätigung eines Teils der Charakterdeutung mit Hilfe der Astrologie gelten. Darauf wird bei den Gesamtübersichten eingegangen.

Dem Leser wird auffallen, dass in der Tabelle 46 auf Seite 157 die Zahlenwerte für H_A und H_B nicht konstant sind. Das hängt mit der in Tabelle 44 auf Seite 154 erklärten Methode zusammen, die für die schnellen Planeten zu ungenau ist. Daher folgt anschließend die Tabelle 47, die über die normale Methode unter Gebrauch der Erwartungswerte der Tabelle 41 auf Seite 147 ermittelt wurde. Jetzt sind es nur noch 42 signifikante Horoskopaspekte.

Tabelle 47 Horoskopaspekte von Männern mit genauen Geburtsdaten (normale Methode)

Aspekt	bew	h_{erw}	h_A	h_B	H_A	n_A	H_B	n_B	δ	ν	p_{Zweis}	B_{Korr}
A ✱ M	-5	0, 06769	0, 01928	0, 07933	7	363	241	3038	-0, 887	0, 243	3. 105E-6	0, 00119
A △ M	-5	0, 17749	0, 06336	0, 14286	23	363	434	3038	-0, 432	0, 444	9. 190E-6	
☽ ⚻ ♆	5	0, 02222	0, 01876	0, 01876	20	363	57	3038	1, 635	2, 937	1. 028E-4	
☿ △ ☊	-5	0, 03891	0, 02755	0, 07702	10	363	234	3038	-1, 271	0, 358	2. 170E-4	
☿ BQ ☊	-5	0, 03280	0, 00551	0, 03621	2	363	110	3038	-0, 936	0, 152	4. 912E-4	
A □ M	5	0, 12467	0, 20661	0, 14055	75	363	427	3038	0, 530	1, 470	0. 001274	
♅ Q M	-5	0, 03333	0, 01102	0, 03917	4	363	119	3038	-0, 845	0, 281	0. 004167	
☽ ☌ M	-5	0, 03334	0, 01102	0, 03950	4	363	120	3038	-0, 854	0, 279	0. 004263	
☿ ⚻ ☽	-5	0, 02240	0, 00551	0, 02864	2	363	87	3038	-1, 033	0, 192	0. 004747	
⚷ □ M	-5	0, 04480	0, 01928	0, 05102	7	363	155	3038	-0, 708	0, 378	0. 005657	0, 01191
☿ ☍ ☊	5	0, 02940	0, 04683	0, 02140	17	363	65	3038	0, 864	2, 188	0. 005754	
☽ ⚻ ♄	5	0, 02224	0, 04693	0, 02172	17	363	66	3038	1, 131	3, 021	0. 006346	
☽ ∠ ☿	-5	0, 02223	0, 00275	0, 02140	1	363	65	3038	-0, 839	0, 129	0. 007569	
♀ □ ☊	-4	0, 04317	0, 01928	0, 04773	7	363	145	3038	-0, 659	0, 404	0. 010170	
☉ Q ♄	-4	0, 03440	0, 01377	0, 03884	5	363	118	3038	-0, 729	0, 355	0. 011109	
☽ ⚺ ♅	-4	0, 02222	0, 00551	0, 02469	2	363	75	3038	-0, 863	0, 223	0. 014186	
♂ ∠ ♆	-4	0, 02220	0, 00826	0, 02930	3	363	89	3038	-0, 947	0, 282	0. 015424	
☿ ∠ ☽	-4	0, 02214	0, 00826	0, 02962	3	363	90	3038	-0, 965	0, 279	0. 015636	
♆ Q A	-4	0, 03331	0, 01102	0, 03423	4	363	104	3038	-0, 697	0, 322	0. 016083	
♀ ✱ ⚷	-4	0, 02301	0, 00275	0, 01975	1	363	60	3038	-0, 738	0, 139	0. 017582	0, 02381
☉ ☌ M	4	0, 03333	0, 05510	0, 02995	20	363	91	3038	0, 754	1, 839	0. 017679	
☿ ☌ A	-4	0, 03358	0, 01653	0, 04082	6	363	124	3038	-0, 723	0, 405	0. 019699	

☉	☍	M	5	0,02778	0,03581	0,01679	13	363	51	3038	1,181	2,954	0.020298	
☿	BQ	♃	−3	0,02745	0,01102	0,03259	4	363	99	3038	−0,786	0,338	0.021825	
☉	☍	♄	−3	0,02492	0,00826	0,02831	3	363	86	3038	−0,804	0,292	0.021923	
☽	□	A	−3	0,04444	0,02204	0,04806	8	363	146	3038	−0,586	0,481	0.022422	
☉	□	♄	−3	0,04445	0,02204	0,04806	8	363	146	3038	−0,585	0,459	0.022422	
☽	□	☿	−3	0,04510	0,02755	0,05497	10	363	167	3038	−0,608	0,501	0.023933	
☽	☍	A	−3	0,02771	0,01653	0,03950	6	363	120	3038	−0,829	0,418	0.026497	
♀	Q	A	3	0,03356	0,06612	0,03983	24	363	121	3038	0,783	1,660	0.026710	0,03571
♇	☍	A	−3	0,03031	0,01377	0,03522	5	363	107	3038	−0,708	0,391	0.028333	
♂	△	♃	−3	0,03718	0,01377	0,03522	5	363	107	3038	−0,577	0,391	0.028333	
♀	BQ	☋	−3	0,03360	0,01102	0,03094	4	363	94	3038	−0,593	0,356	0.029725	
☿	✳	☋	3	0,02323	0,02479	0,01086	9	363	33	3038	0,600	2,282	0.029839	
☽	□	☋	3	0,04412	0,06887	0,04279	25	363	130	3038	0,591	1,609	0.030405	
♂	✳	♅	3	0,02081	0,03306	0,01646	12	363	50	3038	0,798	2,009	0.034639	
☽	BQ	A	3	0,03326	0,05234	0,02864	18	363	87	3038	0,713	1,828	0.036093	
♂	□	♅	−2	0,04525	0,02204	0,04542	8	363	138	3038	−0,517	0,485	0.038806	
☽	BQ	A	−1	0,03334	0,01102	0,02962	4	363	90	3038	−0,558	0,372	0.040706	
♂	⚺	M	−1	0,02217	0,00826	0,02567	3	363	78	3038	−0,785	0,322	0.042571	0,04762
♆	☍	A	−1	0,02790	0,01653	0,03654	6	363	111	3038	−0,717	0,452	0.047087	
☋	Q	M	−1	0,03333	0,01653	0,03687	6	363	112	3038	−0,610	0,448	0.047243	0,5 42

Eine einfache Statistik erklärt, welche Horoskopaspekte positiv und negativ zu werten sind. Bei Getrennten sind von den 11 Horoskopaspekten 7 analytisch und 4 synthetisch (2 *). Bei den Ungetrennten sind von 31 Aspekten 17 synthetisch (2 *) und 14 analytisch. Bei den Getrennten überwiegen die analytischen Aspekte.

Horoskopaspekte der Frauen

Mit dem gleichen Verfahren ergeben sich 48 signifikante Horoskopaspekte der Tabelle 48. Darin findet man ebenfalls zwei Aspekte zwischen Aszendent und MC, ein Aspekt zwischen Persönlichkeit und Selbst [9].

Man könnte vermuten, dass ein positiver Aspekt die Verträglichkeit in der Partnerschaft fördert und ein negativer (Quadrat) Dissonanzen zwischen der sich darstellenden Persönlichkeit und der Selbstverwirklichung der Partnerschaft abträglich sind.

Insgesamt finden sich 11 Aspekte mit den Achsen, 7 mit der Sonne, 6 mit dem Mond, 7 mit dem Merkur, 9 mit der Venus und 9 mit dem Mars. Nur 3 Horoskopaspekte sind mit dem schwarzen Mond (Lilith)[2], alle drei gebildet mit den Achsen.

---

2 Frauen mit Astrologiekenntnissen und Partnerschaftsproblemen haben mir mehrfach gesagt, dass Lilith an allem schuld sei.

Tabelle 48 Horoskopaspekte von Frauen mit genauen Geburtsdaten

Aspekt	bew	h_{erw}	h_A	h_B	H_A	n_A	H_B	n_B	δ	ν	p_{Zweis}	B_{Kor}
A △ M	-5	0, 17749	0, 04683	0, 13989	17	363	425	3038	-0, 524	0, 335	5. 309E-8	0, 00104
☿ △ ☊	-5	0, 03891	0, 02479	0, 08558	9	363	260	3038	-1, 562	0, 290	7. 383E-6	
☿ ☍ ☊	5	0, 02940	0, 06887	0, 02403	25	363	73	3038	1, 525	2, 866	1. 956E-5	
♀ * ♃	5	0, 02398	0, 05785	0, 02403	21	363	73	3038	1, 410	2, 866	9. 090E-4	
☉ ☍ ⚷	5	0, 02565	0, 05234	0, 02567	19	363	78	3038	1, 040	2, 039	0. 007038	
♂ ⚻ ♅	-5	0, 02127	0, 00275	0, 02699	1	363	82	3038	-1, 139	0, 102	0. 001639	
☽ ☌ M	-5	0, 03334	0, 00826	0, 03687	3	363	112	3038	-0, 858	0, 224	0. 001862	
♆ ☍ A	-5	0, 02790	0, 00826	0, 03687	3	363	112	3038	-1, 025	0, 224	0. 001862	
♀ ⚺ ♂	-5	0, 03494	0, 01102	0, 04115	4	363	125	3038	-0, 862	0, 268	0. 002062	
☽ △ ♅	-5	0, 04446	0, 01653	0, 05069	6	363	154	3038	-0, 768	0, 326	0. 002258	0, 01042
☉ ☌ ♀	-5	0, 09250	0, 04959	0, 09645	18	363	293	3038	-0, 507	0, 514	0. 002658	
♂ ☍ ♄	5	0, 02783	0, 05234	0, 02337	19	363	71	3038	1, 240	2, 711	0. 002785	
♂ Q ♄	-5	0, 03271	0, 01102	0, 04049	4	363	123	3038	-0, 901	0, 272	0. 002963	
A □ M	5	0, 12467	0, 19559	0, 13660	71	363	415	3038	0, 473	1, 432	0. 003262	
♂ ⚼ ♇	-5	0, 02266	0, 00000	0, 01810	0	363	55	3038	-0, 799	0, 000	0. 003311	
☿ ⚼ ♆	-5	0, 02145	0, 00275	0, 02370	1	363	72	3038	-0, 977	0, 116	0. 003464	
☽ BQ ♅	-5	0, 03334	0, 00826	0, 03489	3	363	106	3038	-0, 799	0, 237	0. 003908	
♀ BQ M	5	0, 03361	0, 06061	0, 03028	22	363	92	3038	0, 902	2, 002	0. 004904	
♄ BQ M	5	0, 03335	0, 05785	0, 02864	21	363	87	3038	0, 876	2, 020	0. 006179	
♂ ⚻ ⚷	-5	0, 02299	0, 00551	0, 02600	2	363	79	3038	-0, 891	0, 212	0. 009878	0, 0208
☉ ⚻ ☽	-5	0, 02201	0, 00551	0, 02633	2	363	80	3038	-0, 946	0, 209	0. 009990	
♂ Q ♅	4	0, 03440	0, 06061	0, 03292	22	363	100	3038	0, 805	1, 841	0. 010839	
☿ BQ ♄	-4	0, 03083	0, 01102	0, 03489	4	363	106	3038	-0, 774	0, 316	0. 011251	
☽ Q A	4	0, 03336	0, 06336	0, 03423	23	363	104	3038	0, 873	1, 851	0. 011683	
☿ ☌ ☊	-4	0, 03411	0, 02204	0, 05036	8	363	153	3038	-0, 830	0, 438	0. 012686	
☽ □ A	-3	0, 04444	0, 02204	0, 05069	8	363	154	3038	-0, 645	0, 435	0. 012703	
☿ □ ♄	-4	0, 04461	0, 01928	0, 04641	7	363	141	3038	-0, 608	0, 415	0. 013686	
♇ ∠ M	-4	0, 02224	0, 00551	0, 02469	2	363	75	3038	-0, 862	0, 223	0. 014186	
☽ ∠ ♂	-4	0, 02222	0, 00551	0, 02502	2	363	76	3038	-0, 878	0, 220	0. 014330	
☿ BQ ♇	-4	0, 03278	0, 00826	0, 02930	3	363	89	3038	-0, 642	0, 282	0. 015424	0, 0313
♂ □ ♅	-4	0, 04525	0, 02479	0, 05398	9	363	164	3038	-0, 645	0, 459	0. 015577	
☽ BQ ♇	4	0, 03332	0, 06061	0, 03325	22	363	101	3038	0, 821	1, 823	0. 015994	
♂ Q ⚷	4	0, 03175	0, 05510	0, 02962	20	363	90	3038	0, 802	1, 860	0. 017024	
♂ ☍ ♃	-4	0, 03115	0, 01928	0, 04510	7	363	137	3038	-0, 829	0, 428	0. 018339	
☉ ⚼ ♆	4	0, 02171	0, 03581	0, 01613	13	363	49	3038	0, 906	2, 220	0. 018448	
☉ ∠ ♄	-3	0, 02385	0, 00826	0, 02798	3	363	85	3038	-0, 827	0, 295	0. 021645	
☉ ∠ ♇	3	0, 02268	0, 04132	0, 02074	15	363	63	3038	0, 907	1, 992	0. 023309	
♀ ⚺ ☊	-3	0, 02242	0, 00551	0, 02205	2	363	67	3038	-0, 738	0, 250	0. 028955	
♀ ⚺ ♄	-2	0, 02383	0, 01102	0, 03127	4	363	95	3038	-0, 850	0, 352	0. 030020	
♆ Q A	2	0, 03331	0, 04959	0, 02765	18	363	84	3038	0, 659	1, 793	0. 032129	0, 04167
☉ □ ♂	-2	0, 04429	0, 02479	0, 04905	9	363	149	3038	-0, 548	0, 506	0. 034729	
♀ * ☊	2	0, 02189	0, 03306	0, 01679	12	363	51	3038	0, 743	1, 969	0. 037435	
♀ ☍ ♅	2	0, 02652	0, 04959	0, 02897	18	363	88	3038	0, 778	1, 712	0. 037833	
♀ □ ♆	2	0, 04424	0, 07162	0, 04608	26	363	140	3038	0, 577	1, 554	0. 038716	

♀ ∗ A	-1	0,02223	0,00826	0,02567	3	363	78	3038	-0,783	0,322	0.042571	0,04688
☽ Q ☿	1	0,03376	0,05234	0,03193	19	363	97	3038	0,605	1,639	0.045382	
☽ △ ☊	1	0,04429	0,06061	0,03818	22	363	116	3038	0,506	1,587	0.047960	
☊ BQ A	1	0,03332	0,04683	0,02765	17	363	84	3038	0,576	1,694	0.048918	0,5

Für Getrennte findet man 20 Horoskopaspekte in der Tabelle. Davon sind 8 negativ, 9 Quintile oder Biquintile, für die unklar ist, wie sie gewertet werden sollten. Bewertet man sie negativ wie auch die beiden Sextile, sind 19 von 20 negativ.

Bei den Ungetrennten sind nur 12 der 28 Horoskopaspekte positiv. Könnte es daran liegen, dass auch Paare vor 1900 darunter sind, die noch keine Scheidung kannten? Berücksichtigt man nur Paare, die nach 1874 geboren sind, ergeben sich nur marginale Änderungen. Diese negativen Aspekte werden wohl eher in der Partnerschaft ertragen, insbesondere, wenn es persönliche Schwächen sind (s. 5.3.4 auf Seite 178).

5.2.4 Horoskopaspekte der langsamen Planeten

Für die Auswahl der Aspekte gelten die gleichen Regeln wie in 4.2 auf Seite 123. Zuerst werden die relevanten Ergebnisse aus den von mir gesammelten Daten (alle, ungenaue und genaue) in der Tabelle 49 auf Seite 162 (Männer) und in der Tabelle 50 auf Seite 163 (Frauen) aufgelistet.

Danach folgen der Vollständigkeit halber die Ergebnisse aus den Schweizer Daten (Tabelle 51 auf Seite 164 und Tabelle 52). Diese Ergebnisse können nicht gewertet werden, weil die Schweizer Heiraten noch mindestens 40 % mögliche Scheidungen enthalten.

Die letzten Listen (Tabelle 54 und Tabelle 55) sind die Ergebnisse sorgfältiger Signifikanztests von Schweizer Scheidungen mit allen eigenen Ungetrennten. In der Tabelle 49 stimmen acht Aspekte mit der Tabelle 54 überein. Es sind die Horoskopaspekte: ♅ ∗ ☊, ♅ △ ☊, ♄ □ ☽, ♅ Q ☊, ♄ ∠ ☽, ♅ BQ ☊, ♃ ⚼ ♄, ♇ ∠ ☊.

Tabelle 49 Horoskopaspekte der langsamen Planeten von Männern

Aspekt	bew	h_{erw}	h_A	h_B	H_A	n_A	H_B	n_B	δ	ν	p_{Zweis}	
♅ ∗ ☊	5	0,13419	0,20301	0,06265	27	133	53	846	1,046	3,240	1.072E-6	0,001613
♅ △ ☊	-5	0,24011	0,22400	0,41152	28	125	293	712	-0,781	0,544	5.853E-5	0,003226
☽ Q ⚷	-5	0,15869	0,09043	0,20923	17	188	195	932	-0,749	0,432	6.370E-5	0,004839

♃ △ ♄	-5	0, 18465	0, 10000	0, 23330	15	150	241	1033	-0, 722	0, 429	1. 149E-4	0, 006452
♄ □ ☽	-5	0, 14600	0, 08696	0, 21559	12	138	177	821	-0, 881	0, 403	2. 901E-4	0, 008065
♅ □ ☽	5	0, 17488	0, 30263	0, 17986	46	152	209	1162	0, 702	1, 683	6. 533E-4	0, 009677
♄ ∠ ☊	5	0, 13005	0, 16814	0, 06977	19	113	69	989	0, 756	2, 410	8. 324E-4	0, 011290
♃ BQ ⚷	5	0, 13744	0, 22963	0, 12440	31	135	130	1045	0, 766	1, 846	0. 001921	0, 01290
♅ Q ☊	-5	0, 18732	0, 16667	0, 31631	17	102	192	607	-0, 799	0, 527	0. 0021290	0, 01451
♃ ⚺ ⚷	5	0, 18476	0, 34146	0, 21905	42	123	184	840	0, 663	1, 559	0. 004202	0, 01613
♄ ∠ ☽	5	0, 08727	0, 11679	0, 05324	16	137	46	864	0, 728	2, 194	0. 007200	0, 017742
♃ □ ♅	5	0, 16955	0, 24545	0, 14299	27	110	151	1056	0, 604	1, 717	0. 0075777	0, 01936
♃ Q ☊	-4	0, 06463	0, 03226	0, 07832	7	217	121	1545	-0, 713	0, 412	0. 0115323	0, 02097
♅ BQ ☊	-4	0, 18894	0, 19417	0, 31701	20	103	246	776	-0, 650	0, 613	0. 0117010	0, 02258
♃ ⚼ ♄	4	0, 08459	0, 18182	0, 10329	24	132	110	1065	0, 928	1, 760	0. 0119691	0, 02419
♆ □ ☊	4	0, 24357	0, 32692	0, 21246	34	104	191	899	0, 470	1, 539	0. 0124786	0, 02581
☊ □ ⚷	-4	0, 21974	0, 17117	0, 27792	19	111	214	770	-0, 486	0, 616	0. 015811	0, 02742
♃ ∠ ⚷	-4	0, 08871	0, 01639	0, 07367	2	122	61	828	-0, 646	0, 223	0. 017280	0, 02903
♃ * ♇	4	0, 10409	0, 15672	0, 08663	21	134	92	1062	0, 673	1, 809	0. 017416	0, 03065
♃ ☍ ⚷	-3	0, 22180	0, 13793	0, 25368	12	87	138	544	-0, 522	0, 544	0. 020527	0, 03226
♇ ☌ ☽	3	0, 21311	0, 25000	0, 15006	22	88	131	873	0, 469	1, 666	0. 020940	0, 033871
♇ ∠ ☊	-3	0, 14412	0, 07216	0, 16238	7	97	101	622	-0, 626	0, 444	0. 0211079	0, 03548
♄ Q ☊	-3	0, 14830	0, 12500	0, 20877	17	136	200	958	-0, 565	0, 599	0. 0213941	0, 03710
♅ Q ☽	-3	0, 16127	0, 08929	0, 15736	15	168	155	985	-0, 422	0, 567	0. 024621	0, 038710
♄ ⚼ ☊	-3	0, 09581	0, 05263	0, 12552	6	114	91	725	-0, 761	0, 419	0. 0261097	0, 04032
♇ ⚻ ☽	-2	0, 09217	0, 04762	0, 10066	8	168	106	1053	-0, 576	0, 473	0. 0310746	0, 04194
☊ ⚻ ☽	-2	0, 06297	0, 02817	0, 06530	6	213	99	1516	-0, 590	0, 431	0. 031498	0, 043548
♆ ☌ ☊	2	0, 36262	0, 52941	0, 34341	18	34	125	364	0, 513	1, 542	0. 0391848	0, 04516
♅ ☌ ☽	-1	0, 30292	0, 19481	0, 31027	15	77	139	448	-0, 381	0, 628	0. 0423256	0, 04677
♇ ⚻ ☊	1	0, 16278	0, 24138	0, 15161	21	87	94	620	0, 551	1, 592	0. 0428616	0, 04839
☽ ∠ ⚷	-1	0, 11763	0, 10638	0, 17381	15	141	142	817	-0, 573	0, 612	0. 0485545	0, 05000

Tabelle 50 Horoskopaspekte von langsamen Planeten bei Frauen

Aspekt	bew	h_{erw}	h_A	h_B	H_A	n_A	H_B	n_B	δ	ν	p_{Zweis}
♅ * ☊	5	0, 13419	0, 23846	0, 07320	31	130	62	847	1, 232	3, 258	1. 120E-7
♄ □ ☽	-5	0, 14600	0, 07927	0, 21883	13	164	179	818	-0, 956	0, 362	1. 291E-5
♅ Q ☊	-5	0, 18732	0, 15957	0, 36257	15	94	248	684	-1, 084	0, 440	6. 348E-5
♇ ☌ ☽	5	0, 21311	0, 33333	0, 15087	30	90	113	749	0, 856	2, 209	7. 696E-5
♅ △ ☊	-5	0, 24011	0, 19192	0, 39130	19	99	270	690	-0, 830	0, 490	8. 275E-5
♄ ∠ ☽	5	0, 08727	0, 18333	0, 06659	22	120	59	886	1, 338	2, 753	9. 0836E-5
♅ BQ ☊	-5	0, 18894	0, 10526	0, 27723	10	95	224	808	-0, 910	0, 380	1. 6862E-4
♅ ☍ ☊	5	0, 26198	0, 36145	0, 17463	30	83	95	544	0, 713	2, 070	1. 8805E-4
♇ △ ☽	5	0, 15176	0, 23353	0, 12932	39	167	202	1562	0, 687	1, 806	5. 6694E-4
♃ □ ☊	5	0, 17126	0, 19512	0, 11337	48	246	145	1279	0, 477	1, 721	7. 5430E-4
☊ △ Ch	-5	0, 20425	0, 15484	0, 27904	24	155	221	792	-0, 608	0, 555	9. 1699E-4
♄ ∠ ☊	5	0, 13005	0, 16000	0, 07587	24	150	72	949	0, 647	2, 109	0. 0016125
♃ ⚼ ♆	-5	0, 09252	0, 04478	0, 13387	6	134	132	986	-0, 963	0, 334	0. 0018698
♄ Q ☊	-5	0, 14830	0, 10769	0, 21872	14	130	208	951	-0, 749	0, 492	0. 0024985

♇ * ☊	5	0, 16756	0, 27273	0, 15918	33	121	117	735	0, 678	1, 713	0. 0041991
☊ ⚻ ⚷	5	0, 15136	0, 22378	0, 13048	32	143	122	935	0, 616	1, 715	0. 0045816
♅ △ ☽	5	0, 16702	0, 25503	0, 16049	38	149	195	1215	0, 566	1, 589	0. 0054779
♆ ⚺ ☊	-5	0, 14867	0, 09016	0, 19338	11	122	111	574	-0, 694	0, 466	0. 0056480
♄ BQ ☊	5	0, 19104	0, 21765	0, 13106	37	170	119	908	0, 453	1, 661	0. 0059396
♃ ☌ ♇	5	0, 22372	0, 34783	0, 20946	32	92	93	444	0, 618	1, 661	0. 0064408
♅ ∠ ☊	-5	0, 15016	0, 11111	0, 22611	11	99	142	628	-0, 766	0, 491	0. 0078140
♆ ∠ ☊	5	0, 16226	0, 21000	0, 10883	21	100	69	634	0, 624	1, 930	0. 0078402
☊ ☍ ⚷	-4	0, 20931	0, 11340	0, 22883	11	97	127	555	-0, 551	0, 496	0. 0100733
♃ * ☊	-4	0, 05380	0, 01744	0, 06411	3	172	77	1201	-0, 867	0, 272	0. 0133687
☽ ∠ ⚷	-4	0, 11763	0, 09494	0, 17166	15	158	166	967	-0, 652	0, 553	0. 0139569
♆ △ ☊	4	0, 25528	0, 33083	0, 23030	44	133	190	825	0, 394	1, 436	0. 0163836
☊ ☍ ☽	4	0, 15709	0, 20339	0, 11990	24	118	94	784	0, 531	1, 696	0. 0182514
♃ ☍ ♆	4	0, 19808	0, 29167	0, 18336	28	96	141	769	0, 547	1, 591	0. 0194638
♃ ☌ ♅	-3	0, 36674	0, 32258	0, 47718	20	62	230	482	-0, 422	0, 676	0. 0218986
♃ △ ♅	3	0, 16645	0, 22335	0, 15549	44	197	153	984	0, 408	1, 436	0. 0273983
♃ ⚻ ♅	3	0, 09147	0, 13291	0, 07692	21	158	75	975	0, 612	1, 728	0. 0295884
☽ Q ⚷	-2	0, 15869	0, 12766	0, 20491	18	141	217	1059	-0, 487	0, 623	0. 0314946
♄ ⚼ ☽	-2	0, 09116	0, 03509	0, 09651	4	114	72	746	-0, 674	0, 364	0. 0321873
☽ * ⚷	2	0, 08833	0, 14286	0, 08566	19	133	95	1109	0, 647	1, 668	0. 0381759
♃ * ♅	2	0, 09205	0, 13492	0, 07700	17	126	76	987	0, 629	1, 752	0. 0383296
♃ ⚼ ♅	2	0, 08841	0, 13768	0, 08276	19	138	84	1015	0, 621	1, 664	0. 0389963
☊ △ ☽	-1	0, 12934	0, 08085	0, 12886	19	235	196	1521	-0, 371	0, 627	0. 0415360
♃ ∠ ♇	1	0, 10578	0, 12587	0, 07248	18	143	69	952	0, 505	1, 737	0. 0444940
♃ ⚻ ♄	1	0, 09535	0, 14024	0, 08851	23	164	104	1175	0, 543	1, 584	0. 0451250
♆ ⚻ ☽	1	0, 09383	0, 13939	0, 08985	23	165	100	1113	0, 528	1, 551	0. 0482453

11 Horoskopaspekte stimmen bei Frauen und Männern überein (Tabelle 49 und Tabelle 50).

Tabelle 51 Horoskopaspekte der langsamen Planeten von Schweizer Männern

Aspekt	b	b_1	b_2	H_A	n_A	H_B	n_B	h_A	h_B	h_{erw}	δ	p
♅ ☍ ⚷	-5	5	-5	19028	42561	26017	66846	0, 44708	0, 38921	0, 41994	-0, 07317	6. 08E-80
♆ ⚺ ☊	5	-5	5	1288	10183	2130	9512	0, 12649	0, 22393	0, 15649	0, 43097	3. 46E-73
♆ Q ☊	5	-5	5	1996	9826	3032	9754	0, 20313	0, 31085	0, 22194	0, 40059	5. 5251E-67
♆ ☍ ☊	5	-5	5	1863	6209	1817	3967	0, 30005	0, 45803	0, 33594	0, 36342	2. 2960E-58
♃ △ ☊	-5	5	-5	2447	18238	1608	19394	0, 13417	0, 08291	0, 10426	-0, 20475	5. 525E-58
☊ ☍ ⚷	5	-5	5	1417	7787	2363	8698	0, 18197	0, 27167	0, 21030	0, 29181	6. 764E-43
♆ BQ ☊	-5	5	-5	2543	9745	2043	10989	0, 26095	0, 18591	0, 21310	-0, 12757	1. 547E-38
♄ ∠ ☽	-5	5	-5	1441	10358	862	10154	0, 13912	0, 08489	0, 10188	-0, 16674	4. 823E-35
♆ □ ☊	5	-5	5	2623	10293	3868	12067	0, 25483	0, 32054	0, 26899	0, 19164	2. 9876E-27
☽ Q ⚷	5	-5	5	1582	13835	2179	13910	0, 11435	0, 15665	0, 12225	0, 28144	7. 3587E-25
♃ ☍ ♅	-5	5	-5	1823	7456	2118	11374	0, 24450	0, 18621	0, 203741	-0, 08603	1. 23E-21
♃ Q ♇	5	-5	5	1510	12485	2070	12862	0, 12095	0, 16094	0, 14897	0, 08035	5. 3181E-20
♃ ⚼ ♇	-5	5	-5	1411	13394	1203	15999	0, 10535	0, 07519	0, 09350	-0, 1957	2. 061E-19
☊ * ⚷	5	-5	5	1243	9742	1494	8535	0, 12759	0, 17504	0, 14842	0, 17941	3. 586E-19
♄ ⚺ ♅	5	-5	5	904	4613	904	3215	0, 19597	0, 28118	0, 22057	0, 27479	2. 2983E-18

♆ ⚻ ☊	−5	5	−5	1513	9304	994	8206	0, 16262	0, 12113	0, 14351	−0, 15594	4. 566E−15
♄ △ ♆	5	−5	5	2857	10052	3063	9158	0, 28422	0, 33446	0, 31730	0, 05416	5. 1693E−14
♅ ∠ ♇	5	−5	5	2388	5401	2109	4054	0, 44214	0, 52023	0, 49902	0, 04249	5. 6909E−14
♃ Q ♆	−5	5	−5	1844	11832	1745	13907	0, 15585	0, 12548	0, 14649	−0, 14343	2. 695E−12
♃ ⚼ ☊	−5	5	−5	1184	18032	965	19502	0, 06566	0, 04948	0, 05588	−0, 1144	1. 750E−11
☽ BQ ⚷	5	−5	5	1543	12330	2255	14686	0, 12514	0, 15355	0, 14366	0, 06883	2. 0853E−11
♅ □ ♆	−5	5	−5	6513	13164	5265	11622	0, 49476	0, 45302	0, 47126	−0, 03870	5. 207E−11
☽ □ ⚷	−5	5	−5	2255	14924	2544	20003	0, 15110	0, 12718	0, 14298	−0, 11047	1. 573E−10
♃ ⚺ ☊	−5	5	−5	2144	20783	1903	22054	0, 10316	0, 08629	0, 09148	−0, 05671	2. 617E−9
♃ ∠ ♅	−5	5	−5	1254	12313	736	9376	0, 10184	0, 07850	0, 09357	−0, 16111	3. 2343E−9
♃ ∠ ⚷	−5	5	−5	842	10395	926	15001	0, 08100	0, 06173	0, 06708	−0, 0798	4. 2023E−9
♇ △ ☽	−5	5	−5	2996	16092	3036	18706	0, 18618	0, 16230	0, 17012	−0, 04596	4. 8006E−9
☽ ⚺ ⚷	5	−5	5	1685	17393	1902	16665	0, 09688	0, 11413	0, 10549	0, 08192	2. 25799E−7
♄ ⚺ ♇	−5	5	−5	1917	7439	1647	7438	0, 25770	0, 22143	0, 23743	−0, 06739	2. 3397E−7
♆ Q ⚷	−5	5	−5	2167	7350	584	2394	0, 29483	0, 24394	0, 27132	−0, 1009	1. 3021E−6

Tabelle 52 Horoskopaspekte der langsamen Planeten von Schweizer Frauen

Aspekt	b	b_1	b_2	H_A	n_A	H_B	n_B	h_A	h_B	h_{erw}	δ	p
♅ ☍ ⚷	−5	5	−5	20956	47048	27640	70331	0, 44542	0, 39300	0, 41725	−0, 0577	3. 025E−71
♆ Q ☊	5	−5	5	1979	9475	2889	9093	0, 20887	0, 31772	0, 22194	0, 43155	5. 7818E−64
♇ ☍ ☊	−5	5	−5	1429	3924	965	4376	0, 36417	0, 22052	0, 28365	−0, 22255	3. 774E−47
♃ △ ☊	−5	5	−5	2150	17782	1591	19762	0, 12091	0, 08051	0, 10573	−0, 24193	7. 951E−39
♆ BQ ☊	−5	5	−5	2451	9718	2855	15422	0, 25221	0, 18513	0, 21783	−0, 15349	1. 968E−36
♅ ∠ ♇	5	−5	5	2065	4568	3152	5615	0, 45206	0, 56135	0, 49902	0, 12491	5. 1365E−28
♃ Q ♇	5	−5	5	1530	11948	2308	13054	0, 12805	0, 17680	0, 14897	0, 18684	8. 7427E−27
♇ ⚼ ⚷	−5	5	−5	1176	3415	1155	4790	0, 34436	0, 24113	0, 26789	−0, 1011	2. 535E−24
♃ ☍ ♅	−5	5	−5	1813	7545	2227	12361	0, 24029	0, 18016	0, 19553	−0, 07541	3. 31E−24
♄ ∠ ♆	5	−5	5	1084	7287	1566	7637	0, 14876	0, 20505	0, 17280	0, 18664	1. 983E−19
♄ ∠ ☽	−5	5	−5	1202	10007	998	11933	0, 12012	0, 08363	0, 10031	−0, 1636	4. 104E−19
♄ ☌ ♇	5	−5	5	1946	5205	3246	7166	0, 37387	0, 45297	0, 41767	0, 08453	1. 282E−18
♅ ☍ ☊	−5	5	−5	2416	8323	1839	7783	0, 29028	0, 23628	0, 26705	−0, 11520	8. 06E−15
♃ ⚺ ☊	−5	5	−5	1971	19766	1981	24977	0, 09972	0, 07931	0, 09044	−0, 12161	5. 35E−14
♅ ⊓ ☽	−5	5	−5	2589	12716	2503	14726	0, 20360	0, 16997	0, 18480	−0, 0806	9. 633E−13
♅ △ ☽	−5	5	−5	2559	12854	2725	16183	0, 19908	0, 16839	0, 18686	−0, 1049	1. 939E−11
♄ ∠ ⚷	5	−5	5	1538	6770	1787	6530	0, 22718	0, 27366	0, 24316	0, 1255	6. 699E−10
♃ ☍ ☊	−5	5	−5	1796	10228	1667	11431	0, 17560	0, 14583	0, 15693	−0, 06926	2. 740E−9
♄ ⚼ ☊	−5	5	−5	1224	12633	1154	14869	0, 09689	0, 07761	0, 08504	−0, 0728	1. 642E−8
☊ ⚼ ⚷	−5	5	−5	1107	9857	1241	13718	0, 11231	0, 09047	0, 10207	−0, 1182	3. 907E−8
♄ BQ ♇	5	−5	5	2860	9501	3539	10534	0, 30102	0, 33596	0, 32229	0, 04141	1. 1756E−7
♄ ☌ ♅	5	−5	5	1548	3465	778	1481	0, 44675	0, 52532	0, 47700	0, 10141	4. 5860E−7
♄ □ ♇	−5	5	−5	2526	7939	1624	5805	0, 31818	0, 27976	0, 30116	−0, 07107	1. 209E−6
♅ □ ♆	−5	5	−5	6156	12726	3162	6972	0, 48373	0, 45353	0, 47126	−0, 03762	4. 897E−5

Bei den Horoskopaspekten wurden nur diejenigen gewertet, bei denen h_A und h_B signifikant (p <= 0,001 aus einem Anpassungstest) in beiden Richtungen von h_{erw} abweichen. Erkennbar wird dies aus einem Unterschied von 10 zwischen b_1 und b_2.

Tabelle 53 Geburtstagsverteilungen für die Tabelle 54

Gruppe	erstes Jahr	letztes Jahr	Medianwert	5 %-Quantil	95 %-Quantil	Q_{90}
Ungetrennte	1553	1996	1901	1843	1937,5	94,5
Getrennte	1895	1989	1956	1934	1975,5	41,5

Tabelle 54 Horoskopaspekte der langsamen Planeten von Schweizer geschiedenen Männer gegen alle ungetrennten Männer von eigenen Paaren

Aspekt	b	b_1	b_2	H_A	n_A	H_B	n_B	h_A	h_B	h_{erw}	δ	p
♅ △ ☊	-5	-5	5	0, 24772	0, 18307	0, 41176	1607	8778	217	527	-0, 923	0, 445 8. 3543E-32
♅ Q ☊	-5	-5	5	0, 17920	0, 11454	0, 30183	1005	8774	99	328	-1, 045	0, 379 6. 6586E-19
♃ ☌ ♄	5	5	-5	0, 32168	0, 35747	0, 10879	2241	6269	26	239	0, 773	3, 286 8. 3977E-18
♅ * ☊	5	5	-5	0, 15609	0, 21883	0, 07556	2921	13348	34	450	0, 918	2, 896 7. 3202E-16
♃ BQ♆	-5	-5	5	0, 14353	0, 11550	0, 25445	1994	17264	100	393	-0, 968	0, 454 5. 3795E-14
♄ ☍ ☽	5	5	-5	0, 22553	0, 30259	0, 11111	1529	5053	32	288	0, 849	2, 723 5. 6708E-14
♄ □ ☽	-5	0	5	0, 14512	0, 14088	0, 28436	2008	14253	120	422	-0, 989	0, 495 5. 8974E-14
♃ △ ☊	5	5	-5	0, 10426	0, 13417	0, 05803	2447	18238	56	965	0, 730	2, 312 7. 7359E-14
☊ Q ⚷	-5	-5	5	0, 20676	0, 17844	0, 32620	2377	13321	122	374	-0, 715	0, 547 1. 414E-11
♄ * ☽	-5	-5	5	0, 10266	0, 08348	0, 18950	875	10481	65	343	-1, 033	0, 441 1. 1322E-9
♃ ⚼ ♆	-5	-5	5	0, 09706	0, 07565	0, 15756	1070	14144	75	476	-0, 844	0, 480 5. 334E-9
♃ ⚻ ⚷	5	5	-5	0, 09558	0, 10284	0, 04258	1569	15256	29	681	0, 630	2, 415 2. 230E-8
♅ ⚼ ☊	5	5	-5	0, 13874	0, 18868	0, 09227	2157	11432	43	466	0, 695	2, 045 2. 335E-8
♇ ∠ ☊	-5	-5	5	0, 11451	0, 09425	0, 19529	899	9538	58	297	-0, 882	0, 483 2. 2714E-7
♃ * ♆	5	5	-5	0, 10843	0, 12682	0, 05925	1790	14115	33	557	0, 623	2, 140 3. 7283E-7
☊ ☍ ⚷	-5	-5	5	0, 21030	0, 18197	0, 28824	1417	7787	98	340	-0, 505	0, 631 3. 178E-6
♄ ∠ ☽	5	5	-4	0, 10188	0, 13912	0, 06967	1441	10358	34	488	0, 682	1, 997 3. 7053E-6
♅ BQ☊	-5	-5	5	0, 17178	0, 15464	0, 23647	1352	8743	118	499	-0, 476	0, 654 3. 8564E-6
☊ ☌ ⚷	-5	-5	5	0, 24973	0, 21905	0, 37267	2065	9427	60	161	-0, 615	0, 588 1. 285E-5
♃ □ ☊	5	5	-5	0, 16235	0, 17695	0, 11717	4381	24758	86	734	0, 368	1, 510 1. 3721E-5
♆ ⚺ ☊	-5	-5	5	0, 15649	0, 12649	0, 21098	1288	10183	73	346	-0, 540	0, 600 1. 9047E-5
♃ ⚺ ♇	5	5	-5	0, 09858	0, 11930	0, 06073	1901	15934	30	494	0, 594	1, 965 2. 5323E-5
♇ * ☊	5	5	-5	0, 17782	0, 20492	0, 13105	2091	10204	65	496	0, 415	1, 564 3. 4532E-5
♃ Q ☊	-5	-5	5	0, 07044	0, 06543	0, 10754	1222	18677	77	716	-0, 598	0, 608 3. 5098E-5
♃ ☍ ♆	5	5	-5	0, 19119	0, 21262	0, 11636	1904	8955	32	275	0, 503	1, 827 6. 0340E-5
♃ △ ♆	5	5	-5	0, 17632	0, 19597	0, 12156	3167	16161	53	436	0, 422	1, 612 6. 1674E-5
♃ ⚺ ♅	5	5	-5	0, 12365	0, 13568	0, 06390	2054	15139	20	313	0, 580	2, 123 7. 5915E-5
♅ ∠ ☊	-5	-5	5	0, 14537	0, 12944	0, 20767	1149	8877	65	313	-0, 538	0, 623 1. 6637E-4
♃ ⚼ ♄	-5	-5	5	0, 09125	0, 08089	0, 12520	1082	13377	79	631	-0, 486	0, 646 2. 037E-4

Tabelle 55 Horoskopaspekte der langsamen Planeten von Schweizer geschiedenen Frauen gegen alle ungetrennten Frauen von eigenen Paaren

Aspekt	b	b_1	b_2	H_A	n_A	H_B	n_B	h_A	h_B	h_{erw}		δ	p
♅ Q ☊	-5	-5	5	0,17920	0,11466	0,33772	962	8390	154	456	-1,245	0,340	1.019E-33
♇ △ ⚷	-5	-5	5	0,45019	0,36411	0,56849	1049	2881	249	438	-0,454	0,64	7.810E-16
♅ ∗ ☊	5	5	-5	0,15609	0,21321	0,07863	2786	13067	39	496	0,862	2,712	1.953E-15
♅ △ ☊	-5	-5	5	0,22140	0,18442	0,34354	1536	8329	157	457	-0,719	0,537	6.195E-15
♄ ☍ ☽	5	5	-5	0,22553	0,32709	0,11832	1589	4858	31	262	0,926	2,76	2.2602E-14
♄ ∗ ☽	-5	-5	5	0,09856	0,07873	0,17813	788	10009	101	567	-1,009	0,44	1.3145E-13
♃ BQ ♆	-5	-5	5	0,14353	0,11833	0,23541	1949	16471	117	497	-0,816	0,503	8.696E-13
☊ Q ⚷	-5	-5	5	0,20676	0,16634	0,30864	2026	12180	125	405	-0,688	0,54	3.952E-12
♃ BQ ♇	5	5	-5	0,10678	0,14358	0,05963	2062	14361	39	654	0,786	2,408	3.350E-11
☊ △ ⚷	-5	-5	5	0,19562	0,13664	0,25558	2034	14886	103	403	-0,608	0,54	5.337E-10
♃ ☍ ♇	5	5	-5	0,18442	0,21469	0,09366	1733	8072	31	331	0,656	2,292	1.1739E-8
♃ □ ☊	5	5	-5	0,16235	0,17841	0,11026	4308	24146	86	780	0,420	1,618	2.9047E-7
♃ ⚼ ♆	-5	-5	5	0,09706	0,07688	0,13918	1040	13527	81	582	-0,642	0,552	6.148E-7
♇ ∠ ☊	-5	-5	5	0,11446	0,09883	0,21635	956	9673	45	208	-1,027	0,457	6.4459E-7
♄ ⚺ ☽	-5	-5	5	0,10679	0,07606	0,14699	762	10018	66	449	-0,664	0,517	6.4649E-7
♃ ∗ ♆	5	5	-5	0,10843	0,13356	0,07153	1829	13694	49	685	0,572	1,867	6.7879E-7
☽ ⚼ ⚷	5	5	-3	0,11828	0,16337	0,08485	2173	13301	42	495	0,664	1,925	7.1411E-7
♅ ⚼ ☊	5	5	-4	0,13749	0,18576	0,09424	2040	10982	36	382	0,666	1,971	1.457E-6
♇ ∗ ☊	5	5	-5	0,17106	0,19811	0,11304	1953	9858	52	460	0,497	1,753	2.2905E-6
♄ ☌ ☊	-5	-5	5	0,20318	0,18710	0,31667	1352	7226	76	240	-0,638	0,591	2.3610E-6
☊ ☌ ⚷	-5	-5	5	0,24973	0,20548	0,35000	1830	8906	70	200	-0,579	0,587	3.593E-6
♃ ⚼ ♄	-5	-5	5	0,09125	0,08055	0,13246	1017	12625	91	687	-0,569	0,608	6.942E-6
♄ ∠ ☽	5	5	-5	0,10031	0,12012	0,06417	1202	10007	36	561	0,558	1,872	2.5894E-5
♃ ⚺ ♅	5	5	-5	0,12075	0,13662	0,07676	2048	14990	37	482	0,496	1,780	7.7771E-5
☽ ∠ ⚷	-5	-5	5	0,09146	0,08170	0,12415	1177	14407	91	733	-0,464	0,658	1.2194E-4
♅ ☍ ☊	5	5	-5	0,26705	0,29028	0,19620	2416	8323	62	316	0,352	1,479	2.255E-4
♅ ⚼ ☽	-5	-5	5	0,09568	0,08270	0,14080	1314	15888	49	348	-0,607	0,587	3.8158E-4
♃ ∠ ⚷	5	5	-5	0,06708	0,07529	0,03549	764	10147	17	479	0,593	2,121	6.052E-4

In der Tabelle 54 auf Seite 166 ergibt sich über eine Bonferroni-Holm-Korrektur ein α von 0,006, für die Tabelle 55 auf Seite 167 ein α von 0,02. Sieben Horoskopaspekte der Tabelle 55 findet man auch in der Tabelle 50.

Die relevanten Horoskopaspekte der Männer (Tabelle 46 auf Seite 157 und Tabelle 54 auf Seite 166) und Frauen (Tabelle 48 auf Seite 161 und Tabelle 55 auf Seite 167) fasse ich nun in gemeinsamen Tabellen (Tabelle 56 auf Seite 168 bzw. Tabelle 57 auf Seite 169) zusammen. Diese Horoskopaspekte der Tabelle 56 auf Seite 168 werden nun nach der Ordnung der Planeten umsortiert und ergeben die Tabelle 58. Die Horoskopaspekte der Frauen (Tabelle 57) ergeben durch Umsortieren die Tabelle 59 auf Seite 171.

Tabelle 56 Bewertungszahlen und p-Werte zur Scheidungswahrscheinlichkeit für Horoskopaspekte der Männer

A * M	-5	3.10534E-6	☉ ☍ ♄	-3	0.0219234	♄ ☍ ☽	5	5.6708E-14
A △ M	-5	9.19056E-6	☽ □ A	-3	0.0224217	♄ □ ☽	-5	5.8974E-14
☽ ⚻ ♆	5	1.02823E-4	☉ □ ♄	-3	0.0224218	♃ △ ☊	5	7.7359E-14
☿ △ ☊	-5	2.17019E-4	☽ □ ☿	-3	0.0239329	☊ Q ⚷	-5	1.414E-11
☿ BQ ☊	-5	4.91293E-4	☽ ☍ A	-3	0.0264969	♄ * ☽	-5	1.1322E-9
A □ M	5	0.0012747	☿ Q A	3	0.0267104	♃ ⚼ ♆	-5	5.334E-9
♅ Q M	-5	0.0041679	♇ ☍ A	-3	0.0283325	♃ ⚻ ⚷	5	2.230E-8
☽ ☌ M	-5	0.0042636	♂ △ ♃	-3	0.0283325	♅ ⚼ ☊	5	2.335E-8
☿ ⚻ ☽	-5	0.0047474	♀ BQ ☊	-3	0.0297246	♇ ∠ ☊	-5	2.2714E-7
⚷ □ M	-5	0.0056575	☿ * ☊	3	0.0298390	♃ * ♆	5	3.7283E-7
☿ ☍ ☊	5	0.0057549	☽ □ ☊	3	0.0304047	☊ ☍ ⚷	-5	3.178E-6
☽ ⚻ ♄	5	0.0063458	♂ * ♅	3	0.0346387	♄ ∠ ☽	5	3.7053E-6
☽ ∠ ☿	-5	0.0075685	☽ BQ A	3	0.0360933	♅ BQ ☊	-5	3.8564E-6
♀ □ ☊	-4	0.0101705	♂ □ ♅	-2	0.0388062	☊ ☌ ⚷	-5	1.285E-5
☉ Q ♄	-4	0.0111091	☽ BQ A	-1	0.0407063	♃ □ ☊	5	1.3721E-5
☽ ⚺ ♅	-4	0.0141857	♂ ⚺ M	-1	0.0425708	♆ ⚺ ☊	-5	1.9047E-5
♂ ∠ ♆	-4	0.0154245	♆ ☍ A	-1	0.0470872	♃ ⚺ ♇	5	2.5323E-5
☿ ∠ ☽	-4	0.0156356	☊ Q M	-1	0.0472431	♇ * ☊	5	3.4532E-5
♆ Q A	-4	0.0160836				♃ Q ☊	-5	3.5098E-5
♀ * ⚷	-4	0.0175825	♅ △ ☊	-5	8.3543E-32	♃ ☍ ♆	5	6.0340E-5
☉ ☌ M	4	0.0176792	♅ Q ☊	-5	6.6586E-19	♃ △ ♆	5	6.1674E-5
☿ ☌ A	-4	0.0196988	♃ ☌ ♄	5	8.3977E-18	♃ ⚺ ♅	5	7.5915E-5
☉ ☍ M	5	0.0202984	♅ * ☊	5	7.3202E-16	♅ ∠ ☊	-5	1.6637E-4
☿ BQ ♃	-3	0.0218245	♃ BQ ♆	-5	5.3795E-14	♃ ⚼ ♄	-5	2.037E-4

5.3 Interpretation der Horoskopaspekte

Wie bei den Interaspekten sind die signifikanten Horokopaspekte bei den Getrennten nicht grundsätzlich analytische Aspekte. Es sind auch einige wenige synthetische (positive) Aspekte dabei. Daher muss sorgfältig untersucht werden, wie diese Wirkung zu verstehen ist. Ich werde die Horoskopaspekte in Gruppen unterteilen und zuerst die beschreiben, die eine Trennung befördern.

5.3.1 Horoskopaspekte bei Männern und Frauen gemeinsam

25 Horoskopaspekte der Männer stimmen mit denen der Frauen überein (Tabelle 58 und Tabelle 59). Zehn davon sind trennungsfördernd. Es sind ☿ ☍ ☊, ♃ ⚺ ♅, ♃*♆, ♃□☊, ♄ ☍ ☽, ♄ ∠ ☽, ♅*☊, ♅⚼☊, ♇*☊, A□M.

Tabelle 57 Bewertungszahlen und p-Werte zur Scheidungswahrscheinlichkeit für Horoskopaspekte der Frauen

A △ M	-5	5.30974E-8	☿ □ ♄	-4	0.0136864	♅ △ ☊	-5	6.195E-15
☿ △ ☊	-5	7.38372E-6	♇ ∠ M	-4	0.0141857	♄ ☍ ☽	5	2.2602E-14
☿ ☍ ☊	5	1.95613E-5	☽ ∠ ♂	-4	0.0143301	♄ * ☽	-5	1.3145E-13
♀ * ♃	5	9.09027E-4	☿ BQ ♇	-4	0.0154245	♃ BQ ♆	-5	8.696E-13
☉ ☍ ⚷	5	0.0070375	♂ □ ♅	-4	0.0155768	☊ Q ⚷	-5	3.952E-12
♂ ⚻ ♅	-5	0.0016390	☽ BQ ♇	4	0.0159941	♃ BQ ♇	5	3.350E-11
☽ ☌ M	-5	0.0018621	♂ Q ⚷	4	0.0170229	☊ △ ⚷	-5	5.337E-10
♆ ☍ A	-5	0.0018621	♂ ☍ ♃	-4	0.0183385	♃ ☍ ♇	5	1.1739E-8
♀ ⚺ ♂	-5	0.0020618	☉ ⚼ ♆	4	0.0184480	♃ □ ☊	5	2.9047E-7
☽ △ ♅	-5	0.0022584	☉ ∠ ♄	-3	0.0216445	♃ ⚼ ♆	-5	6.148E-7
☉ ☌ ♀	-5	0.0026584	☉ ∠ ♇	3	0.0233091	♇ ∠ ☊	-5	6.4459E-7
♂ ☍ ♄	5	0.0027849	♀ ⚺ ☊	-3	0.0289553	♄ ⚺ ☽	-5	6.4649E-7
♂ Q ♄	-5	0.0029627	♀ ⚺ ♄	-2	0.0300200	♃ * ♆	5	6.7879E-7
A □ M	5	0.0032625	♆ Q A	2	0.0321293	☽ ⚼ ⚷	5	7.1411E-7
♂ ⚼ ♇	-5	0.0033115	☉ □ ♂	-2	0.0347288	♅ ⚼ ☊	5	1.457E-6
☿ ⚼ ♆	-5	0.0034641	♀ * ☊	2	0.0374354	♇ * ☊	5	2.2905E-6
☽ BQ ♅	-5	0.0039077	♀ ☍ ♅	2	0.0378334	♄ ☌ ☊	-5	2.3610E-6
♀ BQ M	5	0.0049045	♀ □ ♆	2	0.0387157	☊ ☌ ⚷	-5	3.593E-6
♄ BQ M	5	0.0061789	♀ * A	-1	0.0425707	♃ ⚼ ♄	-5	6.942E-6
♂ ⚻ ⚷	-5	0.0098781	☽ Q ☿	1	0.0453822	♄ ∠ ☽	5	2.5894E-5
☉ ⚻ ☽	-5	0.0099908	☽ △ ☊	1	0.0479604	♃ ⚺ ♅	5	7.7771E-5
♂ Q ♅	4	0.0108394	☊ BQ A	1	0.0489184	☽ ∠ ⚷	-5	1.2194E-4
☿ BQ ♄	-4	0.0112512				♅ ☍ ☊	5	2.255E-4
☽ Q A	4	0.0116832	♅ Q ☊	-5	1.019E-33	♅ ⚼ ☽	-5	3.8158E-4
☿ ☌ ☊	-4	0.0126861	♇ △ ⚷	-5	7.810E-16	♃ ∠ ⚷	5	6.052E-4
☽ □ A	-3	0.0127033	♅ * ☊	5	1.953E-15			

Die Beschreibung der gemeinsamen Horoskopaspekte ist fast drei Seiten lang. Deshalb handle ich sie zusammen ab. Die Listen mit den Bewertungszahlen sind in Kästen gesetzt, damit sie vom fortlaufenden Text abgegrenzt sind.

Trennungsfördernde Horoskopaspekte

☿☍☊ (E)[3] Mangel an Anpassung, Empfindlichkeit, Neigung zu Entfremdungen.

♃*♆ (R) Chaotische Persönlichkeit, von Illusionen geleitet, fehlende Selbstkritik, Persönlichkeitsauflösung.

♃⚺♅ (GP) Impulsivität, Eigensinn, taktlose Offenheit, ständige Nörgelei wegen Nichtigkeiten. Risiko von Fehlentscheidungen und Verlusten auf wirtschaftlicher Ebene.

3 Die Zusammenstellung der Kurzzeichen für die Quellen befindet sich in 5.3.2 auf Seite 173.

Tabelle 58 Bewertungszahlen und p-Werte zur Scheidungswahrscheinlichkeit für Horoskopaspekte der Männer (geordnet)

⊙ □ ♄	-3	0.0224218	♂ △ ♃	-3	0.0283325	♅ ⚼ ☊	5	2.335E-8
⊙ ☍ ♄	-3	0.0219234	♂ * ♅	3	0.0346387	♅ ∠ ☊	-5	1.6637E-4
⊙ Q ♄	-4	0.0111091	♂ □ ♅	-2	0.0388062	♅ Q ☊	-5	6.6586E-19
⊙ ☌ M	4	0.0176792	♂ ∠ ♆	-4	0.0154245	♅ BQ ☊	-5	3.8564E-6
⊙ ☍ M	5	0.0202984	♂ ⚺ M	-1	0.0425708	♅ Q M	-5	0.0041679
☽ □ ☿	-3	0.0239329	♃ ☌ ♄	5	8.3977E-18	♆ ⚺ ☊	-5	1.9047E-5
☽ ∠ ☿	-5	0.0075685	♃ ⚼ ♄	-5	2.037E-4	♆ ☍ A	-1	0.0470872
☽ ⚻ ♄	5	0.0063458	♃ ⚺ ♅	5	7.5915E-5	♆ Q A	-4	0.0160836
☽ ⚺ ♅	-4	0.0141857	♃ * ♆	5	3.7283E-7	♇ * ☊	5	3.4532E-5
☽ ⚻ ♆	5	1.02823E-4	♃ △ ♆	5	6.1674E-5	♇ ∠ ☊	-5	2.2714E-7
☽ □ ☊	3	0.0304047	♃ ☍ ♆	5	6.0340E-5	♇ ☍ A	-3	0.0283325
☽ BQ A	-1	0.0407063	♃ ⚼ ♆	-5	5.334E-9	☊ ☌ ⚷	-5	1.285E-5
☿ BQ ♃	-3	0.0218245	♃ BQ ♆	-5	5.3795E-14	☊ ☍ ⚷	-5	3.178E-6
☿ * ☊	3	0.0298390	♃ ⚺ ♇	5	2.5323E-5	☊ Q ⚷	-5	1.414E-11
☿ △ ☊	-5	2.17019E-4	♃ □ ☊	5	1.3721E-5	☊ Q M	-1	0.0472431
☿ ☍ ☊	5	0.0057549	♃ △ ☊	5	7.7359E-14	⚷ □ M	-5	0.0056575
☿ BQ ☊	-5	4.91293E-4	♃ Q ☊	-5	3.5098E-5	☽ □ A	-3	0.0224217
☿ ⚻ ☽	-5	0.0047474	♃ ⚻ ⚷	5	2.230E-8	☽ ☍ A	-3	0.0264969
☿ ∠ ☽	-4	0.0156356	♄ * ☽	-5	1.1322E-9	☽ BQ A	3	0.0360933
☿ ☌ A	-4	0.0196988	♄ □ ☽	-5	5.8974E-14	☽ ☌ M	-5	0.0042636
☿ Q A	3	0.0267104	♄ ☍ ☽	5	5.6708E-14	A * M	-5	3.10534E-6
♀ □ ☊	-4	0.0101705	♄ ∠ ☽	5	3.7053E-6	A □ M	5	0.0012747
♀ BQ ☊	-3	0.0297246	♅ * ☊	5	7.3202E-16	A △ M	-5	9.19056E-6
♀ * ⚷	-4	0.0175825	♅ △ ☊	-5	8.3543E-32			

♃□☊ (E) Unkameradschaftliches Verhalten, anderen gegenüber den eigenen Vorteil im Auge haben.

♅⚼☊ (E) Lebhaftes und bewegliches Wesen in Gemeinschaft mit anderen Personen, mit anderen etwas erleben wollen, Abwechslung suchen, nervöse Erregbarkeit, unruhiges Wesen.

♄☍☽ (W) Starke äußere Bedingungen verhindern Freiheitsbestrebungen.

♄∠☽ (W) wie ☍.

♅*☊ (E) Lebhaftes und bewegliches Wesen in Gemeinschaft mit anderen Personen, mit anderen etwas erleben wollen, Abwechslung suchen.

♇*☊ (E) Verbindung mit vielen Menschen suchen, bekannt werden wollen, Einfluss ausüben wollen.

Tabelle 59 Bewertungszahlen und p-Werte zur Scheidungswahrscheinlichkeit für Horoskopaspekte der Frauen (geordnet)

☉ ⚻ ☽	-5	0.0099908	♀ ⚺ ☊	-3	0.0289553	♄ ∠ ☽	5	2.5894E-5
☉ ☌ ♀	-5	0.0026584	♀ * A	-1	0.0425707	♄ BQ M	5	0.0061789
☉ □ ♂	-2	0.0347288	♀ BQ M	5	0.0049045	♅ * ☊	5	1.953E-15
☉ ∠ ♄	-3	0.0216445	♂ ☍ ♃	-4	0.0183385	♅ △ ☊	-5	6.195E-15
☉ ⚼ ♆	4	0.0184480	♂ ☍ ♄	5	0.0027849	♅ ☍ ☊	5	2.255E-4
☉ ∠ ♇	3	0.0233091	♂ Q ♄	-5	0.0029627	♅ ⚼ ☊	5	1.457E-6
☉ ☍ ⚷	5	0.0070375	♂ □ ♅	-4	0.0155768	♅ Q ☊	-5	1.019E-33
☽ Q ☿	1	0.0453822	♂ ⚻ ♅	-5	0.0016390	♅ ⚼ ☽	-5	3.8158E-4
☽ ∠ ♂	-4	0.0143301	♂ Q ♅	4	0.0108394	♆ ☍ A	-5	0.0018621
☽ △ ♅	-5	0.0022584	♂ ⚼ ♇	-5	0.0033115	♆ Q A	2	0.0321293
☽ BQ ♅	-5	0.0039077	♂ ⚻ ⚷	-5	0.0098781	♇ * ☊	5	2.2905E-6
☽ BQ ♇	4	0.0159941	♂ Q ⚷	4	0.0170229	♇ ∠ ☊	-5	6.4459E-7
☽ △ ☊	1	0.0479604	♃ ⚼ ♄	-5	6.942E-6	♇ △ ⚷	-5	7.810E-16
☿ □ ♄	-4	0.0136864	♃ ⚺ ♅	5	7.7771E-5	♇ ∠ M	-4	0.0141857
☿ BQ ♄	-4	0.0112512	♃ * ♆	5	6.7879E-7	☊ ☌ ⚷	-5	3.593E-6
☿ ⚼ ♆	-5	0.0034641	♃ ⚼ ♆	-5	6.148E-7	☊ △ ⚷	-5	5.337E-10
☿ BQ ♇	-4	0.0154245	♃ BQ ♆	-5	8.696E-13	☊ Q ⚷	-5	3.952E-12
☿ ☌ ☊	-4	0.0126861	♃ ☍ ♇	5	1.1739E-8	☊ BQ A	1	0.0489184
☿ △ ☊	-5	7.38372E-6	♃ BQ ♇	5	3.350E-11	☽ ⚼ ⚷	5	7.1411E-7
☿ ☍ ☊	5	1.95613E-5	♃ □ ☊	5	2.9047E-7	☽ ∠ ⚷	-5	1.2194E-4
♀ ⚺ ♂	-5	0.0020618	♃ ∠ ⚷	5	6.052E-4	☽ □ A	-3	0.0127033
♀ * ♃	5	9.09027E-4	♄ ☌ ☊	-5	2.3610E-6	☽ Q A	4	0.0116832
♀ ⚺ ♄	-2	0.0300200	♄ * ☽	-5	1.3145E-13	☽ ☌ M	-5	0.0018621
♀ ☍ ♅	2	0.0378334	♄ ☍ ☽	5	2.2602E-14	A □ M	5	0.0032625
♀ □ ♆	2	0.0387157	♄ ⚺ ☽	-5	6.4649E-7	A △ M	5	5.30974E-8
♀ * ☊	2	0.0374354						

A□M Wird in der klassischen Astrologie nicht gewertet, ist jedoch signifikant. Konflikt zwischen Bestrebungen nach Selbstverwirklichung und der Erscheinung in der Umwelt, äußere Zwänge.

Zusammenhalt fördernde Horoskopaspekte

15 Horoskopaspekte fördern bei Männer und Frauen den Zusammenhalt in einer Beziehung:

☿△☊ (E) Gern mit anderen Menschen Gedanken austauschen, Anregung geben und Anregung suchen, geistige Interessen.

♂□♅ (E) Widerspruchsvolles Wesen, Eigensinn, Mangel an Ausgeglichenheit, Freiheitsdrang.

♃⚼♆ (E) Beeinflussbarkeit, Verführbarkeit, Zwiespalt zwischen Ideal und Wirklichkeit, Neigung zu Spekulation und Verschwendung.

♃BQ♆(E) Gefühlsreichtum, Idealismus, Freude an Formgebung, Kunst und Musik, rege Phantasie, Liebe zu Hilfsbedürftigen.

♄✳) (St) Möglichkeit, die Freiheitsbedürfnisse und die kreative Kraft Liliths und die Strukturen Saturns zu vereinigen.

♅△☊ (E) Gern mit anderen Menschen Gedanken austauschen, Anregung geben und Anregung suchen, geistige Interessen.

♅Q☊ (E) Lebhaftes und bewegliches Wesen in Gemeinschaft mit anderen Personen, mit anderen etwas erleben wollen, Abwechslung suchen.

♆☌A (E) Mangel an Widerstandskraft, sich gegenüber der Umwelt nicht durchsetzen können, sich beeinflussen lassen, Launenhaftigkeit.

♇∠☊ (E) Verbindungen mit vielen Menschen suchen, bekannt werden wollen, Einfluss ausüben wollen.

☊☌⚷ (St) Der Mensch mit Chiron in Konjunktion mit dem nördlichen Mondknoten neigt dazu, viel darüber zu reden, wie er die großen Dinge erreichen will, welche von Chirons Radix-Feld repräsentiert werden.

☊Q⚷ wie ☊☌⚷.

)□A Starke Unabhängigkeitsbestrebungen.

)☌M Drang nach Selbstverwirklichung.

A△M Wird in der klassischen Astrologie nicht gewertet, jedoch hoch signifikant. Bestrebungen nach Selbstverwirklichung lassen sich gut mit der nach außen wirkenden Persönlichkeit vereinbaren.

5.3.2 Kürzel für Literaturzitate

Bei der Interpretation der Planetenstellungen wähle ich keine eigenen Formulierungen, um den Eindruck der Voreingenommenheit zu vermeiden, sondern ich zitiere aus Standardwerken der Astrologie. Aspekte zwischen ☊, ☽ und ⚷ spielen offensichtlich in Partnerhoroskopen eine Rolle. Ich bin sehr zurückhaltend in der Interpretation, weil die Literatur noch sehr spekulativ zu sein scheint, ganz zu schweigen von statistisch gesicherten Erkenntnissen.

E: „[9]   Ebertin,   Reinhold: Kombination der Gestirneinflüsse Ebertin-Verlag, Aalen/Württ. 1974"

B: [8] Ebertin, Baldur R.: Vom kosmischen Symbol zur ganzheitlichen Deutung, Ebertin Verlag, Freiburg im Breisgau 1998

S: [39] Sakoian, Frances & Acker, Louis S.: Das große Lehrbuch der Astrologie, Scherz, Bern und München 1976

H: [26] Hürlimann, Gertrud I.: Astrologie, ein methodisch aufgebautes Lehrbuch, M & T Verlag AG Zürich, Edition Astroterra, 1992

GP: [16] Giani, Guiliana & Paltrinieri: Astrologie für Paare. Interbook Verlagsgesellschaft, Hamburg 1989

J: [27] Jehle, Markus (2004): Kreative Astrologie, Partnerschaft, Beziehungen, Goldmann Verlag, München

R: [37] Ring, Thomas: Astrologische Menschenkunde, Band I – IV H. Bauer KG, Freiburg im Breisgau 1969

St: [44] Stein, Zane B. (1989): Wendepunkt Chiron, Essenz und Anwendung, Tübingen, Chiron Verlag

M: [33] Martin, Jan: http://janswebsites.110mb.com/astro/astro-lilith-de.html#lilithindenprinzipien

PS: [41] Schmid, Peter: Astro-Wissen www.astroschmid.ch

W: [50] Wolfart-Zundel, Heidi & Cherubini, Günther: Lilith, der geheimnisvolle Planet

5.3.3 Übrige Horoskopaspekte der Männer

Die noch nicht besprochenen Horoskopaspekte der Männer werden in die Trennung fördernde und den Zusammenhalt unterstützende Aspekte eingeteilt.

Die Trennung fördernde Horoskopaspekte der Männer

$\odot\,\sigma\,M$ Starkes Ichbewusstsein, Identifikation mit einer (öffentlichen) Aufgabe.

$\odot\,\mathcal{S}\,M$ Schwaches Ichbewusstsein, Probleme bei der Selbstverwirklichung.

$\mathcal{D}\,\pi\,\hbar$ (GP) Verschlossener, depressiver Charakter, wenig Anschluss an andere Menschen, ohne Selbstwertgefühl, konfliktreiche Beziehung zur Mutter.

$\mathcal{D}\,\pi\,\Psi$ (GP) Nervosität, Gefühlsspannungen, Unzufriedenheit, Gemütslabilität, Zerstreutheit, Fehlentscheidungen, lügnerisch.

$\mathcal{D}\,\square\,\Omega$ (E) Mangel an Anpassung, Empfindlichkeit, Neigung zu Entfremdungen.

$\Saturn\!\ast\,\Omega$ (E) Geselligkeit, gern mit anderen Menschen Gedanken austauschen, Anregung geben und Anregung suchen, geistige Interessen. Möglicherweise zu viele Aktivitäten außerhalb der Beziehung mit Gefahr der Eifersucht.

$\Saturn\,Q\,A^{4}$ (E) - Andere kritisieren, andere herabsetzen, klatschen. + Sich über andere Menschen Gedanken machen, zu anderen Personen Stellung nehmen, über andere reden, mit anderen Gedanken austauschen, gern plaudern.

$\sigma\!\ast\,\Uranus$ (GP) Außergewöhnlich hohe Energiereserven, Körperkraft, Entschlossenheit, Entschiedenheit.

$\Jupiter\,\mathcal{S}\,\Psi$ (GP) Verminderter praktischer Sinn, mangelnde Anpassung an das Umfeld, gefährliche Flucht aus der Realität (Exzesse, Ausschweifungen). Mögliche finanzielle Einbußen durch Fremdverschulden.

---

4   Da nicht eindeutig entschieden ist, ob Quintile oder Biquintile positiv wirken, zitiere ich beide Deutungen.

♃☌♄ (GP) Beträchtliche Fähigkeit im Verfolgen der gesetzten Ziele, Zähigkeit, körperliche Widerstandskraft, ständiges Bedürfnis nach Aktivitäten, konservative Grundhaltung. Bei ungünstiger Konjunktion: Machtmissbrauch, fanatische Herrschsucht, Besitzgier.

♃△♆ (GP) Große Kreativität, Ausgewogenheit zwischen Intuition und Optimismus, Wiederherstellung der geistig-körperlichen Kräfte durch Meditation, Erfolg in wirtschaftlicher Hinsicht und intelligenter Einsatz der zur Verfügung stehenden finanziellen Mittel.

♃⊻♇ (GP) Prahlerei, Heuchelei, Fanatismus, Unbändiger Drang nach Macht, Verschwendungssucht, Prestigeverlust und Skandale.

♃△☊ (E) Harmonisches Verhältnis zu anderen Personen, Anpassungsfähigkeit, Entgegenkommen, Taktgefühl.

♃⊼⚷ Überbewertung der eigenen Wunden.

) BQA Freiheitsbestrebungen.

Die meisten Horoskopaspekte sind analytisch und entsprechen den Anschauungen der Astrologen hinsichtlich ihrer negativen Wirkung auf Paarbeziehungen. Einige wenige sind synthetisch und dürften eigentlich nicht die Scheidung fördern. Es ist aber durchaus möglich, dass besonders starke Persönlichkeiten mit hoher Durchsetzungskraft auch zur Rücksichtslosigkeit in der Beziehung neigen (☉☌M, ♃☌♄, ♃△♆, ♂✱♅).

Der Planet ⚷ und der Wirkpunkt) spielen auch in den Horoskopen der Männer für die Beziehung eine wichtige Rolle. Leider sind beide noch viel zu wenig erforscht. Die Veröffentlichungen hierzu ähneln mehr ein Herumstochern im Nebel. Vielleicht können die vorliegenden Forschungsergebnisse einen Beitrag zum besseren Verständnis liefern.

Den Zusammenhalt fördernde Horoskopaspekte der Männer

☉□♄ (GP) Hindernisse und hemmende Einflüsse verschiedener Art, Frustrationen, geringes Selbstwertgefühl, Depressionen, Misserfolge durch eigenes schwieriges Verhalten, „Vaterkomplex“ oder Autoritätskomplex im allgemeinen. Bedrohte Gesundheit durch Mangel an Vitalität.

☉☌♄   wie ☉□♄.

☉Q♄   (GP) + Große Verantwortlichkeit, Methodik und Beharrlichkeit beim Aufbau der persönlichen Karriere, Streben nach Freiheit, psychische Ablösung von der Herkunftsfamilie, Langlebigkeit.

☽□☿   (GP) Gerissenheit, intrigantes Verhalten, Tendenz zur Heuchelei und Lüge, Schwatzhaftigkeit, Ruhelosigkeit, Aufregungen, Nervosität, Beeinflussbarkeit. Streit in der Familie.

☽∠☿   wie ☽□☿.

☽∨♅   (E) Eigenwilligkeit, Verbohrtheit, Fanatismus, Übertreibungen, Überspannungen der Nerven, Streben nach unbedingter Unabhängigkeit, Unrast, Sensationsbedürfnis.

☽BQA   (E) Harmonische Wesensäußerung in Gegenwart anderer, Anpassung, Entgegenkommen.

☿BQ♃   (GP) - Zweifel und Unsicherheiten, die unter arrogantem Auftreten versteckt werden, Unfähig, eine einlenkende Haltung zu beziehen, reduziertes Urteilsvermögen, nachtragend und misstrauisch. Schwierigkeiten, Bindungen einzugehen, Verschlossenheit, Misserfolge im Studium. + Große praktische Veranlagung, tragfähige Beziehungen mit anderen, Sinn für Humor, Wunsch nach Anerkennung, wenig Neigung zu Spekulationen.

☿BQ☊   (E) Geselligkeit, gern mit anderen Menschen Gedanken austauschen, Anregung geben und Anregung suchen, geistige Interessen.

☿⊼☽   (W) Zwanghafter Gebrauch der Sprache mit vielen Füllwörtern und Wiederholungen.

☿∠☽   (W) Autonomiebestrebungen, Zurückhaltung bei der Kommunikation.

☿☌A   (E) Persönlichen Kontakt suchen, sich gern unterhalten.

♀⚹⚷   (St) Hilfsbereitschaft.

♀□☊   (E) Mangel an Anpassung, geringes Entgegenkommen, unsympathisches Wesen.

♀BQ♌ (E) – wie ♀□♌. + Anpassung, Entgegenkommen, sympathisches Wesen.

♂△♃ (GP) Optimaler Einsatz aller seelischen und körperlichen Kräfte, großer Ehrgeiz, Selbstvertrauen, Willenskraft, Vitalität, Optimismus, Erreichen der gesteckten Ziele, Liebe zum Sport.

♂∠♆ (GP) Tendenz, der Wirklichkeit zu entfliehen, nervliche Anspannung, die die Gesundheit bedrohen, Ungewissheiten und Nachlässigkeiten im Beruf, argwöhnischer, trübsinniger Charakter, neurotisches Verhalten, Infektionskrankheiten, Alkohol und Drogenvergiftungen.

♂⊻M (E) Aufgeregtes Wesen, in der Erregung handeln, Voreiligkeit, Impulsivität, Mangel an Zielbewusstsein.

♃⚺♄ (GP) Unzufriedenheit, Pessimismus, mangelnde Begeisterungsfähigkeit, autoritäres, unruhiges Wesen, Gemütsschwankungen, Selbstüberschätzung, berufliche und ökonomische Misserfolge.

♃Q♌ (GP) Harmonisches Verhältnis zu anderen Personen, Anpassungsfähigkeit, Entgegenkommen, Taktgefühl

♄□☽ (St) Große Schwierigkeiten, die Autonomiebestrebungen mit den Begrenzungen der Welt in Einklang zu bringen.

♅∠♌ (E) Unruhiges Wesen, nervöse Erregbarkeit in Gegenwart anderer Personen.

♅BQ♌ (E) Lebhaftes und bewegliches Wesen in Gemeinschaft mit anderen Personen, mit anderen etwas erleben wollen. Abwechslung suchen.

♅QM (E) – Wechselnde Lebensziele, seelische Erregbarkeit, Voreiligkeit, Überstürzung, Unzuverlässigkeit, Jähzorn. + Lebhaftes und bewegliches Wesen in Gemeinschaft anderer Personen, mit anderen etwas erleben wollen, Abwechslung suchen.

♆⊻♌ (E) Mangel an Gemeinschaftssinn, andere ausnutzen, täuschen, hintergehen.

♇☍A (E) Die Verbindung zu anderen Menschen als Belastung empfinden, unter dem Einfluss anderer sich beengt fühlen, darunter leiden.

☊ ☍ ⚷ (St) Die Probleme lassen sich auf eine seltsame oder schwierige Kindheit zurückführen, und es gibt ein Widerstreben, diese zu bearbeiten.

☊ Q M (E) Sich Gleichgesinnte suchen, Begeisterung für gemeinsame Ideale und Bestrebungen, auf seelischen Kontakt Wert legen.

⚷ □ M (St) Unzufriedenheit mit der Selbstdarstellung.

☽ ☍ A Uneinigkeit in persönlichen Entscheidungen.

A ⚹ M Wird in der klassischen Astrologie nicht gewertet, jedoch hoch signifikant. Bestrebungen zur Selbstverwirklichung lassen sich gut mit der nach außen wirkenden Persönlichkeit vereinbaren.

Viele Horoskopaspekte sind in Verbindung mit dem Mondknoten zu finden. Ich habe nur die Deutung über die Beziehung zur Gesellschaft berücksichtigt. Über die karmische Bedeutung hat bisher kaum jemand gewagt, sich zu äußern.

Eine andere Schwierigkeit macht die Deutung der Quintile und Biquintile, die von Kepler als sehr positiv angesehen wurden. Man findet sie in Horoskopen kreativer Menschen (Musiker, Komponisten). In der Literatur findet man keine spezielle Behandlung. Ich habe sie positiv gewertet. Bei den Aspekten, die den Zusammenhalt fördern, scheinen sie besser zu passen. Für das ☿ BQ ♃ habe ich die positive und negative Deutung aufgeführt.

5.3.4 Übrige Horoskopaspekte der Frauen

Die noch nicht besprochenen Horoskopaspekte der Frauen werden in die Trennung fördernde und den Zusammenhalt unterstützende Aspekte eingeteilt.

Die Trennung fördernde Horoskopaspekte der Frauen

☉ ⚻ ♆ (GP) Neigung zu Alkohol- und Drogenmissbrauch in Krisensituationen, labiler Charakter, seelische Verwirrung, Übererregbarkeit, Unruhe, krankhafte Tendenzen, fixe Ideen, Manien, selbstzerstörerisches Verhalten.

☉ ∠ ♇ (GP) Angstzustände, innere Spannungen, seelische Blockierungen, starker Kontrast zwischen Wunsch und seiner Umsetzung in die Realität, undurchführbare Pläne, gefährliche Impulsivität, übertriebene Selbstdarstellung.

☉☌☊ (St) Kampfbereitschaft gegen Feinde, Wetteifern um Prinzipien, Bereitschaft zu Veränderungen.

☽Q☿ (E) Geistige Regsamkeit, Anpassung, verständnisvolle Güte, Fürsorglichkeit, Bedachtsamkeit, gutes Urteil.

☽BQ♇ (GP) + Außergewöhnliche Anziehungskraft, Leidenschaftlichkeit, Kreativität, Aufgeschlossenheit gegenüber neuen Erfahrungen, intensive menschliche Beziehungen.

☽△♌ (E) Das Gefühl ist ausschlaggebend im Zusammenleben, seelische Einstellung zu anderen Personen.

♀∗♃ (GP) + sympathische Persönlichkeit, glückliches Liebesleben, Herausragende Leistungen in Berufen mit Publikumsverkehr, wirtschaftliche Erfolge, starker Schutz vor Unfallgefahren.

♀☌♅ (GP) – Unduldsamkeit gegenüber jedweder Einschränkung, Erregbarkeit, nervöse Spannungen, instabiles Liebesleben, sexuelle Abenteuer, Neigung zu bisexuellen oder homosexuellen Kontakten[5].

♀□♆ (GP) – Unruhiges Liebesleben, Neurosen, rastlose Suche nach Zerstreuung und Ablenkung, herbe Liebesenttäuschungen, Gefahr der Flucht in eine Traumwelt, schwache Gesundheit.

♀∗♌ (E) Anpassung, Entgegenkommen, sympathisches Wesen.

♀BQM (E) Anpassung, Entgegenkommen, sympathisches Wesen.

♂☌♄ (GP) – Zerfahrenheit, Fehlentscheidungen durch mangelnde Logik, Unduldsamkeit, Polemik, Krankheiten und Verletzungen der Knochen.

♂Q♅ (GP) + Außergewöhnlich hohe Energiereserven, Körperkraft, Entschlossenheit, Entschiedenheit.

♃☌♇ (GP) – Prahlerei, Heuchelei, Fanatismus, unbändiger Drang nach Macht, Verschwendungssucht, Prestigeverlust und Skandale.

---

5   Stimmt sicher nicht.

♃ BQ♇ (GP) + Kreativität, die in harmonischer Form zum Ausdruck kommt, intellektuelle Begabung, sehr erfolgreich im Berufsleben und bei Spekulationen.

♃ ∠☊ (St) Lockere Interpretation von Glaubensinhalten und Ereignissen.

♄BQ M (E) Langsame Entwicklung, an gefassten Zielen festhalten, sich viel mit sich selbst beschäftigen.

♅ ☍♌ (E) Unruhiges Wesen, nervöse Erregbarkeit in Gegenwart anderer Personen.

Den Zusammenhalt fördernde Horoskopaspekte der Frauen

☉⊼☽ (GP) Konflikte zwischen Vernunft und Gefühl, reizbarer, schwieriger Charakter, Hindernisse, Streitigkeiten mit dem anderen Geschlecht oder Elternhaus, berufliche Niederlagen, häufiger Stellenwechsel.

☉☌♀ (GP) Warmherzige, großzügige und anziehende Persönlichkeit, künstlerische Begabungen, Sinnlichkeit, Geschmack. Bei ungünstiger Konjunktion: labiler Charakter, Verfolgungswahn.

☉∠♄ (GP) Hindernisse und hemmende Einflüsse verschiedenster Art, Frustrationen, geringes Selbstwertgefühl, Depressionen, Misserfolge durch eigenes schwieriges Verhalten, „Vaterkomplex" oder Autoritätskomplex im allgemeinen. Bedrohte Gesundheit durch Mangel an Vitalität.

☽∠♂ (GP) Reizbarkeit, Aggressivität, Streitsüchtigkeit, schwieriges Verhältnis zum anderen Geschlecht, Tendenz zu Unregelmäßigkeiten und Ausschweifungen, schwächliche Gesundheit, manchmal Opfer von Gewalttaten.

☽△♅ (GP) Bedürfnis nach großem Freiraum in Beziehungen, Fähigkeit, intelligent den Moment zu nutzen, Standhaftigkeit, Entschiedenheit, Ehrgeiz.

☽BQ♅ (GP) wie ☽△♅.

☿□♄   (GP) Härte, Neigung zu Intrigen, Fehlurteile, mangelnde geistige Beweglichkeit, Eigensinn und Sturheit, Intoleranz anderer Meinungen gegenüber, Gefahr der Isolierung, Angstzustände.

☿ BQ♄   (GP) Differenzierte Gedankenwelt, klarer Verstand, Fleiß, praktische Fähigkeiten, Organisationstalent, positiver Ehrgeiz, moralische Prinzipien, Aufrichtigkeit.

☿⚼♆   (GP) Launenhaftigkeit, unlogische Gedankenwelt, Misstrauen, Anzettelung von Intrigen oder Umtrieben, Schicksalsschläge, Liebeskummer, Enttäuschungen, nervöse Erschöpfungszustände.

☿ BQ♇   (GP) Ungewöhnlich scharfer Verstand, Vertrauen in die eigenen Kräfte, klare Zielvorstellungen, große Kreativität.

☿☌☊   (E) Gedankenaustausch suchen.

♀⊻☊   (E) Mangelnde Anpassung, geringes Entgegenkommen, unsympathisches Wesen.

♀⚹A   (E) Harmonische Einstellung zu anderen Menschen, Geselligkeit, Sinn für eine schöne oder sogar künstlerisch ausgestaltete Umgebung, künstlerische Neigungen.

♂☍♃   (GP) Ungestümes Wesen, Impulsivität, Neigung zu Ausschweifungen, Streitsucht, innere Unruhe, mangelnde Logik, rebellischer Geist, Risiko zu gewaltsamen Änderungen oder Misserfolge im Beruflichen und ökonomischen Bereich.

♂Q♄   (GP) Vorsichtiges, vernünftiges Vorgehen bei allen Unternehmungen, Diszipliniertheit, Duldsamkeit, Organisationstalent.

♂⚻♅   (GP) Streitsüchtigkeit, Exzentrizität, Ablehnung von Routine, schädliche Vergeudung körperlicher Energien, Schicksalsschläge, plötzliche Trennungen.

♂⚼♇   (GP) Autoritäres Verhalten, hinter dem sich oft Unsicherheit verbirgt, Zerstörerische Aggressivität oder Frustrationen, Neigung, seine Ziele mit hinterhältigen Mitteln zu erreichen.

♂⚻⚷   (GP) M.

♃⚏♄ (GP) Unzufriedenheit, Pessimismus, mangelnde Begeisterungsfähigkeit, autoritäres, unruhiges Wesen, Gemütsschwankungen, Selbstüberschätzung, berufliche, ökonomische Misserfolge.

♄♂♋ (E) Sich durch andere Personen bedrückt fühlen, Hemmungen im Verkehr mit anderen.

♄⌄☽ (St) große Schwierigkeiten, mit den Begrenzungen der Welt einerseits und dem Autonomiebestreben andererseits zu leben.

♅⚏☽ (E) Konflikt zwischen Wahrheit und Freiheit.

♇△♄ (E) Überzeugung, Recht zu haben, Beratungsresistenz.

♇∠M (E) Waghalsigkeit, Zügellosigkeit, Missbrauch der Macht, asoziales Verhalten, Widerstand und Rachsucht bei anderen auslösen.

5.4 Zusammenfassung

Es zeigen sich signifikante Unterschiede zwischen den Horoskopaspekten von Getrennten und Ungetrennten. Obwohl es 25 Aspekte gibt, die man sowohl bei Frauen als auch bei Männern findet, bleiben noch fast eben so viele übrig, die eindeutig dem Geschlecht zuzuordnen sind.

Die Ergebnisse für die schnellen Planeten leiden unter einer zu geringen Anzahl getrennter Paare mit genauer Geburtszeit. Für die langsamen Planeten verfüge ich über genügend Daten. Vielleicht hat der eine oder andere Leser ein Einsehen und lässt mir genaue Daten von Getrennten zukommen.[6]

Bei den Getrennten überwiegen die negativen Horoskopaspekte, bei den Ungetrennten ist das Ergebnis nicht so eindeutig. Vielleicht ist die Bezeichnung „den Zusammenhalt fördernde Aspekte" nicht ganz zutreffend und man müsste besser sagen „Die Trennung nicht fördernde Aspekte". Es sind einige Aspekte dabei, die auf Schwächen der Personen hindeuten, die aber in der Beziehung ertragen werden.

---

6   http://www.hahoff.de, E-Mail: harald@hahoff.de

Kapitel 6 Interaspekte und Horoskopaspekte bestimmen Trennungswahrscheinlichkeit

Nach den vorangegangenen Untersuchungen drängt sich die Frage auf, ob man aufgrund der Häufigkeiten trennender Horoskopaspektn und kritischer Interaspekte die Wahrscheinlichkeit einer Trennung von Paaren bestimmen kann. Natürlich soll auch diese Frage mit Hilfe der Statistik beantwortet werden. Wenn es gelänge, eine oder mehrere aussagefähige Kennzahlen zu entwickeln, wäre dem Astrologen geholfen, die Haltbarkeit von Partnerschaften leichter vorauszusagen. Es versteht sich von selbst, dass ein Astrologe einem Rat suchenden Paar nicht mitteilen darf, dass die Trennungswahrscheinlichkeit größer als 50 % beträgt.

6.1 Paarberatung

Die meisten Paare suchen vor der Eheschließung keinen Astrologen auf, weil sie ganz sicher sind, dass sie zusammenpassen. Liebe macht bekanntlich blind. Probleme werden zwar oft erkannt, deren Lösung aber auf die Zeit der Ehe verschoben, in der Hoffnung, dass man sie in den Griff bekommt. „Wir werden uns schon zusammenraufen", heißt es in Bayern. Und manch ein Mann und noch mehr Frauen glauben, sich den Partner passend machen zu können und zu dürfen.

Der Volksmund meint, dass Liebe blind macht. Die deutsche Sprache versteht unter Liebe alles Mögliche. Daher muss dieses Sprichwort präzisierte werden. Die vorangegangenen Untersuchungen haben einige Illusionsaspekte aufgezeigt. Die stärkste Erblindung droht demnach über den Sex, denn Liebe macht nicht blind, sondern sehend. Die Liebenden erkennen die Schwächen der Partner und sind in der Lage, die Partner zu idealisieren – sehr oft ein Leben lang.

Wenn aber ein Paar oder einer von beiden vor der Eheschließung den Rat eines Astrologen einholt, steht dahinter meist schon eine Unsicherheit, eine Ahnung, eine Befürchtung, die der Astrologe bestätigen soll.

Ich habe aber auch erlebt, dass zwei junge Leute meinen Rat gesucht haben, weil sie sich neu verliebt hatten, obwohl sie schon mit anderen verlobt waren. Sie waren sich sicher, sehr gut zusammenzupassen, und standen vor der Entscheidung, die Verlobung zu lösen.

Am häufigsten wird der Astrologe gefragt, wenn es in einer Beziehung ernsthaft kriselt, wenn die Liebe abhanden gekommen ist, wenn Untreue die Ehe bedroht, wenn beide nicht mehr miteinander reden können oder wenn einer den anderen verlassen will. Dann kommt es darauf an, welche grundsätzliche Einstellung die Partner zu Beziehungen oder zur Ehe haben.

Das berührt fast immer weltanschauliche Überzeugungen der Betroffenen. Obwohl sich heute die meisten Menschen ihre Weltanschauung nach eigenem Gutdünken zurechtlegen, sind sie nicht unbeeinflusst von den Gedanken und Dogmen der Religionen, mit denen sie im Laufe ihres Lebens in Berührung gekommen sind.

Der Astrologe muss das bei der Beratung berücksichtigen. Daher wäre es gut, wenn er sich auch intensiv mit den wichtigsten Religionen beschäftigt, damit er die Beweggründe seiner Klienten verstehen kann. Er darf aber das Rat suchenden Paar nicht von seiner eigenen Weltanschauung überzeugen wollen.

6.1.1 Gründe für die Aufrechterhaltung einer unglücklichen Ehe

Trotz Aufklärung, Frauenbewegung, legaler Scheidungsmöglichkeit und hoher Scheidungszahlen gibt es viele Gründe, eine unglückliche Ehe aufrechtzuerhalten. Man wundert sich, dieses Verhalten bei sehr intelligenten, erfolgreichen und unabhängigen Menschen zu finden. Es ist nicht leicht, die dahinter stehenden Überzeugungen und Tabus zu erkennen.

Religiöse Bindung

Nicht nur streng gläubige Katholiken halten an der Unauflöslichkeit der Ehe fest. Man findet diese Einstellung genauso bei Protestanten und Anhängern evangelikaler Religionen genau so. Wenn beide die gleiche Überzeugung haben, landen sie wohl kaum beim Astrologen. Wenn ein Partner die Überzeugung nicht teilt, gibt es einen schweren Konflikt, den der Astrologe natürlich nicht lösen kann. Die Ehe wird fortgesetzt, indem mindestens einer in einer außerehelichen Partnerschaft lebt. Daher ist die Häufigkeit unglücklicher Ehen sehr viel höher, als die Scheidungszahlen vorgeben.

Gesellschaft

Die Rücksichtnahme auf die gesellschaftlichen Forderungen der Wohngegend, der Gesellschaftsschicht und der Verwandschaft lässt eine Trennung nicht zu. Eine alte Erbtante kann mit Enterbung drohen, wenn die Lieblingsnichte sich scheiden lassen will.

Karriere

Eine Scheidung bedeutet in manchen Berufsgruppen das Ende der Karriere. Es hat sich viel gebessert, doch beim Militär, in kirchlich gebundenen Einrichtungen und bei Spitzenmanagern wird danach entschieden, obwohl die Gesetze und offizielle Regeln es nicht erlauben. Oft glauben die Betroffenen an den Schaden für ihre Karriere, obwohl es gar nicht so ist. Manchmal ist es nur ein Vorwand.

6.2 Trennungswahrscheinlichkeit

Man kann von der Vorstellung ausgehen, dass die Wahrscheinlichkeit einer Trennung umso größer ist, je mehr Trennungsaspekte in den beiden Horoskopen und trennende Interaspekte zu finden sind. Die Häufigkeitsverteilungen dieser Aspekte und Interaspekte zeigen charakteristische Verläufe in Abhängigkeit von den Paargruppierungen. Am Beispiel aller erfassten Paare[1] lassen sich die Verteilungen und die daraus ableitbaren Trennungswahrscheinlichkeiten erklären.

---

[1] Hier sind immer heterosexuelle Paare gemeint. Die Ergebnisse lassen sich nicht auf homosexuelle Paare übertragen.

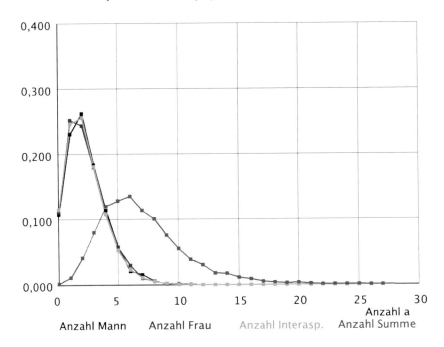

**Bild 15 Relative Häufigkeit der Trennungsaspekte bei allen er-
fassten Paaren**

Damit die Ergebnisse der verschiedenen Personengruppen besser vergleichbar werden, sind relative Häufigkeiten h(a) aufgetragen, die hier wegen der
Klassenbreite eins mit der Anzahldichteverteilung identisch sind.

Die schwarzen Punkte sind die relativen Häufigkeiten der Trennungsaspekte im Horoskop des Mannes, die blauen im Horoskop der Frau und die
grünen der Interaspekte. Die roten Punkte sind die relativen Häufigkeiten der
Summen dieser drei. Die rote Kurve ist natürlich nicht aus der Addition der
drei ersten Kurven entstanden, wie die Zeile 1 der Tabelle 60 erklärt: Von den
3 269 Paaren haben 5 Paare weder trennende Horoskopaspekte noch Interaspekte.

Die schwarzen und blauen Verteilungen fallen praktisch zusammen. Alle
vier ähneln Binominalverteilungen, sind es aber nicht, weil die notwendigen
Voraussetzungen nicht erfüllt sind. Es ist auch nicht erforderlich, die Kurven
durch Normalverteilungen zu approximieren, weil man alle Berechnungen mit
den Originalverteilungen anstellen kann. Die Tabelle 60 zeigt alle Einzelwerte

dieser Verteilung. Da die Kennwerte dieser Verteilungen nicht aus der Dichteverteilung ablesbar sind, habe ich sie in der Tabelle 61 zusammengefasst.

Tabelle 60 Häufigkeiten der Trennungsaspekte bei allen bis 2011 erfassten Paaren

a	H_M	H_F	H_I	H_s	h_M	h_F	h_I	h_s	Σh_s
0	352	366	375	5	0,1077	0,1120	0,1147	0,0015	0,0015
1	754	823	804	36	0,2307	0,2518	0,2459	0,0110	0,0125
2	857	795	835	134	0,2622	0,2432	0,2554	0,0410	0,0535
3	602	587	590	262	0,1842	0,1796	0,1805	0,0801	0,1337
4	374	352	353	391	0,1144	0,1077	0,1080	0,1196	0,2533
5	187	186	173	419	0,0572	0,0569	0,0529	0,1282	0,3815
6	68	97	77	442	0,0208	0,0297	0,0236	0,1352	0,5167
7	50	33	36	371	0,0153	0,0101	0,0110	0,1135	0,6302
8	18	17	16	329	0,0055	0,0052	0,0049	0,1006	0,7308
9	4	6	8	247	0,0012	0,0018	0,0024	0,0756	0,8064
10	3	5	2	180	0,0009	0,0015	0,0006	0,0551	0,8614
11	0	2	0	126	0,0000	0,0006	0,0000	0,0385	0,9000
12	0	0	0	99	0,0000	0,0000	0,0000	0,0303	0,9303
13	0	0	0	57	0,0000	0,0000	0,0000	0,0174	0,9477
14	0	0	0	55	0,0000	0,0000	0,0000	0,0168	0,9645
15	0	0	0	35	0,0000	0,0000	0,0000	0,0107	0,9752
16	0	0	0	28	0,0000	0,0000	0,0000	0,0086	0,9838
17	0	0	0	16	0,0000	0,0000	0,0000	0,0049	0,9887
18	0	0	0	11	0,0000	0,0000	0,0000	0,0034	0,9920
19	0	0	0	7	0,0000	0,0000	0,0000	0,0021	0,9942
20	0	0	0	9	0,0000	0,0000	0,0000	0,0028	0,9969
21	0	0	0	5	0,0000	0,0000	0,0000	0,0015	0,9985
22	0	0	0	2	0,0000	0,0000	0,0000	0,0006	0,9991
23	0	0	0	1	0,0000	0,0000	0,0000	0,0003	0,9994
24	0	0	0	1	0,0000	0,0000	0,0000	0,0003	0,9997
25	0	0	0	1	0,0000	0,0000	0,0000	0,0003	1,0000

Tabelle 61 Alle Paare, Kennwerte der Häufigkeitsverteilungen

Gruppe	Aspekte Männer	Aspekte Frauen	Interaspekte	Summe Aspekte
Mittelwert	2,3472	2,3209	2,2805	6,9486
Medianwert	1,6167	1,5604	1,5455	5,8767
0,05-Quantil	0,464	0,447	0,436	1,9138
0,95-Quantil	4,8906	4,9815	4,8587	13,1373

Vergleicht man diese Kennwerte mit denen der erfassten Getrennten, müssen diese Kennwerte zu größeren Aspektzahlen verschoben sein. Dies zeigt deutlich das Diagramm von Bild 16.

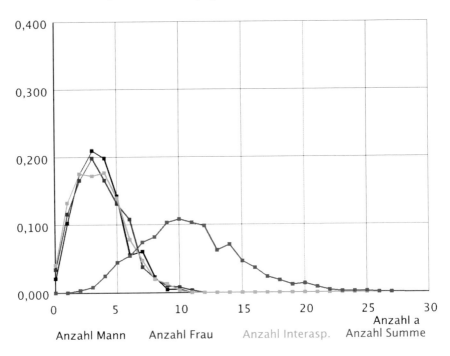

Anzahl Mann   Anzahl Frau   Anzahl Interasp.   Anzahl Summe

**Bild 16 Relative Häufigkeit der Trennungsaspekte bei allen ge-
trennten Paaren**

Der Mittelwert der Trennungsaspekte im Horoskop des Mannes ist um 65 %
höher und der Mittelwert der Summen steigt von 6,95 auf 10,8. Noch drasti-
scher sieht es bei den beiden anderen Quantilen aus: Das 0,05-Quantil ändert
sich von 1,91 auf 4,31, das 0,95-Quantil von 13,12 auf 17,50. Das bedeutet, dass in einer Gruppe von getrennten Paaren mit einer Wahrscheinlichkeit von 95 % mindestens 4,31 kritische Aspekte zu erwarten sind. Mit einer
Wahrscheinlichkeit von 90 % liegen die kritischen Aspekte zwischen 4,31 und
17,50.

Mit diesen Anzahlen der Trennungsaspekte kann man Trennungswahrscheinlichkeiten berechnen. Ich habe diese Methode seit 2012 zugunsten einer
besseren, genaueren Methode aufgegeben. Die Diagramme mit den relativen
Häufigkeiten erlauben jedoch eine anschauliche Betrachtung der Veränderungen über die letzten Jahrhunderte. Sie ist bei den Ungetrennten nur geringfügig, wie die beiden nächsten Diagramme von Daten zweier Friedhöfe zeigen.

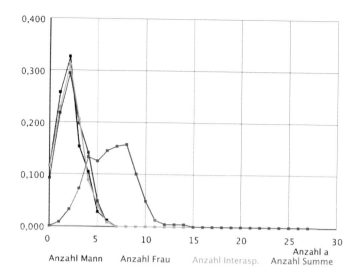

Anzahl Mann   Anzahl Frau   Anzahl Interasp.   Anzahl Summe

Bild 17 Relative Häufigkeit der Aspekte bei Paaren des alten Münchener Südfriedhofs (18. – 19. Jahrhundert)

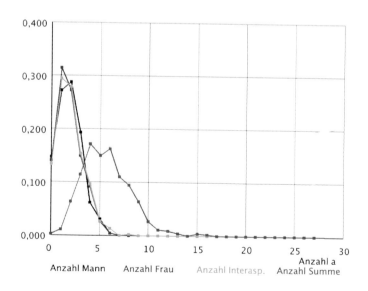

Anzahl Mann   Anzahl Frau   Anzahl Interasp.   Anzahl Summe

Bild 18 Friedhof Koblenz, Hübelinsweg

Die Paare der nächsten zwei Gruppen mit genauen Geburtszeiten bringen es grundsätzlich auf wesentlich mehr Trennungsaspekte, weil die Aspekte insgesamt zahlreicher sind. Die zusätzlichen Aspekte mit Mond, Aszendent und Himmelsmitte erhöhen die Anzahl der Interaspekte im Durchschnitt von 53 auf 74 (Minimalwert 20 bzw. 50). Siehe Bild 19 und Bild 20.

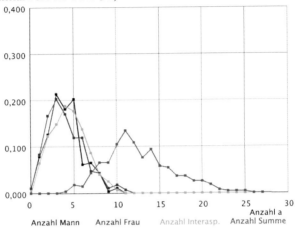

Bild 19 Relative Häufigkeit der Aspekte bei getrennten Paaren mit genauer Geburtszeit

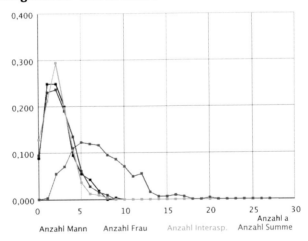

Bild 20 Relative Häufigkeit der Aspekte bei ungetrennten Paaren mit genauer Geburtszeit

Da hierbei nur negative Aspekte ohne besondere Gewichtung erfasst werden, können einige wichtige Phänomene bei Paarbeziehungen nicht beurteilt werden. Man beobachtet Personen, die mehrfach in einer Ehe scheitern und dann ein Leben lang in einer stabilen Ehe zufrieden und glücklich sind. Ist es möglich, dass Menschen mit Horoskopaspekten, die für eine Beziehung nicht förderlich sind, durch positive Interaspekte in einer Ehe leben können?

Grundsätzlich wirken die Planeten des einen Partners im Horoskop des anderen. Ein Trigon auf einen dissonant aspektierten Planeten kann für Ausgleich und Entspannung sorgen. Die Sonne der Frau im 10. Haus (am MC) kann dem Mann beruflichen Erfolg bringen, aber ihn auch nach einer Trennung in die Bedeutungslosigkeit versinken lassen.

6.3 Trennungswahrscheinlichkeit mit Einfluss der Bewertung der Aspekte

Bei dieser Methode werden die im Abschnitt 4.1.1 entwickelten Gewichtungsfaktoren eingesetzt. Diese sind nichts anderes als ganzzahlige Bewertungen des Signifikanzniveaus. Die Methode ist sehr einfach: Jeder Aspekt wird mit seinem Gewichtungsfaktor gezählt, auch die positiven. Aspekte ohne Bedeutung haben den Gewichtungsfaktor null. Hierdurch wird die mögliche Anzahl auseinandergezogen und besser für ein Beurteilung einer Paarbeziehung einsetzbar. Dies lässt sich mit ein paar Diagrammen gut verdeutlichen (Bild 21 und Bild 22).

Bei allen Paaren (kein Diagramm) liegen die Verteilungskurven ähnlich wie eine Gauss'sche Normalverteilung relativ symmetrisch um den Nullpunkt. Daraus kann man schließen, dass die Mehrzahl der Paare eine durchschnittliche Paarbeziehungen leben.

Es ist wie alles im Leben, die überwiegende Mehrzahl ist durchschnittlich. Fast alles gehorcht einer Normalverteilung: Begabungen, Fleiß, Schönheit, Beziehungen, Erfolg und vieles mehr. Das kann man beklagen, aber es ist so.

Die Kurven sind bei den Getrennten deutlich zur negativen Seite verschoben. Da es auf die Gesamtsumme der Gewichtungsfaktoren ankommt, ist es sinnvoll, beide Anzahlsummen in einem Diagramm zusammenzufassen. Da aus den Dichtekurven keine Quantile ablesbar sind, wandle ich sie in Summenkurven um und erhalte das Diagramm in Bild 23.

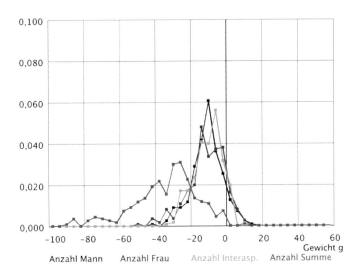

Bild 21 Relative Häufigkeiten der Gewichtungsfaktoren bei getrennten Paaren mit genauer Geburtszeit

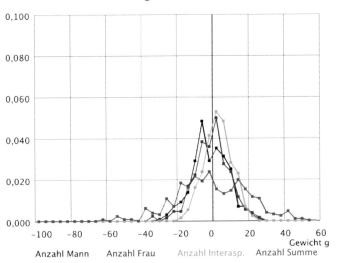

Bild 22 Relative Häufigkeiten der Gewichtungsfaktoren bei ungetrennten Paaren mit genauer Geburtszeit

6.3.1 Gewichtungsfaktoren und Trennungswahrscheinlichkeit

Ich beschränke mich künftig auf Paare mit genauen Geburtszeiten, weil bei ihnen alle Horoskop- und Interaspekte ausgewertet werden können. Es sind etwa doppelt so viele wie bei Paaren ohne genaue Geburtszeit. Insbesondere kann man auf Aspekte mit dem Mond und den Achsen nicht verzichten, und die Ungenauigkeiten bei den schnellen Planeten sind nicht tolerabel. Dann ergibt sich das Bild 23.

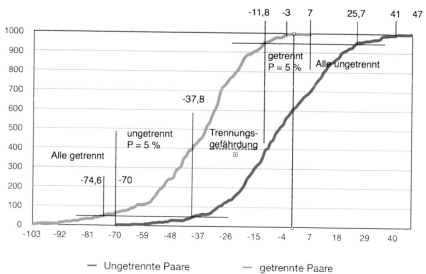

— Ungetrennte Paare   — getrennte Paare

**Bild 23 Anzahlsummenkurven Q_0 * 1000 für die Gewichtungs-
faktoren g bei getrennten und ungetrennten Paaren**

Die Werte für Q_0 sind mit 1 000 multipliziert. Die Endwerte müssen natürlich 1,0 ergeben. Oberhalb von g = 7 sind alle Paare ungetrennt. Dieser Wert ist aber ein Ausreißer und kommt nur einmal vor. Der nächst tiefere Wert für eine Person ist −3. Daher verwende ich zur Beurteilung von Paarbeziehungen diese obere Grenze. Bei g ≤ −70 sind alle Paare getrennt. Die 0,05- und 0,95-Quantile geben eine Aussage über die Trennungswahrscheinlichkeit. Für −11,8 ≤ g < −3 ist die Trennungswahrscheinlichkeit 5 %. Für −69 ≤ g < −37,8 ist die Wahrscheinlichkeit, dass Paare in diesem g-Bereich ungetrennt sind, nur noch 5 %. Anders gesagt, die Wahrscheinlichkeit, dass Paare in diesem g-Bereich getrennt sind, ist schon 95 %. Für g < −74,6 sind auf jeden Fall

95 % aller Paare getrennt. Dazwischen ist eine Paarbeziehung auf jeden Fall gefährdet ($-37{,}8 \leq g < -11{,}8$). An allen Paaren, die ich persönlich kenne oder deren Ehen unter öffentlicher Beobachtung stehen, haben sich diese Grenzen bestätigt. Bei genauen Geburtsdaten ist ein g-Wert unter -12 ein Hinweis darauf, dass die Ehe nicht glücklich und eine Scheidung wahrscheinlich ist.

Der Wert $g < -12$ ist gleichbedeutend mit der Aussage, dass nur 40 % der Paare ungetrennt sind.

6.3.2 Trennungswahrscheinlichkeit mit Berücksichtigung der Orben, Genauigkeit der Aspekte und p-Werte

Seit 2012 berechne ich die Bewertungszahlen g einer Paarbeziehung etwas aufwendiger. Die im vorigen Abschnitt dargestellte Methode hat den Vorteil, dass sie noch leicht ohne Computer durchführbar ist. Die neue Methode erfordert einen höheren Rechenaufwand, der gut in ein Astrologieprogramm integrierbar ist.

Es sind seitdem neue Paare hinzugekommen. Die Paare, die die Gauquelins im Zusammenhang mit ihren Forschungen zur Vererbung veröffentlicht haben [15], habe ich wegen der unklaren Deklarationen erst dann in meine Daten aufgenommen, nachdem ich sicher sein konnte, dass es sich bei Vater, Mutter, Tochter oder Sohn um eine Familie handelt, wenn sie nacheinander genannt wurden. Ich habe das mit den im vorigen Abschnitt dargelegten Kriterien überprüft und gefunden, dass die Paare eine geringe Trennungswahrscheinlichkeit aufwiesen.

Mit den relevanten Horoskopaspekten der Männer und Frauen (Tabelle 58 bzw. Tabelle 59) und den signifikanten Interaspekten (Tabelle 40) lassen sich für jedes Paar eine neue Gewichtungszahl g für die Beziehung ausrechnen. Sie setzt sich additiv aus drei Gewichtungszahlen zusammen:

g_{Inter} für die signifikanten Interaspekte

g_{Mann} für die Horoskopaspekte des Mannes

g_{Frau} für die Horoskopaspekte der Frau

Für jeden Interaspekt eines Paares, der als signifikant ermittelt wurde, wird eine neue Gewichtungszahl aus der Differenz zwischen maximalem und realem Orbis o_{real} (in Bogensekunden), multipliziert mit der Differenz zwischen $\alpha = 0{,}05$ und dem ermittelten p-Wert, berechnet:

$$g = (o_{max} - o_{real})(\alpha - p)$$

Diese Zahl muss noch mit dem umgekehrten Vorzeichen der Bewertungszahl b korrigiert werden weil positive Zahlen für Trennungen stehen:

$$g = \frac{b}{-b}(o_{max} - o_{real})(\alpha - p)$$

Die Summe aus allen relevanten Interaspekten ergibt

$$g_{Inter} = \sum_{i=1}^{n_{Aspekte}} g_i$$

Das gleiche macht man mit den Horoskopaspekten des Mannes und der Frau und addiert alle zu einer Gesamtbewertungszahl.

$$g = g_{Inter} + g_{Mann} + g_{Frau}$$

6.4 Verteilung der Trennungswahrscheinlichkeit

Mit den Gesamtbewertungszahlen lassen sich Verteilungen für verschiedene Paargruppen berechnen. Zwei sind besonders wichtig: Getrennte und Ungetrennte mit genauen Geburtsdaten. Die Abschätzung von Trennungswahrscheinlichkeiten sind nur sinnvoll für Paare, von denen beide genauen Geburtsdaten vorliegen. Mittagsgeburten ergeben ziemlich falsche Ergebnisse.

Ähnlich wie in Bild 23 auf Seite 193 wähle ich hierfür die Darstellung der Verteilungen als Summenkurven, die das direkte Ablesen von Quantilen Q erlauben. Aus einer Kurve für die relative Häufigkeit h(g) entsteht die Summenkurve (Beispiel Bild 22 auf Seite 192) über das Integral:

$$Q(g_1) = \int_{-\infty}^{g_1} h(g)\, dg$$

Die untere Grenze kann auch durch g_0 für $h(g_0) = 0$ ersetzt werden.

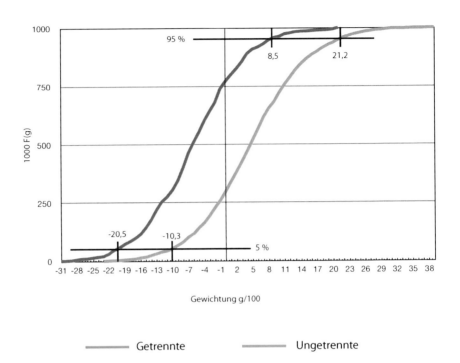

Bild 24 **Summenkurven für die Trennungswahrscheinlichkeiten**

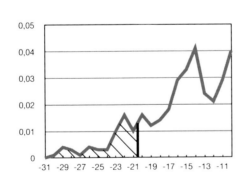

Bild 25 **Relative Häufigkeit der blau-
en Kurve**

Beispielsweise ergibt sich für die Getrennten (blaue Kurve) das 0,05-Quantil $Q_{0,05}$ aus der Fläche unter der Kurve für die relative Häufigkeit h(g) von g = -31 bis g = -20,5 (Bild 25). g ist die Gewichtung, hier als g/100 aufgetragen. Der Vorteil der Summenkurven ist, dass sie durch die Integration geglättet werden.

Die Summenkurven können zur Beurteilung der Wahrscheinlichkeiten für die Trennung und des Zusammenbleibens herangezogen werden. Die Quantile für 5 % und 95 % sind in Bild 24 mit ihren Werten eingezeichnet.

Bei g = 2187 sind alle Getrennten mit g ≤ 2187 erfasst. Man kann aber auch sagen, dass es oberhalb dieses Wertes keine Getrennten mehr in meiner Datensammlung gibt. Bis zu dem gleichen Wert findet man aber nur 95,57 % der Ungetrennten (grüne Kurve).[2] Man kann sagen, dass die Wahrscheinlichkeit des Zusammenbleibens zwischen 95,57 % und 100 % liegt. Umgekehrt ist auch richtig, dass die Trennungswahrscheinlichkeit zwischen 0 und 4,43 % liegt. Erst bei g = 2 989 ist die maximale Trennungswahrscheinlichkeit nur noch 0,5 %.

Bei g = 0 liegt die Trennungswahrscheinlichkeit zwischen 22,9 % und 70,7 %, bei g = −2 610 zwischen 99 und 100 %.

6.4.1 Beispiel aus dem englischen Königshaus

Zum besseren Verständnis wird dieses Verfahren auf zwei bekannte öffentliche Paare aus dem englischen Königshaus angewendet: Königin Victoria und Prinz Albert als sehr glückliches Paar und Prinz Charles und Prinzessin Diana als gescheitertes Paar. Gleichzeitig bekommt man einen Eindruck von den sehr positiven und negativen Zahlenwerten.

Alle Biografen berichten, dass es Liebe auf den ersten Blick war, als sich Victoria von England und Albert von Sachsen-Coburg und Gotha zum ersten Mal trafen – wie sollte es auch anders sein [45].

Königin Victoria selbst drückte es in einem Brief vom 9. Juni 1858 an ihre älteste Tochter so aus:

„Ich kann nie glauben oder zugeben, dass irgendein anderer Mensch vom Schicksal so gesegnet worden ist wie ich, mit einem solchen Mann, einem solch vollkommenen Mann. Papa war für mich alles, ist es auch heute noch. […] Er war für mich alles, mein Vater, mein Beschützer, mein Führer, mein Ratgeber in allen Dingen, ich möchte fast sagen, er war mir Mutter und Mann zugleich. […] Ich bin wie gelähmt, wenn er nicht bei mir ist".

Zu Beginn die beiden Geburtshoroskope von Albert und Victoria mit zuverlässigen Geburtsdaten. Die Horoskope wurden mit dem Programm Kairon

---

2   Zahlen sind der sehr umfangreichen Tabelle für die Verteilungen entnommen, die hier nicht mitgeteilt wird. Das Diagramm erlaubt nur ungenaue Ablesungen.

3.6 für den Apple-Rechner erzeugt. Genaue Übersichten über Horoskopaspekte, Interaspekte, Bewertungen, Planeten, Häuser (Koch) und Achsen werden im vollen Umfang von meinem Programm erzeugt und hier zugefügt. Die Aspekte sind mit aufsteigendem Orbis sortiert, damit ihre Bedeutung leichter beurteilt werden kann.

Im ersten Abschnitt werden die Planetenstellungen und die Kochhäuser sowie die beiden Achsen (AS und MC) aufgelistet. Dann folgt eine Liste sämtlicher Horoskopaspekte (Tabelle 63 auf Seite 202). Die darauf folgende Aspektbewertung ist für beide in dieser Tabelle gelistet. Die erste Spalte zeigt den positiven oder negativen Gewichtungswert des relevanten Horoskopaspektes, der in der zweiten Spalte steht. Danach folgt der Orbis o in Bogensekunden. Die vierte Spalte enthält die Differenz zum maximalen Orbis o_{Diff} und die Gewichtungszahl g:

$$g = \frac{b}{-b}(o_{max} - o_{real})(\alpha - p)$$

Die erste abschließende Zeile enthält die Anzahl der negativen Aspekte und die Summe der positiven und negative Gewichtungsfaktoren. Die nächste Zeile zeigt die Summe der Aspektbewertung an.

Die Geburtsdaten der Frau werden genau so ausgewertet und aufgelistet. Sowohl Prinz Albert als auch Queen Victoria haben in ihren Horoskopen sehr wenige Aspekte, die eine Trennung fördern (1 bzw. 2). Die Aspektbewertungen ergeben positive Werte (13 bzw. 127). Danach folgt die Tabelle 64 auf Seite 203 mit allen Interaspekten. Die Anzahl ist mit 81 überdurchschnittlich hoch. In dieser Tabelle wird der Restorbis mit einer Bewertungszahl multipliziert.

$$\gamma = 1000 \frac{o_{Max} - o}{o_{Max}} g$$

Diese Bewertungszahlen wurden über viele Jahre von mir entwickelt und enthalten meine Erfahrungen und die Ansichten vieler traditioneller Astrologen. Sie geben keine zuverlässige Auskunft über die Trennungswahrscheinlichkeit, sondern eher über das Glück eines Paares und werden hier nur der Vollständigkeit halber aufgelistet. Sie lassen sich statistisch nicht nachweisen.

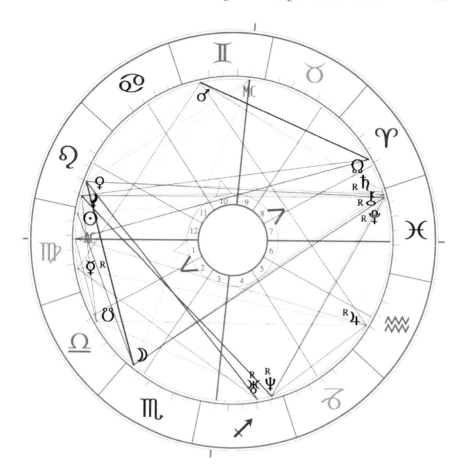

Bild 26 Geburtshoroskop von Prince Albert of England

Prince Albert geb. am 26.8.1819, 6h16' MEZ in Rosenau 50°N31, 10°O59

Planeten: Häuser:

☉	02°	05 '32 "	♍	1	11° 11 '03 " ♍
☽	02°	28 '02 "	♏	2	09° 15 '57 " ♎
☿	21°	58 '01 "	♍	3	07° 12 '00 " ♏
♀	20°	11 '45 "	♌	4	05° 31 '06 " ⚹
♂	23°	27 '32 "	♊	5	14° 08 '20 " ♑
♃	09°	44 '35 "	♒	6	13° 18 '06 " ♒

A   11° 11 '03 " ♍

♄	29° 14 '50 " ♋		7	11° 11 '03 " ♋	
♅	20° 31 '41 " ♓		8	09° 15 '57 " ♈	
♆	25° 57 '54 " ♓		9	07° 12 '00 " ♉	
♇	27° 01 '48 " ♋		10	05° 31 '06 " ♊	M 05° 31 '06 " ♊
☊	11° 44 '28 " ♈		11	14° 08 '20 " ♋	
☽	04° 59 '40 " ♌		12	13° 18 '06 " ♌	
⚷	28° 04 '55 " ♋				

Bild 27 Geburtshoroskop von Queen Victoria of England

Queen Victoria geb. am 24.5.1819, 4h15'40" in London 51°N30, 0°W10

Planeten: Häuser:

☉	02°	07	'11	"	♊	1	05° 55 '11 " ♊	A 05° 55 '11 " ♊
☽	03°	40	'49	"	♊	2	28° 55 '35 " ♊	
☿	08°	56	'27	"	♉	3	16° 43 '05 " ♋	
♀	26°	35	'03	"	♈	4	02° 24 '21 " ♌	
♂	17°	40	'01	"	♈	5	12° 10 '23 " ♍	
♃	16°	55	'24	"	♒	6	00° 54 '01 " ♏	
♄	28°	44	'31	"	♑	7	05° 55 '11 " ♎	
♅	23°	23	'21	"	♐	8	28° 55 '35 " ♎	
♆	27°	59	'57	"	♐	9	16° 43 '05 " ♑	
♇	27°	22	'17	"	♓	10	02° 24 '21 " ♒	M 02° 24 '21 " ♒
☊	19°	46	'20	"	♈	11	12° 10 '23 " ♓	
⚷	24°	27	'45	"	♋	12	00° 54 '01 " ♉	
⚸	28°	34	'27	"	♓			

Tabelle 62 Planeten in Kochfeldern von Albert und Victoria

Albert	Victoria
Planeten in den Feldern:	Planeten in den Feldern:
1 ☿	3 ☽
2 ☽	7 ♅ ♆
4 ♅ ♆	10 ♃
5 ♃	11 ♀ ♂ ♄ ♇ ☊ ⚷
7 ♄ ♇ ⚷	12 ☉ ☽ ☿
8 ☊	
10 ♂	
11	
12 ☉ ♀ ☽	
Victorias Planeten in Feldern von Albert	Alberts Planeten in Feldern von Victoria
1	1 ♂
2	2
3	3
4 ♅ ♆	4 ☉ ♀ ☽
5	5 ☿
6 ♃	6 ☽
7 ♄ ♇ ⚷	7 ♅ ♆
8 ♀ ♂ ☊	8
9 ☉ ☽ ☿	9
10	10 ♃
11 ☽	11 ♄ ♇ ☊ ⚷
12	12

Tabelle 63 Horoskopaspekte von Albert und Victoria

Albert	Victoria
Aspekte zwischen den Planeten: 35	Aspekte zwischen den Planeten: 30
☽ Q ♀ 00° 16 ‘17 “	♄ ☌ ⚷ 00° 10 ‘04 “
♂ Q ☊ 00° 16 ‘56 “	☉ △ M 00° 17 ‘10 “
♀ △ ♅ 00° 19 ‘50 “	☉ ∠ ♂ 00° 32 ‘50 “
☉ * ☽ 00° 22 ‘30 “	☿ ⚼ ♅ 00° 33 ‘54 “
) * M 00° 31 ‘26 “	♆ □ ⚷ 00° 35 ‘00 “
♅ ⚼) 00° 31 ‘55 “	♆ □ ♇ 00° 37 ‘10 “
☽ BQ ♇ 00° 33 ‘18 “	♂ * ♃ 00° 44 ‘37 “
☊ ⚻ A 00° 33 ‘25 “	♄ □ ♆ 00° 45 ‘04 “
♀ BQ ♇ 00° 49 ‘35 “	♀ ⚺ ♇ 00° 47 ‘14 “
♇ ☌ ⚷ 01° 02 ‘31 “	☽ ∠ ♂ 01° 00 ‘48 “
♆ □ ♇ 01° 03 ‘36 “	☽ ∠ ☊ 01° 03 ‘05 “
♄ ☌ ⚷ 01° 09 ‘17 “	♅ ⚻) 01° 05 ‘12 “
♂ ⚼ ♃ 01° 14 ‘09 “	☊ ∠ A 01° 11 ‘17 “
♃ ∠ ♆ 01° 16 ‘03 “	♇ ☌ ⚷ 01° 12 ‘10 “
☿ □ ♅ 01° 21 ‘36 “	☽ △ M 01° 16 ‘28 “
♃ ⚻ A 01° 29 ‘22 “	♄ ☌ ♇ 01° 22 ‘14 “
☿ □ ♂ 01° 34 ‘21 “	♀ △ ♆ 01° 24 ‘24 “
☽ BQ ⚷ 01° 35 ‘49 “	☉ ☌ ☽ 01° 33 ‘38 “
☿ ⚺ ♀ 01° 41 ‘26 “	♀ ⚺ ⚷ 01° 59 ‘24 “
♀ BQ ⚷ 01° 52 ‘06 “	♂ ☌ ☊ 02° 03 ‘53 “
☿ ∠) 01° 53 ‘31 “	♀ □) 02° 07 ‘18 “
♆ □ ⚷ 02° 06 ‘07 “	☽ ☌ A 02° 14 ‘22 “
♄ ☌ ♇ 02° 11 ‘48 “	♀ Q ♃ 02° 20 ‘21 “
♂ ☍ ♆ 02° 30 ‘12 “	♇ △) 02° 54 ‘32 “
☽ □) 02° 31 ‘38 “	♀ △ ♅ 03° 12 ‘30 “
♀ Q M 02° 40 ‘39 “	A △ M 03° 30 ‘50 “
☽ BQ ♄ 02° 45 ‘06 “	♅ △ ☊ 03° 38 ‘39 “
♂ ☍ ♅ 02° 55 ‘57 “	☉ ☌ A 03° 48 ‘00 “
☽ BQ M 02° 56 ‘56 “	♅ □ ♇ 03° 59 ‘44 “
♄ □ ♆ 03° 15 ‘24 “	♅ ☌ ♆ 04° 36 ‘54 “
☉ □ M 03° 25 ‘34 “	
♂ □ ♇ 03° 33 ‘48 “	
♃ ☍) 04° 42 ‘01 “	
☿ ☍ ♇ 05° 08 ‘09 “	
♅ ☌ ♆ 05° 26 ‘09 “	
Aspektebewertung:	Aspektebewertung:
-4 ☿ ∠) 6811 389 13.36775	-4 ☽ ∠ ♂ 3648 3552 126.6994848
	-5 ♅ △ ☊ 13119 1281 64.05
nMann = 1 bewMann = -4	nFrau = 2 bewFrau = -9
sumMann = 13.36775	sumFrau = 190.7494848

Tabelle 64 Nach aufsteigendem Orbis sortierte Interaspekte, bewertet nach traditioneller Astrologie

Interaspekte							
0	⊙ □ ⊙	00° 01 ‘39 “	99	14400	14301	-5	-71505
1	☽ □ M	00° 03 ‘41 “	221	14400	14179	-4	-56716
2	⚷ □ ♆	00° 04 ‘24 “	264	14400	14136	-3	-42408
3	♂ ☍ ♅	00° 04 ‘59 “	299	21600	21301	-6	-127806
4	⊙ ⚻ M	00° 18 ‘49 “	1129	7200	6071	-2	-12142
5	☽ ⚻ ⊙	00° 20 ‘51 “	1251	7200	5949	-2	-11898
6	♇ ☌ ♇	00° 20 ‘57 “	1257	21600	20343	4	81372
7	A Q ♀	00° 24 ‘00 “	1440	7200	5760	-1	-5760
8	M ☌ A	00° 24 ‘05 “	1445	21600	20155	8	161240
9	♇ ⚺ ♀	00° 26 ‘17 “	1577	7200	5623	-3	-16869
10	♀ △ ☊	00° 27 ‘51 “	1671	14400	12729	4	50916
11	♄ ☌ ♄	00° 28 ‘37 “	1717	21600	19883	4	79532
12	♂ ∠ ☿	00° 28 ‘55 “	1735	7200	5465	-2	-10930
13	A BQ ♂	00° 28 ‘58 “	1738	10800	9062	3	27186
14	⚷ ☌ ⚷	00° 30 ‘36 “	1836	21600	19764	6	118584
15	⊙ Q ♂	00° 34 ‘29 “	2069	7200	5131	-2	-10262
16	♆ △ ♀	00° 37 ‘19 “	2239	14400	12161	6	72966
17	♄ ☌ ⚷	00° 38 ‘41 “	2321	21600	19279	-4	-77116
18	⚷ ☌ ♄	00° 40 ‘40 “	2440	21600	19160	-4	-76640
19	⚷ ☌ ♇	00° 41 ‘34 “	2494	21600	19106	5	95530
20	♃ □ ☿	00° 45 ‘14 “	2714	14400	11686	-5	-58430
21	M ∠ ☊	00° 47 ‘12 “	2832	7200	4368	-1	-4368
22	♅ △ ☊	00° 47 ‘41 “	2861	14400	11539	4	46156
23	☽ BQ ♇	00° 54 ‘15 “	3255	10800	7545	3	22635
24	☽ ⚹ A	00° 55 ‘31 “	3331	7200	3869	2	7738
25	♇ □ ♆	00° 58 ‘07 “	3487	14400	10913	-4	-43652
26	♂ ⚺ ☽	01° 00 ‘13 “	3613	7200	3587	-3	-10761
27	☽ BQ ♆	01° 00 ‘13 “	3613	10800	7187	3	21561
28	☿ BQ ♃	01° 02 ‘13 “	3733	10800	7067	3	21201
29	♀ BQ ♇	01° 10 ‘32 “	4232	10800	6568	3	19704
30	☽ ⚻ ☽	01° 12 ‘47 “	4367	7200	2833	-2	-5666
31	♄ □ ♆	01° 13 ‘41 “	4421	14400	9979	-4	-39916
32	☿ BQ ♀	01° 18 ‘08 “	4688	10800	6112	3	18336
33	☽ ⚹ ☽	01° 18 ‘51 “	4731	7200	2469	6	14814
34	♃ ∠ ♅	01° 19 ‘08 “	4748	7200	2452	-1	-2452
35	♆ □ ♇	01° 24 ‘33 “	5073	14400	9327	-4	-37308
36	⚷ ⚺ ♀	01° 28 ‘48 “	5328	7200	1872	-1	-1872
37	☿ □ ♅	01° 29 ‘22 “	5362	14400	9038	-5	-45190
38	♆ ⚻ ☽	01° 29 ‘59 “	5399	7200	1801	-2	-3602
39	♇ ☌ ⚷	01° 33 ‘07 “	5587	21600	16013	5	80065
40	⊙ □ ☽	01° 35 ‘17 “	5717	14400	8683	-4	-34732
41	♇ ☌ ♄	01° 43 ‘11 “	6191	21600	15409	-6	-92454
42	A ∠ ☽	01° 43 ‘18 “	6198	7200	1002	-1	-1002
43	M ☌ ☽	01° 50 ‘17 “	6617	21600	14983	5	74915

Interaspekte

44	♄	☌	♇	01° 50 ‘51 “	6651	21600	14949	-6	-89694
45	♃	Q	☊	01° 57 ‘47 “	7067	10800	3733	3	11199
46	♆	☌	♆	02° 01 ‘43 “	7303	21600	14297	4	57188
47	♅	BQ	☽	02° 03 ‘50 “	7430	10800	3370	3	10110
48	☽	BQ	⚷	02° 06 ‘25 “	7585	10800	3215	3	9645
49	A	△	☿	02° 14 ‘36 “	8076	14400	6324	4	25296
50	☽	BQ	♄	02° 16 ‘29 “	8189	10800	2611	3	7833
51	♀	Q	A	02° 16 ‘34 “	8194	10800	2606	3	7818
52	♀	BQ	⚷	02° 22 ‘42 “	8562	10800	2238	3	6714
53	♀	△	♂	02° 31 ‘44 “	9104	14400	5296	6	31776
54	♀	BQ	♄	02° 32 ‘46 “	9166	10800	1634	3	4902
55	☽	BQ	A	02° 32 ‘51 “	9171	10800	1629	3	4887
56	A	BQ	☊	02° 32 ‘51 “	9171	10800	1629	3	4887
57	♇	△	☽	02° 33 ‘35 “	9215	14400	5185	4	20740
58	♆	☌	♅	02° 35 ‘11 “	9311	21600	12289	2	24578
59	☽	☍	M	02° 35 ‘19 “	9319	21600	12281	6	73686
60	♆	□	⚷	02° 36 ‘43 “	9403	14400	4997	-3	-14991
61	☊	Q	M	02° 39 ‘53 “	9593	10800	1207	3	3621
62	A	BQ	M	02° 46 ‘42 “	10002	10800	798	3	2394
63	♆	□	♄	02° 46 ‘47 “	10007	14400	4393	-4	-17572
64	♅	☌	♅	02° 50 ‘58 “	10258	21600	11342	4	45368
65	♅	△	♂	02° 51 ‘34 “	10294	14400	4106	5	20530
66	♂	BQ	M	02° 56 ‘49 “	10609	10800	191	3	573
67	M	△	M	03° 06 ‘45 “	11205	14400	3195	4	12780
68	♀	△	♅	03° 10 ‘48 “	11448	14400	2952	6	17712
69	♀	☍	♃	03° 16 ‘21 “	11781	21600	9819	-4	-39276
70	M	☌	☉	03° 23 ‘55 “	12235	21600	9365	6	56190
71	⚷	△	☽	03° 36 ‘06 “	12966	14400	1434	4	5736
72	♇	□	♅	03° 38 ‘47 “	13127	14400	1273	-5	-6365
73	♃	△	A	03° 46 ‘30 “	13590	14400	810	5	4050
74	☉	□	A	03° 49 ‘39 “	13779	14400	621	-4	-2484
75	♂	□	♇	03° 54 ‘45 “	14085	14400	315	-7	-2205
76	☽	□	☿	03° 56 ‘47 “	14207	14400	193	-4	-772
77	♂	☍	♆	04° 31 ‘55 “	16315	21600	5285	-4	-21140
78	☿	☍	♇	05° 29 ‘06 “	19746	21600	1854	-4	-7416
79	☽	☍	♀	05° 52 ‘59 “	21179	21600	421	-4	-1684
80	☊	☌	♂	05° 55 ‘33 “	21333	21600	267	-4	-1068

Summe der Aspektgewichtung: 378540

Bewertung der Haltbarkeit der Beziehung:

70 -3 M ☌ ☉ 12235 9365 198.5745235
nSumme = 4 nInter = 1 bewInter = -3 sumInter = 198.5745235 bewSum = -16
sumSum 402.69176

Interaspekte mit Uranus werden in der Regel als negativ bewertet. In der Tabelle 64 auf Seite 203 sind einige dabei, die ich bei sehr glücklichen Paaren gefunden habe: 3, 65. Sie könnten falsch gewichtet sein. Von besonderer Bedeutung ist der Interaspekt 8 (M ☌ A). **Nach meiner Erfahrung ist für eine große Liebe das Zusammenfallen von Achsen notwendig, aber leider nicht hinreichend.**

Am stärksten wirkt die Opposition der Aszendenten, eine vollkommene Ergänzung zu einem Ganzen. Weniger stark ist die Konjunktion der Aszendenten, was mehr auf eine glückliche Kameradschaft hindeutet. Fast allen Astrologen ist dies unbekannt (Ausnahme Fidelsberger [10]). Einige Astrologen haben ihr eigenes Horoskop und das ihrer Partnerin veröffentlicht. Darüber ist leicht zu erkennen, dass sie die große Liebe nie kennengelernt haben. Sie kommt in ihrem Sprachschatz nicht vor. Sie müssten auch wie ein Blinder von der Farbe reden. Gemeint ist der erste Fall der fünf Beispiele in 1.8 auf Seite 18.

Die in dieser Arbeit neu entwickelten Bewertungsmethoden sind weit aussagefähiger und zuverlässiger und werden in der Tabelle 64 aufgelistet. Die Summe der Aspektgewichtung ist mit 378 540 recht hoch und lässt nach konventioneller Anschauung der Astrologie auf eine glückliche Ehe schließen.

Schließlich werden die Bewertungszahlen der Einzelhoroskope und der Interaspekte zusammengezählt und für die Beurteilung der Trennungswahrscheinlichkeit herangezogen. Die Summe der Aspektbewertungen liegt mit bewSum = −16 im oberen Viertel der Anzahlsummenkurve (s. Bild 23 auf Seite 193) für Ungetrennte (77,6 %-Quantil). Auch die Häufigkeit der Trennungsaspektsummen liegt mit nSumme = 6 < 6,32 unterhalb des 0,05-Quantils für Getrennte. Die Gesamtbewertungszahl liegt mit 403 recht hoch. Damit liegt die Trennungswahrscheinlichkeit zwischen 10 und 53 %.

Ganz anders sieht es bei Victorias Urururenkel **Charles** und der inzwischen umgekommenen **Diana Spencer** aus. Die eher vom Vater bestimmte Ehe verlief dramatisch unglücklich und war ganz bestimmt keine Liebesheirat.

Prinz Charles geb. am 14.11.1948, 21h14' in London 51°N30', 0°W10'

Planeten: Häuser:

☉	22° 25 '21 " ♏	1	05° 36 '16 " ♌	A 05° 36 '16 " ♌
☽	00° 26 '34 " ♉	2	28° 14 '06 " ♌	
☿	06° 57 '29 " ♏	3	20° 51 '44 " ♍	

♀	16°	23	'02	"	♎	4	13°	36	'08	"	♎	
♂	20°	56	'55	"	♐	5	10°	06	'00	"	♐	
♃	29°	53	'08	"	♐	6	11°	25	'39	"	♑	
♄	05°	16	'02	"	♍	7	05°	36	'16	"	♒	
♅	29°	55	'45	"	♊	8	28°	14	'06	"	♒	
♆	14°	07	'44	"	♎	9	20°	51	'44	"	♋	
♇	16°	33	'46	"	♌	10	13°	36	'08	"	♈	M 13° 36 '08 " ♈
☊	04°	57	'34	"	♉	11	10°	06	'00	"	♊	
☽	13°	02	'34	"	♋	12	11°	25	'39	"	♋	
⚷	28°	13	'28	"	♏							

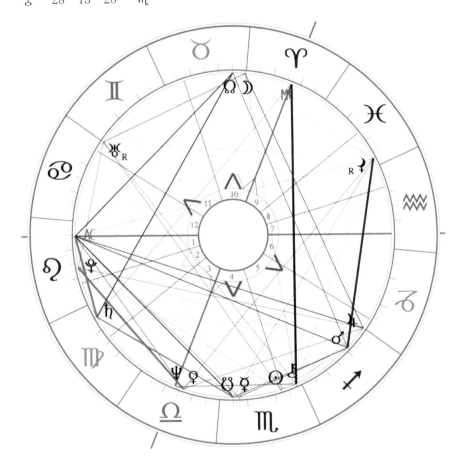

Bild 28 Geburtshoroskop von Prince Charles of England

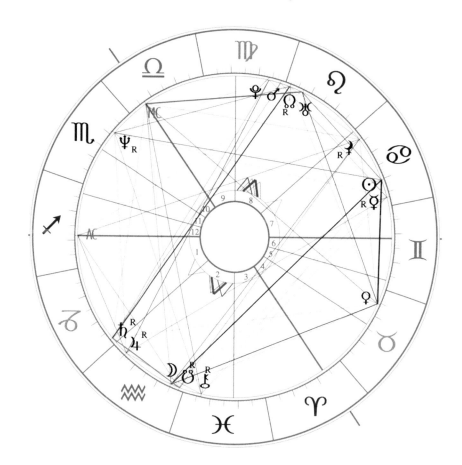

Bild 29 Geburtshoroskop von Diana Spencer

Diana Spencer geb. am 1.7.1961 19h 45' in Sandringham Norfolk
52°N49'48", 0°O31'2"

Planeten: Häuser:

☉	09° 39 '47 " ♋	1	18° 25 '19 " ♓	A 18° 25 '19 " ♓
☽	25° 01 '10 " ♒	2	12° 28 '31 " ♑	
☿	03° 12 '19 " ♋	3	21° 00 '00 " ♒	
♀	24° 24 '01 " ♉	4	23° 04 '14 " ♈	
♂	01° 38 '45 " ♍	5	10° 55 '23 " ♉	

♃	05°	05	'49	"	♒	6	28°	59	'22	"	♉
♄	27°	48	'50	"	♑	7	18°	25	'19	"	♊
♅	23°	20	'10	"	♌	8	12°	28	'31	"	♋
♆	08°	38	'12	"	♏	9	21°	00	'00	"	♌
♇	06°	02	'39	"	♍	10	23°	04	'14	"	♎ M 23° 04 '14 " ♎
☊	28°	10	'39	"	♌	11	10°	55	'23	"	♏
☽	16°	45	'50	"	♌	12	28°	59	'22	"	♏
☋	06°	28	'05	"	♈						

Tabelle 65 Planeten in Kochfeldern von Charles und Diana

Charles	Diana
Planeten in den Feldern:	Planeten in den Feldern:
1 ♇	2 ♃ ♄
2 ♄	3 ☽ ☋
4 ☉ ☿ ♀ ♆ ☋	5 ♀
5 ♂ ♃	7 ☉ ☿
8 ☽	8 ☽
10 ☽ ☊	9 ♂ ♅ ♇ ☊
11 ♅	10 ♆
Dianas Planeten in Feldern von Charles	Charles Planeten in Feldern von Diana
1 ♅	1 ♂ ♃
2 ♂ ♇ ☊	2
3	3
4 ♆	4 ☽ ☊
5	5
6 ♃ ♄	6
7 ☽	7 ♅
8	8 ♇
9	9 ♀ ♄ ♆
10 ♀	10 ☿
11 ☉ ☿	11 ☉
12	12

Tabelle 66 Horoskopaspekte von Charles und Diana

Charles	Diana
Aspekte zwischen den Planeten: 36	Aspekte zwischen den Planeten: 34
♃ ☍ ♅ 00° 02 '37 "	☉ ∠ ♀ 00° 15 '46 "
☋ ⊼ M 00° 02 '37 "	♅ ✳ M 00° 15 '56 "
♄ ⚹ A 00° 07 '01 "	☉ ⚻ ☽ 00° 21 '23 "
♀ ✳ ♇ 00° 10 '44 "	♄ ⊼ ☊ 00° 21 '49 "
☽ ⚹ M 00° 13 '31 "	♇ ☍ ☋ 00° 25 '26 "

Charles	Diana
♄ △ ☊ 00° 18 '28 "	☽ □ ♀ 00° 37 '09 "
☊ □ A 00° 25 '29 "	♃ ⊼ ♇ 00° 56 '50 "
♃ BQ A 00° 30 '05 "	☉ △ ♆ 01° 01 '35 "
☽ ✳ ♅ 00° 30 '49 "	♀ □ ♅ 01° 03 '51 "
☽ △ ♃ 00° 33 '26 "	☉ ∠ ♅ 01° 19 '37 "
♂ ⊡ A 00° 33 '52 "	♀ ⊼ M 01° 19 '47 "
♆ ☍ M 00° 51 '39 "	♃ ⚺ ☋ 01° 22 '16 "
♆ ∠ ☋ 00° 54 '16 "	☿ ∠ ☽ 01° 26 '29 "
♂ 1½ ☊ 00° 59 '21 "	♆ Q ☊ 01° 32 '27 "
♀ Q A 01° 00 '01 "	☿ ✳ ♂ 01° 33 '34 "
☿ ∠ ♂ 01° 00 '34 "	☋ ⊡ M 01° 36 '09 "
♆ ⊼ ☽ 01° 05 '10 "	☽ △ A 01° 39 '29 "
♃ Q ☽ 01° 09 '26 "	♃ ∠ A 01° 40 '30 "
☉ ⚺ ♂ 01° 28 '26 "	☽ ☍ ♅ 01° 41 '00 "
♀ Q ♃ 01° 30 '06 "	☿ ⊼ ♃ 01° 53 '30 "
☉ BQ ♅ 01° 30 '24 "	☽ △ M 01° 56 '56 "
☿ □ A 01° 34 '26 "	♂ BQ ♄ 02° 10 '05 "
♅ ∠ ♇ 01° 38 '01 "	♆ △ ☋ 02° 10 '07 "
☽ BQ A 01° 39 '31 "	♄ BQ ♇ 02° 13 '49 "
♃ ⚺ ☋ 01° 39 '40 "	☽ ☍ ☊ 03° 09 '29 "
♃ ⊡ ♇ 01° 40 '38 "	☉ △ ☋ 03° 11 '42 "
☿ ✳ ♄ 01° 41 '27 "	☿ △ ☋ 03° 15 '46 "
♅ ⊼ ☋ 01° 42 '17 "	♀ △ ♄ 03° 24 '49 "
☿ ☍ ☊ 01° 59 '55 "	♂ ☌ ☊ 03° 28 '06 "
♄ BQ M 02° 00 '03 "	♃ □ ♆ 03° 32 '23 "
♀ ☌ ♆ 02° 15 '18 "	♀ □ ☊ 03° 46 '38 "
♀ BQ ☽ 02° 39 '32 "	♂ ☌ ♇ 04° 23 '54 "
♀ ☍ M 03° 06 '57 "	♂ ☍ ☋ 04° 49 '20 "
♇ △ M 03° 17 '41 "	♅ ☌ ☊ 04° 50 '29 "
☽ ☌ ☊ 04° 31 '00 "	
☉ ☌ ☋ 05° 48 '07 "	

Aspektbewertung:
3   ☽ BQ A   5971   4829   −67.1554543
5   ☿ ☍ ☊ 7195 14405 −637.3506655
nMann = 0 bewMann = 8 sumMann = −704.5

Aspektbewertung:
nFrau = 0 bewFrau = 0   sumFrau = 0.0

Die Tabelle 65 bis Tabelle 67 sind genau so aufgebaut wie bei Prince Albert und Queen Victoria. Die Horoskopaspekte ergeben nur bei Prince Charles negative Aspektbewertungen. Die Bewertung der Interaspekte ist jedoch sehr negativ. Die Gesamtbewertungszahl von -1914 zeigt gemäß Bild 24 eine sehr hohe Scheidungswahrscheinlichkeit an. Nur noch 0,5 % gehören zur Gruppe der Ungetrennten und 7,2 % gehören nicht zu den Getrennten. Die Scheidungswahrscheinlichkeit liegt also zwischen 92,8 und 99,5 %.

Tabelle 67 Nach aufsteigendem Orbis sortierte Interaspekte, bewertet nach der traditionellen Astrologie

Interaspekte							
0	⚷ □ ☊	00° 02 ‘49 “	169	14400	14231	-4	-56924
1	M ⚼ ☊	00° 05 ‘26 “	326	7200	6874	-1	-6874
2	☊ □ ♃	00° 08 ‘15 “	495	14400	13905	-3	-41715
3	♄ ⚻ ♃	00° 10 ‘13 “	613	7200	6587	-3	-19761
4	♇ ☌ ☽	00° 12 ‘04 “	724	21600	20876	-6	-125256
5	☽ ∠ ♄	00° 13 ‘44 “	824	7200	6376	-2	-12752
6	♀ ∠ ♂	00° 15 ‘43 “	943	7200	6257	-6	-37542
7	A ☍ ♃	00° 17 ‘14 “	1034	21600	20566	-3	-61698
8	♀ * ☽	00° 22 ‘48 “	1368	7200	5832	3	17496
9	⚷ * ♄	00° 24 ‘38 “	1478	7200	5722	4	22888
10	☿ △ ⚷	00° 29 ‘24 “	1764	14400	12636	4	50544
11	♃ BQ ♀	00° 30 ‘53 “	1853	10800	8947	3	26841
12	☽ Q ♀	00° 38 ‘33 “	2313	10800	8487	3	25461
13	⊙ ⚺ M	00° 38 ‘53 “	2333	7200	4867	-2	-9734
14	A ⚺ ♇	00° 39 ‘36 “	2376	7200	4824	-2	-9648
15	⊙ Q ♃	00° 40 ‘28 “	2428	10800	8372	3	25116
16	♄ ☌ ♇	00° 46 ‘37 “	2797	21600	18803	-6	-112818
17	♅ BQ ♃	00° 49 ‘56 “	2996	10800	7804	3	23412
18	♂ ∠ ♃	00° 51 ‘06 “	3066	7200	4134	-3	-12402
19	⊙ □ ♅	00° 54 ‘49 “	3289	14400	11111	-6	-66666
20	☿ * ♇	00° 54 ‘50 “	3290	7200	3910	4	15640
21	♆ ∠ ☊	00° 57 ‘05 “	3425	7200	3775	-3	-11325
22	A Q ♀	01° 00 ‘58 “	3658	10800	7142	3	21426
23	⚷ BQ ☿	01° 01 ‘09 “	3669	10800	7131	3	21393
24	A ⚻ ⚷	01° 05 ‘02 “	3902	7200	3298	-2	-6596
25	☊ △ ♇	01° 05 ‘05 “	3905	14400	10495	-5	-52475
26	♄ ☍ ⚷	01° 12 ‘03 “	4323	21600	17277	-5	-86385
27	☽ △ ♂	01° 12 ‘11 “	4331	14400	10069	6	60414
28	M BQ ♇	01° 13 ‘26 “	4406	10800	6394	3	19182
29	♄ BQ ♄	01° 27 ‘12 “	5232	10800	5568	3	16704
30	☊ * Ch	01° 30 ‘31 “	5431	7200	1769	3	5307
31	☊ ⚼ A	01° 32 ‘15 “	5535	7200	1665	-3	-4995
32	☿ Q ♅	01° 37 ‘19 “	5839	10800	4961	3	14883
33	♇ ∠ ☿	01° 38 ‘33 “	5913	7200	1287	-2	-2574
34	♆ BQ ⚷	01° 39 ‘39 “	5979	10800	4821	3	14463
35	☿ ☌ ♆	01° 40 ‘43 “	6043	21600	15557	3	46671
36	♃ △ ☊	01° 42 ‘29 “	6149	14400	8251	4	33004
37	♅ * ♂	01° 43 ‘00 “	6180	7200	1020	5	5100
38	♅ * ☊	01° 45 ‘06 “	6306	7200	894	4	3576
39	☊ * ☿	01° 45 ‘15 “	6315	7200	885	4	3540
40	♃ △ ♂	01° 45 ‘37 “	6337	14400	8063	6	48378
41	♅ ∠ ☽	01° 50 ‘05 “	6605	7200	595	-3	-1785
42	♇ △ A	01° 51 ‘33 “	6693	14400	7707	4	30828
43	☿ □ ♃	01° 51 ‘40 “	6700	14400	7700	-5	-38500

Interaspekte

44	♃ ⚼ ☽	01° 52 ‘42 “	6762	7200	438	-3	-1314
45	A ⚼ A	01° 57 ‘44 “	7064	7200	136	0	0
46	☉ ☍ ♀	01° 58 ‘40 “	7120	21600	14480	-3	-43440
47	♀ BQ ♀	02° 00 ‘59 “	7259	10800	3541	3	10623
48	☊ Q ☽	02° 03 ‘36 “	7416	10800	3384	3	10152
49	☽ △ ☊	02° 15 ‘55 “	8155	14400	6245	6	37470
50	♂ △ ♅	02° 23 ‘15 “	8595	14400	5805	5	29025
51	♂ ☌ A	02° 31 ‘36 “	9096	21600	12504	-3	-37512
52	☉ □ ☽	02° 35 ‘49 “	9349	14400	5051	-4	-20204
53	☽ □ ♄	02° 37 ‘44 “	9464	14400	4936	-7	-34552
54	☿ △ ☉	02° 42 ‘18 “	9738	14400	4662	4	18648
55	☽ Q ☉	02° 46 ‘47 “	10007	10800	793	3	2379
56	⚷ □ ☽	03° 12 ‘18 “	11538	14400	2862	-2	-5724
57	A □ ♆	03° 15 ‘09 “	11709	14400	2691	-4	-10764
58	♅ ☌ ☿	03° 16 ‘34 “	11794	21600	9806	4	39224
59	☊ △ ♂	03° 18 ‘49 “	11929	14400	2471	-4	-9884
60	♃ ☍ ☿	03° 19 ‘11 “	11951	21600	9649	-5	-48245
61	☽ △ ☉	03° 22 ‘47 “	12167	14400	2233	6	13398
62	⚷ □ ♂	03° 25 ‘17 “	12317	14400	2083	-4	-8332
63	M △ ☽	03° 29 ‘45 “	12585	14400	1815	4	7260
64	M □ ☉	03° 36 ‘18 “	12978	14400	1422	-5	-7110
65	♄ ☌ ♂	03° 37 ‘17 “	13037	21600	8563	-6	-51378
66	☊ ☍ ♆	03° 40 ‘38 “	13238	21600	8362	-3	-25086
67	☿ △ ☿	03° 45 ‘10 “	13510	14400	890	6	5340
68	⚷ ☍ ♀	03° 49 ‘27 “	13767	21600	7833	-3	-23499

Summe der Aspektgewichtung: -379683

Bewertung der Haltbarkeit der Beziehung:

4	5	♇ ☌ ☽	724	20876	-940.025404
6	4	♀ ∠ ♂	943	6257	-241.916268
25	-1	☊ △ ♇	3905	10495	62.130400
59	4	☊ △ ♂	11929	2471	-90.040769

nSumme = 1 nInter = 1 bewInter = 12 sumInter = -1209.8520411 bewSum = 20
sumSum -1914.358161

Auch die Summe der Aspektgewichtung liegt mit –379 683 deutlich im negativen Bereich. Bei Albert und Victoria waren es 378 540.
Nach meinen Bewertungskriterien musste die Ehe scheitern. Die Frage muss erlaubt sein, warum damals so viele Astrologen in den allgemeinen Jubel eingestimmt haben. War das Scheitern der Ehe nach traditionellen Erkenntnissen der Astrologie nicht voraussehbar gewesen? Sowohl die Horoskopaspekte von Diana und von Charles als auch die Interaspekte ließen ein Scheitern der Ehe

erkennen. Ich kann mir nicht vorstellen, dass gute Astrologen dies 1981 nicht erkannt haben. Sie wollten das beliebte Traumpaar sicher nicht kritisieren und sich gegen die öffentliche Meinung stellen.

Bei den Horoskopaspekten von Diana ist ☽△M günstig für den beruflichen Erfolg und den Umgang mit der Öffentlichkeit, was Diana perfekt beherrscht hat. ♃□♆ bedeutet Beeinflussbarkeit, Verführbarkeit und Sehnsucht nach außergewöhnlichen Erlebnissen. ☽□♀ zeigt unkluge amouröse und sexuelle Beziehungen sowie wahllose Zuneigungen an. Ein starkes Unabhängigkeitsstreben und eine Kompromisslosigkeit in Beziehungen ist durch ♀□♅ erkennbar. Ihre Launenhaftigkeit und Unberechenbarkeit wird durch ☉∠♅ und ☽☍♅ angezeigt.

Bei Diana ist der 16' genaue Aspekt ☉∠♀ besonders negativ und wird oft als Scheidungsaspekt gedeutet.[3] ☉⚼☽ und ♇☍⚸ weisen auf Unverträglichkeiten hin, ♂☌♇ sogar auf Machtstreben..

In Prince Charles Horoskop zeigt die exakte ♃☍♅ Ruhelosigkeit und Widerspruch zu den traditionellen religiösen und rechtlichen Anschauungen an. Die ♆☍M weist auf eine unklare berufliche Situation hin. Das ☽△♃ zeigt die positiven Eigenschaften Großzügigkeit, Hilfsbereitschaft und Freundlichkeit im persönlichen Umgang an. Charles hat ein intensives Gefühlsleben und originelle Kreativität (♀⚹♇) und kämpft für seine religiösen und philosophischen Überzeugungen (♂ in ♐), die nicht unbedingt vom Volk geteilt werden.

Die Horoskopaspekte von Charles ♂⚼A und ☿∠♂ sind nicht gerade einer Harmonie förderlich. Das ♅∠♇ lässt auf Eigensinn, Überspanntheit und revolutionäre Tendenzen schließen, wodurch er sich beim Volk unbeliebt gemacht hat.

Von den Interaspekten (s. Tabelle 67 auf Seite 210) sind die ♄-Aspekte 5, 16 und 53 besonders frustrierend. Der letztere ☽□♄ wirkte auf Charles gefühlseinfrierend. Weitere negative Interaspekte sind 19, 41, 52, 62, 65, 64 und 60. Davon ist 52, das ☉(♏)□☽(♒) besonders belastend, weil der kühle Wassermannmond von den Gefühlen der Skorpionsonne nicht belästigt werden will.

Das ungenaue Sonnentrigon spielt keine Rolle. Vielmehr besagt das M□☉, dass Diana offen oder heimlich gegen die Lebensziele von Charles gearbeitet und seine Stellung in der Öffentlichkeit unterminiert hat.

Wie so oft im Leben, entpuppen sich sogenannte Traumpaare als besonders unglücklich. Die meisten Menschen glauben, wenn die Frau besonders wohl-

---

3   Konnte ich statistisch nicht bestätigen.

gestaltet ist und der Mann Reichtum, hohe Stellung und männliches Auftreten zu bieten hat, wäre die Verbindung mit Glück gesegnet. Dies beobachtet man nicht nur bei Prinzessinnen und Prinzen, sondern auch bei ganz normalen Menschen.

Viel besser passen **Prince Charles** und **Camilla Parker Bowles**[4] zusammen. Sowohl der Aszendent als auch das MC fallen im Horoskopvergleich mit geringem Orbis (<30') zusammen, was eine stabile, kameradschaftliche Beziehung bedeutet. Gute Jupiteraspekte, ein Sonnentrigon und weitere positive Interaspekte sorgen für ein gutes Verstehen.

Dies zeigen auch die Summe der Aspektgewichtung (355980) und die Gesamtbewertungszahl (–516). Bei der Aspektgewichtung ist der Interaspekt ♂☍♅ gemäß der astrologischen Tradition negativ bewertet worden. Wenn ich ihn nach meiner Erfahrung positiv bewerte, steigt die Aspektgewichtung auf 490296.

Die Trennungswahrscheinlichkeit (s. Bild 24 auf Seite 196) liegt zwar zwischen 45 % und 86 % (55 % der Getrennten haben eine Gesamtbewertungszahl von mindestens –516), doch wegen der sehr hohen Aspektgewichtung wird das Paar das gemeinsame Leben meistern.

6.5 Trennung und Aspektgewichtung

Bei der Bewertung der Paarbeispiele im vorangegangenen Abschnitt wurden Aspektgewichtungen nach der traditionellen Astrologie eingesetzt. Wenn ich Anzahlsummenverteilungen von Getrennten und Ungetrennten berechne und sie in ein gemeinsames Diagramm auftrage (wie in Bild 24 auf Seite 196), fallen diesc beiden Kurven praktisch zusammen (s. Bild 30 auf Seite 214).

Dies bedeutet, dass mit der Bewertung nach positiven und negativen Aspekten keine Aussage getroffen werden kann, ob sich ein Paar trennen wird oder nicht. Das ist auch nicht verwunderlich, denn die Bewertungen beruhen nicht auf wissenschaftliche Untersuchungen, sondern auf Erfahrungen.

Mit diesen Aspektgewichtungen wollte ich etwas über die Harmonie einer Paarbeziehung aussagen, die statistisch nicht untersucht werden kann, weil man die Selbstauskunft von Paaren verwerten muss. Da weder Einzelpersonen

---

4   Horoskope und Geburtsdaten findet man im Internet in der Roddendatei.

noch Paare sich so sehen, wie sie wirklich sind, muss ein solches Unternehmen grundsätzlich scheitern.

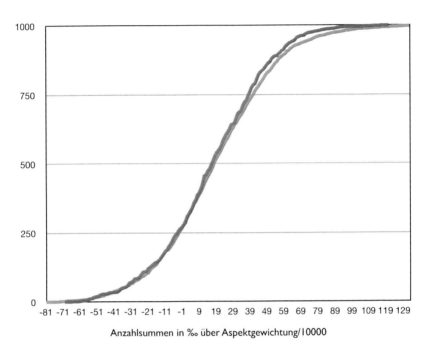

Anzahlsummen in ‰ über Aspektgewichtung/10000

Bild 30 Summenkurven der Aspektgewichtung

6.6 Trennung und Planeten in Tierkreiszeichen

In der Vulgärastrologie wird nur das Sonnenzeichen berücksichtigt. Ich konnte bisher nicht statistisch nachweisen, dass bei einer Gegenüberstellung von Getrennten und Ungetrennten viele Sonnenzeichen signifikant häufiger an einer Trennung beteiligt sind.

Eine neue Untersuchung mit getrennten und ungetrennten Paaren ergab für einige wenige Planeten und die Achsen signifikant häufigere und seltenere Stellungen in den einzelnen Tierkreiszeichen.

Wie zu erwarten, ist dies vom Geschlecht abhängig. Natürlich gelten die gleichen Einschränkungen für die langsamen Planeten wie bei den Horoskopaspekten.

Die wenigen signifikanten Planetenstellungen werden zusammen mit dem p-Wert in der Tabelle 68 aufgelistet. Das Vorzeichen wurde hinzugefügt und hat wie bisher die Bedeutung, dass ein positives Vorzeichen auf signifikant häufigere Planetenstellungen bei Getrennten hinweist.

Tabelle 68 Signifikante Planetenstellungen in Tierkreiszeichen

Männer			Frauen		
☉	in ♋	−0,0467154	☉	in ♈	−0,0010081
☽	in ♋	−0,0175095	☿	in ♏	−0,0115628
☿	in ♏	+0,0076542	♄	in ♋	+0,0325372
☿	in ♋	−0,0072587	♄	in ♓	−0,0004664
♃	in ♎	−0,0193640	♄	in ♑	−0,0271752
♄	in ♎	−0,0025458	♄	in ♋	+0,0202808
☽	in ♈	−0,0013274	☽	in ♒	−0,0182487
A	in ♍	−0,0024145	M	in ♉	−0,0021605
A	in ♑	−0,0215507			
M	in ♏	−0,0438636			

Wenn man die Planetenzeichen in die Bewertung der Trennungswahrscheinlichkeit einbeziehen will, ergibt sich sofort die Schwierigkeit, sie angemessen zu gewichten, da kein Orbis für die Berechnung herangezogen werden kann. Lediglich der p-Wert steht zur Verfügung. Führe ich einen fiktiven Wert für den Orbis von 1° = 3600" ein, kann mit der folgenden Formel bewertet werden:

$$g = 3600(\alpha - p)$$

Damit ergeben sich für die vier Personen des englischen Königshauses:

Prince Albert

A	in ♍	−0,0024145	+171,31
Summe			+171,31

Queen Victoria

♄	in ♋	+0,0202808	−106,96
Summe			−106,96
Summe Albert & Victoria			+89,65

Prince Charles

| ☿ in ♏ | +0, 0003558 | −178, 72 |
| Summe | | −178, 72 |

Diana Spencer

♄ in ♑	−0, 0271752	+82, 17
Summe		+82, 17
Summe Charles & Diana		−96, 55

Offensichtlich haben die wenigen signifikanten Planetenstellungen für die Trennungswahrscheinlichkeit keine große Bedeutung.

6.7 Trennung und Planeten in Häusern

Schon im ersten Kapitel habe ich darauf hingewiesen, dass alle statistischen Untersuchungen zum Nachweis der Bedeutung der Häuser keine brauchbaren Ergebnisse geliefert haben. Daher habe ich zu dieser Frage sehr umfangreiche statistische Untersuchungen im Zusammenhang mit der Erforschung typischer astrologischer Merkmale bei verschiedenen Berufen angestellt [23], [24].

Diese Forschungen konnten eine sinnvolle Bedeutung der Häuser nicht nachweisen. Es ist mir bewusst, dass diese Ergebnisse die heiligsten Kühe vieler Astrologen schlachten. Jedoch kommt Ebertin ganz ohne Häuser aus. Ich plane, diese Arbeiten demnächst in einem Buch zu veröffentlichen.

6.8 Zusammenfassung

Unabhängigkeitstest für die Horoskop- und Interaspekte von getrennten und ungetrennten Paaren haben ergeben, dass es Aspekte gibt, die die Trennungswahrscheinlichkeit erhöhen oder verringern. Aus dem realen Restorbis und dem p-Wert lassen sich Gesamtbewertungszahlen berechnen. Mit den Verteilungen dieser Gesamtbewertungszahlen bei Getrennten und Ungetrennten lassen sich Trennungswahrscheinlichkeiten abschätzen.

Mit den traditionellen Bewertungen der Astrologen zur Harmonie eines Paares gelingt dies nicht. Die entsprechenden Verteilungskurven sind praktisch deckungsgleich.

Kapitel 7 Vulgärastrologie – Einfluss des Sonnenzeichens

Das am häufigsten untersuchte Merkmal der Astrologie ist das Sonnenzeichen. Davon handelt das Buch von Gunter Sachs [38]. Er hat natürlich auch die für die meisten Menschen brennend interessante Frage, welche Sternzeichen zueinander passen, untersucht und kommt zu Ergebnissen, die sich zum Teil mit der Meinung der Vulgärastrologie decken. Als Vulgärastrologie wird die Betrachtungsweise bezeichnet, die sich ausschließlich auf die Tierkreiszeichen beschränkt. Damit ist die Stellung der Sonne in einem Tierkreiszeichen gemeint. Wenn jemand sagt, er sei Fisch, dann befand sich zur Zeit seiner Geburt die Sonne im Tierkreiszeichen Fische.

Leider lässt sich nicht nachvollziehen, mit welchen Methoden der Statistik Sachs gearbeitet hat. Es gilt bei Buchverlagen die wichtige Regel, die die allgemeine Mathematikphobie bedient, dass ein Buch, das eine mathematische Formel enthält, unverkäuflich ist. Deshalb wird dem wohlwollenden Leser erst auf Seite 227 klar, warum er bei Nachrechnungen zu anderen Ergebnissen kommt als G. Sachs.[1]

---

1 Chlumsky und Ehling [6] schreiben: Wenn vor der Analyse feststeht, in welche der beiden möglichen Abweichungsrichtungen die Nullhypothese bei Überschreiten der betreffenden Testschranke abzulehnen ist, werden Signifikanztests einseitig durchgeführt. Die Wahrscheinlichkeit einer Differenz in eine bestimmte Richtung ist genau die Hälfte der Wahrscheinlichkeit einer gleich großen Differenz in beide Richtungen. Der einseitige Test, der dann anzuwenden ist, wenn die Richtung der Abweichung festliegt oder erwartet werden kann, ist doppelt so empfindlich wie der zweiseitige. Die von Gunter Sachs betrachteten Fragestellungen sind alle zweiseitig, der Ablehnungsbereich wird jedoch gewählt, als wenn es sich um eine einseitige Fragestellung handelt. Die errechneten Irrtumswahrscheinlichkeiten zeigen dennoch klare Ergebnisse, weil sich überwiegend sehr geringe Wahrscheinlichkeiten für die Geltung der Nullhypothese erge-

Das Buch von G. Sachs wäre viel weniger angefeindet worden, wenn er seine angewendeten Methoden präzise veröffentlicht hätte. Das hätte er auch in einem Anhang machen können, den nicht interessierte Leser hätten ignorieren können. Stattdessen bringt er Expertisen von Statistikinstituten bei, die bestätigen, dass er sauber gearbeitet habe.

Fast jeder Mensch kennt sein Sonnenzeichen. Daher ist die Vulgärastrologie so beliebt und findet in Zeitungen und Zeitschriften lebhafte Behandlung. Wenn solche Astrologie einen Wahrheitsgehalt haben sollte, müsste es zwölf verschiedene Menschentypen und Menschenschicksale geben. Das ist völlig absurd und widerspricht jeglicher Erfahrung. Diese „Zeitungsastrologie" bringt neben der Weigerung der Astrologen, wissenschaftliche Methoden zur Erforschung der Astrologie zuzulassen, die Astrologie heftig in Verruf.

Einige wenige Menschen kennen vielleicht auch noch ihren Aszendenten, ohne ihn deuten zu können. Die außerordentlich wichtige Stellung des Mondes im Horoskop ist ihnen praktisch immer unbekannt. Deren schwierige Deutung wird selbst in astrologischen Fachbüchern nur sehr oberflächlich und vordergründig behandelt (Ausnahme: Ring [37]).

So bleibt den Vielen, die sich für Zeitungsastrologie interessieren, verborgen, was sie in eine Partnerschaft gebracht hat, warum die Liebe so schnell verbraucht ist, warum nach einer Trennung nur noch Hass übrig bleibt und dass sie eigentlich nur über den Sex zusammengekommen sind.

Obwohl die Vulgärastrologie äußerst fragwürdig ist, will ich die Überprüfung der Sonnenzeichen vornehmen. Ein erster Einstieg war schon die Überprüfung der Signifikanzen für Planeten in Tierkreiszeichen bei der Gegenüberstellung von Getrennten und Ungetrennten im letzten Kapitel (6.6 auf Seite 214). Hierbei ergaben sich nur jeweils ein Sonnenzeichen, das signifikant ist: Bei Männern ist die Sonne im Fisch bei Getrennten signifikant seltener, und bei Frauen ist es die Sonne im Widder.

Man kann die Frage auch unabhängig vom Status der Paare angehen und den Fehler in Kauf nehmen, der unvermeidlich ist, wenn man von Mittagsgeburten ausgeht. Wie schon im Abschnitt 4.1.1 auf Seite 116 gezeigt wurde, bleibt ein relativer Fehler von $1/30 = 3,33\,\%$. Wenn sich zeigt, dass bei solchen Untersuchungen mit zahlreichen Daten eine relative Abweichung vom

---

ben. Bis auf wenige Testergebnisse auf dem 5 % Signifikanzniveau hat diese Vorgehensweise nur einen geringen Einfluss auf die Aussagefähigkeit der Analysen.

Erwartungswert von weniger als 3 % herauskommt, ist das Ergebnis ziemlich wertlos.

Die zahlreichen Schweizer Daten können ausgewertet werden, wenn man beachtet, dass „Heiraten" nur bedeutet, das diese Paare eine Ehe eingegangen sind, die weder haltbar noch glücklich sein muss. Darüber hinaus muss gesehen werden, dass nicheheliche Paare dabei nicht erfasst sind. Dann stellen sich die folgenden Fragen:

- Heiraten Männer mit einem bestimmten Tierkreiszeichen signifikant häufiger oder seltener Frauen, die in bestimmten Tierkreiszeichen geboren wurden?

- Umgekehrt heiraten Frauen mit einem bestimmten Tierkreiszeichen signifikant häufiger oder seltener Männer, die in bestimmten Tierkreiszeichen geboren wurden?

- Werden Männer in bestimmten Tierkreiszeichen signifikant häufiger oder seltener von Frauen geschieden, die in bestimmten Tierkreiszeichen geboren wurden?

Bei allen statistischen Untersuchungen sind immer alle möglichen Ereignisse zu berücksichtigen, auch das Nichtereignis. Dieser Fehler wird besonders häufig in der Medizin begangen.[2]

Auf Paarbeziehungen angewendet bedeutet dies: Kann man die Männer und Frauen, die nie eine Partnerschaft eingegangen sind, einfach außer Acht lassen?

7.1 Verteilung der Männer und Frauen in den Tierkreiszeichen

Für die Bestimmung solcher Verteilungen müssten eigentlich Geburtsdaten eines ganzen Volkes vorliegen. Dies ist deshalb unvorstellbar, weil Behörden sich besonders lange gesträubt haben, moderne Datenverarbeitung bei der Erfassung der Geburten einzusetzen. Hinzu kommt die geradezu schizophrene Haltung zu Volksbefragungen. Viele Menschen posten ihre intimsten Ge-

---

Beispiel: Nach Fußverletzungen wurde jahrzehntelang untersucht, wie es den Operierten ergangen ist, bis jemand auch die Nichtoperierten einbezog und feststellte, dass es denen signifikant besser ergangen war.

heimnisse über Facebook und rasten aus, wenn sie dem Staat ihr richtiges Geburtsdatum mitteilen sollen.

7.1.1 Tierkreiszeichen der Schweizer Bevölkerung

Die Anzahl der Geburten ist in der Schweiz für jeden Tag seit 1969 bekannt und zentral registriert. Eine Auswertung dieser Anzahlen ergibt hoch signifikant, dass die Geburtszeiten in den Kliniken manipuliert werden. Am Sonntag werden deutlich weniger Kinder geboren als im Durchschnitt. Dies gilt auch für die Samstage, wenn auch nicht so drastisch.

Dabei hat die Manipulation seit 1969 erheblich zugenommen. Lag die Anzahl der Sonntagsgeburten 1969 noch 11,5 % unter dem Jahresmittel, so hat sich dieser Wert seit 2003 auf über 20 % eingependelt.

Ein Gespräch mit einer Oberärztin einer Münchener Frauenklinik ergab, dass diese Manipulation nicht in allen Kliniken üblich ist. Oft sind medizinische Gründe für eine Manipulation angezeigt, insbesondere wenn an einem Tag überdurchschnittlich viele Kinder zur Welt kommen und mehrere Kaiserschnitte durchgeführt werden müssen. Die Manipulationen in der Schweiz sind auf jeden Fall statistisch eindeutig.

Die Astrologen sind geteilter Meinung, ob eine manipulierte Geburtszeit, sei es durch Verzögerung oder Beschleunigung oder durch Kaiserschnitt als wahre Geburtszeit zu werten ist oder einen erheblichen Einfluss auf die Eigenschaften und das Leben des Geborenen hat. Selbst wenn man diesen Einfluss bejaht, hat man doch keine andere (richtigere) Geburtszeit zur Verfügung.

Man kann auch als Astrologe der Meinung sein, dass die Umstände der Geburt bereits zum unvermeidlichen Schicksal am Lebensanfang gehören, und somit die Geburtszeit gültig ist. Meine Erfahrungen sprechen dafür.

Verteilung der Geburtszeiten über das Jahr

Nun werde ich überprüfen, ob die Geburten gleichmäßig über das Jahr verteilt sind. Leider liegen mir die Geburtsdaten nicht für männliche und weibliche Geburten aufgeschlüsselt vor. Ein Anpassungstest der männlichen und weiblichen Partner bei Heiraten und Scheidungen an die Verteilung der Geburten würden dann Anhaltspunkte geben, ob die Verteilung der Frauen und Männer der Gesamtbevölkerung entsprechen oder ob einige Sonnenzeichen bei Verheirateten oder Geschiedenen signifikant häufiger oder seltener zu finden sind.

Die Tabelle 69 wertet 3 260 686 Geburten nach dem Sonnenzeichen aus. Nimmt man eine Gleichverteilung an, ergeben sich hoch signifikante Abweichungen von diesen Mittelwert von 271 724 mit p = 8,34·10⁻¹⁵. Der Mittelwert ist 1/12 oder 8,33 %. Der reale Anteil ist in der 8. Spalte in % angegeben, die prozentuale Abweichung in der 6. Spalte. Die Spalte 7 enthält die Anzahl bezogen auf den Mittelwert. Man kann erkennen, dass die Hälfte der relativen Abweichungen unterhalb des relativen Fehlers 3,33 % liegt.

Tabelle 69 Anpassungstest der Sonnenzeichen an den Mittelwert aller Geburten der Schweizer ab 1969

Sonne	anzA	abw	χ^2	stResA	abw%	anzrel	ant%
♈	279459, 0	+7753	220, 2	14, 8	2, 85	1, 0285	8, 57
♉	290448, 0	+18724	1290, 3	35, 9	6, 89	1, 0689	8, 91
♊	285958, 0	+14234	745, 7	27, 3	5, 24	1, 0524	8, 77
♋	290651, 0	+18926	1318, 4	36, 3	6, 97	1, 0697	8, 91
♌	279274, 0	+7550	209, 8	14, 5	2, 78	1, 0278	8, 56
♍	276434, 0	+4710	81, 6	9, 0	1, 73	1, 0173	8, 48
♎	266218, 0	−5506	111, 6	10, 6	−2, 03	0, 9797	8, 16
♏	250146, 0	−21578	1713, 5	−41, 4	−7, 94	0, 9206	7, 67
♐	248924, 0	−22800	1913, 1	−43, 7	−8, 39	0, 9161	7, 63
♑	249399, 0	−22325	1834, 2	−42, 8	−8, 22	0, 9178	7, 65
♒	268218, 0	−3506	45, 2	−6, 7	−1, 29	0, 9871	8, 23
♓	275557, 0	+3833	54, 1	7, 4	1, 41	1, 0141	8, 45
Σ	3260686, 0						

χ^2: 9537. 620325293512,   p = 8. 34·10⁻¹⁵,   Mittelwert = 271723.83

Verteilung der Tierkreiszeichen bei den Schweizer Männern und Frauen bei den Eheschließungen

			Männer			
Sonne	$H_{Männer}$	H_{Erw}	$h_{Männer}$	h_{Erw}	δ	p
♈	7918, 00	7564, 29	0, 08971	0, 08571	0, 0766	0, 000021
♉	7966, 00	7861, 74	0, 09026	0, 08908	0, 0831	≥0. 125
♊	7727, 00	7740, 20	0, 08755	0, 08770	0, 0506	≥0. 125
♋	7554, 00	7867, 23	0, 08559	0, 08914	0, 0271	0, 0002154
♌	7237, 00	7559, 28	0, 08200	0, 08565	−0, 0160	0, 00010597
♍	7256, 00	7482, 41	0, 08221	0, 08478	−0, 0134	0. 0062197
♎	7214, 00	7205, 89	0, 08174	0, 08164	−0, 0191	≥0. 125
♏	6449, 00	6770, 86	0, 07307	0, 07672	−0, 1231	0, 0000469
♐	6474, 00	6737, 78	0, 07335	0, 07634	−0, 1197	0, 0008267
♑	7153, 00	6750, 64	0, 08105	0, 07649	−0, 0274	0, 00000034
♒	7470, 00	7260, 02	0, 08464	0, 08226	0, 0157	0. 0100986
♓	7841, 00	7458, 67	0, 08884	0, 08451	0, 0661	0, 0000037

| | | | **Frauen** | | | |
Sonne	$H_{Männer}$	H_{Erw}	$h_{Männer}$	h_{Erw}	δ	p
♈	7826, 00	7564, 29	0, 08867	0, 08571	0, 0641	0. 001650
♉	7832, 00	7861, 74	0, 08874	0, 08908	0, 0649	≥0. 125
♊	7644, 00	7740, 20	0, 08661	0, 08770	0, 0393	≥0. 125
♋	7677, 00	7867, 23	0, 08698	0, 08914	0, 0438	0. 024628
♌	7398, 00	7559, 28	0, 08382	0, 08565	0, 0059	0. 052387
♍	7367, 00	7482, 41	0, 08347	0, 08478	0, 0017	≥0. 125
♎	7098, 00	7205, 89	0, 08042	0, 08164	−0, 0349	≥0. 125
♏	6608, 00	6770, 86	0, 07487	0, 07672	−0, 1015	0. 039422
♐	6565, 00	6737, 78	0, 07438	0, 07634	−0, 1074	0. 028512
♑	7014, 00	6750, 64	0, 07947	0, 07649	−0, 0463	0, 0008515
♒	7436, 00	7260, 02	0, 08425	0, 08226	0, 0111	0. 0310914
♓	7794, 00	7458, 67	0, 08831	0, 08451	0, 0597	0, 0000495

Die beiden vorangegangenen Tabellen sind das Ergebnis einfacher Homogenitätstests. Sie zeigen, dass die Verteilung der Männer und Frauen über die Sonnenzeichen nur teilweise mit der Verteilung der Geburten übereinstimmt. Insbesondere sind die Abweichungen bei ♉, ♊ und ♎ signifikant.

Das Bild 31 macht die Schwankungen der Geburtszahlen sichtbar. Die Kurve ähnelt einer Sinuskurve und hat ihr Maximum im Sommer bei der größten Lichtmenge und ihr Minimum im Winter beim größten Lichtmangel. Interessant wäre, ob es auf der südlichen Erdhalbkugel vergleichbar ist.

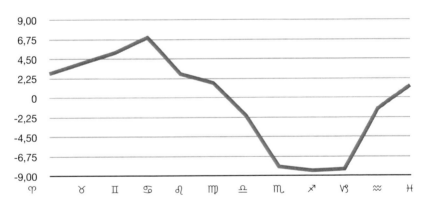

Bild 31 Schwankungen der Schweizer Geburten in Abhängigkeit vom Tierkreiszeichen in %

Eine Zusammenstellung der Heiraten hinsichtlich der Tierkreiszeichen findet man in der Tabelle 70. Diese Tabelle enthält auch die Randsummen der Zeilen und Spalten.

Tabelle 70 Kreuztabelle der Heiraten nach Tierkreiszeichen (Zeilen: Männer, Spalten: Frauen)

	♈	♉	♊	♋	♌	♍	♎	♏	♐	♑	♒	♓	
♈	695	705	684	668	681	685	630	559	582	647	653	729	7918
♉	745	724	699	712	619	623	704	578	576	639	639	708	7966
♊	665	682	703	671	643	639	629	547	580	616	647	705	7727
♋	638	665	687	642	655	652	607	560	568	597	620	663	7554
♌	683	613	633	654	645	561	559	544	535	575	598	637	7237
♍	642	676	609	617	602	613	564	576	552	609	585	611	7256
♎	656	631	652	622	596	595	589	553	536	549	618	617	7214
♏	525	564	558	579	534	549	565	506	478	506	525	560	6449
♐	551	567	502	535	569	549	559	490	496	537	565	554	6474
♑	666	652	626	630	590	595	541	511	527	565	589	661	7153
♒	657	661	641	653	629	629	591	551	540	566	709	643	7470
♓	703	692	650	694	635	677	560	633	595	608	688	706	7841
	7826	7832	7644	7677	7398	7367	7098	6608	6565	7014	7436	7794	88259

Ein Unabhängigkeitstest ergibt bei p = 0.4061, dass die Heiratskombinationen der Sonnenzeichen nicht signifikant von den Erwartungswerten abweichen. Eine Einzeluntersuchung mit Hilfe von Vierfeldertafeln und des exakten Fishertests ergeben demzufolge ebenfalls nur sehr wenige Signifikanzen. Da den meisten Astrologen diese Methode nicht bekannt ist, werde ich sie nachfolgend theoretisch und mit einem Zahlenbeispiel erklären:

Bezeichnet man des Element der i-ten Zeile und k-ten Spalte in der obigen Matrix mit m = 12 Zeilen und n = 12 Spalten mit a_{ik}, ergeben sich die Summenwerte r_i in der rechten Randspalte aus der Summe in den Zeilen:

$$r_i = \sum_{k=1}^{n} a_{ik}$$

Die Summenwerte u_k der unteren Randspalte ergeben sich hingegen aus der Summe in den Spalten:

$$u_k = \sum_{i=1}^{n} a_{ik}$$

Die Gesamtsumme aller Paare N kann man aus einer Randsumme berechnen:

$$N = \sum_{i=1}^{n} r_i$$

Aus diesen Größen lässt sich für jedes a_{ik} eine Vierfeldertafel konstruieren, für die noch die fehlenden Werte berechnet und ergänzt werden müssen. Die fehlenden Werte sind die Anzahl der Männer mit dem i-ten Sonnenzeichen, die nicht Frauen mit dem k-ten Sonnenzeichen geheiratet haben und umgekehrt.

Tabelle 71 Konstruktion der Vierfeldertafel aus der Tabelle 70

a_{ik}	$r_i - a_{ik}$	$\mathbf{r_i}$
$u_k - a_{ik}$	$N - r_i - (u_k - a_{ik})$	$N - r_i$
$\mathbf{u_k}$	$N - u_k$	$\mathbf{N}$

Bekannt sind die Werte, die mit fett gedruckten Formeln bezeichnet sind. Alle anderen lassen sich daraus berechnen, zuletzt der zentrale Wert. Das Beispiel „Zwillingsmann heiratet Schützefrau" wird die Methode endgültig klarmachen. Aus der Tabelle 70 entnehmen wir die Anzahl 580. 580 der 7727 Zwillingsmänner heiraten Schützefrauen. Die Differenz ist $r_i - a_{ik} = 7176$. 7176 der Zwillingsmänner heiraten also keine Schützefrau. Ebenso ergibt sich die Anzahl der Schützefrauen, die keinen Zwillingsmann heiraten, zu $u_k - a_{ik} = 6565 - 580 = 5985$.

Damit ist auch die zentrale Zahl bestimmt mit $N - r_i - (u_k - a_{ik}) = 88259 - 7727 - 5985 = 80632 - 5985 = 74547$. Die Vierfeldertafel ergibt sich somit mit und ohne Randspalten wie in den nachfolgenden Tabellen. Bei Berechnungsprogrammen braucht man in der Regel nur die rechte Vierfeldertafel einzugeben.[3]

580	7176	**7727**
5985	74547	80632
6565	81694	**88259**

580	7176
5985	74547

Die Auswertung der ganzen Tabelle 70 ergibt die Tabelle 72 auf Seite 226. Sie enthält 144 Datenblöcke, die die folgende Bedeutung haben (Beispiel II/♐):

580	Anzahl der Zwillingsmänner, die Schützefrauen heiraten
574,8	Erwartungswerte für diese Kombination
-0,912	Abweichung vom Erwartungswert in % sollte > 3,33 % sein

---

3   Berechnungsprogramme im Internet können nicht mit solch großen Zahlen umgehen. Siehe Theorie 9.1.3 auf Seite 255.

0.0038   p-Wert, Irrtumswahrscheinlichkeit für die Ablehnung der Nullhypothese „Heirat ist von dieser Sonnenkombination unabhängig."

In der Tabelle sind 33 von 144 Sonnenkombinationen signifikant. Die p-Werte sind unterstrichen. Bewertet werden aber nur die, deren Betrag der Abweichung vom Erwartungswert größer als der relative Fehler f = 3,33 % ist. Dann bleiben nur 11 relevante Signifikanzen übrig. Sie werden nachfolgend mit aufsteigendem p-Wert aufgelistet.

Nr	Mann	Frau	Anzahl	ErwWert	Abw %	p-Wert
1	♏	♈	525	571, 8	−8, 191	0, 00113
2	♐	♈	551	574, 1	−4, 016	0, 00116
3	♓	♏	633	587, 1	7, 825	0, 00156
4	♈	♏	559	592, 8	−5, 706	0, 00176
5	♊	♏	547	578, 5	−5, 449	0, 00176
6	♐	♋	535	563, 1	−4, 995	0, 00404
7	♐	♊	502	560, 7	−10, 470	0, 00635
8	♐	♒	565	545, 4	3, 585	0, 01517
9	♏	♒	525	543, 3	−3, 376	0, 01714
10	♐	♌	569	542, 7	4, 854	0, 01991
11	♉	♎	704	640, 6	9, 889	0, 02306

Die Ergebnisse lassen keine Systematik erkennen, insbesondere wird weder bestätigt, dass Paare gleicher Elemente (Feuer, Erde, Luft, Wasser) bevorzugt heiraten, noch dass Paare gleicher Temperamente (kardinal, fix, labil) seltener heiraten. Nur 3, 7, 9 und 10 bestätigen diese Theorie.

Ähnliche Untersuchungen wurden bereits früher unternommen [38]. Die Ergebnisse sind durchweg anders. Sonnenzeichen von Paaren sind in großer Zahl verfügbar. Wenn das Verhalten der Ehewilligen sich nicht entscheidend ändert, müssen die Ergebnisse unabhängig von den Jahrgängen und den (westlichen) Ländern gleichbleiben. Änderungen könnten sich dadurch ergeben, dass seit einigen Jahrzehnten immer mehr Paare ohne Trauschein zusammenmenleben.

Denkbar wäre eine Einfluss durch die langsamen Planeten, insbesondere durch Neptun (kollektive Irrtümer und Illusionen) oder durch Pluto (Umwälzungen in Staat und Gesellschaft). Daher will ich das Thema noch einmal anhand der von mir gesammelten Daten, die über mehrere Jahrhunderte reichen, untersuchen.

Tabelle 72 Einzelsignifikanzen für alle Sonnenzeichenkombinationen der Schweizer Heiraten

	♈	♉	♊	♋	♌	♍	♎	♏	♐	♑	♒	♓
♈	695 702,1 -1,011 0,82044	705 702,6 0,337 0,84317	684 685,8 -0,258 0,49528	668 688,7 -3,010 0,56551	681 663,7 2,607 0,19071	685 660,9 3,644 0,16439	630 636,8 -1,065 0,04478	559 592,8 **-5,706** 0,00176	582 589,0 -1,183 0,00090	647 629,2 2,821 0,02292	653 667,1 -2,115 0,23458	729 699,2 4,258 0,76045
♉	745 706,4 5,472 0,72158	724 706,9 2,420 0,73896	699 689,9 1,315 0,43108	712 692,9 2,756 0,46851	619 667,7 -7,297 0,18124	623 664,9 -6,305 0,15507	704 640,6 **9,889** 0,02306	578 596,4 -3,088 0,00098	576 592,5 -2,791 0,00068	639 633,1 0,938 0,01752	639 671,2 -4,791 0,20804	708 703,5 0,645 0,67430
♊	665 685,2 -2,942 0,81664	682 685,7 -0,537 0,79687	703 669,2 5,047 0,84285	671 672,1 -0,166 0,90701	643 647,7 -0,724 0,42964	639 645,0 -0,926 0,37905	629 621,4 1,219 0,11748	547 578,5 **-5,449** 0,00727	580 574,8 0,912 0,00384	616 614,1 0,314 0,07840	647 651,0 -0,617 0,48398	705 682,4 3,318 0,86504
♋	638 669,8 -4,750 0,51853	665 670,3 -0,796 0,48979	687 654,2 5,007 0,81899	642 657,1 -2,293 0,76881	655 633,2 3,445 0,70513	652 630,5 3,404 0,64109	607 607,5 -0,084 0,26630	560 565,6 -0,985 0,02080	568 561,9 1,087 0,01418	597 600,3 -0,553 0,18285	620 636,4 -2,583 0,78775	663 667,1 -0,612 0,56396
♌	683 641,7 6,434 0,13183	613 642,2 -4,547 0,15175	633 626,8 0,991 0,31654	654 629,5 3,893 0,27017	645 606,6 6,328 0,68141	561 604,1 -7,131 0,77807	559 582,0 -3,955 0,75362	544 541,8 0,399 0,12086	535 538,3 -0,615 0,09720	575 575,1 -0,022 0,57848	598 609,7 -1,924 0,62766	637 639,1 -0,327 0,16782
♍	642 643,4 -0,217 0,16045	676 643,9 4,987 0,14513	609 628,4 -3,092 0,35258	617 631,1 -2,241 0,31099	602 608,2 -1,021 0,73880	613 605,7 1,212 0,78643	564 583,5 -3,349 0,70805	576 543,3 6,026 0,10209	552 539,7 2,274 0,08374	609 576,6 5,612 0,54736	585 611,3 -4,307 0,66801	611 640,8 -4,645 0,19837

	♈	♉	♊	♋	♌	♍	♎	♏	♐	♑	♒	♓
♎	656 639,7 2,553 0,12484	631 640,2 -1,431 0,13272	652 624,8 4,354 0,28214	622 627,5 -0,875 0,25929	596 604,7 -1,437 0,64877	595 602,2 -1,188 0,71482	589 580,2 1,522 0,78240	553 540,1 2,385 0,13147	536 536,6 -0,112 0,11094	549 573,3 -4,239 0,63584	618 607,8 1,679 0,59097	617 637,1 -3,148 0,16159
♏	525 571,8 **-8,191** 0,00113	564 572,3 -1,446 0,00067	558 558,5 -0,097 0,00322	579 561,0 3,218 0,00206	534 540,6 -1,214 0,01968	549 538,3 1,988 0,02307	565 518,6 8,938 0,09263	506 482,8 4,797 0,69271	478 479,7 -0,354 0,78635	506 512,5 -1,269 0,16879	525 543,3 **-3,376** 0,01714	560 569,5 -1,668 0,00102
♐	551 574,1 **-4,016** 0,00116	567 574,5 -1,305 0,00087	502 560,7 **-10,470** 0,00635	535 563,1 **-4,995** 0,00404	569 542,7 **4,854** 0,01991	549 540,4 1,594 0,02721	559 520,7 7,365 0,11051	490 484,7 1,091 0,73793	496 481,6 2,999 0,84101	537 514,5 4,375 0,17052	565 545,4 **3,585** 0,01517	554 571,7 -3,097 0,00134
♑	666 634,3 5,004 0,08957	652 634,7 2,718 0,08663	626 619,5 1,047 0,22480	630 622,2 1,256 0,19400	590 599,6 -1,597 0,56232	595 597,1 -0,345 0,60539	541 575,3 -5,956 0,89744	511 535,5 -4,584 0,19243	527 532,1 -0,952 0,14820	565 568,5 -0,608 0,73120	589 602,7 -2,266 0,50216	661 631,7 4,643 0,10594
♒	657 662,4 -0,811 0,38539	661 662,9 -0,283 0,37110	641 647,0 -0,922 0,68096	653 649,8 0,499 0,62104	629 626,1 0,456 0,85775	629 623,5 0,878 0,81185	591 600,8 -1,624 0,36150	551 559,3 -1,481 0,03501	540 555,6 -2,815 0,02836	566 593,6 -4,657 0,27736	709 629,4 12,654 0,93115	643 659,7 -2,526 0,43007
♓	703 695,3 1,112 0,97561	692 695,8 -0,546 0,99805	650 679,1 -4,285 0,64117	694 682,0 1,755 0,69195	635 657,2 -3,384 0,29015	677 654,5 3,439 0,23077	560 630,6 -11,195 0,08669	633 587,1 **7,825** 0,00156	595 583,2 2,016 0,00141	608 623,1 -2,428 0,04438	688 660,6 4,145 0,30770	706 692,4 1,960 0,90921

Sonnenkombinationen mit Werten für p<0,05 sind <u>unterstrichen</u>, Abweichungen > 5 % **fett** gedruckt.

7.1.2 Auswertung eigener Daten zur Sonnenstandsastrologie

Die von mir gesammelten Daten für ungetrennte Paare sind ausreichend für eine statistische Untersuchung zur Sonnenstandsastrologie. Grundlage ist die Tabelle 73, die zwar viel weniger Paare enthält als die Tabelle 70 auf Seite 223, sich dafür aber über mehrere Jahrhunderte erstreckt.

Tabelle 73 Kreuztabelle der Ungetrennten nach Tierkreiszeichen (Zeilen: Männer, Spalten: Frauen)

	♈	♉	♊	♋	♌	♍	♎	♏	♐	♑	♒	♓	
♈	51	45	47	45	46	44	39	27	31	45	43	32	495
♉	46	44	29	44	38	36	46	40	42	40	37	55	497
♊	49	45	47	30	42	47	33	34	30	28	40	34	459
♋	42	35	49	40	39	33	33	36	34	42	37	38	458
♌	35	35	43	36	37	37	37	33	31	23	35	41	423
♍	29	48	43	35	22	30	30	44	35	28	40	40	424
♎	47	38	33	36	35	26	39	41	28	37	47	49	456
♏	35	33	37	40	27	36	24	34	32	30	37	24	389
♐	52	25	40	38	30	29	32	31	39	32	32	33	413
♑	29	44	47	31	37	26	43	37	29	27	33	35	418
♒	33	39	38	46	31	37	43	39	30	27	41	32	436
♓	50	41	48	41	40	36	41	43	40	36	45	43	504
	498	472	501	462	424	417	440	439	401	395	467	456	5372

p = 0,6396

Hierin finden sich nur 5 signifikante Einzelkombinationen, daher verzichte ich auf eine Gesamtübersicht und teile nur die Einzelpaarungen mit:

Nr	Mann	Frau	Anzahl	ErwWert	Abw %	p–Wert
1	♈	♏	27	40, 5	−33, 253	0, 01975
2	♊	♍	47	35, 6	31, 912	0, 04426
3	♍	♌	22	33, 5	−34, 260	0, 03053
4	♐	♈	52	38, 3	35, 819	0, 02118
5	♐	♉	25	36, 3	−31, 106	0, 04581

In dieser Tabelle findet man die Nummern 1, 2 und 4 ebenfalls bei den Schweizer Signifikanzen.

	♈♌♐	♉♍♑	♊♎♒	♋♏♓	
♈♌♐	352	315	348	316	1331
♉♍♑	307	323	348	361	1339
♊♎♒	325	324	361	341	1351
♋♏♓	339	322	351	339	1351
	1323	1284	1408	1357	5372

Fasst man Tabelle 73 zu Tierkreiszeichen gleicher Elemente zusammen, ergibt sich die nebenstehende kleine Tabelle. Darin ergeben sich keinerlei Signifikanzen.

Weder Konjunktionen oder Trigone sind häufiger, noch Quadrate, Quinkunxe oder Halbsextile sind seltener, wie es die geltende Anschauung vorgibt.

Wenn ich die Geburtstage auf den Zeitraum 1892–1991 einschränke, ergeben sich die folgenden 3 Signifikanzen:

Nr	Mann	Frau	Anzahl	ErwWert	Abw %	p–Wert
1	♋	♑	31	21, 5	44, 050	0, 03409
2	♊	♍	35	23, 1	51, 537	0, 01204
3	♍	♏	31	21, 2	46, 199	0, 02502

2 findet man auch bei allen Paaren, 3 passt in die Theorie, 1 nicht. Schließlich wähle ich Paare vom 18. und 19. Jahrhundert aus (1692–1891) und erhalte 5 Signifikanzen, von denen drei (1, 3 und 4) in die Theorie passen:

Nr	Mann	Frau	Anzahl	ErwWert	Abw %	p–Wert
1	♈	♈	23	13, 4	71, 400	0, 00613
2	♑	♊	19	10, 6	79, 199	0, 01025
3	♍	♈	6	12, 7	−52, 783	0, 04204
4	♓	♈	21	12, 3	70, 723	0, 01079
5	♒	♋	15	7, 8	92, 354	0, 01013

Wenn die Theorien der Sonnenstandsastrologie stimmen würden, könnte man sie auch an wenigen Jahrgängen nachweisen.

Meine Erfahrung: Bei der Erfassung von (genauen) Geburtsdaten von Berufsgruppen bin ich alphabetisch vorgegangen und habe nach jeweils hundert neuen Daten eine komplette statistische Auswertung durchgeführt. Die Änderungen waren immer nur marginal! Allerdings traf das nur bei genauen Geburtsdaten zu.

7.1.3 Warum werden manchmal die Theorien der Vulgärastrologie bestätigt?

Man muss sich die Frage stellen, warum bei einigen Paargruppierungen die Sonnenzeichenkombinationen im Konjunktions- oder Trigonabstand noch relevant sind, wenn man diejenigen mit zu geringen Abweichungen vom Erwartungswert abzieht. Wenn man sich die Einzelhoroskope solcher Beispiele genau ansieht, stellt man schnell fest, dass bei Beachtung der Orben die Sonnenbeziehungen keine Rolle spielen und ganz andere Interaspekte die Verbindung prägen.

Merkur und Venus entfernen sich nie weit von der Sonne und befinden sich im gleichen Zeichen oder im Nachbarzeichen wie die Sonne. Dann könnten die sehr günstigen Interaspekte zwischen ☉, ♀ und ☿ mit geringem Orbis für Anziehung und Verständnis sorgen. Wenn ich solche Beispiele suchen will, muss ich erst einmal prüfen, ob ich passende Sonnenzeichenkombinationen unter den Paaren mit genauen Geburtsdaten gespeichert habe.

Nr	Mann	Frau	Anzahl	ErwWert	Abw %	p–Wert
1	♊	♋	13	23, 0	−43, 532	0, 02177
2	♊	♍	30	21, 1	42, 357	0, 05236
3	♌	♑	6	16, 5	−63, 559	0, 00314
4	♎	♊	15	23, 9	−37, 231	0, 04351
5	♍	♈	6	12, 7	−52, 783	0, 04204

Von den 5 relevanten Kombinationen entsprechen 1, 3 und 5 der Theorie, 2 und 4 hingegen nicht. Es befindet sich also kein relevantes Beispiel für häufigeres Heiraten in meinen Daten. Die größte gespeicherte Anzahl von Paarungen, die in die Theorie passen, sind 32 Heiraten von Zwillingsmännern mit Zwillingsfrauen. Da mir solche Paare nicht persönlich bekannt sind, muss ich nach öffentlich bekannten Paaren suchen. Dafür lassen sich auch keine Beispiele finden. Ein passendes Beispiel ist aber das englische Königspaar Georg VI und Queen Mother mit den Planetenstellungen:

Georg VI   Queen Mother

☉   21° 54 '46 " ♈   ☉   11° 09 '16 " ♌
♀   05° 45 '36 " ♏   ♀   07° 57 '04 " ♋

Dieses als glücklich angesehene Paar hat nur ein ungenaues Sonnentrigon, jedoch ein Venustrigon mit geringem Orbis. Darüber hinaus hatten sie einige günstige genaue Interaspekte (Orbis < 1°), wie ♃△♅, M ☌ ☿, ♂ ☌ ♃, ♇ ✶☉, ♆△M, ☉ ☍A, ☿ ☌ ♆, ☊△♀. Die traditionelle Gesamtbewertung liegt mit 351515 recht hoch und mit der Gesamtbewertungszahl von g = 98 kann eine Trennungswahrscheinlichkeit von 23–70% abgeschätzt werden. Anders ausgedrückt: 23% der Getrennten liegen über und 30% der Ungetrennten liegen unter dieser Bewertungszahl.

Bei Paaren mit positiven Sonnenaspekten nach den Vorstellungen der Vulgärastrologen findet man schnell, dass ganz andere Interaspekte eine wichtige Rolle spielen, wenn die Sonnenaspekte ungenau sind.

Kapitel 8 Das Glück von Paaren

Auf das Glück von Paaren ist schon mehrfach eingegangen worden. In den Abschnitten 1.7 auf Seite 16 und 1.8 auf Seite 18 wurde bereits auf die Paarbildung aus der neueren Sicht der Soziologie bzw. nach meinen Erfahrungen hingewiesen. Eine statistische Untersuchung ist aus verschiedenen Gründen nicht möglich:

- Menschen und Paare sehen sich nicht so, wie sie wirklich sind. Daher können Fragebogenerhebungen keine verwertbaren Ergebnisse liefern.

- Es ist kaum möglich, verbindlich zu definieren, worin das Glück von Paaren besteht. Jedes Paar erlebt die Beziehung, in der es lebt, anders. Auch die Partner erfahren das Glück oder Unglück ihrer Verbindung sehr unterschiedlich.

- Paare versuchen, sich ihr Glück schönzureden, um das Unglück besser ertragen zu können.

- Die Partner neigen dazu, Störendes zu hoch zu bewerten, wenn sie eigentlich in der Partnerschaft glücklich sind.

Im Abschnitt 6.4.1 auf Seite 197 habe ich an Beispielen aus dem englischen Königshaus das Glück der Paare nach den Vorstellungen der traditionellen Astrologie bewertet. Es hat sich gezeigt, dass die Bewertungen, die unabhängig vom Geschlecht sind, nichts über die Trennungswahrscheinlichkeit aussagen, denn die Verteilungen der Bewertungszahlen sind unabhängig vom Paarstatus (vergl. Bild 30 auf Seite 214).

Nicht jedes unglückliche Paar trennt sich und nicht jedes halbwegs glückliche Paar bleibt ungeschieden. Ich glaube aber, dass wirklich glückliche Paare sich nicht trennen. Das sind solche, die durch eine große Liebe verbunden sind. Darauf bin ich in den vorangegangenen Kapiteln mehrfach eingegangen. Die von mir eingesetzten Bewertungszahlen, die auf eigener Erfahrung und auf der astrologischen Literatur beruhen, will ich nachfolgend in der Tabelle 75 veröffentlichen.

Tabelle 75 Bewertungszahlen für alle Interaspekte von Paaren

	☌	*	□	△	☍	⊻	⊼	∠	⚼	Q	BQ
☉ / ☉	3	5	−5	5	−4	−2	−2	−2	−2	3	3
☉ / ☽	6	5	−4	5	−3	−2	−2	−3	−3	3	3
☉ / ☿	4	4	−4	4	−4	−2	−2	−3	−3	3	3
☉ / ♀	5	4	−3	5	−3	−1	−3	−2	−2	3	3
☉ / ♂	3	4	−7	5	−5	−2	−2	−2	−2	3	3
☉ / ♃	7	6	−4	7	−3	−1	−1	−1	−1	3	3
☉ / ♄	−6	3	−7	3	−6	−3	−3	−2	−2	3	3
☉ / ♅	4	4	−6	5	−5	−2	−2	−3	−3	3	3
☉ / ♆	4	4	−5	6	−4	−1	−1	−1	−1	3	3
☉ / ♇	4	5	−6	5	−6	−2	−2	−2	−2	3	3
☉ / ☊	5	6	−3	6	−3	−2	−2	−1	−1	3	3
☉ /)	5	6	−3	6	−3	−3	−2	−3	−3	3	3
☉ / ⚷	5	6	−3	6	−3	−3	−2	−1	−1	3	3
☉ / A	6	4	−4	5	4	−2	−2	−2	−2	3	3
☉ / M	6	5	−5	6	−4	−2	−2	−2	−2	3	3
☽ / ☽	7	6	−4	7	−4	−2	−2	−2	−2	3	3
☽ / ☿	5	6	−5	6	−5	−2	−2	−1	−1	3	3
☽ / ♀	6	5	−4	6	−4	−2	−2	−2	−2	3	3
☽ / ♂	1	5	−10	6	−10	−3	−3	−4	−4	3	3
☽ / ♃	7	5	−4	6	−4	−2	−2	−1	−1	3	3
☽ / ♄	−9	4	−7	5	−9	−3	−3	−3	−3	3	3
☽ / ♅	2	3	−4	4	−4	−1	−1	−1	−1	3	3
☽ / ♆	5	6	−5	6	−5	−1	−1	−1	−1	3	3
☽ / ♇	5	6	−9	6	−9	−2	−2	−2	−2	3	3
☽ / ☊	5	6	−2	6	−2	−2	−2	−2	−2	3	3
☽ /)	5	6	−2	6	−2	−3	−3	−3	−3	3	3
☽ / ⚷	5	6	−2	6	−2	−2	−2	−2	−2	3	3
☽ / A	5	5	−5	6	3	−2	−2	−2	−2	3	3
☽ / M	5	4	−4	6	4	−2	−2	−1	−1	3	3
☿ / ☿	5	5	−6	6	−6	−2	−2	−1	−1	3	3
☿ / ♀	5	5	−5	5	−5	−1	−1	−1	−1	3	3
☿ / ♂	2	4	−6	5	−6	−3	−3	−2	−2	3	3
☿ / ♃	5	5	−5	5	−5	−2	−2	−1	−1	3	3
☿ / ♄	−5	5	−6	5	−6	−3	−3	−2	−2	3	3
☿ / ♅	4	4	−5	5	−4	−2	−2	−2	−2	3	3
☿ / ♆	3	4	−5	5	−4	−2	−2	−3	−3	3	3
☿ / ♇	−4	4	−5	4	−4	−2	−2	−2	−2	3	3

☿	/	☊	4	4	−4	4	−3	−3	−3	−2	−2	3	3
☿	/	☽	4	4	−4	4	−3	−3	−3	−3	−3	3	3
☿	/	⚷	4	4	−4	4	−3	−3	−3	−2	−2	3	3
☿	/	A	4	4	−4	4	3	−2	−2	−1	−1	3	3
☿	/	M	4	4	−5	5	4	−2	−2	−1	−1	3	3
♀	/	♀	7	6	−6	8	−5	−1	−1	−1	−1	3	3
♀	/	♂	6	6	−9	6	−9	−3	−3	−6	−4	3	3
♀	/	♃	5	6	−5	6	−4	−2	−2	−1	−1	3	3
♀	/	♄	−7	4	−9	5	−9	−4	−4	−4	−4	3	3
♀	/	♅	5	6	−6	6	−5	−2	−2	−2	−2	3	3
♀	/	♆	4	5	−4	6	−4	−2	−2	−1	−1	3	3
♀	/	♇	−4	4	−7	6	−6	−3	−2	−2	−2	3	3
♀	/	☊	5	3	−4	4	−3	−3	−3	−1	−1	3	3
♀	/	☽	3	3	−3	3	−3	−1	−2	−2	−2	3	3
♀	/	⚷	3	3	−3	3	−3	−1	−2	−3	−3	3	3
♀	/	A	4	4	−4	6	2	−2	−2	−1	−1	3	3
♀	/	M	5	4	−4	6	−2	−2	−2	−1	−1	3	3
♂	/	♂	3	4	−7	5	−7	−3	−3	−3	−3	3	3
♂	/	♃	5	6	−6	6	−5	−1	−2	−3	−3	3	3
♂	/	♄	−6	5	−7	5	−6	−3	−3	−3	−3	3	3
♂	/	♅	−4	5	−7	5	6	−2	−2	−2	−2	3	3
♂	/	♆	−4	4	−5	4	−4	−1	−1	−1	−1	3	3
♂	/	♇	4	5	−7	6	−5	−2	−2	−3	−3	3	3
♂	/	☊	−4	3	−4	−4	−4	−3	−3	−3	−3	3	3
♂	/	☽	−4	3	−4	3	−4	−3	−3	−3	−3	3	3
♂	/	⚷	−4	3	−4	3	−4	−3	−3	−2	−2	3	3
♂	/	A	−3	3	−4	4	−4	−2	−2	−3	−3	3	3
♂	/	M	−3	3	−5	4	−2	−2	−2	−1	−1	3	3
♃	/	♃	7	6	−4	7	−4	−1	−1	−1	−1	3	3
♃	/	♄	2	4	−5	6	−6	−3	−3	−2	−2	3	3
♃	/	♅	4	5	−6	5	−5	−1	−2	−1	−1	3	3
♃	/	♆	4	4	−4	5	−4	−1	−1	−2	−2	3	3
♃	/	♇	1	4	−4	4	−4	−1	−1	−2	−2	3	3
♃	/	☊	4	4	−3	4	−3	−3	−3	−2	−2	3	3
♃	/	☽	5	4	−3	5	−3	−3	−3	−3	−3	3	3
♃	/	⚷	4	4	−3	4	−3	−2	−2	−2	−2	3	3
♃	/	A	5	4	−4	5	−3	−1	−2	−2	−2	3	3
♃	/	M	5	4	−3	5	1	−1	−2	−2	−2	3	3
♄	/	♄	4	4	−7	5	−6	−3	−3	−3	−3	3	3
♄	/	♅	−3	4	−5	5	−5	−2	−2	−2	−2	3	3
♄	/	♆	3	4	−4	4	−4	−2	−2	−2	−2	3	3
♄	/	♇	−6	4	−6	4	−5	−2	−3	−3	−3	3	3
♄	/	☊	−3	3	−4	3	−4	−3	−3	−2	−2	3	3
♄	/	☽	−2	3	−5	4	−4	−3	−3	−2	−2	3	3
♄	/	⚷	−4	4	−5	4	−5	−3	−3	−2	−2	3	3

♄	/	A	−4	3	−5	5	−5	−2	−2	−2	−2	3	3
♄	/	M	3	3	−5	5	−4	−2	−2	−2	−2	3	3
♅	/	♅	4	5	−5	5	−5	−2	−2	−2	−2	3	3
♅	/	♆	2	3	−5	5	−5	−1	−1	−1	−1	3	3
♅	/	♇	−5	4	−5	5	−5	−1	−1	−2	−2	3	3
♅	/	☊	−3	4	−4	4	−4	−3	−2	−2	−2	3	3
♅	/	☽	2	4	−5	5	−2	−3	−2	−3	−3	3	3
♅	/	⚷	2	4	−5	5	−2	−3	−2	−2	−2	3	3
♅	/	A	6	4	−6	6	4	−2	−1	−2	−2	3	3
♅	/	M	5	4	−5	5	2	−2	−1	−2	−2	3	3
♆	/	♆	4	5	−4	5	−4	−1	−1	−1	−1	3	3
♆	/	♇	−3	4	−4	4	−4	−1	−2	−3	−3	3	3
♆	/	☊	−3	4	−3	4	−3	−2	−2	−3	−3	3	3
♆	/	☽	−3	4	−3	5	−3	−2	−2	−3	−3	3	3
♆	/	⚷	−3	4	−3	4	−3	−2	−2	−2	−2	3	3
♆	/	A	4	3	−4	5	−4	−1	−1	−1	−1	3	3
♆	/	M	3	3	−4	3	4	−1	−1	−1	−1	3	3
♇	/	♇	4	5	−6	5	−6	−3	−3	−3	−3	3	3
♇	/	☊	5	3	−5	−5	−4	−3	−3	−3	−3	3	3
♇	/	☽	−6	3	−5	4	−4	−3	−3	−3	−3	3	3
♇	/	⚷	5	3	−5	4	−4	−3	−3	−3	−3	3	3
♇	/	A	1	3	−4	4	−4	−2	−2	−2	−2	3	3
♇	/	M	3	3	−5	5	2	−2	−2	−2	−2	3	3
☊	/	☊	5	3	−4	4	−3	−3	−3	−3	−3	3	3
☊	/	☽	5	3	−4	4	−3	−2	−2	−2	−2	3	3
☊	/	⚷	5	3	−4	4	−3	−2	−3	−2	−2	3	3
☊	/	A	5	4	−4	5	5	−1	−2	−3	−3	3	3
☊	/	M	6	4	−4	5	5	−1	−1	−1	−1	3	3
☽	/	☽	6	2	−3	4	7	−3	−3	−1	−1	3	3
☽	/	⚷	6	2	−3	4	7	−2	−2	−3	−3	3	3
☽	/	A	6	2	−3	4	6	−2	−2	−1	−1	3	3
☽	/	M	6	2	−3	4	6	−2	−2	−2	−2	3	3
⚷	/	⚷	6	4	−4	4	6	−2	−2	−2	−2	3	3
⚷	/	A	6	4	−4	4	6	−2	−2	−1	−1	3	3
⚷	/	M	6	4	−4	4	6	−2	−2	−1	−1	3	3
A	/	A	8	4	−4	4	10	0	0	0	0	3	3
A	/	M	8	4	−4	4	8	0	0	0	0	3	3
M	/	M	6	4	−4	4	6	0	0	0	0	3	3

In der Tabelle befinden sich auch Aspekte zwischen den Achsen, die von fast allen Astrologen als bedeutungslos angesehen werden. Nach meiner Erfahrung sind sie für eine große Liebe, wie ich sie in 1.8 beschrieben habe, unerlässlich.

Ein Zusammenfallen der Achsen ist für eine große Liebe notwendig, aber leider nicht hineichend.

Ich kenne Menschen, die nach Jahrzehnten eine Beziehung nicht vergessen können, die durch eine genaue Aszendentenopposition geprägt war. Jedoch das Saturnquadrat war stärker.

Darüber hinaus konnte ich statistisch nachweisen, dass das A△M in den Horoskopen von Männern und Frauen hoch signifikant (p = 0,0000092) bei Getrennten seltener sind. Bei Männern kommt noch das A∗M hinzu, und ein A□M findet man signifikant (p = 0,00127) häufiger bei getrennten Männern im Horoskop (vergl. Tabelle 56 und Tabelle 57).

Die Bewertungszahlen der einzelnen Interaspekte berechnen sich nach 6.4.1 über die Formel:

$$\gamma = 1000 \frac{o_{Max} - o}{o_{Max}} g$$

Die Summe der Bewertungszahlen bewegen sich zwischen −810000 und 1290000. Der Medianwert liegt bei 175000.

8.1 Möglichkeiten der wissenschaftlichen Erforschung

Eine wissenschaftliche Erforschung des Glücks von Paaren wäre nur möglich, wenn viele Astrologen zusammenarbeiten würden. Dazu müsste für alle mitarbeitenden Astrologen eine gemeinsame Datenbank geschaffen werden, in die anonymisierte Paare mit festgelegten Glücksmerkmalen eingetragen werden können. Es muss endlich die irrige Vorstellung überwunden werden, die immer noch Eysenck/Nias [11] nachgebetet wird, dass viele statistisch fehlerhafte Untersuchungen einen Erkenntnisgewinn bringen können (Replikenglaube). Ich hatte schon mehrfach darauf hingewiesen, dass die meisten statistischen Untersuchungen in der Verhaltensforschung von den Kardinalfehlern, zu wenig, nicht repräsentativ und auf unzuverlässigen Fragebogenerhebungen aufbauend, geprägt sind.

Außenstehende können nur schwer in das Innenleben von Paaren hineinblicken. Ein Mensch hat nur ganz wenige Möglichkeiten, etwas vom Glück von Paaren zu erfahren:

- Er lebt mit dem Paar ganz oder zeitweilig zusammen.

- Er ist mit einem oder beiden Partnern eng befreundet.

- Durch gezielte Befragung.

- Durch Psychoanalyse.

- Durch Astrologische Beratung.

8.1.1 Zusammenleben

Man kann mit einem Paar als zeitweiliger Gast, in einer Wohngemeinschaft oder im Urlaub zusammenleben. Immer aber ist das Zusammenleben eingeschränkt und nicht vollständig. In einer Wohngemeinschaft haben Paare in der Regel ein eigenes Zimmer, in dem sie schlafen und in das sie sich zurückziehen können. Im Urlaub beschränkt sich das Zusammenleben auf gemeinsames Essen, Trinken und Unternehmungen. Ein Gast bekommt ein Gästezimmer und kann sich zurückziehen.

Bei Freundschaften kann ein offenes Reden vorkommen. Zwischen Frauen eher als zwischen Männern, bei denen erst der Alkohol die Zunge lösen muss.

Immer versuchen Paare ihre Probleme und ihr Unglück vor anderen zu verbergen. Keiner gibt gern zu, dass die Beziehung gescheitert ist. Die Show gelingt aber nur unvollkommen, besonders vor sensiblen Menschen. Ein Musterbeispiel ist der Film „Papa Ante Portas" von Loriot. Die Szene in der Eisenbahn kann nicht besser darstellen, wie sich ein Paar selbst belügt, glücklich zu sein.

Paare, die unglücklich sind, können die Gücksfassade nicht ständig aufrechterhalten, weil gegenseitige Verletzungen meist nicht einmal gewollt sind und nach festen Reaktionsmustern ablaufen, insbesondere wenn negative Interaspekte mit Mars daran beteiligt sind. Ich habe es mehrfach erlebt, wie gesittete und gebildete Menschen innerhalb von Sekunden vor mir die Fassung verlieren und (verbal) übereinander herfallen.

Selbst wenn die Fassung bewahrt wird, spürt der aufmerksame Beobachter, dass die Beziehung nicht glücklich ist. Man merkt es am Tonfall, an einem Blick, einer Geste und einem Zusammenzucken, einem Anheben einer Augenbraue, einem Weiten oder Verengen der Pupillen, an einer Träne, die sich in einem Augenlid sammelt und dort durch Beherrschung der Mimik verweilt und dann in die Nase abfließt.

Beim Sitzen um einen Tisch, an dem alle Plätze besetzt sind, kann ich die Beziehungen der Anwesenden förmlich als farbige Linien erkennen: Rot für Liebe, dunkles, gezacktes Lila für Hass, Grau für Gleichgültigkeit. Man kann erkennen, wie kleine nette Bemerkungen genau den wunden Punkt des Partners treffen, dass sich das Herz verkrampft und das Gesicht den Schmerz nicht verbergen kann.

8.1.2 Enge Freundschaften

In der Regel ist man nur mit einem Partner eines Paares befreundet, selten mit beiden. Manchmal kommt es vor, dass die alte Freundschaft verblasst oder ärgerlich wird oder auf den Partner des Freundes übergeht. Eine Veränderung der Freundschaft ist unvermeidlich, wenn der Freund eine enge Verbindung mit einem anderen Menschen eingeht. Die Planeten des Partners wirken in dem Horoskop des Freundes und können ihn sehr verändern.

Es dauert lange, manchmal mehrere Jahrzehnte, bis ein Freund wirklich offen redet und sein Unglück beschreibt. Dahinter steckt meist die Resignation. Man ist müde geworden, weiter um Anerkennung, Verständnis, Freiheit und Liebe zu kämpfen. Wenn man den Mut zur Trennung nicht aufgebracht hat, lebt man unter einer Fassade nebeneinander her und sucht ein paar Menschen, die einen so akzeptieren, wie man ist.

Wenn dann ein Partner stirbt, ist man als Freund erstaunt, wie schnell das lange gemeinsame Leben getilgt wird: Das Haus wird verkauft, Möbel werden entsorgt, Kleidung und persönliche Dinge des Verstorbenen weggeworfen und der Überlebende blüht in einem neuen Leben wieder auf. Ich habe die merkwürdigsten Dinge und Äußerungen miterlebt.

Manchmal findet der Hinterbliebene des Verstorbenen innerhalb weniger Wochen einen neuen, sogar dauerhaften Partner. Das kann damit zusammenhängen, dass die meisten Menschen nicht alleine leben können, muss aber nicht. In der Regel wird in solchen Fällen der Tod des Partners als Erlösung erlebt, ohne dass das vormalige Angebundensein in der Beziehung richtig bewusst geworden ist.

Wenn ich gefragt werde, wie sich der Hinterbliebene angesichts der miss-billigenden Blicke der Leute verhalten soll, rate ich immer: „Kümmere Dich nicht um die Leute. Nur Dein Glück ist wichtig!"

Die meisten Mitmenschen vermuten, dass die neue Beziehung schon vor dem Tod des Partners in aller Heimlichkeit existierte. Das ist aber eher selten der Fall, weil sich der Überlebende in der Ehe nicht frei für eine außereheliche Beziehung fühlte.

8.1.3 Gezielte Befragung, Forschung

Die Bereitschaft von Menschen, Fragen zur Klärung menschlichen Verhaltens zu beantworten, ist unterschiedlich ausgeprägt.

Direkte Fragen unter vier Augen führen selten zu wahrheitsgemäßen Ant-worten. Dazu muss ein großes Vertrauen bestehen und Anonymität zugesi-chert sein. Bei unklaren Antworten kann der Frager nachhaken. Doch wenn der Befragte nicht will, sagt er nicht die Wahrheit. Dies kann auch ohne Ab-sicht passieren und dürfte viel häufiger auf das falsche Einschätzen der eige-nen Person und der Beziehung zurückzuführen sein. Auch Fragebogen werden nicht als zuverlässig anonym eingeschätzt. Man könnte den Befragten an der Schrift erkennen. Jeder Lehrer weiß das.

Am ehesten werden Anworten, die mit einem Mausklick in einen Com-puter eingegeben werden, als anonym eingestuft. Auch da könnten heimlich Kameras installiert sein.

Es wird immer behauptet, man könne die Fragen so gestalten, dass falsche oder unwahre Anworten erkennbar sind. Ich halte das für ein Sich-selbst-Be-lügen. Ich habe viele Arbeiten gelesen, die Befragungen ausgewertet haben. 99 % des Textes befasste sich mit den möglichen Unwahrheiten, 1 % mit der statistischen Analyse. Darauf lassen sich keine wissenschaftlichen Erkenntnisse aufbauen. Nachfragen in einem freundschaftlichen Gespräch können aber viel aufklären, wenn der andere Hilfe sucht.

Die Anamnese in der Praxis eines Arztes versucht, einem körperlichen Lei-den auf die Spur zu kommen. Leider wird die persönliche Anamnese immer häufiger durch einen Anamnesefragebogen ersetzt – ein höchst fragwürdiges Verfahren.

Der Nicht-Mediziner kann gar nicht beurteilen, was wichtig ist. Er wird auch einige Fragen nicht verstehen und daher falsch beantworten.

Ähnlich ist es bei Fragebögen zur Untersuchung menschlicher Eigenschaften oder Lebensereignisse.

Es werden immer wieder Glücksfaktoren veröffentlicht, die auf Befragungen vieler Paare beruhen. 2011 berichtete Rafaela von Bredow im Spiegel über das Forschungsprojekt „Pairfam" unter dem vielsagenden Titel „Liebe lieber unvollkommen" [5]. Ich hatte drüber bereits im Abschnitt 1.7 auf Seite 16 ausführlich berichtet. Die für mich nicht überraschenden Hauptaussagen wiederhole ich noch einmal:

Hatten wir nicht gedacht, es müsse nur genug Liebe da sein, eine Art Reservoir tiefster Gefühle, aus dem sich in Krisenzeiten schöpfen lässt? Glaubten wir nicht, Kinder machten unser Glück komplett? Müssen wir wirklich über alles reden und immerzu tollen Sex haben?

Alles Unsinn. Die ebenso nüchternen wie überraschenden Botschaften aus der Wissenschaft lauten:

* *Echte Freundschaft schmiedet Paare viel fester zusammen als die Herzklopfdramatik der sogenannten großen Liebe.*
* *Kinder sind Beziehungskiller.*
* *Gegensätze ziehen sich vielleicht an – aber ähnliche Werte schweißen zusammen.*
* *Die ewigen Beziehungsdebatten führen in der Regel zu nichts – jedenfalls zu nichts Gutem.*
* *Sex ist überbewertet.*

Beim ersten Punkt ist wohl eher die große Verliebtheit gemeint. Die große Liebe ist etwas ganz anderes, etwas völlig Unspektakuläres, ein selbstverständliches Verstehen bis zum Tod eines Partners, keine rauschende Sexorgie, für Außenstehende unbegreiflich und langweilig. Die große Liebe ist eher selten und sieht immer anders aus.

8.1.4 Psychoanalyse

Der Psychoanalytiker hat gegenüber den anderen Befragern die Möglichkeit, eine Person über eine längere Zeit zu beobachten, zu befragen und zu beurteilen. Viele Psychologen und Gesprächstherapeuten lernen Astrologie als Hilfsmittel für ihre Arbeit. Astrologen eignen sich Psychologie an. Dagegen ist nichts zu sagen. Astrologen, die Menschen beraten, sollten aber immer im Auge behalten, dass auch die Psychologie in ihrer Entwicklung viele Irrtümer zu verzeichnen hatte, die auf das Konto der Verwechslung von Ursache und Wirkung, der einseitigen Festlegung auf Ideologien und Theorien, der Überbewertung bestimmter Lebensbereiche (vgl. 11.1.3) und eines unrealistischen Menschenbilds gehen.

Es gibt viele widerstreitende Theorien in der Psychologie. Man denke an den totalen Bruch zwischen Sigmund Freud und C. G. Jung, um nur zwei Vertreter von Theorien zu nennen. Gegen eine praktische Psychologie als Lebenshilfe ist nichts zu sagen. Doch … *verhunzte Kindheit, Vaters Schwäche, Mutters Kälte, die offenen Rechnungen und all die Bitterkeit heulend oder geifernd auf den Tisch gepackt. Als würde es helfen, im Dreck zu wühlen …* führt zu nichts.

Schon früh ist mir klar geworden, dass sich aus Kindheitserlebnissen keine bestimmten Charaktereigenschaften entwickeln können. Das wird extrem überbewertet. Beziehungsdramen lassen sich nicht nur bei Eltern/Kinder, sondern auch bei Lehrer/Schüler, Chef/Mitarbeiter, Kollegen und Kritiker/Schriftsteller (Beispiel: Reich-Ranicki/Martin Walser) wie bei (Ehe)paaren nachweisen. Ebenso lässt sich astrologisch erklären, dass die daraus resultierenden schwierigen Eigenschaften von einem Kind schon von vorherein angelegt waren. Ein Mensch entwickelt nicht eine bestimmte Eigenschaft, weil er sich als Kind nicht mit seinem Vater verstanden hat. Vielmehr ist richtig, dass sein Charakter sich nicht mit dem seines Vaters vertrug.

Der Astrologe kann erkennen, ob ein negativer Sonne/Saturn-Interaspekt neben anderen belastenden Interaspekten eine entscheidende Rolle spielte. **Warum ist dies nicht längst wissenschaftlich untersucht worden, namentlich mit Statistik?**

Selbst wenn ein Mensch um diese astrologischen Zusammenhänge weiß, kann er nicht den damit verbundenen Hass überwinden. Wer traut sich zu, einen solchen Menschen dazu zu bringen, (innerlich) Vater und Mutter totzuschlagen?

Eltern, insbesondere Mütter, können ihren Kindern ein Leben lang ein schlechtes Gewissen einimpfen, wegen mangelndem Gehorsam, Vernachlässigung der Eltern und der Opfer, die sie für die Aufzucht der Kinder bringen mussten.

Kinder hingegen können sich ein Leben lang von ihren Eltern mißhandelt fühlen, mißbraucht und ausgenutzt, von der Mutter verraten, vom Vater verlassen. Das ist leider wahr. Aber warum können die einen liebevolle Menschen und wertvolle Teile der Gesellschaft werden und die anderen nicht?

Ein Mensch ist erst dann erwachsen, wenn er für seine Eigenschaften, was er tut oder lässt, was er sagt oder verschweigt, wie er Menschen oder Tiere behandelt, nur sich selbst verantwortlich macht und nichts auf die Eltern, die Gesellschaft, den Staat, den Chef, den Partner oder eine höhere Gewalt schiebt.

Erwachsene, die sich um junge Menschen kümmern, sollten ihre sozialpädagogische Brille absetzen und ihren Schützlingen den oben formulierten Zusammenhang klarmachen!

In der Psychologie gibt es mehrere Modelle zur Beschreibung von Partnerschaften. Die wichtigsten sind die von Erich Fromm (Die Kunst des Liebens [14]) und von R. J. Sternberg (A triangular theory of love [42]). Das Buch von Fromm wurde in den 60er Jahren als Gegenbewegung zur sexuellen Revolution lebhaft gefeiert. Das Dreieckstheorie des zweiten Buches spielt heute in der Psychologie noch die wichtigste Rolle. Beide Bücher sind Beschreibungen und Klassifizierungen von Paarbeziehungen.

Nach dem Dreieck-Modell von Sternberg (1986) wird die Liebe in drei Komponenten aufgeteilt:

Intimacy (Vertrautheit), Passion (Leidenschaft) und Decision/Commitment (Festlegung/Bindung). Gemäß dem Dreieck-Modell müssen die Beziehungen kein gleichschenkliges Dreieck bilden. Jede Beziehung hat eine oder zwei Achsen, die etwas länger sind.

- (1) Intimacy (Vertrautheit): kann mit Sympathie gleichgesetzt werden, Nähe, Verbundenheit, Wärme, Behaglichkeit

- (2) Passion (Leidenschaft): Hohe Aktivierung und starke Gefühle, Sexuelle Wünsche, Selbstwerterhaltung, Bedürfnis, für jemanden zu sorgen

- (3) Entscheidung/Bindung (Commitment): Entscheidung für kurzfristige oder langfristige Bindung an eine Person

Sternberg behauptet, jede Beziehung besitze diese drei Elemente, der Unterschied läge nur in der Ausprägung der einzelnen Komponenten. Je nach Betonung der Teildreiecke unterscheidet er acht verschiedene Arten der Liebe:

- Nichtliebe: Fehlen von 1, 2 und 3, oberflächliche Interaktionen.

- Sympathie (nur 1): kurzfristige Bekanntschaften und Freundschaften. Verbundenheit und Wohlwollen ohne Bindung.

- Verliebtheit (nur 2): hohes Maß an Aktivierung. Kann plötzlich einsetzen und schnell vergehen.

- Leere Liebe (nur 3): Die Leidenschaft ist verflogen. Die Beziehung wird nur aus Vernunftgründen aufrechterhalten.

- Romantische Liebe (1 und 2): Leidenschaft und Intimität.

- Kameradschaftliche Liebe (1 und 3): tiefe, langfristige Freundschaft. Auch für Ehen charakteristisch, in denen die Leidenschaft nicht mehr vorhanden ist.

- Alberne Liebe (2 und 3): Aufgrund einer kurzen heftigen Verliebtheit wird eine Ehe geschlossen. Die Wahrscheinlichkeit eines Misslingens ist besonders groß.

- Vollkommene Liebe (1, 2 und 3): Wird von den meisten Menschen angestrebt, aber kaum erreicht.

Diese rührend naive Klassifizierung sieht wissenschaftlich aus, erhellt aber nicht im Geringsten die brennenden Fragen, was Paare zusammenbringt und zur Trennung führt. Insbesondere fehlt jede Unterscheidung von positiven und negativen Elementen: Es gibt nicht nur eine positive (heiße) sondern auch eine kalte Leidenschaft[1]. Beide können zerstörerisch wirken.

8.1.5 Astrologische Beratung

Astrologen können bei ihren Beratungen sehr viel über das Glück von Partnerschaften erfahren. Natürlich können und dürfen sie den ratsuchenden Paaren nicht sagen, was sie machen sollen. Man sollte aber das Kind nicht mit dem Bade ausschütten und sich verbieten, gezielte Fragen zu stellen. Wie immer ist in der Astrologie nicht das Was, sondern das Wie entscheidend. Ich würde immer fragen, wie beide Situationen im gemeinsamen Alltag erleben.

Bei Problemen zwischen den Paaren zeigt sich doch immer, dass Konflikte ganz unterschiedlich gesehen werden. Die meisten sind sogar sehr einseitig

---

1   Leidenschaft ist etwas, was Leiden schafft. Die Zusammenhänge sind viel komplizierter.

und werden vom anderen nicht wahrgenommen. Zu viele Unverträglichkeiten können kaum von Gemeinsamkeiten ausgeglichen werden.

Es kann nicht die Aufgabe eines Astrologen sein, einem Paar zu raten, unbedingt zusammenzubleiben, noch, sich leichtfertig zu trennen. Doch die Möglichkeiten der Paartherapie sind jahrzehntelang grandios überschätzt worden [5]. Wenn Nichtastrologen daran geglaubt haben, ist das auf Wunschdenken und nicht auf Menschenkenntnis zurückzuführen. Wenn Astrologen diesem Irrglauben erlegen sind, wundert es mich sehr.

Vor einigen Jahrzehnten haben in der westlichen Welt gesellschaftliche und religiöse Zwänge bestimmt, eine Ehe aufrechtzuerhalten. Das ist heute nicht mehr so stark. Allerdings wird öfter leichtfertig geheiratet, aber nicht so häufig, dass damit die stark gestiegenen Scheidungsraten erklärt werden können. Insbesondere die von mir zusammengetragenen Grabdaten haben dies nachgewiesen. Eher ist zu vermuten, dass die Partner nicht mehr bereit sind, eine unglückliche Ehe zu ertragen.

Ganz entscheidend ist die Überbewertung der Sexualität. Jahrhundertelang wurde in unserer christlichen Kultur die Sexualität verteufelt. Es wird höchste Zeit, dass man zu einem normalen Umgang mit der Sexualität kommt. Was normal ist, kann nur jedes Paar für sich entscheiden. Ich halte es für verwerflich, wenn Paartherapeuten und -therapeutinnen, insbesondere amerikanische, älteren Paaren einreden, sie müssten tollen Sex haben. Nichts müssen sie. Es wäre schön, wenn sie miteinander glücklich sind, wie auch immer.

Man darf auch keine (jung verliebten) alten Paare verurteilen, wenn sie ausgiebig Sex miteinander haben. Das finden insbesondere junge Menschen befremdlich.

Vielleicht sehen es einige moderne Paartherapeuten richtig, wenn sie feststellen: Je besser sich ein Paar versteht, umso weniger dominiert in ihrer Beziehung die Sexualität. Das ist auch nicht verwunderlich, denn fast alle Menschen sehnen sich nach einem Partner voller Verständnis und wollen weder Streit noch Disharmonie. Wie ich schon mehrfach erklärt habe, sind insbesondere negative Interaspekte zwischen Venus, Mars und Uranus bei einem Mangel an harmonischen Interaspekten ein Hinweis darauf, dass das Paar verzweifelt und vergeblich versucht, über die Sexualität eine Harmonie herzustellen. Dies gelingt leider nur in den ersten Jahren – und das auch nur unvollkommen. Meine Untersuchungen ergeben, dass seit einigen Jahrzehnten die Ehen viel stärker über die Sexualität zustande kommen.

Die klassische Astrologie kennt viele Ebenen der Begegnung zweier Menschen, weit mehr, als in der Psychologie beachtet werden. Darüber hinaus beachtet die Astrologie auch die Unterschiede zwischen negativen (dissonanten) und positiven (harmonischen) Aspekten und bewertet sie aufgrund von Erfahrungen als mehr oder weniger gravierend. Nicht jeder dissonante Aspekt ist unerträglich, und nicht jeder positive Aspekt fördert das Glück des Paares. Es kommt auf die richtige Bewertung im Kontext aller Horoskop- und Interaspekte an. Auch der Orbis hat immer einen wichtigen Einfluss.

Deshalb sind die schönen Astrologieprogramme mit Ausgabe einer Deutung der Einzelhoroskope und der Synastrie so problematisch. Gaukeln sie doch dem Benutzer vor, er verstünde jetzt etwas von Astrologie, ohne sich jemals ernsthaft damit beschäftigt zu haben.

Ich will die Leistungen der Menschen, die solche Programme geschrieben haben, nicht kleinreden, ebenso wenig die Astrologen, die die Deutungsbausteine beigesteuert haben.

Problematisch für astrologische Laien ist auch das Arbeiten mit Composits und Combines. Composit-Horoskope basieren wenigstens auf der in der Hamburger Schule oder bei Ebertin bewährten Halbsummentechnik. Combines hingegen erscheinen mir etwas konstruiert, haben aber einige Anhänger. Composits haben den Mangel, dass die so wichtigen Orben der Interaspekte unter den Tisch fallen. Beide können ohne die Radix-Horoskope der Partner nicht wirklich sauber gedeutet werden. Genau da ist der Laie überfordert.

Astrologen können aus allen persönlichen Beziehungen etwas lernen. Ein astrologisch interessierter Lehrer hat immer Zugang zu den Geburtsdaten seiner Schüler und kann sorgfältig registrieren, wie er auf jeden Schüler reagiert und umgekehrt. Es gibt Schüler oder Studenten, die rennen einem ständig die Bude ein und andere, die machen einen großen Bogen um ihren Lehrer, wenn sie ihm begegnen.

Die Astrologie kann einiges zur Aufklärung beitragen. Wie bei den Trennungstendenzen, wird nicht nur die Beziehungsfähigkeit der Partner eine Rolle spielen, sondern noch weit mehr das Zusammenpassen, was in der Synastrie vor allem durch die Interaspekte angezeigt wird.

Ein norddeutsches Sprichwort sagt „Was dem einen seine Eule, ist dem anderen seine Nachtigall." Zusammenpassen müssen die beiden! Heute kommen Partnerschaften fast ausschließlich über den Sex zustande. Das hält nur ein bis zwei Jahre.

Der Astrologe hat gegenüber anderen Befragern den Vorteil, dass er schon vorher erkennen kann, woran es in einer Beziehung hapert, um dann gezielter fragen zu können. Doch nicht alles Wissen der Astrologen ist sichere Erkenntnis. Wir haben noch einen hohen Forschungsbedarf, vor allem, wenn es um das Glück von Paaren geht.

8.1.6 Psychologie – Astrologie

Psychologen (Psychotherapeuten) und Astrologen betätigen sich mit eher wenig Erfolg als Paartherapeuten. Hinzu kommen noch viele andere Menschen, die nichts Entsprechendes gelernt haben, aber sich berufen fühlen. Früher hat man noch Geistliche um Rat gefragt.

Heute wird im deutschsprachigen Raum die Astrologie von Psychologen dominiert.[2] Wenn Psychologen die Erkenntnisse der Astrologie und der modernen Soziologie unvoreingenommen anwenden, können sie erfolgreich Paare beraten, jedoch immer im Bewusstsein, dass Paare, die nicht zusammenpassen, nicht therapierbar sind.

Die Probleme von Paaren beruhen selten auf Böswilligkeit, sondern auf Unverträglichkeiten, die sich in unbeherrschbaren Reaktionsmechanismen äußern. Die Art, wie Paare miteinander umgehen, ist nicht mit einem Schachspiel vergleichbar, wo jeder lange über den nächsten Zug nachdenkt. Streit entsteht durch eine negative, spontane Reaktion auf die Äußerung des anderen. Der Astrologe kann dies einem Horoskopvergleich entnehmen. Er weiß auch, dass die Betroffenen selbst bei bester Selbstbeherrschung diesen Mechanismen nicht entgehen können.

Wenn beide die Fähigkeit besitzen, Verletzungen zu verzeihen, kann das gut gehen. Insbesondere wenn beide extrem nachtragend sind, kommt es irgendwann doch zu einer Trennung.

Im Gegensatz zur Dreieck-Theorie von Sternberg, die mit dem Vorhandensein oder Fehlen von drei Komponenten operiert, kennt die Astrologie über den Tierkreiszeichen echte Vereinbarkeiten und Unvereinbarkeiten, Gleichklang und Polarität, Verstärkung und Schwächung, Festigung und Auflösung sowie Anziehung und Abstoßung, die man aus den Interaspekten ableiten kann. Darüber hinaus lassen sich auch Erkenntnisse gewinnen, die auf die betroffenen Lebensbereiche hinweisen.

---

2   Wie es in anderen europäischen Ländern oder den USA ist, kann ich nicht beurteilen.

Es hat sich auch gezeigt, dass einige Menschen es besonders schwer haben, in einer glücklichen Beziehung zu leben. Dies kann der Astrologe aus den Horoskopaspekten, die bei Männern und Frauen unterschiedlich sind, erkennen. Sehr positive Interaspekte können diese Unvereinbarkeiten so weit ausgleichen, dass doch stabile Paarbeziehungen entstehen. Dies wird vielfach durch die Erfahrung bestätigt.

8.2 Zusammenfassung

Statistische Untersuchungen zur Astrologie der Paarbeziehungen haben ergeben, dass Horoskopaspekte von Mann und Frau, die unterschiedlich gewertet werden müssen, etwas über die Beziehungsfähigkeit aussagen.

Männer und Frauen mit eingeschränkter Beziehungsfähigkeit brauchen zum Ausgleich besonders viele positive, die Trennungswahrscheinlichkeit vermindernde Interaspekte, um eine stabile Partnerschaft leben zu können. Sie müssen also besonders gut zusammenpassen.

Aus den von der traditionellen Astrologie positiv oder negativ bewerteten Horoskop- und Interaspekten lassen sich keine Trennungswahrscheinlichkeiten ableiten.

Die mit Hilfe der Statistik gefundenen stabilisierenden und destabilisierenden Aspekte sind fast alle nach Anschauung der Astrologen plausibel. Einige wenige sind überraschend. Es sind insbesondere sogenannte Illusionsaspekte, die schlechtes Zusammenpassen übersehen lassen.

Die Auswertung von Geburtsdaten ohne genaue Geburtszeit führt bei den schnellen Planeten zu erheblichen Fehlern, die in dieser Arbeit strikt vermieden wurden.

Ich konnte daher nur 18 Stellungen von Planeten und Achsen in Tierkreiszeichen nachweisen, die signifikant häufiger oder seltener bei Getrennten in Tierkreiszeichen zu finden sind. Diese hängen wieder vom Geschlecht ab. Nur zwei betreffen die Sonne.

Hingegen sind Abhängigkeiten von der Stellung der Planeten in Häusern wie auch in meiner Berufsstudie nicht nachweisbar.

Aus den relevanten Horoskop- und Interaspekten lassen sich über den zulässigen und realen Orbis sowie das Signifikanzniveau (p-Wert) Gesamtbewertungszahlen für jedes Paar berechnen. Bei Paaren mit genauen Geburtszeiten sind die Verteilungen dieser Gesamtbewertungszahlen bei getrennten Paaren deutlich zu negativen Werten verschoben. Mit Hilfe dieser beiden Verteilungen können Trennungswahrscheinlichkeiten abgeschätzt werden.

Bei bekannten Paaren aus dem englischen Königshaus, bei denen die genauen Geburtsdaten und deren Eheglück bekannt sind, habe ich die Brauchbarkeit dieser Abschätzungen gezeigt.

Die statistischen Untersuchungen basierten auf beweisbaren Tatsachen, denn eine Ehe und eine Scheidung sind gesetzlich geregelte Verträge, die nicht abgestritten werden können. Diese kann man auch auf das offene Zusammenleben ohne Trauschein übertragen, eine Lebensform, die heute immer häufiger gewählt wird.

Das Glück der Paarbeziehungen lässt sich hingegen nicht statistisch untersuchen, weil es nicht zuverlässig erfasst werden kann. Da die meisten Menschen und Paare sich nicht so sehen, wie sie wirklich sind, können Befragungen, insbesondere nicht über Fragebögen, zu sinnvollen Ergebnissen führen.

Die Möglichkeiten einer Untersuchung setzen eine echte Zusammenarbeit von Menschen, die Paare genau kennenlernen können, voraus. Standardisierte Befragungsergebnisse müssten in eine gemeinsame Datenbank einfließen, die jeder nach seinen Fragestellungen statistisch auswerten kann. Die Roddendatei bietet einen ersten Ansatz dafür, aber leider nur für Paare, die beide berühmt sind.

Damit Nichtastrologen und Nichtstatistiker diese Arbeit besser verstehen können, habe ich in die notwendigen Grundkenntnisse mit einfachen Worten eingeführt.

Kapitel 9 Theoretische Grundlagen

9.1 Unabhängigkeitsbedingungen

Die Unabhängigkeitsbedingungen sollen am konkreten Beispiel des Venus-Mars-Halbquadrats entwickelt werden. Daher wird zunächst die Ausgangstabelle für die absoluten Häufigkeiten wiederholt (Tabelle 13 auf Seite 92):

Interaspekt	Getrennte Paare (G)	Ungetrennte Paare (U)
Venus-Mars-Halbquadrat (Q)	20	50
Nicht Venus-Mars-Halbquadrat (N)	591	2546

Die Zahlenwerte haben eine bestimmte Bedeutung, die mit Symbolen der Mengenlehre ausgedrückt werden. Die linke der beiden nachfolgenden Tabellen wiederholt die Zahlen der obigen Tabellen, ergänzt die Randsummen und ersetzt die Erklärungen durch die Kurzzeichen G, U, Q und N. Die Zahlenwerte sind absolute Häufigkeiten H. Die rechte Tabelle enthält die Formeln gemäß der Mengenlehre.

	G	U	
Q	20	50	70
N	591	2546	3137
	611	2596	3207

	G	U	
Q	$H(Q \cap G)$	$H(Q \cap U)$	$H(Q)$
N	$H(N \cap G)$	$H(N \cap U)$	$H(N)$
	$H(G)$	$H(U)$	n

Das Zeichen ∩ kennzeichnet eine Schnittmenge. $H(Q \cap G)$ bedeutet die Anzahl der Paare, die sowohl das Venus-Mars-Halbquadrat (Q) als Interaspekt besitzen als auch getrennt sind (G). Die Anzahl der erfassten Paare ist n. Die nächsten Tabellen zeigen, wie die relativen Häufigkeiten h berechnet werden.

Die erste Tabelle links enthält die auszuführenden Divisionen, die rechte ausgedrückt mit den Formelzeichen und die darunter liegende die Ergebnisse. Die relativen Häufigkeiten für das Halbquadrat stehen in der ersten Zeile:

	G	U	
Q	20/611	50/2596	70/3207
N	591/611	2546/2596	3137/3207
	611	2596	3207

	G	U	
Q	H(Q∩G)/H(G)	H(Q∩U)/H(U)	H(Q)/n
N	H(N∩G)/H(G)	H(N∩U)/H(U)	H(N)/n
	H(G)	H(U)	n

	G	U	
Q	0,0327	0,0193	0,0218
N	0,9673	0,9807	0,9782
	0,1905	0,8095	1,0000

Getrennte Paare (20/611 = 0,0327)
Ungetrennte Paare (50/2596 = 0,0193)
Alle erfassten Paare (70/3207 = 0,0218)

Die relative Häufigkeit bei allen Paaren entspricht genau dem theoretischen Erwartungswert. Bei den Getrennten ist sie etwa doppelt so groß wie bei den Ungetrennten. Wenn die relative Häufigkeit des Halbquadrats bei allen drei Gruppen gleich wäre, gäbe es dafür keine Abhängigkeit von der Gruppe. Natürlich könnte man auch die Abhängigkeit des Nichtvorhandenseins des Halbquadrats untersuchen – doch das interessiert nicht.

$$\frac{H(Q \cap G)}{H(G)}$$

kann man auch als relative Häufigkeit der Paare interpretieren, die sowohl das Venus-Mars-Halbquadrat als Interaspekt besitzen als auch getrennt sind, also unter der Bedingung, dass nur getrennte Paare berücksichtigt werden. In mathematischer Schreibweise:

$h(Q \mid G)$

Das Zeichen für „unter der Bedingung" ist der senkrechte Strich. Daher gilt

$$h(Q \mid G) = \frac{H(Q \cap G)}{H(G)} = \frac{H(Q \cap G)}{n} \frac{n}{H(G)} = \frac{h(Q \cap G)}{h(G)}$$

Diese Aussage lässt sich auch auf Wahrscheinlichkeiten P übertragen:

$$P(A \mid B) = \frac{P(A \cap B)}{P(B)}$$

oder in Form eines Produkts ausdrücken:

$$P(A \mid B)P(B) = P(A \cap B)$$

Wenn die relativen Häufigkeiten bei getrennten und ungetrennten Paaren gleich sind, gibt es keine Abhängigkeit vom Paarstatus:

$$h(Q \mid G) = h(Q \mid U) = h(Q)$$

Anders ausgedrückt:

$$\frac{h(Q \cap G)}{h(G)} = \frac{h(Q \cap U)}{h(U)}$$

Dann gelten auch:

$$h(Q \cap G) = h(Q)h(G)$$

$$h(Q \cap U) = h(Q)h(U)$$

Drückt man die relativen Häufigkeiten durch die absoluten Häufigkeiten aus, erhält man nach kleinen Umformungen:

$$h(Q \cap G) = h(Q)h(G) = \frac{H(Q)}{n} \frac{H(G)}{n}$$

$$nh(Q \cap G) = H(Q \cap G) = \frac{H(Q)}{n} H(G)$$

$$H(Q \cap U) = \frac{H(Q)}{n} H(U)$$

Mit $h(Q \mid G) = h(Q \mid U) = h(Q)$ war stochastische Unabhängigkeit vorausgesetzt worden. Daher kann man über die Randsummen die absoluten Häufigkeiten berechnen, die man bei stochastischer Unabhängigkeit zählen würde. In den beiden nachfolgenden Tabellen sind links diese Häufigkeiten, rechts alle Differenzen zwischen den vorgefundenen und den bei stochastischer Unabhängigkeit erwarteten Häufigkeiten aufgelistet. Man sieht, sie sind als Betrag alle gleich und gleichen sich in den Spalten und Reihen aus. Das muss auch so sein, denn die Tafel hat nur einen Freiheitsgrad. Bei festen Randhäufigkeiten sind die drei übrigen berechenbar, wenn ein Wert festliegt.

	G	**U**	
Q	$\frac{70}{3207}611 = 13,34$	$\frac{70}{3207}2596 = 56,66$	70
N	$\frac{3137}{3207}611 = 597,66$	$\frac{3137}{3207}2596 = 2539,34$	3137
	611	2596	3207

	G	**U**	
Q	6,66	-6,66	70
N	-6,66	6,66	3137
	611	2596	3207

Ein Maß für die Summe der Abweichungen muss das Vorzeichen beseitigen und von den absoluten Zahlen unabhängig sein. Das erreicht man durch das Quadrat der Differenzen und der Normierung mit den erwarteten Häufigkeiten bei stochastischer Unabhängigkeit. Die Formel dafür lautet:

$$\chi^2 = \frac{(H(Q \cap G) - \frac{H(Q)H(G)}{n})^2}{\frac{H(Q)H(G)}{n}} + \frac{(H(Q \cap U) - \frac{H(Q)H(U)}{n})^2}{\frac{H(Q)H(U)}{n}}$$
$$+ \frac{(H(N \cap G) - \frac{H(N)H(G)}{n})^2}{\frac{H(N)H(G)}{n}} + \frac{(H(N \cap U) - \frac{H(N)H(U)}{n})^2}{\frac{H(N)H(U)}{n}}$$

Mit einigem Aufwand lässt sich zeigen, dass bei einer Vierfeldertafel auch die einfachere Formel

$$\chi^2 = n \frac{(H(Q \cap G)H(N \cap U) - H(Q \cap U)H(N \cap G))^2}{H(G)H(U)H(Q)H(N)}$$

den Wert für χ^2 richtig berechnet. Noch viel einfacher wird die Formel, wenn man die neuen Werte der Häufigkeiten einer Vierfeldertafel mit den Buchstaben a … h, n bezeichnet. Die nachfolgende Tabelle zeigt das vollständige Be-

	G	**U**	
Q	a	b	e
N	c	d	f
	g	h	n

rechnungsschema mit allen Zahlenwerten. Der Querstrich über einem Ausdruck kennzeichnet das Komplement, hier alle Paare ohne den Interaspekt Venus-Mars-Halbquadrat. Im Gegensatz zu χ^2 besitzen die standardisierten Residuen

$$St = \frac{H_{real} - H_{erw}}{\sqrt{H_{erw}}}$$

ein Vorzeichen. Sie sind ein normiertes Maß für die Abweichungen von den Erwartungswerten H_{erw}, die sich unter der Bedingung der stochastischen Unabhängigkeit ergeben würden.

	Getrennte Paare G					**Ungetrennte Paare U**					
	H	H_{erw}	H-H_{erw}	St	χ^2	H	H_{erw}	H-H_{erw}	St	χ^2	Summe
♀∠♂	20	13,34	6,66	1,82	3,325	50	56,66	-6,66	-0,88	0,783	70
$\overline{♀∠♂}$	591	597,66	-6,66	-0,27	0,074	2546	2539,3	6,66	0,013	0,017	3137
	611				3,399	2596				0,800	3207

Sie zeigen aber nicht die Differenzen zu den theoretischen Erwartungswerten an. Die Gesamtsumme von $\chi^2 = 4{,}199$. Die Hypothese, dass das Venus-Mars-Halbquadrat unabhängig ist, muss abgelehnt werden, wenn χ^2 einen bestimmten Betrag überschreitet, der sich aus der χ^2-Verteilung ergibt. Dieser Betrag hängt vom Freiheitsgrad der Tafel ab. Es wurde schon gesagt, dass er eins ist. Bei n Zeilen und m Spalten ist der Freiheitsgrad
$$f = (n - 1)(m - 1),$$
wenn die Randwerte aus den Häufigkeiten der n Zeilen und m Spalten berechnet werden. Andererseits hängt er vom vorgegebenen Signifikanzniveau ab. Der kritische Wert für das Signifikanzniveau α ist das $(1 - \alpha)$- Quantil der χ^2-Verteilung mit dem Freiheitsgrad f.

Diese Werte findet man in Handbüchern (Hartung [19], Hedderich/Sachs [20]) oder im Internet (http://de.wikipedia.org/wiki/Chi-Quadrat-Test) tabelliert. Man kann sie aber auch mit einigem mathematischen Aufwand über die Gamma-Funktion berechnen (http://de.wikipedia.org/wiki/Chi-Quadrat-Verteilung#Verteilungsfunktion). Dann lässt sich der genaue p-Wert für f = 1 mit Hilfe der numerischen Mathematik bestimmen.

Der kritische Wert für f = 1 und α = 0,05 ist 3,84 (0,95-Quantil). Da der ermittelte Wert für = 4,199[1] deutlich größer ist, muss die Hypothese H0, dass das Venus-Mars-Halbquadrat unabhängig vom Paarstatus ist, mit einer Irrtumswahrscheinlichkeit von weniger als 5 % abgelehnt werden. Eine genaue Bestimmung ergibt p = 0,04031.
In dieser Arbeit sind häufig Vierfeldertafeln mit f = 1 und Tafeln mit 10 Zeilen und 2 Spalten (Freiheitsgrad f = 9) eingesetzt worden. Die nachfolgende Tabelle zeigt die Quantile (F(x) der χ^2-Funktion für diese beiden Freiheitsgrade:

F(x)	0,900	0,950	0,975	0,990	0,995	0,999
f = 1	2,71	3,84	5,02	6,63	7,88	10,83
f = 9	14,68	16,92	19,02	21,67	23,59	27,88

9.1.1 Allgemeine Formulierung für Vierfeldertafeln

Ganz allgemein können für eine Vierfeldertafel mit den vier Anzahlen (absolute Häufigkeiten) n_{ik} für numerierbare Merkmale i und k mit der Randspalte und -zeile Unabhängigkeitshypothesen formuliert werden. Der Punkt steht

---

1   Mit der einfacheren Formel ergibt sich 4,2048, da keine Rundungsfehler enthalten sind.

für einen Summationsindex. $n_{1.}$ bedeutet daher die Summation über den Spaltenindex k in der ersten Zeile: $n_{1.} = n_{11} + n_{12}$. Vgl. nachfolgende Tabelle links:

	1	2	
1	n_{11}	n_{12}	$n_{1.}$
2	n_{21}	n_{22}	$n_{2.}$
	$n_{.1}$	$n_{.2}$	n

	1	2	
1	p_{11}	p_{12}	$p_{1.}$
2	p_{21}	p_{22}	$p_{2.}$
	$p_{.1}$	$p_{.2}$	1,0

Durch Berechnung von relativen Häufigkeiten, die auch als Wahrscheinlichkeiten p_{ik} interpretiert werden können, wird die Formulierung verschiedener Hypothesen besonders einfach (Vgl. Tabelle oben rechts). Die Unabhängigkeit ist gerade erfüllt, wenn $p_{11} = p_{1.}p_{.1}$ gilt. Damit lässt sich die Unabhängigkeitshypothese in einer Vier-Felder-Tafel einfach formulieren:

$$H_0^u : p_{11} = p_{1.}p_{.1} \quad gegen \quad H_1^u : p_{11} \neq p_{1.}p_{.1}$$

Für n ≥ 60 ist nach Karl Pearson

$$\chi^2 = n\frac{(n_{11}n_{22} - n_{12}n_{21})^2}{n_{1.}n_{.1}n_{2.}n_{.2}}$$

H_0^u ist zu verwerfen, wenn gilt $\chi^2 > \chi^2_{1;1-\alpha}$.

Bei $\alpha = 0{,}05$ ist das 0,95-Quantil der χ^2-Funktion gerade 3,84.

9.1.2 Anwendung des Fishertests

Bei kleinen Anzahlen n < 60 ist der genaue Fishertest besser geeignet als der approximative χ^2-Test. Der Rechenaufwand ist etwas größer, weil dafür die Quantile für die hypergeometrische Verteilung $H(n, n_{1.}, n_{.1})$ ermittelt werden müssen. Ausgehend von der Vier-Felder-Tafel mit den Werten n, $n_{.1}$, $n_{.1}$, n_{11} für alle möglichen Tafeln bei feststehenden Randwerten werden die Werte der hypergeometrischen Verteilung

$$h(n, n_{1.}, n_{.1}, n_{11}) = \frac{\binom{n_{1.}}{n_{11}}\binom{n_{2.}}{n_{21}}}{\binom{n}{n_{.1}}}$$

berechnet.

Die möglichen Tafeln sind solche, die für die verschiedenen Werte von n_{11} berechenbar sind, ohne die Randwerte zu ändern. Zu berechnen sind also viele Binomialkoeffizienten:

$$\binom{n}{k} = \frac{n!}{k!(n-k)!}$$

Für n_{11} kommen genau die folgenden Werte infrage:

$$n_{11} \in \left[max(0, n_{.1} + n_{1.} - n), min(n_{1.}, n_{1.})\right]$$

Bei größeren Zahlen kann der Rechenaufwand beträchtlich werden, oder die Rechnung wegen zu großer Zahlen abstürzen. Der Programmierer muss daher Algorithmen entwickeln, die den Rechenaufwand kleinhalten und den Absturz umgehen. Er darf sich nicht von mathematischer Eleganz zu uneffektiven Strukturen, wie Rekursionen und unbearbeiteter Formelausführung (Kürzungen sind möglich!), verführen lassen. Darüber hinaus ist es nicht notwendig, die p-Werte mit der vom Computer erreichbaren Genauigkeit zu berechnen. Drei bis fünf von null verschiedene Anfangsstellen genügen und verkürzen die Berechnung erheblich. Trotzdem gibt es Grenzen bei sehr großen Zahlen.

9.1.3 Einfaches Beispiel

	G	U	
T	2	0	2
N	3	16	19
	5	16	21

Die mathematisch abstrakte Formulierung des Fishertests verlangt zum Verständnis ein einfaches Beispiel. Ich wähle den Interaspekt ♂△♀ für Paare, die innerhalb des 1. Weltkriegs in Deutschland geboren wurden.

Viele Paare dieser Generation heirateten schnell zu Beginn des 2. Weltkriegs. Von den geschiedenen Paaren besitzen zwei diesen Interaspekt und drei nicht. Von den 16 Ungetrennten hat kein Paar diesen Interaspekt. Die obenstehende Vierfeldertafel wird nun mit dem Fishertest ausgewertet. Der Funktionswert der hypergeometrischen Verteilung berechnet sich aus:

$$h(21, 2, 5, 2) = \frac{\binom{2}{2}\binom{19}{3}}{\binom{21}{5}}$$

Mit ein paar Tricks lässt sich die Formel so vereinfachen, dass am Ende ein natürlicher Bruch übrig bleibt. Mit

$$\binom{2}{2} = 1$$

bleiben noch 6 Fakultäten übrig:

$$h(21, 2, 5, 2) = \frac{19!}{3!(19-3)!} \frac{5!(21-5)!}{21!} = \frac{19!}{3!16!} \frac{5!16!}{21!} = \frac{19!}{3!} \frac{5!}{21!}$$

Weitere Kürzungen ergeben:

$$h(21, 2, 5, 2) = \frac{4 \cdot 5}{20 \cdot 21} = \frac{1}{21} = 0{,}0476$$

Das Ergebnis lässt sich einfach deuten: Die Vierfeldertafel tritt mit einer Wahrscheinlichkeit von 4,76 % auf, wenn statistische Unabhängigkeit besteht. Anders ausgedrückt: Die Nullhypothese der Unabhängigkeit $H_0^u : p_{11} = p_{1.}p_{.1}$ ist bei einem Signifikanzniveau p < 0,048 zu verwerfen, und der Interaspekt $\male \triangle \female$ ist vom Paarstatus abhängig.

Es muss aber noch geprüft werden, ob es weitere möglich Tafeln gibt, die Wahrscheinlichkeiten der hypergeometrischen Verteilung ergeben, die kleiner oder gleich dem soeben gefundenen Wert sind.

	G	U	
T	0	2	2
N	5	14	19
	5	16	21

Für p11 = 0 ergibt sich der Wert h = 0,5714 und für p11 = 1 der Wert h = 0,3810 (s. nebenstehende Tabelle). Beide Werte sind größer als 0,0476. Wären sie es nicht, müssten sie zu 0,0476 hinzuaddiert werden.

9.1.4 Test einer Homogenitätshypothese

Wenn überprüft werden soll, ob die gefundenen Werte einer Stichprobe bis auf kleine, zufällige Abweichungen den Erwartungswerten entsprechen oder einer anderen Stichprobe gleichen, wird eine Homogenitätshypothese formuliert, die in gleicher Weise wie eine Unabhängigkeitshypothese überprüft werden kann. Bei einer Vierfeldertafel lautet die Homogenitätshypothese:

$$H_0^h : p_{11} = p_{21} \quad gegen \quad H_1^h : p_{11} \neq p_{21}$$

H_0^h wird verworfen, wenn $\chi^2 > \chi^2_{1;1-\alpha}$ ist, mit $\chi^2 = n\dfrac{(n_{11}n_{22} - n_{12}n_{21})^2}{n_{1.}n_{.1}n_{2.}n_{.2}}$.

9.1.5 Einseitige Hypothesen

Oft interessiert man sich nur für einen einseitigen Nachweis der stochastischen Abhängigkeit, eine positive oder negative. Die Überprüfung dieser einseitigen Hypothesen kann mit einem χ^2-Test und bei kleinen Anzahlen mit einem Fishertest in gleicher Weise vorgenommen werden.

Positive stochastische Abhängigkeit

Untersucht wird die Hypothese

$$H_0^2 : p_{11} \geq p_{1.}p_{.1} \quad gegen \quad H_1^2 : p_{11} < p_{1.}p_{.1}$$

H_0^2 wird verworfen, wenn

$$\chi^2 = n\frac{(n_{11}n_{22} - n_{12}n_{21})^2}{n_{1.}n_{.1}n_{2.}n_{.2}} > \chi^2_{1;1-\alpha} \text{ und } n_{12}n_{21} > n_{11}n_{22} \text{ ist.}$$

Bei kleinen Zahlen wird besser der Fishertest angewendet. H_0^2 wird verworfen, wenn n_{11} kleiner oder gleich dem α-Quantil von der Hypergeometrischen Verteilung $H(n, n_{1.}, n_{.1})$ ist.

Negative stochastische Abhängigkeit

Aufgestellt wird die Hypothese

$$H_0^1 : p_{11} \leq p_{1.}p_{.1} \quad gegen \quad H_1^1 : p_{11} > p_{1.}p_{.1}$$

H_0^1 wird verworfen, wenn

$$\chi^2 = n\frac{(n_{11}n_{22} - n_{12}n_{21})^2}{n_{1.}n_{.1}n_{2.}n_{.2}} > \chi^2_{1;1-\alpha}$$

und $n_{11}n_{22} > n_{12}n_{21}$ ist.

Fisher:

H_0^1 wird verworfen, wenn n_{11} größer als das $(1 - \alpha)$-Quantil von der Hypergeometrischen Verteilung $H(n, n_{1.}, n_{.1})$ ist.

9.2 Anpassungstest

Wenn es darum geht, zu überprüfen, ob eine ermittelte Verteilung von Merkmalen einer angenommenen oder theoretisch begründbaren Verteilung entspricht und die (kleinen) Abweichungen nur zufällig sind, kann dies ein einfacher Anpassungstest zeigen.

Am häufigsten ist die Überprüfung einer Gleichverteilung (Beispiel: Verteilung der Augenzahl bei Würfelexperimenten, Lottozahlen). Aber auch die Überprüfung von Gesetzen in der Naturwissenschaft ist damit möglich. Beispielsweise lassen sich die Mendelschen Vererbungsgesetze damit experimentell beweisen. Auch in der Astrologie gibt es viele berechenbare Erwartungswerte, weil das Universum präzise wie ein Uhrwerk abläuft.

Beispielsweise verweilt die Himmelsmitte durch die gleichmäßige Erdrotation ziemlich genau zwei Stunden in einem Tierkreiszeichen. Von 1061 Astrologen mit genauer Geburtszeit sind die Anzahlen für das MC in den einzelnen Tierkreiszeichen stark abweichend von dem Erwartungswert n_{Erw} = 1061/12 = 88,42. Die Tabelle 85 enthält alle Anzahlen und die berechneten χ^2-Werte und deren Summe.

Tabelle 76 Anpassungstest für das MC in den Tierkreiszeichen bei erwarteter Gleichverteilung

MC in	H_{Zod}	H_{Erw}	χ^2	$\Sigma\chi^2$
♈	80, 0	88, 417	0, 801	0, 801
♉	110, 0	88, 417	5, 269	6, 070
♊	75, 0	88, 417	2, 036	8, 106
♋	90, 0	88, 417	0, 028	8, 134
♌	94, 0	88, 417	0, 353	8, 487
♍	64, 0	88, 417	6, 743	15, 230
♎	75, 0	88, 417	2, 036	17, 265
♏	88, 0	88, 417	0, 002	17, 267
♐	92, 0	88, 417	0, 145	17, 413
♑	112, 0	88, 417	6, 290	23, 703
♒	93, 0	88, 417	0, 238	23, 941
♓	88, 0	88, 417	0, 002	23, 943

$\Sigma\chi^2$ = 23, 94   Freiheitsgrad f = 11   Signifikanz p = 0. 012978

Die χ^2-Werte berechnen sich über die Formel

$$\chi^2 = \frac{(H_{Zod} - H_{Erw})^2}{H_{Erw}}$$

H_{Erw} lässt sich auch über die erwartete Wahrscheinlichkeit p_{Erw} und die Gesamtzahl der Probe n ausdrücken:

$$H_{Erw} = n p_{Erw}$$

Der Freiheitsgrad ist um eins geringer als die Anzahl der hypothetischen Wahrscheinlichkeiten m:

$$f = m - 1$$

Gibt man eine Irrtumswahrscheinlichkeit von $\alpha = 1{,}0\,\%$ vor, ist der Grenzwert für die χ^2-Summe 24,72. Dieser Wert wird von 23,94 nicht überschritten. Die Hypothese der Gleichverteilung des MC kann daher mit einer Irrtumswahrscheinlichkeit von $\alpha = 1{,}0\,\%$ nicht abgelehnt werden. Jedoch mit einer größeren Irrtumswahrscheinlichkeit von $\alpha \geq 1{,}298\,\%$ kann sie abgelehnt werden.

Der Anpassungstest lässt sich genau so mit unterschiedlichen, erwarteten Wahrscheinlichkeiten p_1, p_2, ... p_m durchführen. Wichtig ist, dass die Summe der Wahrscheinlichkeiten 1.0 ergibt:

$$\sum_{i=1}^{m} p_i = 1.0$$

Weiter muss vorausgesetzt werden, dass alle Häufigkeiten mindestens 5 sind. Will man die Signifikanzen einzelner Häufigkeiten untersuchen, bildet man ähnlich wie bei einer Vierfeldertafel eine Matrix mit folgenden Elementen (Tabelle 77). In Klammern stehen die Anzahlen für MC im ‰. Damit ergeben sich die Werte p = 0,99 % und δ = 26,67 % bei einer χ^2-Summe von 6,86.

Tabelle 77 Anpassungstest für einzelne Häufigkeiten

	gefundene Häufigkeiten	erwartete Häufigkeiten
untersuchtes Merkmal	H_i (112,00)	H_{Erw} (88,42)
Komplement zur Gesamtzahl	n - H_i (949,00)	n - H_{Erw} (972,58)

9.3 Quantile

Als Quantil der Ordnung p (p-Quantil, Qp)bezeichnet man in der Statistik einen Merkmalswert einer Verteilung, für den gilt, dass der Anteil p aller Fälle unterhalb dieses Merkmalswertes liegt. p liegt zwischen 0 und 1,0.

Beispiel: Geburtsjahr-Verteilung von 564 Fußballern

In der Tabelle 78 sind die Geburtsjahrgänge von 564 Fußballspielern aufgelistet. Das Merkmal ist das Geburtsjahr. In der zweiten Spalte steht die Anzahl der Fußballer, die zu diesem Geburtsjahr gehören. Danach folgt die Summe bis zu diesem Geburtsjahr.

Die vorletzte Spalte enthält die Anzahldichteverteilung und die letzte Spalte die Anzahlsummenverteilung Q. Man kann direkt ablesen, dass $Q_{0.05}$ gerade das Jahr 1898 ist. $Q_{0.95}$ hingegen ist 1970.

Der Medianwert $Q_{0.5}$ ist 1924. Dieser ist nicht gleich dem Mittelwert, denn der beträgt 1927,22.

Tabelle 78 564 Fußballer

Jahr	Anz	Sum	q	Q		Jahr	Anz	Sum	q	Q
						1902	3	44	0,0053	0,0780
						1903	1	45	0,0018	0,0798
1881	1	1	0,0018	0,0018		1904	1	46	0,0018	0,0816
1882	1	2	0,0018	0,0035		1905	4	50	0,0071	0,0887
1883	1	3	0,0018	0,0053		1906	8	58	0,0142	0,1028
1884	1	4	0,0018	0,0071		1907	12	70	0,0213	0,1241
1885	0	4		0,0071		1908	13	83	0,0230	0,1472
1886	1	5	0,0018	0,0089		1909	10	93	0,0177	0,1649
1887	1	6	0,0018	0,0106		1910	9	102	0,0160	0,1809
1888	1	7	0,0018	0,0124		1911	9	111	0,0160	0,1968
1889	2	9	0,0035	0,0160		1912	10	121	0,0177	0,2145
1890	3	12	0,0053	0,0213		1913	12	133	0,0213	0,2358
1891	1	13	0,0018	0,0230		1914	12	145	0,0213	0,2571
1892	5	18	0,0089	0,0319		1915	10	155	0,0177	0,2748
1893	1	19	0,0018	0,0337		1916	7	162	0,0124	0,2872
1894	1	20	0,0018	0,0355		1917	5	167	0,0089	0,2961
1895	2	22	0,0035	0,0390		1918	9	176	0,0160	0,3121
1896	1	23	0,0018	0,0408		1919	8	184	0,0142	0,3262
1897	4	27	0,0071	0,0479		1920	16	200	0,0284	0,3546
1898	2	29	0,0035	0,0514		1921	23	223	0,0408	0,3954
1899	7	36	0,0124	0,0638		1922	16	239	0,0284	0,4238
1900	4	40	0,0071	0,0709		1923	14	253	0,0248	0,4486
1901	1	41	0,0018	0,0727		1924	23	276	0,0408	0,4894

1925	23	299	0,0408	0,5301	1957	1	494	0,0018	0,8759
1926	15	314	0,0266	0,5567	1958	0	494	0	0,8759
1927	19	333	0,0337	0,5904	1959	1	495	0,0018	0,8777
1928	19	352	0,0337	0,6241	1960	4	499	0,0071	0,8848
1929	11	363	0,0195	0,6436	1961	2	501	0,0035	0,8883
1930	15	378	0,0266	0,6702	1962	4	505	0,0071	0,8954
1931	24	402	0,0426	0,7128	1963	6	511	0,0106	0,9060
1932	19	421	0,0337	0,7465	1964	7	518	0,0124	0,9184
1933	7	428	0,0124	0,7589	1965	3	521	0,0053	0,9238
1934	7	435	0,0124	0,7713	1966	3	524	0,0053	0,9291
1935	4	439	0,0071	0,7784	1967	3	527	0,0053	0,9344
1936	8	447	0,0142	0,7926	1968	4	531	0,0071	0,9415
1937	7	454	0,0124	0,8050	1969	4	535	0,0071	0,9486
1938	5	459	0,0089	0,8138	1970	3	538	0,0053	0,9539
1939	3	462	0,0053	0,8191	1971	4	542	0,0071	0,9610
1940	2	464	0,0035	0,8227	1972	1	543	0,0018	0,9628
1941	4	468	0,0071	0,8298	1973	6	549	0,0106	0,9734
1942	2	470	0,0035	0,8333	1974	0	549	0	0,9734
1943	4	474	0,0071	0,8404	1975	1	550	0,0018	0,9752
1944	1	475	0,0018	0,8422	1976	2	552	0,0035	0,9787
1945	4	479	0,0071	0,8493	1977	2	554	0,0035	0,9823
1946	4	483	0,0071	0,8564	1978	2	556	0,0035	0,9858
1947	2	485	0,0035	0,8599	1979	1	557	0,0018	0,9876
1948	1	486	0,0018	0,8617	1980	0	557	0	0,9876
1949	0	486	0	0,8617	1981	1	558	0,0018	0,9894
1950	1	487	0,0018	0,8635	1982	0	558	0	0,9894
1951	0	487	0	0,8635	1983	2	560	0,0035	0,9929
1952	1	488	0,0018	0,8652	1984	0	560	0	0,9929
1953	0	488	0	0,8652	1985	1	561	0,0018	0,9947
1954	1	489	0,0018	0,8670	1986	0	561	0	0,9947
1955	2	491	0,0035	0,8706	1987	3	564	0,0053	1,0000
1956	2	493	0,0035	0,8741					

9.4 Einholzeit

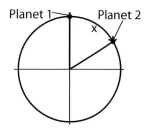

Ein schnellerer Planet braucht zum Einholen des langsameren Planeten die Zeit τ (Beispiel Neptun und Pluto). Die Skizze zeigt die Planetenpositionen von der Erde aus gesehen auf einer gedachten Kreisbahn mit einem Aspekt. Zur Zeit τ = 0 sollen beide Planeten in genauer Konjunktion stehen. Beide wandern in x-Richtung weiter.

Der schnellere Planet legt nach der gleichen Zeit den Winkel x_1 zurück, der langsamere den Winkel x_2. Mit den Umlaufzeiten um die Sonne lassen sich die beiden Winkelbewegungen mit zwei Gleichungen beschreiben.

Wenn der schnellere Planet mit der Umlaufzeit τ_2 den langsameren Planeten einholt, hat er einen um 360° größeren Winkel zurückgelegt als der langsamere Planet.

$$x_1 = \frac{\tau}{\tau_1} 360 \qquad\qquad x = \frac{\tau}{\tau_1} 360$$

$$x_2 = \frac{\tau}{\tau_2} 360 \qquad x + 360 = \frac{\tau}{\tau_2} 360$$

Das Gleichungssystem lässt sich mühelos nach τ auflösen, indem man die zweite Gleichung nach x auflöst und dann beide gleichsetzt. Damit erhält man:

$$\tau = \frac{\tau_2 \tau_1}{\tau_1 - \tau_2}$$

9.5 Formelzeichen

f	Freiheitsgrad	ν	Verhältnis der Wahrscheinl.
g	Gewichtungsfaktor	τ	Verweilzeit, Einholzeit
h	relative Häufigkeit	χ^2	Testgröße für Signifikanzen
n	Anzahl gesamt		
o	Orbis	**Indizes**	
p-Wert	nominelles Signifikanzniveau		
q_0	Anzahldichteverteilung	erw	erwartet
H	absolute Häufigkeit	real	reales (Paar)
P	Wahrscheinlichkeit	virt	virtuelles (Paar)
Q_0	Anzahlsummenverteilung	A	erste Gruppierung
St	Standardresiduum	B	zweite Gruppierung
α	Signifikanzniveau	G	Getrennte, Geschiedene
β	Fehler der zweiten Art	Min	Kleinstwert
γ	Gewichtung	Max	Größtwert
δ	bezogene Differenz	U	Ungetrennte, Verheiratete

Kapitel 10   Literaturverzeichnis

[1] Akron:
     Partnerschaftsastrologie, Das Handbuch zu den Aspekten der persönlichen Kräfte
     Hugendubel München 1999

[2] Arroyo, Stephen:
     Astrologie und Partnerschaft
     Hugendubel München 1983

[3] Astro-Datenbank (Roddendatei)
     http://www.astro.com/astro-databank/Main_Page

[4] Bosch, Karl:
     Statistik für Nichtstatistiker
     R. Oldenbourg Verlag München Wien 2007

[5] Bredow, Rafaela von:
     Liebe lieber unvollkommen
     Spiegel 52(2011)52 S. 126–135

[6] Chlumsky, J. & Ehling, M.:
     Die Akte Astrologie –
     Wissenschaftliche Expertise aus statistisch-methodischer Perspektive
     Beitrag in [38]

[7] Die Deutsche Ephemeride, Band I - VIII, ab 1850
     Otto Wilhelm Barth-Verlag

[8] Ebertin, Baldur R.:
     Vom kosmischen Symbol zur ganzheitlichen Deutung
     Ebertin Verlag, Freiburg im Breisgau 1998

[9] Ebertin, Reinhold:
     Kombination der Gestirneinflüsse
     Ebertin-Verlag, Aalen/Württ. 1974

[10] Ebertin, Reinhold:
     Die kosmische Ehe
     Ebertin Verlag, Freiburg im Breisgau 1971

[11] Eysenck, Hans Jürgen und Nias, David:
     Astrologie - Wissenschaft oder Aberglaube
     List Verlag München 1984

[12] Felber, Frank:
     Astrologie, Anfänger bis Profi,
     Das große Synastriebuch, 366 Interaspekte
     Jupiter+Uranus Verlag, Graz 2005

[13] Fidelsberger, Heinz:
     Astrologie 2000
     Struktur einer Wissenschaft von morgen
     Kremayr & Scheriau, Wien, 1972

[14] Fromm, Erich:
     Die Kunst des Liebens
     Frankfurt, 1956

[15] Gauquelin, Michel und François:
     Archives Gauquelin
     Series B. 24,950 Data : Hereditary Experiment (Expérience d'Hérédité)
     http://cura.free.fr/gauq/17archg.html

[16] Giani, Guiliana & Paltrinieri:
     Astrologie für Paare
     Interbook Verlagsgesellschaft, Hamburg 1989

[17] Hand, Robert
  Das Buch der Transite
  Hugendubel München 1984

[18] Hand, Robert:
  Planeten im Composit
  Hugendubel München 1982

[19] Hartung, Joachim (2005):
  Statistik, Lehr- und Handbuch der angewandten Statistik
  R. Oldenbourg Verlag, München Wien

[20] Hedderich, Jürgen und Sachs, Lothar:
  Angewandte Statistik
  Springer Gabler Berlin Heidelberg 2012

[21] Hoffmann, Harald:
  Paarbeziehungen
  Meridian 2009, 9/10, S. 42 – 45

[22] Hoffmann, Harald:
  Experimentelle Untersuchungen zum Feingutaustrag aus Gas-Feststoff-
  Wirbelschichten
  Dissertation Erlangen 1975

[23] Hoffmann, Harald:
  Statistische Untersuchungen astrologischer Einflussfaktoren auf Paar-
  trennungen und Berufswahl
  in Astrologie und Wissenschaft
  Chiron Verlag Tübingen 2011

[24] Hoffmann, Harald:
  Fußballer, Schauspieler, Maler, Musiker und Astrologen, astrologische
  Unterschiede – statistisch gesehen
  Vortrag auf der Tagung der KAA am 04.11.2012

[25] Hedderich, Jürgen und Sachs, Lothar:
  Angewandte Statistik
  Springer Verlag Berlin Heidelberg 2012

[26] Hürlimann, Gertrud I.:
Astrologie, ein methodisch aufgebautes Lehrbuch
M & T Verlag AG Zürich, Edition Astroterra, 1992

[27] Jehle, Markus:
Kreative Astrologie, Partnerschaft, Beziehungen
Goldmann Verlag, München 2004

[28] Jung, C.G.:
Die Dynamik des Unbewußten,
XVIII Synchronizität als ein Prinzip akausaler Zusammenhänge,
B. ein astrologisches Experiment
gesammelte Werke Band 8, Walter 2001

[29] Klöckler, H. Freiherr v.:
Kursus der Astrologie, Band I - III
Verlag Hermann Bauer K.G. Freiburg i. Br. 1974

[30] Löhlein, Herbert A.:
Sterne, Schicksal, Charakter
Aus der Werkstatt eines Astrologen
Kindler München 1982

[31] Löhlein, Herbert A.:
Handbuch der Astrologie
Goldmann Ratgeber 1968

[32] Lundsted, Betty:
Astrologische Aspekte, Ihre weibliche und männliche Seele
Schirner Verlag, Darmstadt 2008

[33] Martin, Jan:
http://janswebsites.110mb.com/astro/astro-lilith-de.
html#lilithindenprinzipien

[34] Parker, Derek & Julia:
Universum der Astrologie
Rowohlt Verlag GmbH, Reinbeck 1972

[35] Precht, Richard David: Liebe
Ein unordentliches Gefühl
Goldmann, München 2009

[36] Mona Riegger:
Handbuch der Combin- und Composit-Deutung
Freiburg 1997

[37] Ring, Thomas:
Astrologische Menschenkunde, Band I – IV
H. Bauer KG, Freiburg im Breisgau 1969

[38] Sachs, Gunter:
Die Akte Astrologie
Goldmann, München 1999

[39] Sakoian, Frances & Acker, Louis S.:
Das große Lehrbuch der Astrologie
Scherz, Bern und München 1976

[40] Sargent, Lois Haines:
Partnerschaftsastrologie
Droemersche Verlagsanstalt Th. Knaur Nachf., München 1988

[41] Schmid, Peter:
Astro-Wissen
www.astroschmid.ch

[42] Sternberg, R.J.:
A triangular theorie of love
Psychological Review, 93(1986)2, S. 119–135

[43] The Rosicrucian Ephemeris, 0h TDT (Midnight)
1900 - 2000 und 2000 - 2050
International Edition

[44] Stein, Zane B. (1989): Wendepunkt Chiron, Essenz und Anwendung
Tübingen, Chiron Verlag

[45] Tingsten, Herbert: Königin Viktoria und ihre Zeit.
Diederichs, München 1997 (über Wikipedia)

[46] Treindl, Alois & Koch, Dieter:
Swiss Ephemeris
http://www.astro.com/swisseph/swepha_g.htm

[47] Victor, Elsäßer, Hommel und Blettner:
Wie bewertet man die p-Wert-Flut?
Deutsches Ärzteblatt 107(2010)4, S. 50–56

[48] Weber, Karl:
Präzise Astrologie, Das 45-Grad-System
Unterhaching bei München 2004

[49] Witte, Alfred:
Regelwerk für Planetenbilder
Ludwig Rudolph (Witte-Verlag) Hamburg 1959

[50] Wolfart-Zundel, Heidi & Cherubini, Günther:
Lilith, der geheimnisvolle Planet
Schirner Verlag Darmstadt 2007

[51] Zeller, Alfred P.
Richtig leben nach den Sternen
Pmir Verlag AG Erlenbach 1979